TEATRO ESPANHOL
DO SÉCULO DE OURO

Coleção Textos

Dirigida por:

João Alexandre Barbosa (1937-2006)
Roberto Romano
Trajano Vieira
João Roberto Faria
J. Guinsburg

Equipe de realização – Preparação de texto: Iracema A. de Oliveira; Revisão: Heloísa Hayashida; Ilustrações: Sergio Kon; Projeto de capa: Adriana Garcia; Produção: Ricardo W. Neves, Sergio Kon, Luiz Henrique Soares e Raquel Fernandes Abranches.

TEATRO ESPANHOL DO SÉCULO DE OURO

J. GUINSBURG E NEWTON CUNHA
ORGANIZAÇÃO

NEWTON CUNHA
TRADUÇÃO, APRESENTAÇÃO E NOTAS

IGNACIO ARELLANO
COMENTÁRIOS INTRODUTÓRIOS ÀS PEÇAS

CIP-Brasil. Catalogação-na-Fonte
Sindicato Nacional dos Editores de Livros, RJ

T248

Teatro espanhol do século de ouro / J. Guinsburg e Newton Cunha organização; Newton Cunha tradução, apresentação e notas; Ignacio Arellano textos introdutórios. – São Paulo: Perspectiva, 2012.
6 il. (Textos; 26)

ISBN 978-85-0934-9

1. Teatro espanhol (Literatura). I. Guinsburg, J., 1921-. II. Cunha, Newton, 1949-. III. Série.

11-5723. CDD: 862
CDU: 821.134.2-2

05.09.11   13.09.11   029462

Direitos reservados à

EDITORA PERSPECTIVA S.A.

Av. Brigadeiro Luís Antônio, 3025
01401-000 São Paulo SP Brasil
Telefax: (11) 3885-8388
www.editoraperspectiva.com.br

2012

SUMÁRIO

Nota da Edição 9
Cronologia Política e Lítero-teatral do Século de Ouro 13

Uma Era de Esplendor – *Newton Cunha* 21

Juan del Encina (del Enzina) 41
    Auto do Repelão 45
    Égloga de Cristino e Febea 61
    Égloga de Fileno, Zambardo e Cardônio 83

Lope de Rueda 109
    Comédia Armelina 113
    Comédia Eufêmia 145

Miguel de Cervantes 187
    Entremez do Velho Enciumado 197
    Entremez do Juiz dos Divórcios 213
    Entremez da Cova de Salamanca 225

Lope de Vega 241
    Fuente Ovejuna 245
    A Dama Boba 335

Tirso de Molina 457
    O Burlador de Sevilha e Convidado de Pedra 461
    Dom Gil das Calças Verdes 571

Calderón de La Barca 693
    A Vida é Sonho 697

A Fortuna Crítica do Século de Ouro, no Brasil 809

NOTA DA EDIÇÃO

Tido, incontestavelmente, como o mais rico e florescente período político e cultural da Espanha, após a Reconquista e o apogeu do Império, foi no Século de Ouro que também se viu desenvolver e se consolidar uma das melhores dramaturgias da história mundial, com base, inclusive, em um processo de popularização, que encontrou nos *corrales* seu lugar cênico natural e preferido.

A literatura que então se produziu revelou-se não apenas abrangente em conteúdo como praticamente incomensurável em volume: poesias sacras e profanas, romances em versos e novelas em prosa, peças teatrais, usualmente chamadas de "comédias", relatos de viagem, história, traduções de todos os gêneros, crítica de cultura, obras de gramática, de filosofia e de teologia. Do ponto de vista da dramaturgia, só lhe fazia concorrência, em qualidade e popularidade, o esplendor do teatro isabelino.

Dessas duas criações magníficas do Renascimento europeu, se conhece bem menos, em língua portuguesa e no Brasil, a produção espanhola, tanto pelo pequeno número de peças traduzidas e pela relativa dificuldade em se encontrarem as versões dessas obras, como pelas raras encenações havidas entre nós[1]. Uma lacuna que, no âmbito da dramaturgia, há muito havia sido percebida e que agora, talvez, comece a ser suprimida com a edição deste volume, para o qual foram traduzidas treze peças de seis dos mais representativos autores do repertório dramático: Lope de Vega, Calderón de la Barca, Tirso de Molina, Cervantes, Lope de Rueda e Juan del Encina.

A versão da editora Perspectiva teve o cuidado de manter-se a mais próxima possível do original espanhol, conservando, do ponto de vista formal, suas métricas e rimas. A intenção, e não podia ela ser outra, foi a de conservar e trazer para o leitor atual, na medida do possível, as características literárias e de pensamento presentes na criação barroca. Esse trânsito, se não pode ser feito na vida real, é não apenas possível, mas aconselhável e benéfico em literatura. Seria uma pena se, em nome de uma atualização bem menos justificável, não pudéssemos tentá-lo. Seguiu-se daí um trabalho que julgamos cuidadoso e, por essa razão, de demorado cumprimento.

Além de um ensaio preliminar sobre os aspectos políticos e culturais mais destacados do período, cada uma das peças conta com um breve, mas elucidativo comentário de Ignacio Arellano, docente de literatura da Universidade de Navarra, a quem agradecemos pela gentileza do trabalho a ele solicitado. Seu profundo conhecimento evidencia-se pela precisão e o modo direto com que aborda os possíveis significados das obras vertidas.

1. Mencionamos aqui as seguintes traduções em língua portuguesa das obras dramáticas aurisseculares. Em Portugal: Tirso de Molina, *O Burlador de Sevilha*, Porto: Edições Civilização, 1967. Calderón de la Barca, *O Alcaide de Zalamea/O Mágico Prodigioso*, Minho: Cia. Editora do Minho, 1968, trad. Orlando Neves; *A Vida é Sonho/ O Alcaide de Zalamea*, trad. Maria Manuela e Antônio Manuel Couta Viana, Lisboa: Editorial Verbo, 1971; *A Vida é Sonho*: Seara Nova, 1973. Lope de Vega, *Fuente Ovejuna/A Luva de Dona Branca*, Lisboa: Verbo, 1972; No Brasil: Calderón de la Barca, *Os Mistérios da Missa*, trad. João Cabral de Mello Neto, Rio de Janeiro: Civilização Brasileira, 1963; *O Grande Teatro do Mundo*, Rio de Janeiro: Francisco Alves, 1988; *A Vida é Sonho*, trad. Renata Pallottini, São Paulo: Scritta, 1992/Hedra, 2007; *O Burlador de Sevilha*; trad. Alex Cojorian, Brasília: Círculo de Brasília, 2004; *Fuente Ovejuna*, trad. de Mário Lago, São Paulo: Peixoto Neto, 2007. Tirso de Molina, *Dom Gil das Calças Verdes*, São Paulo: Ediouro/Brasiliense, 1990/, 1993.

Registre-se, finalmente, que os originais consultados na Biblioteca Virtual Miguel de Cervantes correspondem às seguintes edições, reputadas exemplares pela crítica espanhola especializada: Miguel Ángel Pérez Priego, para Juan del Encina; José Moreno Villa, para Lope de Rueda; Florencio Sevilla Arroyo, para Miguel de Cervantes; Alonso Zamora Vicente, para Lope de Vega e Tirso de Molina e Evangelina Rodríguez Cuadros, para Calderón de la Barca.

J. Guinsburg e Newton Cunha

CRONOLOGIA POLÍTICA E LÍTERO-TEATRAL DO SÉCULO DE OURO

1482-1492
 Guerra de Granada.
1492 Reconquista de Granada e unificação dos reinos de Castela e Aragão, pelo casamento de Isabel e Fernando. Descobrimento da América. Expulsão dos judeus não conversos. Juan del Encina (como se grafa atualmente, ou Enzina, como ele próprio grafava) entra para o serviço de Fadrique de Toledo, conde de Alba, na qualidade de músico, poeta e dramaturgo.
1496 Enzina faz publicar o seu *Cancionero*, obra que inclui, além de poemas e vilancicos, oito églogas dramáticas.
1497 e 1498
 Em Salamanca, nos meios estudantis, representam-se, de Encina, o *Auto do Repelão* e, no ano seguinte, Representação sobre o *Poder do Amor*.
1499 *Comedia de Calisto y Melibea*, em dezesseis atos, impressa em Burgos, depois publicada em Sevilha, em 1502, com o título de *Tragicomédia de Calisto e Melibea e da Puta Velha Celestina*, com 21 atos, e, finalmente, conhecida como *La Celestina*, atribuída a Fernando de Rojas.

1500   *Cancionero Musical de Palácio*, contendo 458 obras polifônicas em castelhano, português, catalão, latim e francês, de autores conhecidos e anônimos. O maior número de obras ali compilado é de Juan del Enzina, abarcando 63 compilações.

1502   Expulsão de muçulmanos não convertidos.

1504   Morte de Isabel e subida ao trono de sua filha Juana, casada com o austríaco Felipe, "el Hermoso".

1506   Juana enlouquece com a morte de seu marido, e é internada em um convento em Tordesilhas, deixando o trono para seu filho Carlos I, de apenas seis anos, então criado no ducado de Borgonha. Seu avô Fernando assume a regência.

1508   Publicação de *Amadis de Gaula*, na versão castelhana de Rodríguez de Montalvo, que viria a se tornar um dos mais famosos romances de cavalaria da Península Ibérica.

1511   *Cancionero General*, de Hernando del Castillo.

1512   Incorporação do Reino de Navarra à Espanha.

1516   Sobe ao trono Carlos I.

1517   *Propalladia*, de Bartolomé de Torres Naharro.

1519   Carlos I é eleito Imperador do Sacro Império Romano Germânico com o nome de Carlos V. O império asteca é destruído no México por Cortés e se dá início à colonização mais extensiva dos territórios americanos.

1521   São recriados os Conselhos do Reino (existentes já no período dos reis católicos, mas pouco acionados após a morte de Isabel), cujos integrantes eram nomeados pelo imperador, destinando-se à discussão de assuntos políticos, econômicos e militares, e que se mantiveram até Felipe V. Entre os mais importantes: Conselho de Castela (justiça), Conselho do Estado (relações exteriores), Conselho de Ordens (militar), Conselho da Fazenda (finanças e impostos), Conselho das Índias (territórios de ultramar). Começam as guerras com a França por territórios na Itália e na Borgonha, as quais se prolongam até 1544. Publicação de três comédias anônimas, ditas humanísticas, ou seja, escritas com conhecimento do teatro latino e, portanto, provenientes do meio universitário, tanto por professores quanto por estudantes: *Ypolita, Serafina* e *Thebayda*, esta aqui de maior repercussão e maior número de edições posteriores.

1525   Vitória espanhola contra os franceses em Pavia, Itália. Francisco I, rei da França, é feito prisioneiro por Carlos V.

1527   Por ter o papa Clemente VII se aliado à França, Roma é invadida e saqueada e o papa feito prisioneiro.

1528   *Retrato de la Lozana Andaluza*, de Francisco Delicado, sob influência direta de *La Celestina*.

1535   Conquista de Túnis com a derrota das tropas de Barba Roxa.

1539   Frei Bartolomé de las Casas pronuncia várias conferências em Salamanca ("De Indis"), instando a que se renunciasse à escravidão e sobre a conversão dos indígenas americanos.

1541   Perda da possessão de Argel.

1543   *Obras*, edição poética conjunta de Juan Boscán e Garcilado de la Vega.

1547   Vitória espanhola em Mühlberg sobre os príncipes protestantes da Liga Schmalkalda, liderados por Johann Friederich, da Saxônia. *Cancionero de Romances*, de Martín Nuncio, contendo 156 romances versificados, antigos e de época.

1554   *La Vida de Lazarillo de Tormes*, editado simultaneamente em Burgos, Alcalá de Henares e Amberes. Vem a público o *Cancionero*, de Jorge de Montemayor.

1556   Abdicação de Carlos V, por doença, e subida ao trono de Felipe II.

1557   Primeira declaração de bancarrota do tesouro espanhol, fato que se repetirá em 1575 e 1579. Epidemias de fome e grande mortalidade.

1559   Promulgado o Índice Toledano, que proíbe muitas das peças teatrais já escritas e leva os autores a maiores cuidados com situações e falas de caráter licencioso.

1566   Início da rebelião nos Países Baixos.

1580   Felipe II é proclamado rei de Portugal e o reino luso permanece submetido à coroa espanhola até 1640.

1585   *La Galatea*, de Cervantes.
1588   Desastre da "Invencível Armada" espanhola frente à Inglaterra.
1591   Revoltas em Castela contra os altos impostos reais.
1596   Aparece a *Philosophia Antigua Poética*, de Alonso López Pinciano, na qual se expõem, em forma de diálogo, as teorias poéticas da antiguidade (Aristóteles, Horácio, Quintiliano).
1598   Morre Felipe II, assumindo o trono seu filho Felipe III. Paz de Vervins entre Espanha e França. Epidemia de peste na região de Castela.
1599   *Guzmán de Alfarache*, de Mateo Alemán.
1600   *Romancero General*, impresso em Madri por Luis Sanchez.
1601   A corte se transfere para Valladolid.
1604   Assinatura de tratado de paz entre Espanha e Inglaterra. *Rimas* e a primeira parte das *Comedias* de Lope de Vega.
1605   Primeira parte do *Quijote* e *La Pícara Justina*, de López de Úbeda.
1606   A corte regressa a Madri.
1609   *Arte Nuevo de Hacer Comedias en este Tiempo*, de Lope de Vega.
1611   O grande dicionário de Sebastián de Covarrubias, *El Tesoro de la Lengua Castellana o Española*, que fixa o léxico do idioma.
1612   *Fábula de Polifemo y Galatea*, de Luis de Góngora.
1613   *Novelas Ejemplares*, de Cervantes, *La Dama Boba*, de Lope, e a primeira parte de *Soledades*, de Góngora.
1614   *Rimas Sacras* e nova parte de *Comedias*, de Lope de Vega.
1615   Segunda parte do *Quijote* e *Ocho Comedias y Ocho Entremeses*, de Cervantes.
1619   Nova parte de *Comedias*, de Lope de Vega, entre elas *Fuente Ovejuna*.
1621   Morre Felipe III e sobe ao trono seu filho, Felipe IV.
1624   *Los Cigarrales de Toledo*, de Tirso de Molina.
1626   *Historia de la Vida del Buscón*, de Francisco de Quevedo, novela picaresca.

1628   A armada espanhola é batida pela marinha holandesa em Cuba.
1630   *El Burlador de Sevilla*, de Tirso de Molina.
1635   A França declara nova guerra à Espanha. Estreia de *La Vida es Sueño*, de Calderón de la Barca.
1636   Primeira parte das *Comedias*, de Calderón, e última parte das *Soledades*, de Góngora.
1639   A esquadra holandesa inflige nova derrota à armada espanhola no Canal da Mancha.
1640   Sublevação de Portugal e da Catalunha. Portugal recupera sua independência.
1648   Tratados de Westfalia, pelos quais se reconhece a independência dos Países Baixos.

TEATRO ESPANHOL
DO SÉCULO DE OURO

UMA ERA DE ESPLENDOR

1. Aspectos Gerais

A ocupação das Canárias, o descobrimento da América e a tomada de vários feudos no norte da África, pela Espanha, na sequência da reconquista, já foram, por si só, fatos reveladores de que grande parte da economia, bem como as artes da navegação se encontravam em franco desenvolvimento na península ibérica em fins do século XV, incluindo-se aí, obviamente, as conquistas marítimas portuguesas.

E a América, ao longo de todo o século XVI, até a terceira década do XVII, iria contribuir favoravelmente para consolidar a presença militar, a influência política e a importância cultural da Espanha em todo o Ocidente. As riquezas naturais extraídas ou cultivadas nas "novas Índias" foram capazes de fazer da Espanha a mais temida potência europeia naquele período de descobertas, de invenções e renascimentos. Pelas tramas dos casamentos políticos, o grande soberano da época, Carlos V, recebera importantes territórios na própria Europa, incorporando ao império os Países Baixos, Portugal, terras austríacas e italianas.

Apesar dessa riqueza e poder, e não muito diferentemente da França ou da Inglaterra, a concentração da propriedade fundiária tinha, como contrapartida, uma ampla classe de camponeses e citadinos pobres. A fome não era um fenômeno incomum e, por vezes, alcançava até mesmo as casas fidalgas. Ainda assim, deve-se ressaltar que o domínio material e cultural da aristocracia produzia, então, uma verdadeira "obsessão pela honra" ou pela "limpeza de sangue". Se de um lado as condições precárias de sobrevivência estão refletidas na literatura nas figuras dos "simples" (bobos, truões) e dos pícaros (malandros), por outro vê-se ressaltada, nos personagens nobres do teatro e das novelas, a defesa intransigente da honra senhoril. Como assinalou R.O. Jones,

> Embora Fernando e Isabel tenham submetido a inquieta independência dos nobres revoltosos de seus dias, e ainda que sob Carlos V e Felipe II os influentes administradores e secretários da coroa fossem plebeus, a nobreza continuou sendo a classe dominante [...]. Esse domínio da aristocracia deixou sua marca nas formas e nos ideais do conjunto da sociedade [...]. A aspiração a ser nobre, ou a ser assim considerado, converteu-se em mania nacional, e o fenômeno foi especialmente agudo em Castela, onde o espírito mercantil encontrou terreno menos propício[1].

O final do século XVI também assistiu à consolidação da língua castelhana, da qual nos dão provas as obras de referência de Elio Antonio de Nebrija: a *Gramática sobre la Lengua Castellana* e a *Interpretación de las Palabras Castellanas en Latín*, ambas publicadas no mesmo *annus mirabilis* de 1492, e da qual o autor nos faz um orgulhoso comentário: "por estar já nossa língua em tal cume, que mais se pode temer a sua descida do que dela esperar uma ascensão". Produzia-se, ao mesmo tempo, uma verdadeira revolução educativa com as universidades de Salamanca, Valladolid e Alcalá de Henares, centros de onde começaram a se formar as classes de letrados, de leitores e de administradores do Estado, inclusive por decisão dos Reis Católicos, ao determinarem que os

---

1. *Historia de la Literatura Española*, Barcelona: Ariel, 1974, v. 2, p. 21-22.

mais altos postos da burocracia só poderiam ser preenchidos por diplomados com dez anos de nível superior. Tudo isso parece ter facilitado, juntamente com as influências provenientes da Itália, e difundidas no âmbito literário por Juan Boscán e Garcilaso de la Vega, a eclosão de um período artístico fecundo e exemplar em todas as suas expressões, para além de uma época mais restrita de domínios político e militar.

Segundo Bartolomé Benassar, o entendimento da expressão "século de ouro" foi proposto por um historiador francês, Marcelin Desfourneaux, que, na obra justamente intitulada *A Vida Cotidiana na Espanha do Século de Ouro*, escreveu:

> Consagrada pelo uso, inclusive na Espanha, a expressão "século de ouro" é suscetível de uma dupla interpretação. Ou bem engloba todo o vasto período – um século e meio – que vai desde Carlos V ao Tratado dos Pireneus, e no transcurso do qual o ouro e sobretudo a prata, chegados da América, permitem à Espanha sustentar grandes empreendimentos no exterior e estender a sombra de seu poderio sobre toda a Europa, ao mesmo tempo que, já desde finais do reinado de Felipe II, se manifestam em sua vida interna certos sintomas inequívocos de desgaste econômico. Ou bem se aplica à época ilustrada pelo gênio de Cervantes, de Lope de Vega, de Velázquez e de Zurbarán, durante o qual, politicamente debilitada, impõe-se aos seus vizinhos pela irradiação de sua cultura que, especialmente no domínio literário, suscita, para além de suas fronteiras, uma série de imitações[2].

E acrescenta, em seguida, sua própria interpretação: "Proponho chamar Século de Ouro à memória seletiva que conservamos de uma época na qual Espanha manteve um papel dominante no mundo, quer se trate da política, das armas, da diplomacia, da moeda, da religião, das artes e das letras".

No âmbito artístico, a riqueza proporcionada pelo ouro e pela prata suscitaram uma enorme produção, mantida por mecenatos reais, ordens católicas, corporações, confrarias ou ricas famílias privadas: reformas urbanísticas e construções arquitetônicas, encomendas pictóricas, escultóricas, de mobiliário, de ourivesaria e de

2. *La España del Siglo de Oro*, Barcelona: Crítica, 1986, p. 9-10.

peças musicais. Tanta demanda por arquitetos, mestres de obras, pedreiros, serralheiros, entalhadores, pintores, ebanistas, joalheiros e músicos fez com que as necessidades ultrapassassem a própria capacidade de trabalho de artistas e artesãos espanhóis, sendo necessário atrair e contratar no estrangeiro, sobretudo na Itália. Um tal dinamismo espalhou-se por quase todas as regiões espanholas, não se limitando às maiores cidades: para além de Madri, Toledo, Salamanca, Valladolid, Valência ou Sevilha, obras grandiosas de arquitetura ou importantes de pintura e de escultura foram produzidas em Cáceres, Medina del Campo, Jaén, Granada, Málaga, Lorca, Tafalla ou Briviesca, para citar alguns poucos exemplos.

II. *A Literatura*

É bastante conhecida a transformação cultural que se operou no Renascimento, e isso sob qualquer ponto de vista pelo qual se analise o período. Curiosamente, no entanto, aquela nova era, capaz de mudanças tão revolucionárias, soube não apenas respeitar o passado, mas voltar às fontes de suas literaturas greco-romanas: à filosofia, à eloquência (gramática, retórica, filologia), à poesia e ao teatro. Assim, por exemplo, na dedicatória que Antonio de Nebrija fez à rainha Isabel, quando da publicação de suas *Introduções Latinas*, lembrou-se o autor de que "todos os livros em que estão escritas as artes dignas de todo homem livre jazem em trevas sepultadas". Daí a necessidade imperiosa de se estudar as línguas antigas e traduzir os livros nelas escritos, para se chegar ao "conhecimento de todas as artes que dizem *de humanidade*, porque são próprias do homem enquanto homem". O regresso ao passado punha-se como condição indispensável ao desenvolvimento intelectual do presente, caracterizado não só por um crescente espírito científico, como pelos *studia humanitatis* e a retomada de seus ideais, já então considerados clássicos.

É ainda Nebrija quem está convencido, como de resto os humanistas italianos, aos quais acompanha, de que "o grande milagre das letras nos dá a faculdade de falar com os ausentes e escutar agora, dos sábios antepassados, as coisas que disseram". Assim é que, desde os seus inícios, no que seria depois conhecido como a Idade de Ouro, os autores não pretenderam ser inteiramente originais, mas seguir, de alguma forma, os grandes antecessores que iam sendo aos poucos relidos. Assim, quando Góngora escreve que o amor está armado de veneno, "qual, entre flor e flor, serpe escondida", ouve-se aqui o eco de Virgílio: "está oculta a serpente entre a erva" (*latet anguis in herba* – Égloga II). E como Baltasar Castiglione recomenda em seu *Cortesão*, obra admirada e traduzida por Juan Boscán, o escritor deve oferecer "um pouco de dificuldade, uma certa agudeza substancial e secreta", para que o leitor tenha o prazer de se esforçar e entender coisas um pouco mais difíceis. Tal influência, que Boscán e Garcilaso de la Vega difundiram na Espanha, nas primeiras décadas do século XVI, aos poucos se consolidaria nos estilos maneirista e barroco.

Naquele momento, passam a conviver e a ser objeto de disputas facciosas várias formas poéticas: as medievais, as da antiguidade e o novo estilo italianizante, sobretudo o soneto, o hendecassílabo e o cavalgamento (*enjambement*). Retoma-se com mais esmero a poesia lírica de cancioneiros quatrocentistas, disposta em octossílabos, reforçando-se certas figuras de linguagem, como as paronomásias e os poliptotos. E se utilizam ainda as antigas elegias, odes, églogas (com seus personagens pastoris) e salmos bíblicos.

Dois outros gêneros também continuam em voga no século XVI: os romances e a poesia popular. Os romances, habitualmente impressos em cordel ou *pliegos sueltos*, podem ser classificados em históricos ou lendários e de cavalaria. Embora a qualidade literária dos romances de cavalaria seja exígua (segundo critérios da alta cultura, como, por exemplo, os de Cervantes), o sucesso de público mostrou-se enorme, se dermos crédito, de um lado, à quantidade de títulos impressa entre 1501 e 1650 – mais de 260 –, assim como a certos registros de homens e mulheres de letras, tais como Juan de Valdés, que "comia as mãos com as mentiras dos livros de cavalaria", ou ainda Teresa de Jesus: "tão extremamente nisto me embevecia que, não tendo um livro novo, não me parecia estar contente"[3]. O vício de Dom Quixote continha, portanto, fortes razões históricas.

Posteriormente, surgiriam os novos romances, sobretudo os amorosos e os pícaros, mas haverá também os pastoris e os mouriscos. Aos amorosos dedicam-se alguns dos maiores escritores da época, como Cervantes, Lope de Vega, Francisco de Quevedo, Luis de Góngora ou Liñán de Riaza. Aos pastoris, entre outros, Jorge de Montemayor, Gil Polo, Luiz Gávez de Montalvo e, mais uma vez, Lope de Vega.

Quanto à poesia popular, anônima ou autoral, é quase sempre expressa musicalmente em vilancicos ou vilancetes, e elaborada em redondilhas maior ou menor. Ao longo do período, vão surgindo coleções desses gêneros, como o *Cancionero de Romances*, de Martín Nucio, o *Cancionero Musical de Palacio* (anônimo), o *Cancionero General*, de Hernando del Castillo, ou a *Silva de Varios Romances* (três partes), recolhida por Esteban de Nájera.

Em 1585, vem a lume a publicação completa de *De los nombres de Cristo*, de Fray Luis de León, obra que estabelece, com indiscutível maestria, a exuberância e a beleza da prosa castelhana para tratar assuntos anteriormente reservados ao latim –

> Era pelo mês de junho, às voltas da festa de São João, ao tempo em que em Salamanca começam a cessar os estudos, quando Marcelo, após um período tão largo, como é o de um ano da vida que ali se vive, retirou-se a um porto de mais sabor, à solidão de uma granja que, como sabe vossa mercê, há em meu monastério, na ribeira do Tormes"[4].

Já a consolidação da *comédia* (termo utilizado então para toda representação dramática, independentemente de seu gênero) chega nos inícios do século XVII, pondo um digno fecho ao caminho traçado desde Enzina e Lope de Rueda.

---

3. Carlos Alvar et alii, *Breve Historia de la Literatura Española*, [S.l.], Alianza, 1997, p. 291.
4. *De los Nombres de Cristo*, 1585.

De um amplo ponto de vista espiritual, e de acordo com a abalizada opinião de Otis Green,

ao se falar do conteúdo da literatura espanhola, apresso-me a explicar que ele é ocidental, não oriental. Existem harmônicos orientais, seguramente, mas evito tal questão. Não faço senão permitir que falem os textos, centenas de textos. E estes mostram, claramente, que o conteúdo é o da cristandade ocidental, ainda que com uma especial aderência conservadora à *Bíblia*, aos Padres da Igreja e aos escolásticos – aderência que faz ser quase incrível que Quevedo, Gracián e Calderón fossem, como foram, contemporâneos de Hobbes, de Locke e Leibiniz [...] É possível fazer uma síntese do cristianismo e da cultura? A resposta é, naturalmente, que sim. Isto não quer dizer que a síntese fosse fácil nem completa; mas foi praticável [...]. Antonio Lopez de Vega, em suas *Paradoxas Racionales*, escreveu em 1635: "não se perde o crédito de cristão e concordo em fazer um desafio. Uma culpa se comete contra a lei divina, é verdade: mas sem perder o crédito de cristãos, cometemos muitas contra ela, todos os dias; mas nem por isso duvidaremos de pôr a vida pela verdade da lei nem chegar a duvidar de que o faremos, quando a ocasião o pedir". Como puderam tais declarações, que desvalorizam o nosso mundo, chegar a ser a *Weltanschauung* daqueles jovens povos europeus, tão dinâmicos todos eles? Estes povos novos estavam dispostos a entregar-se ao demônio para ganhar o mundo: *e non se parte dende, ca Natura lo enriza*, o homem não renuncia ao pecado, porque a Natureza a ele o incita', disse o Arcipreste de Hita[5]. Os povos da Europa Ocidental se parecem aos filhos de Israel no Deserto – uma larga vacilação entre Baal e Jeová[6].

O que ressalta da imensa produção literária do Século de Ouro é uma indisfarçável discussão sobre a condição humana e suas responsabilidades; sobre os meios de que dispõe para sua salvação; sobre a natureza do mal; sobre os fracassos pessoais e mesmo nacional, resultados do pecado. O famoso *desengaño*, presente nesta literatura, sobretudo em sua fase barroca, ou seja, o conhecimento revelado pela dor, não é outra coisa senão a desilusão com o terreno,

---

5. Referência a Juan Ruiz (1284?-1351?), clérigo, autor do *Libro del Buen Amor*.
6. España y Tradición Occidental, *Actas Del Primer Congreso Internacional de Hispanistas*, Oxford, 1962, p. 71-72.

o movediço e efêmero, comparada com o desejo do divino, da certeza e do infinito.

III. *A Literatura Dramática*

É conveniente saber-se, antes de tudo, que na época do Siglo de Oro uma peça de teatro era escrita primeiramente para ser encenada, e só após sua representação adquiria a possibilidade de ser impressa. Para tanto, o autor a vendia a um diretor de companhia (curiosamente chamado de *autor*), tendo em vista ganhar alguma repercussão pública e, com isso, ser aceita por um editor ou impressor. Ainda assim, este último costumava publicar uma série ou coleção de peças então denominadas *Partes*, podendo abranger cerca de uma dezena delas. Com todo esse processo, não era raro haver modificações no texto, fossem elas feitas pelos atores em suas representações, fossem pelo editor, segundo suas conveniências mercantis.

De um ponto de vista formal, quase todo o teatro clássico da época encontra-se escrito em versos, tanto em sua forma italianizante (endecassílabos) como na tradicional da península, o octossílabo. Ao mesmo tempo, a polimetria constitui a marca da composição dramática, ou seja, nos deparamos com estruturas diversas, variando dos dísticos, tercetos, quartetos a estrofes mais longas de até dez versos. O uso de uma ou de outra estrofe quase sempre se relaciona com o tipo de personagem (nobre, popular), com o tema ou com o ritmo da ação representada. E um tom mais elevado corresponderá sempre a um aristocrata, ao galã, à dama, a não ser que se queira, na boca de um empregado ou lacaio, criar-se um efeito burlesco.

A dramaturgia espanhola da Renascença teve em Juan del Enzina (ou Encina) seu primeiro representante. Mais do que dramaturgo, é verdade, Enzina foi poeta e músico, desde que entrou a serviço do duque de Alba, em 1495. E justamente por ter sido preterido na obtenção de uma vaga de cantor da catedral de Salamanca, em 1498, transferiu-se para a Itália, tornando-se ali um "comensal" na corte do papa Alexandre VI. No Vaticano permaneceu até 1518, quando obteve o cargo de prior da catedral de León, onde veio a falecer em alguma data entre 1529 e 1530.

Sua dramaturgia está constituída sobretudo por églogas, ou seja, por textos poéticos que representam personagens e situações campestres. A escolha dessa forma revela influências medievais e, especialmente, de Virgílio, autor admirado por Enzina. Também por ela se nota respeito ou mesmo uma nítida preferência pelo modo e valores da vida agreste, embora sempre tenha sido um homem urbano e de letras. Se seus personagens rústicos, ou seja, pastores e agricultores, são comumente falastrões, glutões e mesmo tolos, tais características não têm uma finalidade depreciativa, mas revelam, antes de tudo, a procura e o reconhecimento de uma singeleza muito próxima do ambiente natural. É por esse motivo que em suas obras se consolidam os traços típicos do homem do campo e, como ressaltam E. Wilson e D. Moir, "às vezes parece rasteiro em presença de nobres, mas se orgulha de suas raízes e da vida campestre. Também se mostra orgulhoso, até à jactância, de sua habilidade em tocar flauta, dançar e cantar, ocupações que tende a preferir ao tedioso dever de guardar seus rebanhos"[7]. Em suas representações, é perceptível, de um lado, a secularização do drama religioso e, de outro, nota-se o desenvolvimento dos "monos" cortesãos, encenações curtas e engraçadas que acompanhavam os banquetes, finalizados por dança e canto. Daí o uso frequente de vilancicos, em circunstâncias apropriadas ou no término das peças. Tem-se ainda por certo que suas primeiras obras foram apresentadas no palácio do duque de Alba durante as festas de carnaval, da semana santa e do Natal, pois esse era um hábito das aristocracias espanhola e italiana.

Contemporâneo de Enzina foi Gil Vicente, apontado por Dámaso Alonso como o maior dramaturgo europeu antes de Shakespeare. Vicente escreveu onze peças em castelhano, dezessete em

---

7. *Historia de la Literatura Española*, op. cit., v. 3, p. 27.

português e dezesseis em que mesclou ambas as línguas. E o *Cancionero*, de Juan del Enzina (publicado em 1496) serviu-lhe como referência inicial para suas primeiras três peças, redigidas em espanhol (os autos *da Visitação, Pastoril Castelhano* e *dos Reis Magos*). Como sublinhou T. P. Waldron na introdução que fez à *Tragicomédia de Amadis de Gaula*[8], todos eles poderiam ser classificados como de *caráter rústico*, aos quais se seguiriam moralidades, farsas, fantasias e comédias sentimentais, às vezes combinando-as entre si. A propósito, o *Auto da Visitação*, ou *Monólogo do Vaqueiro*, foi escrito, como o fez várias vezes Enzina, no registro sayaguês, ou seja, na forma de falar da localidade zamorana de Sayago, considerada uma tosca variação do alto castelhano. Na opinião de Wilson e Moir,

até que ponto Gil Vicente superou a arte de Juan del Encina [...] na década seguinte é algo que se pode apreciar com toda a clareza no famoso *Auto da Sibila Cassandra*, posta em cena, provavelmente, em dezembro de 1513. Esta é uma de suas obras mestras e não só a melhor obra de tema natalino escrita em castelhano, mas, inclusive, a mais divertida das peças espanholas de todo o século XVI[9].

À maneira de Enzina escreveram também Pedro Manuel de Urrea (*Cancionero*, 1516), de Aragão, e Lucas Fernández (*Farsas y Églogas*, 1514), de Salamanca.

Outra personalidade marcante desta primeira fase renascentista foi Bartolomé de Torres Naharro, a quem se devem as mais evidentes influências italianizantes do teatro espanhol. Tendo estudado filosofia em Salamanca, fez-se primeiramente sacerdote e, logo depois, soldado, condição que o levou a Roma. Na capital, e mais tarde em Nápoles, escreveu grande parte de suas peças, entre elas *Serafina, Soldadesca* e *Ymenea*, muito provavelmente sob influência d'*A Mandrágora*, de Maquiavel, e da *Calandra*, de Bibbiena. Na coletânea de sua obra, a *Propalladia* (primeira impressão de 1517, em Nápoles, as demais em Sevilha, entre 1520 e 1573), Torres

---

8. Manchester University, 1959.
9. *Historia de la Literatura Española*, op. cit., v. 3, p. 35.

Naharro oferece um entendimento particular sobre a criação teatral, do qual citamos o seguinte trecho, por si só esclarecedor:

comédia não é outra coisa senão um artifício engenhoso de notáveis e alegres acontecimentos, por pessoas que se disputam. Sua divisão em cinco atos não somente me parece boa, mas muito necessária; embora eu os chame jornadas, pois mais me parecem lugares de descanso do que outra coisa, o que faz a comédia ficar melhor entendida e recitada; por meu voto, o número de pessoas a serem introduzidas não deve ser tão pouco que pareça festa secreta, nem tanto que engendre confusão. Ainda que em nossa comédia *Tinellaria* se tenham introduzido vinte pessoas, pois o assunto não o quis menos, o número honesto me parece que seja de seis e até doze pessoas. O decoro nas comédias é como comandar o navio, o qual o bom comediante sempre deve trazer ante os olhos. É decoro uma justa e decente continuação da matéria, dar a cada um o que é seu, evitar as coisas impróprias, usar de todas as legítimas, de maneira que o servo não diga nem faça atos de senhor *et e converso* [...] Quanto aos gêneros de comédia, a mim me bastariam duas para a nossa língua castelhana; comédia de notícia e comédia de fantasia. Notícia se entende como coisa conhecida e vista em realidade, como são *Soldadesca* e *Tinellaria*; de fantasia, de coisa fantástica ou fingida, que tenha cor de verdade, embora não o seja, como *Serafina* e *Ymenea*. Como partes da comédia, também bastariam duas, *scilicet* (o que se entende naturalmente): introito e argumento[10].

Lope de Rueda consagrou-se profissionalmente à vida teatral, tendo sido, simultaneamente, um dos primeiros dramaturgos, atores e chefes de companhia, atuando de maneira mambembe em cortes, *corrales* e outros lugares públicos. Cervantes, que o viu quando jovem, relatou no prefácio de *Oito Comédias e Oito Entremezes*:

lembrava-me de haver visto representar o grande Lope de Rueda, varão insígne na representação e no entendimento [...] foi ainda admirável na poesia pastoril e, nela, nem então ou depois ninguém lhe foi melhor [...] nos tempos deste célebre espanhol, todos os aparatos de um autor de comédias reduziam-se a uma tela de tecido ordinário, quatro samarras guarnecidas de couro e desenhos dourados, quatro barbas e cabeleiras e quatro

---

10. Apud Sanchez Escribano; Porqueras Mayo, *Preceptiva Dramática Española del Renacimiento y el Barroco*, Madrid: Gredos, 1965, p. 61-62.

cajados, mais ou menos. As comédias eram uns colóquios, como églogas, entre dois ou três pastores e alguma pastora; adereçavam e dilatavam-nas com dois ou três entremezes, de uma negra, de um rufião, de um bobo ou de um biscainho, que tais figuras e outras muitas fazia o tal Lope com a maior excelência e propriedade que se pudera imaginar[11].

À diferença da quase totalidade dos autores da época, Rueda optou pela escrita dramática em prosa e duas de suas mais famosas peças – *Armelina* e *Eufêmia*, publicadas em 1567, juntamente com *Medora* e *Os Enganados* – possuem antecedentes italianos: *Armelina* utiliza elementos de *Il Servigiale*, de Giovanni Cecchi, e de *L'Altilia*, de Francesco Raineri; *Eufêmia* provém de uma das jornadas do *Decameron*.

Antes do aparecimento de Lope de Vega, uma figura importante da segunda metade do século XVI no âmbito teatral foi Juan de la Cueva, o primeiro autor a dramatizar as crônicas de Espanha, extraindo-as dos cancioneiros já impressos. São dele, por exemplo, a *Comedia de la Muerte del Rey don Sancho y Reto a Zamora*, a *Comedia de la Libertad de España por Bernardo del Carpio* e *Tragedia de los Siete Infantes de Lara*.

Também Cervantes, na mesma época, compôs bastante para o teatro, como ele mesmo assevera no já mencionado prefácio:

atrevi-me a reduzir as comédias para três jornadas, de cinco que tinham; mostrei, ou, para melhor dizer, fui o primeiro a representar as imaginações e os pensamentos escondidos da alma, trazendo figuras morais ao teatro, com gostoso e geral aplauso dos ouvintes; compus neste tempo até vinte comédias ou trinta, que todas elas se recitaram[12] [...] Tive outras coisas com que ocupar-me, deixei a pluma e as comédias, e logo entrou o monstro, o grande Lope de Vega, e alçou-se com a monarquia cômica.

Dos entremezes que nos ficaram, quatro são de fina comicidade: *O Juiz dos Divórcios*, *O Velho Ciumento*, a *Cova de Salamanca*

11. Madrid: Schevill y Bonilla, 1915, p. 5 e 6.
12. Das duas ou três dezenas indicadas, restaram apenas duas: *O Tratado de Argel* e *O Cerco de Numância*.

e o *Retábulo das Maravilhas*. Brecht, aliás, confessou tê-los como paradigma de sua peça *O Casamento do Pequeno Burguês*.

A chegada de Lope de Vega y Carpio, como já mencionada por Cervantes, consolidou as experiências passadas e, ao mesmo tempo, renovou as perspectivas da dramaturgia espanhola. Adotou a estrutura trinitária, ou seja, em três atos, optou pela utilização de métricas variadas, na dependência de personagens ou de situações, e recorreu habitualmente à presença de um "gracioso", quase sempre um criado, incumbido das burlas perspicazes ou das expressões ingênuas e tolas, independentemente da característica da peça ou da gravidade do assunto.

Lope teve uma vida extremamente conturbada, de extremos de alegria e desgosto, sendo, às vezes e simultaneamente, soldado, secretário de cortes, sacerdote, escritor e um verdadeiro "dom Juan" *avant la lettre*. Nas duas últimas condições, revelou-se insaciável e escandaloso. Poeta, novelista e dramaturgo, espanta-nos pela fertilidade. Quando publicou *O Peregrino em Sua Pátria*, ainda em 1604, já mencionava no prefácio ter escrito 219 peças até aquele momento. Na Égloga a Cláudio, uma de suas últimas obras, referiu-se a "mil e quinhentas fábulas" já escritas. Por escrever de modo tão prolífico,

era capaz, e com frequência o demonstrou, de pensar e de escrever muito ingenuamente, e que compôs muitas obras medíocres, que parecem ter sido improvisadas despreocupadamente em um par de dias" (ainda assim), Lope foi uma das maiores inteligências de uma época que se vangloriava de sua argúcia intelectual, e suas melhores obras revelam amiúde que a uma vasta cultura se acrescentam a sutileza e a profundidade. Para seus contemporâneos, foi a fênix intelectual, a fênix da Espanha[13].

Os temas aos quais Lope se dedicou variaram muito e, grosso modo, podem ser distinguidos em comédias galantes e amorosas, como *A Dama Boba*, *Os Melindres de Belisa* ou *O Cachorro do Hortelão*; comédias pastoris, como *Arcádia*; peças baseadas em romances de

13. *Historia de la Literatura Española*, op. cit., v. 3, p. 89.

cavalaria, como *A Mocidade de Roldán* e *O Marquês de Mântua*; peças bíblicas, como *A Criação do Mundo* e a *Primeira Culpa do Homem* e *A Formosa Ester*; de história antiga, como *Roma Abrasada*, e as de caráter ético-político, como a famosa *Fuente Ovejuna*.

A respeito desta última, uma análise importante para sua compreensão foi trazida por García Valdecasas, expressa em *El Hidalgo y el Honor*, considerando a ideia alargada de honra e a necessidade do comportamento moral, indispensáveis aos poderes do Estado e à condição nobiliárquica:

a nobreza consiste apenas na virtude. Onde haja ou possa haver virtude, haverá ou poderá haver nobreza. Todas as demais condições são secundárias; uma linhagem nobre não implica nobreza; implica apenas a obrigação de ser nobre; de alguém que é de nobre estirpe esperamos uma nobre conduta; a virtude se prova com obras, assim como a árvore com seus frutos. Por consequência, todos os homens são filhos de seus próprios feitos"[14].

Em *Fuente Ovejuna*, vê-se que Lope entende a nobreza de espírito como uma qualidade extensiva a todas as classes sociais, as quais têm direito inalienável à honra e ao respeito. O modo de agir do Mestre de Calatrava torna-se indigno de uma autoridade por não respeitar tal princípio ético. Daí a plena justificativa da revolta camponesa. E o mesmo tema, tratado diferentemente, reaparece em *O Melhor Alcaide, o Rei*.

Um dos grandes sucessores de Lope foi, sem dúvida, Guillén de Castro y Bellvís, autor de um épico magnífico, *As Mocidades do Cid*, que serviu de modelo ao de Corneille (não lhe sendo em nada inferior), além de *O Conde de Alarcos*, *Dom Quixote de la Mancha* (baseado, obviamente no romance de Cervantes) e *O Amor Constante*, obra em que o tiranicídio, como em *Fonte Ovejuna*, volta a ser justificado. Outro, Juan Ruiz de Alarcón (y Mendoza), nascido no México, autor que se caracterizou por uma defesa idealista da honra e de uma moralidade universal, de que são exemplos as peças *A Verdade Suspeitosa*, *As Paredes Ouvem* e *A Prova das Promessas*.

14. *Revista de Occidente*, Madri, 1958, p. 9-10.

Quanto a Tirso de Molina, pseudônimo do frade Gabriel Téllez, conseguiu fazer imprimir sua obra de estreia em 1624, em Madri – *Cigarrales de Toledo* (Sítios de Toledo), uma miscelânea de histórias curtas em prosa, versos e textos dramáticos, como *El Vergonzoso en Palacio*. Em 1625, a Junta de Reforma dos Costumes recomendou ao rei Felipe IV e aos superiores de sua ordem, a da Mercê, que o retirassem da capital e o impedissem de escrever coisas profanas, dados os seus "maus exemplos". Por coincidência ou não, no ano seguinte foi mandado a Trujillo na qualidade de prior do convento, e só regressou a Madri em 1634. A partir de então, dedicou-se com mais frequência à publicação de obras teatrais, além de suas produções líricas.

Se não foi ele o criador desse tipo já imortal, "dom Juan", deu-lhe, no entanto, todas as características que o converteram em marco e tradição do teatro. O destino recorrente da personagem pode ser vislumbrado pelas seguintes sequências: *La Venganza en el Sepulcro*, de Alonso de Córdoba y Maldonado; *No Hay Plazo que no se Cumpla ni Deuda que no se Pague*, de Antonio Zamora; *El Estudiante de Salamanca*, de José de Espronceda; *Don Juan Tenório*, de José Zorilla (no qual Juan é salvo pelo amor de Ana); *Don Juan de Mañara*, de Hermanos Machado, *Juan de España*, de Gregório Martínez Sierra; *El Hermano Juan*, de Unamuno; *Las Galas del Difunto*, de Valle-Inclán; *Don Juan*, de Molière; *Don Giovanni*, de Mozart e de Da Ponte.

Como Tirso não incluiu a peça em nenhuma das *Partes* de suas comédias, e como o texto tem semelhanças com outro da mesma época – *Tan Largo Me lo Fiáis* –, por vezes atribuído a Calderón de la Barca, a paternidade da obra manteve-se em discussão, embora sempre a favor de Tirso. Um dos maiores analistas do período, Alberto Sloman[15], que colacionou minuciosamente os textos, chegou à conclusão de que se trata de duas versões de um mesmo autor e que *O Burlador* é a segunda e mais aperfeiçoada.

---

15. The Two Versions of El Burlador de Sevilla, *Bulletin of Hispanic Studies*, n. 42, 1965, p. 18-33.

Seu outro sucesso permanente, desta feita no gênero cômico, é *Dom Gil das Calças Verdes*, uma história amorosa em que a jovem dona Juana mostra-se engenhosamente disposta a reconquistar o prometido noivo.

Por fim, convém lembrar que Tirso elaborou enredos em que dois personagens dividem a condução da peça, ou seja, compartilham o protagonismo e, como Juan de Alarcón, sempre procurou sublinhar o aspecto moralizante dos fechos dramáticos.

Calderón de la Barca, de família fidalga, foi educado no Colégio Imperial dos Jesuítas, encaminhando-se depois para Salamanca, onde estudou direito canônico, sem, no entanto formar-se. Começou a publicar poemas em 1620 e a escrever composições dramáticas em 1623, já elogiadas por Lope de Vega, obras que foram inicialmente levadas aos teatros populares (como *Purgatório de São Patrício* e *O Sítio de Breda*) e, logo depois, às cortes nobiliárquicas, locais que, na verdade, parecem ter sido os de sua preferência.

Calderón escreveu mais de 120 peças laicas, muitos entremezes e cerca de setenta autos sacramentais, muitos deles após ter-se ordenado padre em 1651. Pela quantidade e pela qualidade, foi, sem dúvida, o grande dramaturgo do último período áureo, ou seja, o do reinado de Felipe IV. Seu primeiro sucesso aconteceu com *O Príncipe Constante* (1628/1629), baseado na vida e no martírio do rei Fernando de Portugal, morto em Argel. A esse drama seguiram-se algumas comédias amorosas: *A Dama Duende*, *Casa com Duas Portas é Difícil de se Guardar*, nitidamente de gosto cortesão, isto é, destinadas mais ao público dos salões e, em especial, para o então recém-erguido *Buen Retiro*, palácio madrilenho onde havia cenógrafos italianos contratados.

Entre os dramas do autor, escritos na década de 1630, avultam *O Médico de sua Honra*, *Para Secreto Agravo, Secreta Vingança* e *A Vida é Sonho*. Se os dois primeiros dizem respeito a um tema comum da época – honra e virtude –, o último constitui uma alegoria simultaneamente teológica e religiosa – a de que não apenas valores materiais como riqueza e poder são na verdade sonhos, pois que incertos e evanescentes, mas de que a própria vida é uma forma paradoxal de graça e de condenação. Uma duplicidade que se reencontra em uma sua obra hoje pouco mencionada: *Na Vida Tudo é Verdade, e tudo é Mentira*.

Antes de se engajar como soldado nas tropas reais que combateram a chamada Revolta da Catalunha, que perdurou de 1640 a 1642, escreveu também, entre muitas outras, *O Alcaide de Zalamea*, a segunda peça mais famosa depois de *A Vida é Sonho*.

Após 1649, foi incumbido oficialmente de criar dramas sacros alegóricos para as festividades anuais de Corpus Christi, em Madri, e neles dedicou-se a expor os mistérios da fé e da liturgia, ora baseados na *Bíblia*, ora em mitos clássicos e até mesmo em eventos históricos contemporâneos. Seus autos continuaram a ser encenados até 1765, quando o governo da época, por decreto, suspendeu e proibiu o patrocínio público.

IV. *Trupes e* Corrales

O teatro medieval europeu não possuía edifícios apropriados e as representações ocorriam, sobretudo em datas festivas, nas ruas, nas pousadas, em casas particulares, átrios de igrejas e, mais frequentemente, em salões palatinos.

Na Renascença, porém, as produções literárias e musicais destinadas à encenação, ou seja, o teatro e a ópera, assim como a profissionalização crescente de atores e a formação de trupes ou de companhias fixas ensejaram o aparecimento de arquiteturas exclusivas, as populares e as aristocráticas.

Quanto às edificações populares, as mais consagradas foram as soluções dadas pelos teatros isabelino e espanhol, este aqui denominado "corral de vencidad". Tal tipo de construção teve uma evidente influência árabe. Tratava-se de casas contíguas, geminadas, de dois andares, possuindo corredores e um pátio central em comum. Nelas habitavam as gentes do povo, o nascente proletariado urbano: pedreiros, serralheiros, marceneiros, tecelões, sapateiros, criadas domésticas, costureiras e lavadeiras.

Grande parte dos *corrales*, sobretudo no século XVI, foi construída, mantida e economicamente explorada pelas *Cofradías de la Pasión y de la Soledad*, organizações laicas de devotos, autorizadas pela igreja católica a exercerem em seu nome atividades caritativas. As confrarias perceberam a possibilidade de fazer receitas extras com o teatro, para a cobertura de suas despesas com os hospitais, que também mantinham.

Geralmente, o *corral* possuía um pátio central ou espaço ao ar livre destinado aos homens do povo, conhecidos como *mosqueteros*, provavelmente porque na guerra seriam os soldados rasos, incumbidos de portar o mosquete. Esse público, em especial, costumava gritar e vaiar a representação, caso não gostasse dela, chegando a arremessar objetos no tablado. Na parte oposta ao tablado ou área de representação ficavam as *cazuelas*, locais elevados e reservados às mulheres também de origem popular. Aos *aposentos* superiores, que circundavam o pátio, também chamados *palcos*, tinham acesso os nobres e burgueses que os alugavam por um ano ou mais.

Como não havia bilhetes de entrada, no acesso era cobrado um valor mínimo e igual para todos os lugares; após ocupar aquele que pudesse ou lhe convinha, o assistente efetuava um segundo pagamento, de acordo com o local ocupado. Essa segunda cobrança, já no interior do *corral* era feita pelos "aguazis de comédia", espécie de oficiais de justiça que também se encarregavam de manter a ordem pública.

A época em que se começou a construí-los foi a da segunda metade do século XVI, embora haja referências a um *corral de la Olivera* ou *Casa de las representacions i farses* de Valência já em funcionamento em 1530. Com mais certeza, no entanto, mencionam-se os seguintes teatros: do Príncipe, 1562; da Calle del Sol, 1565; da Ponte, 1566; da Pacheca, 1574, todos em Madri; Sevilha, 1570; Valadoli, 1575; Toledo, 1576; Barcelona, 1581; Granada, 1583; Córdoba, 1587, Alcalá de Henares, 1601; Almagro, 1628, o único ainda existente com as características arquitetônicas do período.

As companhias variavam muito em suas dimensões, desde o *bululú*, de um único ator, passando pela de quatro intérpretes, a *gangarilla*, até grupos com mais de quinze atores e atrizes, a *farándula*. As sessões tinham início entre as três e as cinco horas da tarde e, dependendo da época do ano, duravam de duas a três horas e se repetiam ao menos quatro vezes na semana. Compunham-se das seguintes partes, quando a companhia possuía ao menos quatro intérpretes: música instrumental de *vihuela*, canto em grupo e com mais instrumentos, loa introdutória, em versos, a cargo do diretor da companhia, a peça anunciada e dois entremezes nos descansos entre os atos, embora na Andaluzia os entremezes pudessem ser substituídos por danças ao som de castanholas.

No século XVIII, a quase totalidade dos *corrales* foi demolida para dar lugar a teatros neoclássicos de palco italiano.

Newton Cunha

JUAN DEL ENCINA
(DEL ENZINA)

Nascido em La Encina ou em La Encina de San Silvestre, em 1460, morreu em León, em 1529. Seu nome de batismo foi Juan de Fermoselle. Poeta, músico e dramaturgo, ingressou como menino de coro na catedral de Salamanca e, já adolescente, passou ao serviço do segundo conde de Alba, que lhe financiou os estudos de direito na universidade local, tendo sido, provavelmente, aluno de Antonio de Nebrija, o maior humanista de seu tempo. Na corte de Alba compôs e apresentou suas primeiras obras, tanto as poéticas-musicais (vilancicos e romances) como as dramáticas. Em princípios do século XVI viajou para Roma e ali se estabeleceu na corte papal. Tornando-se padre em 1519, viajou para Jerusalém, onde realizou sua primeira missa e, ao retornar, em 1523, instalou-se definitivamente na Espanha como capelão da catedral de León. Sua obra musical, da qual se conservaram 68 peças, encontra-se hoje reunida no *Cancionero Musical*, de Barberini, estabelecido em 1890. É, sem dúvida, um dos maiores representantes da arte musical polifônica da Espanha. Em seu pequeno tratado sobre a *Arte da Poesia Castelhana*, anunciou os novos preceitos renascentistas. Como dramaturgo, Encina é tido como "cavaleiro do teatro medieval e do século de ouro. Nas quinze églogas que dele se conservam, percebe-se a passagem dos marcos medievais para a perspectiva de influência pagã em peças como *Égloga de Fileno, Zambardo e Cardônio,* escrita em oitavas, a *Égloga de Cristino e Febea* ou a *Égloga de Plácida e Victoriano,* nas quais trata do amor de forma trágica, relacionando-o com a intervenção de deuses greco-latinos. A mais conhecida de suas peças, a comédia O Auto do Repelão, reproduz as disputas entre aldeões locais – pastores – e os estudantes da universidade, opondo assim os antigos rurais aos novos citadinos; a população analfabeta à mais culta. Seus restos mortais encontram-se atualmente sob o coro da Catedral de Salamanca.

AUTO DO REPELÃO

Esta peça é uma pequena farsa cômica: Os pastores Pernacurto (de pernas curtas) e João Paramás (capaz de mais), que estão vendendo suas mercadorias na praça, sofrem com as zombarias de uns estudantes que lhes arrancam fios de cabelos e lhes picam com agulhas. Refugiam-se na casa de um cavalheiro, quando chega ali outro estudante que pretende seguir com as impertinências, mas os pastores, vendo que ele está sozinho, o expulsam com violência. O título refere-se à burla do repelão e a peça se caracteriza por sua comicidade popular, estruturada sobre o esquema da troça a pessoas rústicas, cujos nomes e linguagem denunciam essa condição, bem como aponta para uma certa crítica aos estudantes, já que "a alguns não aproveita / tanto quanto o estudado" e eles se dedicam a importunar os pastores.

O desenlace se organiza sobre a estrutura do burlador burlado que castiga o estudante submetendo-o às pauladas dos pastores, em uma inversão jocosa, característica da comicidade. Este final "a pauladas" tornou-se um tópico de muitos entremezes posteriores. O ritmo dá à peça o tom do teatro de bonecos e, embora o esquema seja ainda rudimentar em suas dimensões, resulta ser uma peça digna de apreço.

No qual se introduzem dois pastores, Pernacurto e João Paramás, que vendem suas mercadorias na praça. Chegam certos estudantes que os repelem e enxotam, fazendo-lhes troças ainda piores. Ao escapar dos estudantes, os camponeses se perdem um do outro. João Paramás vai à casa de um cavaleiro; entrando na sala, e vendo-se fora de perigo, começa a contar o que lhe aconteceu. Sobrevém por último Pernacurto que lhe diz que as coisas se perderam. E, enquanto conversavam, entra um estudante, para reforçar a zombaria, ao qual, por estar só, expulsaram da sala.

   João Paramás canta um vilancico.

JOÃO PARAMÁS: Afastai e dai lugar!
     Deixai entrar, Deus do céu!
     que não me deixaram pelo
     na cachola pra puxar.
     Mandai, meu senhor, fechar
     aquela porta de fora
     pois me segue um bando agora
     qu'é de muito atormentar.

     Não há, senhor, para um homem
     lugar aqui mais seguro.
     Por Deus, por Deus que vos juro,
     pra que o juramento dobre.
     Mesmo que à burra não cobre
     nem o gado arrebanhasse,
     ou à praça retornasse.
     Não, por um dejúrio nobre.
     Afora, andam por alto,
     na praça, os jovens brigões;
     se estivessem em grilhões,
     e não viessem de um salto,
     não trariam como eram
     as roupas bem desfiadas
     que as pessoas honradas
     muito barato fizeram.

Ah, corpo de Santo Antão,
como está o homem acossado!
Ainda estou pasmado
com tanta vigiação.
Dói pro diabo tal montão
de gente endiabrada!
Minha força pus dobrada
pra sair de um repelão.

Certamente vou-me honrado
da cidade desta feita;
a alguns não aproveita
tanto quanto o estudado.
Outro muito mais gastou.
Cá por mim, sem saber ler,
aqui me deram a saber
já que o couro me custou.

Ah, nunca medre a ciência,
e o puto que a desejar!
Quem me puder acreditar,
não estude tal sabência,
que juro por consciência,
que se muito a estudara,
muito caro me custara,
– caganeira ou demência.

Queira a Deus que não brincassem
com outros dessa maneira
pois não passa de asneira,
sem que muito duvidassem.
Que faria se montassem
nas burras com suas cilhas
– ladrões já postos nas trilhas
– que, valha-me Deus, as furtassem.

Entra Pernacurto.

PERNACURTO: Lá vai tudo para o diabo,
 burras, cestas e o porró!
 Não lhes têm mais tino e dó
 do que cães de pelo e rabo.
 Inda m'espanto e não gabo
 por aquilo mal vivido.
 Mais gostaria ter ido
 para o labor em que trabalho.

JOÃO PARAMÁS: Oh, pesar de São Botim!
 E as burras estão perdidas?

PERNACURTO: Por Deus, dá-lhe tu por idas!

JOÃO PARAMÁS: Te jurava, São Martim,
 que para um cussaruim
 dará prazer a partida.

PERNACURTO: A tua estava parida?

JOÃO PARAMÁS: Mas já prenhe de um rocim!
 Deus, que deste mau abuso
 haveremos de contar!

PERNACURTO: E ao teu amo pagar,
 conforme seu modo e uso.

JOÃO PARAMÁS: Não, que a paga não se escusa.
 Fideputa! É o que é!
 Se lhe deves um merré,
 verás como te acusa.

PERNACURTO: A ver se hás de pagar
 até o último guinéu.

JOÃO PARAMÁS: Tu podes jurar ao céu
 que vai querer me levar
 o que se deve ganhar
 pela burra e sua prenhez.

PERNACURTO: Não, que velho já se fez
  e bem pode perdoar.

JOÃO PARAMÁS: Tenho pudor pela guarda
  da burra e por seu amanho;
  e hei de lhe dar meu ganho
  que mais ainda se tarda.

PERNACURTO: Tu não contas com a albarda,
  que era quase novinha?

JOÃO PARAMÁS: Mas essa é outra farinha.
  Caro vai custar a parda.

PERNACURTO: Voltemos para catar
  lá onde estávamos antes,
  entre aqueles estudantes.

JOÃO PARAMÁS: Oh desprazer a medrar!
  Sem culpa e ainda pagar
  as burras com tais dezenas.
  Melhor pentear as melenas.
  Vil seja se ali voltar!
  Faço da cruz o sinal
  pra que nunca à vila venha.

PERNACURTO: Jura ruim é dura senha!
  Será sim mais natural
  trilhar o curso normal
  após teres olvidado
  o que te traz assustado.

JOÃO PARAMÁS: Já sabe o cão do moinho
  onde não mete o focinho.

PERNACURTO: Por pouco não quis eu rir
  do teu medo hoje passado.

JOÃO PARAMÁS: Ao me ver encurralado,
  sem ter por onde sair,
  e não podendo fugir,
  apertou-me esta alma,

> invadiu-me tanta calma,
> que a mim me pensei transir.

PERNACURTO: Ao que vias achegar
> dois porretes ajuntados.

JOÃO PARAMÁS: Estavam tão apegados
> que não me podia mandar.
> Comecei a levantar,
> e se fez tal remoinho,
> sem poder abrir caminho
> pra fugir e apelar.

PERNACURTO: Fideputa e que zagal!
> Cá em má hora vieste.

JOÃO PARAMÁS: E a ti, pastor e pedestre,
> não te fizeram igual?

PERNACURTO: Te juro por São Doval
> que caso me repelissem
> talvez bem fartos se vissem
> de pancadas e de mal.

JOÃO PARAMÁS: Estás seguro de ti?
> Certo do que estás dizendo?
> Pois por que vinhas correndo
> quando entraste por ali?

PERNACURTO: Porque pensava que aqui
> te estavam rebotando.

JOÃO PARAMÁS: Não estavas receando
> de alguém vir atrás de ti?
> Se tu aqui os acharas,
> me tendo vindo enxotar,
> tu me fazias soltar,
> por muito que trabalharas?

PERNACURTO: Se mirasses, tu verias,
> com o que lhes deixara,
> que proveito alcançarias.

JOÃO PARAMÁS: E tu bem te livrarias.
 Juro por São Salvador
 que se a ti falar ouviram
 com bom prazer se avieram,
 tendo-te por fiador.
 Trouxeram-te ao derredor
 por teus bastos cabelões,
 sem te valerem razões
 de padre ou corregedor.
 Com um porrete arrimado,
 vibrando naquelas costas,
 não fugirias sem respostas,
 mesmo fugindo confiado.

PERNACURTO: Em outras me vi achado
 em que muita pressa havia;
 mas como mais não podia,
 fugi pelo descampado.

JOÃO PARAMÁS: Eu também urdi assim
 por amor dos meus cabelos,
 do pescoço e tornozelos.
 Maldito aquele que cuidou
 de correr atrás de mim
 E por fim não aguentou.

PERNACURTO: Mas é certo não deixar
 nossos pés adormentar.

JOÃO PARAMÁS: Por minha fé, por que não?

PERNACURTO: Ora, sus, nos preparemos.
 Vamos, se gostas de ti.

JOÃO PARAMÁS: Mas, por tua vida, aqui
 nós dois nos alojemos.

PERNACURTO: Ao diabo, que nos perdemos,
 teimando em aqui pousar.

JOÃO PARAMÁS: Nunca te vi altercar;
 relaxa, e então folguemos.

PERNACURTO: Dá-se então esse aparato
 pra obter algum proveito!?

JOÃO PARAMÁS: Senta-te e te põe direito.

PERNACURTO: Anda, que não quero hiato.

JOÃO PARAMÁS: Por que tu és tão vezeiro,
 se a graça de Deus te inunda?

PERNACURTO: Não me posso c'uma bunda.

JOÃO PARAMÁS: Quê! tens algo no traseiro?

PERNACURTO: No fim me pôde caber,
 daquelas fanfarronadas,
 na bunda duas pauladas
 e mais não puderam fazer.

JOÃO PARAMÁS: Fideputa! E que prazer!
 No rabo te pelejavam.

PERNACURTO: Só a ele se apegavam.

JOÃO PARAMÁS: Assim devia de ser.

PERNACURTO: Cala, que me vingarei.
 Não agora, mas depois,
 porque vão de dois em dois
 colher os grãos toda a grei.
 E pelo mal feito cá
 lá darei em dobro a paga.

JOÃO PARAMÁS: Faz o voto e o afaga.

PERNACURTO: Juro ao céu que se fará.

JOÃO PARAMÁS: Grãputa, quem te veria
 metido com essa laia.

PERNACURTO: Teriam razão da guaia
 se no campo fosse a tosquia.

E não faria deslizes
mesmo por oito cercado.

JOÃO PARAMÁS: Não te haveriam esfolado
se fosse como tu dizes.

PERNACURTO: Não é de todo um mau ano.
Por que assim me tratar?

JOÃO PARAMÁS: Bem os podes esperar
com um ajustado plano.

PERNACURTO: Pesados vão ser os danos
se lançar com minha funda
a puta pedra rotunda
para ensinar os maganos.

JOÃO PARAMÁS: Se do veneno engolem,
bom sinal será o canto.

PERNACURTO: E aqui, vestidos com manto,
parece que não se bolem.

JOÃO PARAMÁS: Ah, não há quem não molestem!

PERNACURTO: Deixa-os brincar, troçar,
que se vão ao meu lugar
nem pipiam e nem investem.

JOÃO PARAMÁS: Acredito! E o que farias
se estivessem no mister
de rondar tua mulher!

PERNACURTO: Maldito eu próprio seria
se a todos não derreasse.

JOÃO PARAMÁS: Fácil que se desejasse!

PERNACURTO: Não, ninguém não ousaria.

JOÃO PARAMÁS: Só um não, mas, todos, sim.

PERNACURTO: Agora já não farão.

JOÃO PARAMÁS: Sei que não se atreverão,
Já qu'espantados por ti.

PERNACURTO: Rá! se me encontro eu ali,
 não estarão confiados;
 ainda que reforçados,
 sentirão medo de mim.

JOÃO PARAMÁS: Juro a São Pego que trazem
 a vergonha já tão rasa
 que logo se escondem em casa
 e dizem que nada fazem.
 A ti não vão invocar,
 – que de rumor são sovinas
 – mas se encontram rapinas
 não se vexam de roubar.

PERNACURTO: Vamos, levanta-te já,
 saiamos logo daqui.

JOÃO PARAMÁS: Ora, tu estás bem aí;
 por que sair pra lá?

PERNACURTO: Bem pior seja, quiçá,
 por aqui ficar parado,
 se um vier extraviado
 para ver se estamos cá.

JOÃO PARAMÁS: Te cala, que não virão,
 pois ficam lá todos juntos.
 Se nos caem nos bestuntos,
 muita baderna farão.

PERNACURTO: Por isso, levanta, João,
 não fica aí descansando.

JOÃO PARAMÁS: Calma, não fica empuxando,
 que aqui nunca chegarão.

Entra um estudante.

PERNACURTO: Tu nada tens de profeta,
 pois lá vem o gafanhoto.

Para eles não há couto,
com eles ninguém se aquieta.

JOÃO PARAMÁS: Fica então bastante alerta
como dói o meu puxão.

PERNACURTO: Será boa essa razão.
Mas nem assim desinfeta.

JOÃO PARAMÁS: Oh! pesar de São Contigo!

ESTUDANTE: Pastores, por que brigais?

PERNACURTO: Sai daí, não entres mais.

ESTUDANTE: Mas por que, que mal vos digo?

PERNACURTO: Pois olha, Dom Postigo,
desvia dessa criatura.

JOÃO PARAMÁS: Por me porem uma tonsura,
não queiras mexer comigo.

ESTUDANTE: Vejamos por que temer,
o fato d'eu estar aqui.

PERNACURTO: É melhor sair daqui,
mais do que permanecer.
Lá fora podes dizer
aos outros o que pensar.

ESTUDANTE: Os dois são de que lugar?

JOÃO PARAMÁS: Por que tu queres saber?

ESTUDANTE: Porqu'é vezo perguntar.

PERNACURTO: Então saiba que é mau uso.

ESTUDANTE: Dizei já.

JOÃO PARAMÁS: No rumo do país luso.

ESTUDANTE: De que parte?

PERNACURTO: De um lugar.

ESTUDANTE: Dizei e haveis de acertar.

PERNACURTO: Bem pertinho de Ledesma.

ESTUDANTE: Não, me diga a aldeia mesma.

JOÃO PARAMÁS: Vais à corte nos citar?

ESTUDANTE: Isso não farei, por certo

PERNACURTO: Pois para que pesquisais?

ESTUDANTE: Por nada, não temais.

PERNACURTO: Modo de falar incerto,
mas não me pões a descoberto,
ainda que mal trajado.

JOÃO PARAMÁS (*para Pernacurto*): Com o diabo haveis topado
e não te dás por desperto!

ESTUDANTE: Percebo um discreto aviso,
uma prova de temor.

PERNACURTO: E se sois enganador?

ESTUDANTE: Diz-me tu o que pesquiso,
e não faças mau juízo.

JOÃO PARAMÁS (*dirigindo-se ao estudante, mas apontando para Pernacurto*): Este não faz a ruindade
como aquele da cidade,
que traz um porrete liso.
(*Para Pernacurto*) Diz! o que quer que digamos?

PERNACURTO: Por Deus, dizer-lhe, tu queres?

JOÃO PARAMÁS: Sim, se por bem tu tiveres.

PERNACURTO: Por Deus, bonitos estamos!
Pois de outra já escapamos,
e não será maravilha
se pertencer à quadrilha.

JOÃO PARAMÁS: Melhor então, nos calamos.

ESTUDANTE: Pelo medo demonstrado,
alguma revolta ouviste.

PERNACURTO: Bem sei que algo tu viste.

ESTUDANTE: Nada sei do apurado.
Mas se dizeis de bom grado...

PERNACURTO: Pois afirmo que não quero!

ESTUDANTE: Mas como se faz severo.

JOÃO PARAMÁS: Não quero ser molestado.

ESTUDANTE: Pois acaba e diga já.

PERNACURTO: Não pretendo e menos pago.

ESTUDANTE: Nem por mal nem por afago?

PERNACURTO: Por minha fé, camará,
se o diabo os trouxe pra cá,
só nos restam os safanões.

JOÃO PARAMÁS: Não faltam boas razões.

PERNACURTO: E mais outra está acolá.
Não me custa nada a mim
mostrar-lhe o farnel vazio.

JOÃO PARAMÁS: Não brigues mais, que é fastio.

PERNACURTO: Por uma amizade assim,
que não tem outra igual,
quisera dizer teu mal.

ESTUDANTE: Pelo que já foi jurado,
vamos lá, diga-me tu.

JOÃO PARAMÁS: Queres saber do angu?
Nos enganaram, oh pecado!,
estando nós no mercado,
na praça, há poucos instantes:
um rebanho de estudantes
nos fizeram um mal danado.

PERNACURTO: A mim não me empurraram.

JOÃO PARAMÁS: Mas te bateram, que sei.

PERNACURTO: Pouco, que bem me guardei.

JOÃO PARAMÁS: Bem que teu rabo pagou.
    Não lembras que me mostrou?

PERNACURTO (*referindo-se ao estudante*): Um cascudo nele darei.

O estudante empurra Pernacurto.

PERNACURTO: Não toques na minha gorra,
    se não, juro por São João,
    que jogo longe o surrão
    e me apego com uma porra.
    E mesmo que alguém acorra,
    te acerto bem no cangote,
    seu canalha fidalgote.

ESTUDANTE: Fideputa, bobalhão.
    Ousas tu me ameaçar?

PERNACURTO: Que o diabo te vá laçar!

ESTUDANTE: Sai pra lá, ignorantão,
    burro e grande fanfarrão.

JOÃO PARAMÁS: Que Deus me venha mostrar
    se acaso tens razão!

PERNACURTO: Quem te manda azucrinar,
    ou zombar de uma pessoa?

JOÃO PARAMÁS: Porque não és um à-toa
    achas que não vão falar?

ESTUDANTE: Só como divertimento
    é que se deve tomar.

PERNACURTO: Com gente ruim, põe tento,
    é que tu deves brigar.
    Por minha fé entendo
    que o mal há de vir do mal,
    e do diabo isso é sinal,
    o andar desentendendo.
    Vós todos sois convencidos,

troçando às escondidas;
vamos dar-lhe as boas-idas
por todos os alaridos.

JOÃO PARAMÁS: São Jorge do meu apelo!
Já que somos dois a um,
antes de vir mais algum,
arranquemos-lhe o cabelo.

PERNACURTO: Mas se tu queres melhor,
porque somos capiau,
enxotamos-lhe a pau.

JOÃO PARAMÁS: Dom Estudante Bufão,
por que me haveis maltratado?
Já não és mais arrojado
para dar-me um repelão?

PERNACURTO (*batendo no estudante*): Dá-lhe, dá-lhe de montão!
Não fiques ameaçando
ou apenas resmungando.

JOÃO PARAMÁS (*batendo também no estudante*): Ahá, fugis, seu borrão?

PERNACURTO: Que pauladas lhe apliquei
nos costados e na bunda.

JOÃO PARAMÁS: Tão robusta foi a tunda
que quase o derrenguei.

PERNACURTO: Lá vai mestre João Rabé,
cantor de rei e ralé.
Não seria muito bom
se lhe ouvíssemos o som?

JOÃO PARAMÁS: Pois eu mesmo o farei.

Canta um vilancico

"Faz de conta que hoje nasci.
Bendito seja Deus e louvado,

que não me concedeu ser formado!
Em mui boa hora aqui viemos
e tão sabichões nos tornamos
que se hão de espantar nossos amos
com toda a ciência que aprendemos.
Quanto à burra, e tudo o que perdemos,
adeus e não me dou por rogado,
porque não me fiz licenciado.

O que chega a bacharel,
logo se põe a brigar;
mas quem não quisesse entrar
nos estudos e aprender,
então só fará com prazer,
depois de bem amansado,
o caminho do formado".

ÉGLOGA DE CRISTINO E FEBEA

Esta égloga ou drama pastoril talvez seja a peça de clima renascentista mais destacada de todas as de Juan del Encina, por sua declaração em favor do gozo da vida profana, face ao retiro eremítico que pretende o pastor Cristino.

No diálogo inicial entre Cristino e Justino, aquele declara suas intenções de retirar-se do mundo, já que a vida humana é fugaz e cheia de perigos. Evocando algumas imagens bíblicas do Livro de Jó, Cristino se mostra preocupado com a fragilidade de todo o mundano, que é como uma flor: saudável pela manhã, seca à noite. Acredita que seja melhor servir a Deus na vida religiosa de uma ermida. É uma atitude conhecida, que no barroco será parte básica das ideologias moral e literária, e que na Idade Média era componente fundamental da visão de vida.

Justino, por sua vez, relembra a Cristino os prazeres da vida rústica do pastor, os jogos populares, as canções, o espetáculo campestre dos cordeiros e carneiros, os manjares e o leite recém-ordenhado [...]. A evocação da vida pastoril não convence Cristino no momento, que vai à ermida decidido a ganhar o céu com a oração e a penitência.

Aparece então o deus Cupido, irritado com o desprezo de Cristino, e expressa sua intenção de vingar-se, enviando-lhe a ninfa Febea para que o tente com sua beleza:

> põe-te logo a caminho:
> procura o pastorzinho,
> pois dele, Cristino,
> bem desejo vingar-me.
> Dá-lhe tal tentação,
> e atração,
> que em seu pensamento
> se dissipem o convento
> e a religião.

Basta a aparição de Febea a Cristino para que este esqueça seus primeiros propósitos e caia nas redes do Amor. Incapaz de dominar suas inclinações amorosas, expõe o conflito interior em um monólogo que dramatiza o dilema em que se acha, e, após breves intentos de resistência, abandona a vida retirada e regressa ao mundo. Justino o recebe com parabéns e lhe diz que há bons ermitãos, mas são todos velhos; elogia de novo a vida de pastor, cheia de gozo e de alegria, incitando-o a dançar ao som de uma música de aldeia, cheia de movimento. O recém-arrependido dança então com grande entusiasmo e a ação se fecha com um vilancico sobre as perturbações que causam o amor e a beleza das jovens.

À diferença das peças trágicas de Encina (cujos protagonistas se suicidam por frustração amorosa), em Cristino e Febea a ação contém um certo tom humorístico e pagão. A aparição de Cupido como personagem introduz em um âmbito cultural cristão (convento, ermida, vida religiosa) motivos pagãos e mescla características de outras peças do autor.

O ascetismo predicado por Cristino cede ante os atrativos da vida mundana que também permitem, como acrescenta Febea, que por sua vez não poupa uma leve crítica anticlerical, a salvação: "nem todos os religiosos sobem ao céu".

Égloga novamente trovada por Juan del Encina, na qual se introduz um pastor, que com outro se aconselha, querendo deixar este mundo e suas vaidades para servir a Deus; e que, depois de haver-se retirado para ser ermitão, o deus Amor, muito aborrecido, porque o fizera sem sua licença, envia uma ninfa para tentá-lo, de sorte que, compelido por Amor, deixa os hábitos e a religião.

Interlocutores: Cristino, Justino, Amor, Febea.

CRISTINO: Que estejas bem, Justino.

JUSTINO: Oh, Cristino!
    Que estejas tu igual,
    meu amigo leal.

CRISTINO: Aqui venho, não mais.

JUSTINO: E não vais
    adiante, além daqui?

CRISTINO: Venho apenas a ti,
    ver que conselho firmais.

JUSTINO: Deves buscar conselho
    ao pé de homem velho.

CRISTINO: Pois pelo teu eu venho.

JUSTINO: Quanto a mim, não o tenho.
    Não sou o evangelho.

CRISTINO: Na aldeia, embora moço,
    mais crédito te dão
    do que ao sacristão.

JUSTINO: Não passa de alvoroço.
    Bem sabes, caro amigo,
    que lhes digo,
    sem manha e sem ruindade,

a ponta da verdade:
deles tu és abrigo.
Sempre lhes digo o certo,
bem desperto,
nesta língua maldita
que por vezes irrita,
mas quase sempre acerto.

CRISTINO: Por isso venho cá,
na fé, quiçá,
de teu hábil saber
ouvir o parecer,
do que me caberá.

JUSTINO: Pois então diz, Cristino,
que por meu tino
direi meu pensamento.

CRISTINO: Vou dizer-te o intento,
mas fujamos
de um olhar ladino.
Sabes, irmão Justino,
quanto é leve
e breve nosso mundo,
razão em que me fundo:
como flor de verão,
bela pela manhã
e viçosa em botão,
mas à noite malsã,
já que ao longo do dia
tudo se altera,
e fenece a magia.
Tu bem sabes do inverno,
das procelas.
da vida feito inferno,
dos riscos e mazelas
que arquei na pastoria.

JUSTINO: Nisso tudo és experto:
 correntes,
 neves, mares e rios,
 água, ventos e frios,
 enfrentastes decerto.

CRISTINO: Se digo enamorado,
 meu pecado,
 não mentirei um triz:
 fui por vezes feliz
 e outras desgraçado.

JUSTINO: Fostes e ainda sois,
 juro por nós dois,
 o mais forte do lugar.

CRISTINO: Tudo quero deixar
 para servir a Deus:
 encontrar uma ermida
 e ter como lida
 meu arrependimento,
 minha fé e sustento,
 per secula infinita.
 Se muito e mal cuidado
 suportei por amores,
 por Deus teria dores
 de ser canonizado.
 Qualquer coisa fenece,
 e perece,
 salvo o bem que se faz.
 Que conselho me dás?
 O que, enfim, te parece?

JUSTINO: Perseguir as pisadas,
 santas, sagradas,
 é bom enquanto dura.
 Mas é escolha dura
 desistir das usadas.

Como então olvidar
e deixar,
entre essas coisas todas,
correr, dançar em bodas,
produzir e saltar?
Eu o tenho por duro,
te juro,
deixar surrão e cavalo,
e acompanhar teu gado.
Já sei e te asseguro.
Que bom e que prazer
é de ver
o marrar dos carneiros
o pular dos cordeiros,
e ajudá-los nascer.
Beber também o leite,
fazer o azeite,
ordenhar a cabra mocha
comer do macho a coxa:
coisas que dão deleite.
E encontrar o prazer
no cantar e tanger
a fina charamela
para uma pucela,
e assim se comover.

CRISTINO: Deixar, me determino,
caro Justino,
e a alma não se queixa.
Mais merece quem deixa,
e não me desatino.

JUSTINO: Disso não tenhas medo,
não é bruxedo.
Porém muito me pesa

>   que tomes tal empresa
>   pois fico só e quedo.

CRISTINO: De todos me separo,
>   esteja claro.

JUSTINO: Então vai, se assim queres,
>   em Deus te perseveres,
>   e roga-lhe amparo.

Sai Cristino, Justino fala consigo.

JUSTINO: Cristino, quem diria,
>   que um dia
>   se tornasse ermitão.
>   De um ano não passa não,
>   pois sei como se guia.
>   Decerto, e ao invés,
>   duvido que ature
>   e este capricho dure
>   sem que o Amor, que vigia,
>   o empurre ao revés.

Entra Amor.

AMOR: E assim será, pastor.

JUSTINO: O quê, senhor?

AMOR: Escuta.

JUSTINO: O que há?

AMOR: Vem cá.

JUSTINO: Tu és, por favor?

AMOR: Sou o deus do amor.

JUSTINO: Do amor dizes ser?
>   E o que queres colher?

AMOR: Te direi, mas, primeiro,
cadê teu companheiro?

JUSTINO: Deu adeus ao prazer.
Foi-se pela montanha,
por temer
tua poderosa sanha.

AMOR: Se foi sem permissão,
e dela não se acanha,
farei triste sua vida,
e de tão dolorida,
ser mais áspera e forte
desejosa da morte,
que a própria recaída.

JUSTINO: Mas parece, a meu ver,
e entender,
ser inútil, cupido:
cego, destituído,
pouco podes fazer.
Carregas arco e setas,
mas, inda que corretas,
não vês ao atirar,
tens asas sem voar,
só virtudes secretas.

AMOR: Cego sou, porque cego,
com fogo, o ego;
setas com arco trago
e com poder de mago
firo a alma e não nego.
Cristino, o traidor,
estúpido pastor,
por medir-se comigo
lhe darei tal castigo
qu'em outros ponha temor.

JUSTINO: Faz o que tu puderes

>   e quiseres,
>   que prazer eu terei
>   por recusar a grei
>   e fazer-se ermitão.
>
> AMOR: Por sua ingratidão
>   lhe darei um mal fim.
>   Uma ninfa, pela mão,
>   vai trazê-lo ao festim.
>
> JUSTINO: Segue com teu intento
>   agourento.
>   Vai-te a Cristino
>   e me deixa sozinho.
>
> AMOR: Onde anda o rapazinho?
>
> JUSTINO: Está em seu convento.
>   Por mim, quero provar
>   e tocar
>   a rabeca acolá.
>   Vamos, testa-o já,
>   que me vou retirar.
>
> AMOR (*invocando a ninfa*): Oh, graciosa Febea,
>   ninfa napeia,
>   a ti quero pedir
>   pela fé de servir,
>   que a mim tanto granjeia.
>
> FEBEA (*surgindo*): Cupido meu amado,
>   deus desejado
>   de homens e mulheres.
>   Pede o que me quiseres.
>   Não recuso o mandado.
>
> AMOR: Se quiseres contentar-me,
>   agradar-me,
>   põe-te logo a caminho:
>   procura o pastorzinho,

pois dele, Cristino,
bem desejo vingar-me.
Dá-lhe tal tentação,
e atração,
que em seu pensamento
se dissipem o convento
e a religião.
Mas vendo-lhe vencido,
sem sentido,
não demores por lá;
volta logo pra cá.
Assim será, Cupido.
Outras angústias mais,
e mortais,
lhe cravarei no peito,
para maior despeito
dos amigos locais.
Logo o visitarei,
e insistirei,
no ardor amoroso,
na pena sem repouso
da aflição que darei.
O tormento e o cuidado,
aplicado,
chegarão de uma parte;
amor, com manha e arte,
entrará de outro lado.
Roubarei a memória
da glória,
que pensa haver no céu.
E assim lhe deixo ao léu
à espera de vitória.
Por justo se desterra
quem de mim erra.
Uma dor que não cansa

e a falta de esperança
lhe farão crua guerra.
E farei da tristeza
fortaleza,
dentro de seu coração.
E terá por guião
lealdade e firmeza.
Darei-lhe tal lampejo
de desejo
que irá desesperar;
se pensou em rezar,
perderá todo pejo.
Ninfa minha, não tardes,
mais não aguardes;
anda cumprir tuas metas,
toma o arco e as setas
para que bem o guardes.
Com esta flecha aguda,
fina, pontuda,
venço tudo o que quero;
logo se altera e muda
quem firo e destempero.

FEBEA: Tudo está entendido
meu senhor Cupido.

AMOR: Deixa-me então, te peço.

FEBEA: De tua graça me despeço.

AMOR: O meu poder te dou,
e ainda vou
logo após visitá-lo,
para mais castigá-lo
ao perceber quem sou.

Febea e Cristino.

FEBEA: Graças de Deus, Cristino.
Dou-te vinho
para reter o anseio?
Deixaste o pastoreio,
seguindo outro caminho?

CRISTINO: Deus esteja contigo.
Mas o que digo?
Ao ver-te me sobressalto.
Quem não esteja falto,
não se dá ao perigo.

FEBEA: Beber bem é consolo,
e não dolo,
dos santos gloriosos.
Poucos religiosos
são os que sobem ao céu.
Também servirás a Deus,
pois mais do que pastores
há frades e doutores,
por aqui entre os teus.

CRISTINO: Aponte um só, não mais.

FEBEA: O irmão do vinhateiro,
o filho do ferreiro
e o pai de Martin Brás.

CRISTINO: A ninguém se deseja,
mas é bom que se veja,
estás perdendo a alma.
A quem vence, dão a palma;
triunfa quem bem peleja.

FEBEA: Vem cá, padre bendito,
tão contrito.
Por ti sou atrevida,
quero-te mais que a vida,
mas não falas bonito.

CRISTINO: Senhora, o que tu queres?
   Com mulheres
   não há conversações:
   na estopa os tições
   inflamam seus poderes.

FEBEA: Com essa mão bendita
   se evita
   um ardor malogrado.

CRISTINO: Por quem?

FEBEA: Por meu Cristino amado
   que se fez eremita.

CRISTINO: Ai, que ao mirar teu porte
   a morte
   me ameaça de amor.

FEBEA: Vem, regressa, pastor,
   que assim quero querer-te,
   ser enfim tua amiga,
   e não em padre ver-te.

CRISTINO: Ai, o que quer que diga,
   não estou em meu poder.
   Não posso deixar amores,
   nem dores,
   se não queres deixar-me.
   Melhor será tornar-me
   à vida dos pastores.
   Se Febea se for,
   não haverá calor
   e a existência se abala;
   forçado será buscá-la
   pois não me larga o Amor.
   Que faço ou digo eu?
   Deus me deu
   razão e alvedrio.

Mas volúvel é o meu,
como gata no cio.
Se agora abandonasse,
se renunciasse
à crença escolhida,
não teria saída
se o povo blasfemasse.
Aquele que é chamado
e esforçado,
que sofre tentações,
mas suplanta as paixões,
de glória é coroado.
Ah, tudo isso sinto,
e consinto,
em minha perdição.
Adeus, religião,
e mesmo este recinto.
Ai, Amor, se me deixasses,
e olvidasses,
viveria seguro,
por detrás deste muro,
se não me perturbasses.
Diz, por que me maltratas,
por que me matas,
me segues e atormentas?
Outros há que escarmentas
e te provam as chibatas.
Nunca jamais errei,
ou faltei,
com ser teu servidor,
em tempos de pastor.
A ti me dediquei,
mas do mundo saí,
desisti.

Não sei por que me queres,
com teu prazer me feres,
se a dor está ali.

Entra Amor.

AMOR: Por que te queixas de mim?
Para ti fui ruim?
Sei que muito falaste,
mas sem causa me deixaste,
ou motor não sabido.

CRISTINO: Oh Cupido,
deus do amor sei que é,
rapaz desmesurado!
Também em minha fé
me queres derrotado?

AMOR: A ti fiz mil favores
nos amores,
e agora me deixavas.
Tu bem acreditavas
estar livre das dores?
Se esta fé não deixas,
duas mil queixas
terás sem ser ouvido.
E ainda perseguido
por minha gana e reixas.

CRISTINO: A mim me apraz deixar,
abandonar
esses hábitos logo;
e uma mercê te rogo,
se quiseres outorgar.

AMOR: O que queres de mim,
agora e por fim?
Pensarei outorgá-la,

> tendo razão de negá-la,
> mas para isso vim.

CRISTINO: Pois por Febea morro,
> sem socorro.
> Faz seu querer igual,
> e deste bem e mal
> ninguém esteja forro.

AMOR: Apraz-me e fé te dou,
> por quem sou,
> cumprir-se a igualdade,
> com a mesma intensidade.
> E agora já me vou.
> Mas não retornes mais,
> agora e jamais,
> à religião,
> pois sem nenhum perdão
> há castigos fatais.

CRISTINO: A ti serei sujeito,
> sempre do melhor jeito.

Depois.

CRISTINO: Não é ele Justino,
> que vem pelo caminho,
> pelo lado direito?

JUSTINO: Graças a nosso Senhor,
> te vejo com vigor.
> E passas bem, meu frei?

CRISTINO: Depois que aqui cheguei,
> Só tive dissabor.

JUSTINO: Desgraças e feridas,
> desmedidas?

CRISTINO: Como em dúvida pões?
    Passei por tentações
    que nunca foram ouvidas.

JUSTINO: Por tentações provado,
    coitado.
    Bem te disse primeiro
    que ser pastor, vaqueiro,
    era mais alegrado.
    As vidas de eremitas
    são benditas,
    mas para seres humanos,
    velhinhos de cem anos,
    pessoas já prescritas,
    do poder dos anseios,
    dos galanteios,
    sem mais preocupações,
    ou fortes emoções.
    A velhice, por fastio,
    é um terreno bem frio.
    E a vida de pastor
    tem mais calor,
    mais gozo e alegria.
    A tua, dia a dia,
    perderá o sabor.

CRISTINO: É bem certa, Justino,
    e eu me inclino,
    à verdade que falas.
    Possuo mais alento
    entre as cabras e valas
    do que aqui no convento.

JUSTINO: Em ti, claro, acredito,
    sabendo-te aflito
    com teu apostolado.

Mas também com teu gado
serves ao céu bendito.

CRISTINO: Procurou-me Cupido,
irado, franzido
com Febea a tentar
e mesmo ameaçar
por já tê-lo esquecido.

JUSTINO: O deus do amor tenaz?
Então verás
que se ele te censura
a vingança será dura
que dela não se desfaz.
Se queres um conselho,
ainda que relho,
para evitar o dano,
antes de cumprir um ano,
não lhe ponha mais bedelho.
Retorna ao teu lugar,
sem tardar,
deixa os trajes aqui,
ou os revenda ali
para não os levar.

CRISTINO: Dos hábitos, te juro,
não me curo.
Na ermida ficarão
e à alguém servirão,
que disso estou seguro.

JUSTINO: Tira, tira a batina,
e com ela a sina,
arranca o escapulário,
o terço e o breviário,
esquece a disciplina.

CRISTINO: Meu amigo Justino,
não tens tino?

Que dirão lá na aldeia?
Voltar é coisa feia
e a vergonha imagino.

JUSTINO: Não queiras mais pensar,
nem duvidar.
Mostra prazer se vens,
finge se não o tens,
trabalha pra te alegrar.

CRISTINO: Onde há tanta tristura,
e amargura,
a alegria não finta;
o negro não se pinta
de outra coloratura.
Veja só como estou,
e me vou,
à morte por amores.
Com esta e outras dores
já não pareço quem sou.

JUSTINO: Vamo-nos logo embora
sem demora,
para o querido lar;
e assim remediar
o que se passa agora.
Te lembras de dançar?

JUSTINO: Acho que sim, parceiro,
se o som for prazenteiro.

CRISTINO: Sem mais e com prazer.
Que melodia vai ser?

CRISTINO: Não sendo ela aziaga,
é contigo, companheiro.

JUSTINO: Te agrada um som santeiro,
Como o de Jesus de Braga?

CRISTINO: Tenta, tenta Justino.

JUSTINO: Então, caro Cristino,
 põe-te como na luta,
 vê, observa e escuta,
 que o som que vem é fino.

CRISTINO: Não posso acompanhar,
 nem dançar
 se ele não for profano.
 Faz um bem popular,
 sem ser palaciano.

JUSTINO: Diz qual deles te embala,
 algo que bem querias.

CRISTINO: Um desses que tangias
 nas bodas de Pascuala,
 de ritmo brincalhão,
 com rabeca e percussão;
 Vê como repinico
 e também certifico
 que os pés atrás se vão.

JUSTINO: Pega, pega o rondó
 e deixa o teiró.
 Todo mundo cai na dança,
 bate o pé, mexe a pança
 e grita em sol e dó.
 Dança sem arriar
 nem desleixar,
 ponto a ponto, Cristino,
 como bom dançarino.
 Aqui te chamam cornudo,
 se estás mudo;
 põe-te então a cantar.

CRISTINO: Venda do Cagalar,
 o filho do cagalhudo!

JUSTINO: Que te pese no folguedo

São Reboledo.
Ao corpo dê poderes,
à alma dê prazeres.

CRISTINO: Paro agora e mais cedo.

JUSTINO: Já não aguentas mais,
por ser demais?

CRISTINO: Já estou muito cansado.

JUSTINO: Sem nada ter olvidado.

CRISTINO: Nem olvidarei jamais.

JUSTINO: Estavas aturdido,
aborrecido,
metido no convento.

CRISTINO: Inda tenho no momento
o distúrbio que senti.
Desarranjei-me tanto,
e de espanto,
com a ninfa que vi.
Faz para ela um canto.

JUSTINO: Cantar o quê? me diga.

CRISTINO: Um bom cantar de amiga,
pois a quero com fé.

JUSTINO: Saber quem ela é,
será bom que se diga.

Vilancico.

"Torna já, pastor, a ti
Diz-me, quem te perturbou?
Não me digas, não!
Acaba o frenesi,
que vens enfeitiçado.
Tão linda jovem vi,

que é fácil estar pasmado.
Parte comigo o cuidado.
Diz-me, quem te perturbou?
Não me perguntes, não!
O saber não te míngua,
na razão da razão;
ao sábio falta língua,
quando vê perfeição.
Obra e cobra, coração.
Diz-me, quem te perturbou?
Não me perguntes, não!
Pascuala os sentidos movem?
Talvez que seja ela
talvez sej'outra jovem
mais relumbrante que estrela.
Pasmado estás por vê-la.
Diz-me, quem te perturbou?
Não me perguntes, não!
Essa, segundo vejo,
só indo ao céu buscá-la;
tão alta que o desejo
não se atreve desejá-la.
Que te baste elogiá-la.
Diz-me, quem te perturbou?
Não me perguntes, não!"

ÉGLOGA DE FILENO, ZAMBARDO E CARDÔNIO

A *Égloga de Fileno, Zambardo e Cardônio*, ou *Égloga dos Três Pastores*, é uma peça de ambiente pastoril e tratamento trágico dos males do amor. É perceptível a influência italiana de obras como *Tirsi e Damone*, de Antonio Tebaldeo, onde há episódios semelhantes que Encina parece seguir de perto.

Fileno, desesperado pelo desdém da pastora amada, intenta achar consolo na compreensão de seu companheiro Zambardo, um tipo de pastor grosseiro, que acaba dormindo enquanto Fileno relata suas penas.

No cenário pastoril de um *locus amoenus*, o amante desesperado comunica suas dores à natureza, enquanto Zambardo desperta de vez em quando para responder com disparates às censuras de Fileno, que acaba chamando outro pastor, Cardônio, para escutar seus pesares.

Cardônio contrasta com Zambardo em sua disposição de ouvir as queixas de Fileno e inclusive de discutir suas acusações contra as mulheres. Ambos os pastores representam experiências distintas amorosas e visões diferentes das mulheres, segundo tradições bem conhecidas da antiguidade e revividas na Renascença: o vitupério das mulheres más e o elogio das ilustres. E já que Cardônio toma o partido destas últimas, Fileno prefere a solidão.

Nas cenas finais, incapaz de suportar sua tristeza, Fileno dirige-se às suas posses, aos objetos cotidianos de seu labor (surrão, pederneira, mecha, cajado, flauta e rabeca) que exercem a função do que a preceptiva da época chamaria de objetos patéticos, e se despede de seu rebanho, quebrando os instrumentos de trabalho, antes de cravar-se um punhal.

Cardônio, precocupado com seu amigo, volta ao prado, onde o vê estendido, crendo a princípio que está dormindo, até que descobre o punhal nas costelas do suicida. Lamenta a morte de Fileno e chama Zambardo para enterrar o defunto. Com certa incoerência, o grosseiro Zambardo redige um epitáfio cujos versos finalizam a égloga, no qual qualifica Fileno de mártir do amor, que deveria ser canonizado.

É fundamental aqui o tema do amor, difamado por Fileno como sendo cruel e prepotente contra as criaturas que se lhe entregam. Cupido é um deus que brinca com a razão do pastor e o estimula a matar-se, desesperado de paixão e ciúmes.

Ao lado do amor, a natureza desempenha um papel protagonista, desde a invocação inicial do amante aos montes, aos rios e vales; é uma personagem que participa dos afetos dos homens e que se configura segundo os modelos renascentistas do lugar ameno, aprazível.

A presença mitológica é outro elemento humanista e renascentista, com suas invocações a Vênus e Cupido.

Do ponto de vista da estrutura dramática, destaca-se o contraste entre os três pastores: um deles, Zambardo, por sua condição rústica, parece imune às penas amorosas; os outros dois, mais refinados, refletem os polos antitéticos do amor – o frustrado e o repleto de esperanças.

Como é habitual, esses pastores (salvo Zambardo, que se aproxima do bobo rústico) são máscaras líricas e estilizadas, cuja linguagem é sumamente elaborada, incorporando motivos e termos do amor cortês, tais como o galardão e o segredo. Versifica-se em metro de arte maior, o qual responde ao tom trágico e à capacidade convencional desses pastores literários, para utilizar um registro poético elevado.

No que se refere à encenação, a égloga leva muito em conta o vestuário e os objetos, sobretudo na trágica despedida de Fileno, quando quebra seu cajado, sua flauta e sua rabeca.

Égloga trovada por Juan del Encina, na qual se introduzem três pastores, Fileno, Zambardo e Cardônio, e onde se relata como Fileno, preso de amor por uma mulher chamada Zéfira, de cujos amores, vendo-se muito desfavorecido, conta suas penas a Zambardo e Cardônio e, não encontrando remédio, se mata.

FILENO: Já consente pois minha má ventura
que meus males se vão sem intermédio
e quanto mais penso dar-lhes remédio,
então muito mais se aviva a tristura.
Procurar me convém outra cordura
com que mitigue a pena que lamento;
provei das forças do meu pensamento,
mas não podem dar-me vida segura.
Já não sei agora o que faça e diga.
Zambardo, se remédio não me pões,
tanto me acossam as feras paixões,
verás de mim minha vida inimiga.
Sei que só em ti a graça se abriga,
podendo dar à vida o que está morto.
Sei que és um bom e seguro porto,
âncoras em que meu pensar se liga.

ZAMBARDO: Fileno, tu sabes que enquanto a vida
queira as forças do corpo sustentar
tu poderás qualquer coisa mandar
que a vontade será obedecida.
Tua virtude, de todos sabida,
a isto me obriga e tua amizade,
vendo que te causa necessidade
a pena que em ti creditei fingida.
Mas claros sinais conheço em teu rosto,
que de teus males me fazem seguro:

fraco, amarelo, precavido e obscuro;
choros, suspiros e pouco disposto.
Em tuas roupas não há nada composto,
Quando antes te vestias polido.

FILENO: Sim, estando o coração afligido,
ele se mostra no traje e no rosto.
Minhas paixões cruas são de tal sorte
que, se eu as escondo ou acoberto,
mostram por fora indício ou rastro certo
do curto caminho que leva à morte.
Mas torna-se a pena ainda mais forte
ao comunicá-la a quem não a sente:
mas quis ouvir-te porque és prudente,
e cura aos males meus teu juízo aporte.

ZAMBARDO: Se o enfermo quer um remédio tomar,
a todo médico, é coisa obrigada,
deve mostrar a parte infeccionada,
para que a vendo possa curar.
Por isso já podes imaginar
que é necessário, se queres sarar,
dizer o motivo do padecer
e então saberás se posso operar.

FILENO: Embora na lei dada por Cupido
se imponha por primeiro preceito
que ninguém descubra o segredo feito,
que nada para ti fique escondido.
Assim, porque és sempre bem sabido,
e mais ainda um amigo tão certo,
espero teu sóbrio conselho experto
e reaver meu repouso perdido.

ZAMBARDO: Espera só mais um pouquinho até,
que muito caminho fiz hoje a pé,
e ainda me doem os pés de cansado.

Um lobo enfiou-se em meio ao meu gado,
causando tanto dano e rebuliço,
que o Tusadilho, o Bragaço e o Mestiço
fugiram em disparada pelo prado.
Perdi o alento de tanto segui-los
e ainda não me veio inteiro o ar.
Por isso, vamos àquele lugar,
que na sombra nos poremos tranquilos.

FILENO: Então nos sentemos que meus sigilos
pedem repouso para ser contados.

ZAMBARDO: Agora que já estamos assentados,
começa, se quiseres, a exprimi-los.

FILENO: Oh, montes e vales, serras e planos,
oh, bosques, oh prados, fontes e rios,
oh, ervas, flores e frescos rocios,
oh, casas, ninfas e seres humanos,
oh, moradores do céu sempiterno
oh, almas tristes que estais no inferno,
ouvi minha dor, se sois soberanos!
Estai agora atentos se em vós mora
a piedade para o mísero amante.

ZAMBARDO: Começa, Fileno, prossegue adiante,
pois só invocar teu mal não melhora.

FILENO: A Fortuna, esta mutável senhora,
e Amor, de quem clemência é inimiga,
famintos de provocar-me a fadiga,
me querem ver morrer a cada hora.
Mandaram-me amar e assim seguir
uma figura formada no vento,
que quanto mais tenho carecimento,
mais meus suspiros a fazem fugir.
Se sua beleza não posso exprimir,
em crueza não se pode igualar.

ZAMBARDO: Em má hora a vieste encontrar
e assim com prazer a vida nutrir.

FILENO: É o que ouves, e veja o que digo:
que teve em seus olhos forças tamanhas
que m'arrebatou a alma e as entranhas,
e as tem há muito tempo consigo.
E ainda que as trate como inimigo,
mantendo-me eu com fé tão leal,
prefere a morte sofrer em seu mal
do que a vida partilhar comigo.
Sem alma a sigo, com admiração:
Sem vê-la, esfrio, mas a vendo, ardo.
Mas que se passa contigo, Zambardo?!
Acorda, desperta, por compaixão.

ZAMBARDO: Eu sonhava que lá no meu rincão
jogava com os pastores o cajado
e, enquanto estava assim transportado,
passei em mente a tua narração.

FILENO: Oh, má vontade. Te estou contando
sobre a mulher que meus anos desgraça
e tu dormiste?

ZAMBARDO: Que queres que eu faça?

FILENO: Que me ouças!

ZAMBARDO: O sonho não está sob o nosso mando;
os olhos já fracos me estão fechando
e da luz este cansaço me priva.

FILENO: Tonto. Não sabes que com a saliva
pode-se, sim, a vista ir recobrando?

ZAMBARDO: Prossegue, vamos, que já estou desperto.

FILENO: Eu te peço não dormir, por favor,
que não cresce menos no sonho a dor
do que o mal que te faço a descoberto.
Com falsa esperança me mostram o porto

aonde penso ir, mas, ao entrar,
a ingrata Fortuna me arroja ao mar
e vê-se o timoneiro quase morto.
Zambardo!

ZAMBARDO: Que queres?

FILENO: Que me ouças!

ZAMBARDO: Bem te ouço.

FILENO: O que digo, então?

ZAMBARDO: Que veio tão forte chuva e corisco,
que cabras, ovelhas, burra e aprisco
se foram até se despencar no arroio.

FILENO: Não falo disso, do trigo ou do joio;
te conto apenas meus ásperos danos.

ZAMBARDO: Todos os rebanhos, que são serranos,
poderão pastar e beber no arroio.

FILENO: Oh surda Fortuna, oh cego Cupido,
Vênus bastarda, Vulcano cornudo!
Por que contra um pobre, estando desnudo,
vos armais, se não fostes ofendido?
Não vos basta ter-me em fogo metido,
num ponto tal que me abraso e me esfrio,
e o homem de quem espero e confio,
nada ouvindo caiu adormecido?
Escuta, Zambardo, aproveita o saio
com finos metais que ontem puseste,
goza da flauta que antes fizeste,
quando nos fomos às festas de maio;
põe-te contente com teu gibão gaio,
com o cinto enfeitado de tachões,
e escuta desperto minhas paixões,
ou vou deixar-te agora em paz e saio.

ZAMBARDO: Fileno, não convém que me perjures,
se ao falar contigo o sonho me acorre

e se minha presença te socorre,
é necessário que também me atures.
Por muito que digas e que procures,
não me terás acordado um momento.

FILENO: Dormindo recebas um tal tormento
que ao despertar uma hora não dures.

Em outro momento, a sós, perto da casa de Cardônio.

FILENO: Desoprime agora, Amor enganoso,
trabalho seguro, incerta esperança,
pesar veraz e dolosa balança,
clara angústia e sossego tenebroso.
Promitente e doador preguiçoso,
de prazer fugaz e constante dor,
matas a fome em um pobre pastor
e mostras depois ser deus poderoso.
Contente deviam os males fazer-te,
porque de contínuo me dão assédio,
mesmo buscando caminho ou remédio,
prefiro a morte para não mais ver-te.
Que te custava, para minha sorte,
pois bem podia ser que assim fizesses,
contar os males a quem quisesses,
aprontando-me uma dor menos forte.
Por que me fazes ver esse animal,
marmota ou leirão, que vive no sonho,
figura disforme à qual me anteponho,
talhada em lenho desproporcional.
Tu me persegues com fúria infernal
e eu decido me dar ao demônio,
ou chamar noite e dia por Cardônio,
que sei que é amigo para o meu mal.
Cardônio, Cardônio, onde estás que não ouves?

Se em teu redil minha desventura
não te escondeu com alguma espessura,
por que minha voz não te chega à mente?
Por que tua alma não me consente,
se me ouves sentindo que peno?

CARDÔNIO: Quem me chama?

FILENO: O triste Fileno.

CARDÔNIO: O que queres?

FILENO: Que ouças meu inconveniente.

CARDÔNIO: Por aqui suponho teres perdido
cabrito, cordeiro ou rês copulada;
s'é isso que me pedes, não vi nada.

FILENO: Caçoas, mas bem me hás entendido!
Em coisas maiores pus o sentido
e tão-somente nelas, te afianço.

CARDÔNIO: Pois o que é que buscas?

FILENO: Busco o descanso
que, depois de Zéfira, anda perdido.

CARDÔNIO: Mas tampouco a vi por essa montanha,
e não saberia dar-te notícias.

FILENO: Essas coisas te parecem fictícias,
mas não queira o fogo de minha entranha.

CARDÔNIO: Vou dizer-te, se tua língua me assanha,
que tenho mais do que tu deste fogo.

FILENO: Então participas também do jogo.

CARDÔNIO: O Amor na malandrice aviva a sanha.
Se pensas, porque estás lamentando,
que tuas penúrias se mostram maiores,
e eu, porque me calo, as veja menores,
com falsos juízos estás pensando.
Nem míngua a dor nem se passam os limites
o estar encoberto ou muito queixar-se;

antes, creio eu, queixando minguar-se,
e crescer quanto mais dores omites.

FILENO: Pois diz-me, Cardônio, como não queres
ouvir-me quando estás enamorado?

CARDÔNIO: Porque quando me sinto transportado,
me perturbo ao falar d'outras mulheres.

FILENO: Mas ouve-me por ora.

CARDÔNIO: Por minha fé, que mudaste agora,
indo ao revés no caminho que ias.

FILENO: Como não sabes que nascem porfias
lá onde o amor de mulheres aflora?
Dessa mudança que em mim conheceste,
se queres saber, Cardônio, as razões,
aplaca o juízo e tuas próprias paixões,
e escuta as minhas, que não padeceste.
Falando-te, o mal será esquecido,
fazendo sair a pena que sinto.

CARDÔNIO: Sou todo ouvido
e, para alegrar-te, consinto.

FILENO: Então, sejas bem-vindo.

CARDÔNIO: Por onde queres começar?

FILENO: Contar-te todo meu grave desgosto,
o qual contava àquele bobalhão,
que sem alma, e também sem razão,
mostrou-se sempre cansado, indisposto,
dobrando, com descuido, essa aflição.

CARDÔNIO: Que os lobos o comam. E quem é?

FILENO: Zambardo.

CARDÔNIO: Eu o quero ver.

FILENO: Ah, Cardônio, que de verdade ardo,
estando cercado de espinho e cardo.

CARDÔNIO: Pois diga, Fileno, bem pode ser
que o fogo abrasador tu amorteças.

FILENO: Espero que a mim a calma ofereças.

CARDÔNIO: Tenha por certo, estando em meu poder.

FILENO: Cardônio, quero fazer-te saber
que o cego Amor sobre mim reina e prostra
porque no rosto tão claro se mostra
que de ninguém o consigo esconder.
A causa por quem minh'alma suspira
posso revelar e não é mentira.
Saiba que é aquela homicida,
Zéfira insensível, que a mim olvida,
que com seus olhos me arrasta e conspira,
mas que com as obras reprime e afasta;
quando a persigo, se mostra madrasta;
mas se fujo, diz-me então que admira.
Jamais vi mulher de tal condição,
ainda que mal se possa falar:
a sós, em segredo, deseja amar;
fora, despreza fé e afeição.

CARDÔNIO: Eu vim, Fileno, ouvir tua paixão,
pois amenizar a dor, sei que queres;
mas não sejas grosseiro com mulheres,
que o rancor nasce do mau coração.

FILENO: A raiva, amigo, que meu peito encerra,
ao ver esquecidos os meus serviços,
faz a língua violentar os viços
contra a ingrata que minha vida aterra.
Não sei por que não desmorona a terra
com todas as outras, por causa desta!

CARDÔNIO: Modera, Fileno, tua fala infesta
se queres em paz sair desta guerra.
Quem sabe te fosse bem mais tranquilo

falar a Zambardo, dormindo ou morto,
do que a mim, com atenção e conforto,
se pretendes seguir com tal estilo.
Embora Zéfira te cause dor,
podendo o motivo ser merecido,
não devem as outras entrar no partido,
perdendo por ela a honra e o valor.

FILENO: Que não pese a Deus! Logo tu entendes
lutar contra mim, juntando-se a elas?

CARDÔNIO: Entendo favorecer as donzelas
porquanto sem justa causa as ofendes.

FILENO: Não farás pouco se bem as defendes.

CARDÔNIO: Não provarás tua má opinião,
sabendo-te ser um justo varão,
e logo conseguirei que t'emendes.

FILENO: Pois ouve, Cardônio, teu senso aviva,
que eu, observando minhas paixões,
espero encontrar tão boas razões
que não me confunda pessoa viva.

CARDÔNIO: Se assim fizeres, te darão o louro
como prêmio desta grande vitória,
e já que ofendes, começa a história,
mesmo sem notário, e sem mais desdouro.

FILENO: Já do começo de sua criação,
saiu a mulher do reto caminho,
fazendo-lhe um confuso torvelinho,
nos causando e a si mesma a perdição.
Eva-mãe deu às filhas seu quinhão:
soberbia, cobiça e impaciência;
e o vício de maior persistência
que é o de manter sua louca opinião.
Por nascimento estão todas dispostas
à ira, à inveja, e melhor é aquela

que mais sofrimento cria e modela
aos que aceitam suas duras apostas.
E se de fora se mostram honestas,
a verdade pura diz o Corbaccio,
de autoria do magistral Boccaccio,
que são, isso sim, muito desonestas.
Discretas são todas no parecer;
se erram ou não, que digam suas ações;
mas nunca viste em seus corações
a muda e o desejo jamais morrer.
Se nos importunar mostram querer,
e nos afligindo se dão folgança,
os que nelas puseram a esperança
podem um favor certamente fazer.
Não sofrem muito por ser bem queridas,
contanto que o façam por boa prenda;
se falta de vergonha desse renda,
não esperariam ser requeridas.
Vingativas e mal-agradecidas,
Nunca perdoam a quem as ofende,
e o galardão de quem só as defende
é o de, casualmente, perderem as vidas.
O tempo não importa que eu me estenda,
e se falta, não falta o que exprimir:
as artes encobertas e o mentir;
mas como evitar, se não há emenda?
Mesmo que de todas isso se entenda,
apenas Zéfira a todas excede.
Sua crueza até mesmo lhe impede
qu'ela própria a perceba e compreenda.
Em que coração de terrível fera
poderia caber tal crueldade?
É senhora de minha liberdade,
mas não a troca por quem a quisera.
Triste condição que tanto lacera!

Triste Fileno pelo amor vencido,
do mundo pareces estar banido
e nenhum bom remédio te espera.
A cobra e o tigre, o urso e o leão,
que a natureza produziu ferozes,
com o tempo reconhecem as vozes
de quem lhes governa com atenção.
Mas esta nunca mostrou compaixão.
Não lhe basta o ardor que me consome,
não me ouve reclamar o seu nome
e não mostra sentir minha paixão.
Por esta a todas entendo queixar-me:
e todas se queixem apenas desta.
Não me reprovem, pois é coisa honesta
dizer mal de quem pretende matar-me.
Se tu me queres, Cardônio, acusar,
não tens razão nem és meu amigo;
devias reafirmar o que digo,
pois te chamei para me consolar.

CARDÔNIO: Meu caro, se ainda há o que digas,
fale-me agora, que estarei atento.

FILENO: Não por agora.

CARDÔNIO: Sinto em pensamento
que tu mesmo causas tuas fadigas.
Quem te compele a dores e brigas
com esta mulher que, sem intervalo,
dizes ser má? Se a segues vassalo,
que razão há que de outras mal digas?
Que armas e que forças pôde ter
para que te arrastasse a liberdade?
Que dizes? Responde.

FILENO: Só sua beldade.

CARDÔNIO: Ah, pobre de senso! Com que prazer
pela pintura te deixas vencer,

sem que mais uma virtude detenha.
E se a tem, por que a língua desdenha
uma casta mulher, sem merecer?
Mas que sejam os defeitos muitos mais
como tu dizes, e assim contentar-te;
que eles te matam, devendo curar-te.
Disso segue que são todas iguais?
Reflete, Fileno, quantas e quais
são e foram entre elas excelentes.
Quero que tu mesmo digas que mentes,
sem que te mostre mais outros sinais:
Márcia, Lucrécia, Penélope e Dido,
Cláudia, Vetúria, Pórcia e Cecília,
Júlia, Cornélia, Maria, Atrisília,
Lívia, Artemisa e outras que olvido,
milhares de santas que têm havido,
algumas são castas, outras são fortes;
sofreram afrontas, tormentos e mortes.
Cabem nelas o mal que hás presumido?
E se de outras a lição faltasse,
lembra que há Oriana no mundo;
se ocorresse da virtude ir ao fundo,
ela faria que a ressuscitasse.
Em alguém já viste a graça morar,
tal formosura, constância e prudência,
tanta desenvoltura e tal decência,
fazendo do amor e honra um só par?
Se bem a contemplas, poderás ver
nela existir tamanha perfeição
que as melhores que um dia foram e são
ficam muito atrás de seu merecer.
E tão grandioso é o seu valor
que se dirá abençoado o homem
que tenha em sua alma escrito o nome
sabendo ser de Oriana o seu querer.

Ela me faz lembrar, ela me obriga
a ver como culpa tua intenção;
só por Oriana, e com razão,
não tenhas a mulher como inimiga.
Saia de ti e por Deus tal fadiga
que em tua alma conserva essa chama,
que abisma teus males e te difama,
e verás que nem um só não te diga.

FILENO: Cardônio, bem podia replicar-te,
pois Zéfira tem alma lastimável;
de Oriana não se fala, é louvável,
e de seu amor tu tens sua parte.
Só uma coisa gostaria de rogar-te,
já que a Fortuna me foi adversa,
sob o império daquela perversa:
convém-te agora de mim desviar-te.
Deixa-me só procurar meu consolo;
vai-te, Cardônio, se me achas tolo;
se o assossego em vida não me veio,
na morte o encontrarei sem receio.

CARDÔNIO: Estou contente pois queres ficar-te
a sós para curar essa paixão;
mas quero primeiro, amigo, rogar-te
que jamais te disperses da razão.
Vou-me também, Fileno, pois forçado
a dormir esta noite em meu lugar,
no redil das ovelhas e do gado,
para que lobo algum os possa tocar.

FILENO: Irmão Cardônio, a Deus te recomendo.

CARDÔNIO: E eu lhe peço que deixes as tristezas
para que esqueças o que estou prevendo
– morreres antes por tuas fraquezas.

FILENO: Quiçá o diabo te faça adivinho,
porque esta pena se afinca tão forte

> que este me parece ser o caminho
> – o livrar-me dela dando-me a morte.
> Só nela tenho agora o reconforto,
> para safar-me da insana fortuna,
> ali onde as paixões encontram porto,
> mais fácil e sereno que em parte alguma.

CARDÔNIO: Pela boa fé, eu tenho temor,
amigo Fileno, de só deixar-te.

FILENO: Mas essa mesma fé faz-me senhor
da vontade que tenho.

CARDÔNIO: De quê? De matar-te?

FILENO: Vai-te com Deus.

CARDÔNIO: Se m'escutas um pouco
te darei um bom conselho de amigo.

FILENO: Não quero conselho.

CARDÔNIO: Resposta de louco.

FILENO: De louco ou de lúcido, assim te digo.

CARDÔNIO: Rogo-te por Deus ouvir-me agora;
e tendo-lhe dito, sem mais tardar,
me verás sair para ir embora.

FILENO: Se assim prometes, me ponho a escutar.

CARDÔNIO: Assim o prometo.

FILENO: Pois diz o que queres.

CARDÔNIO: Por tua fé, escuta bem Fileno,
porque verás, se assim te dispuseres,
tua própria saúde, e não o veneno.
Diz-me, Fileno, se esta mulher
claramente e por certo te quisesse,
não tentarias, que assim se requer,
fugir da morte e do que entristece?
Mas se ela te odiasse por mania,

e demonstrasse isso abertamente,
porque tua morte lhe dava alegria,
não quererias viver longamente?
Não sabes que muitíssimo se alcança
quando o homem tem por desejo a vida,
e se se mata, não há esperança,
salvo a certeza da alma perdida?
E ainda tu mesmo a ti te condena,
se em mulher não se pode confiar,
pois não tens como livrar-te da pena
crendo que Zéfira possa mudar.

FILENO: Já sei, Cardônio, onde vais parar,
com razões ligeiras de se exprimir,
mas bem mais pesadas de conquistar,
e mais duras inda do amor cumprir.

CARDÔNIO: Que queres que diga? Sei que é possível,
querendo, pô-las em execução.

FILENO: Que queres que responda? É-me impossível,
por não entendê-las meu coração.

CARDÔNIO: Pois o que pensas, Fileno, fazer?

FILENO: O que é que penso? Eu sei muito bem.

CARDÔNIO: E eu não o poderia saber?

FILENO: Claro, só uma coisa me entretém,
um fato que me deixa angustiado,
e me coloca uma faca na mão;
o ter-me ela por outro trocado,
e haver tanto tempo a servido em vão.
Tu podes, Cardônio, por certo crer
qu'embora Zéfira jamais me olhasse,
e não viesse a mudar seu querer,
não haveria por que me queixasse.
Agora vai-te, como prometido,
que me comprometo fazer de sorte

que o abandono não fique esquecido
se a memória ficar de minha morte.

Vai-se Cardônio.

FILENO: Claramente sei jamais repousar
enquanto esteja sujeito a Cupido.
Morte, não se ocupe mais em tardar,
vem depressa alegrar o meu pedido.
Não me deixes sempre chamar-te em vão,
que bem podes fazer o benefício,
mas não demores porque minha mão
delibera fazer logo o ofício.
Se alegre te espero, como não vens?
Tão justa demanda, porque negar?
Muda comigo a usança que tens,
de entristecer todo e qualquer lugar.
Mas e o pavor de tua condição,
de tua crueldade conhecida,
pois de quem te quer com grave paixão
mais alongas sua mísera vida.
Por onde reflito, sem repousar,
só pretendo, pelo bem ou mal feito,
a alma triste do corpo arrancar
com este punhal ferindo meu peito.
Oh, cego traidor!, que me trouxestes
a crua morte em verdejante idade,
oh perverso deus desagradecido,
de quem jamais se viu a piedade.
Sempre te agradou dar muitos favores,
porque de ti fogem, aos teus inimigos,
e duros tormentos aos teus amigos,
que mais se esforçam em ser servidores.
A estes tu prometes galardão
para que suportem uma dor tão forte;

depois, instigas tão crua paixão
que sempre dão vozes chamando a morte.
Maldigo o dia, o mês e ainda o ano
em que teve princípio esse desgosto;
maldigo aquele cego e o engano
que me puseram ao desconsolo exposto.
Maldigo a mim e à minha juventude
a uma fêmea inteira despendida.
Maldigo Zéfira e sua atitude:
ela é a causa por que perco a vida.
Vamos então ao derradeiro ofício;
Tira esta alma de tanta fadiga,
mão caridosa, e logo dá início
ao pesar de quem foi sua inimiga.
Tu, alma, não tenhas freio ou temor;
indo ao inferno terás maior pena,
mas será por certo menor a dor
sem o aguilhão da mulher que envenena.
E tu, rabeca, que nunca pudeste
num ponto mover aquela inimiga,
nem jamais com tanto agrado tangeste
para que me aliviasse a fadiga,
em pedaços tu aqui ficarás
como lembrança desta triste sorte;
e talvez que rompida poderás
comover Zéfira de minha morte.
Que é que sobra naquele surrão?
Não me há de ficar salvo o punhal,
a mecha e a pedra de combustão,
pois que tu, flauta, quebro por igual.
Fica outra coisa, sem bem procurar?
Pedaços de pão tens, aventurado,
e com todos eles hás de ficar,
mas não contigo, meu velho cajado.
Só o deixar a tua companhia

me causa dissabor, oh pobre gado;
a Cupido apraz que fiques sem guia,
deus a quem obedeço de mau grado.
Os lobos famintos já imagino
ao rebanho só estar emboscando.
Oh, triste de mim, que perdido o tino,
a luz dos olhos se me vá deixando.
Sendo esta hora que a morte me tira,
deixando-me dos pesares sair,
talvez seja a que Zéfira prefira
para sua alegria concluir.
Por fim, vós, braço, o grosseiro punhal
governai com extrema habilidade,
e por nada erre o golpe final
no coração sem qualquer piedade.
Só ele dos membros quer esconder-se,
pois aturdido com tanto temor,
e pensando do golpe defender-se,
aumentou do mísero corpo a dor.
Oh Júpiter magno, oh eterno poder!
Se sabes, claro, que morro vivendo,
a alma inocente não deixes perder
porque em tuas mãos a encomendo.
E o que fazes, mão? Não tenhas temor.
Oh braço medroso, oh forças perdidas,
tira-me, por Deus, de toda essa dor!
Por que se encontram todas escondidas?
Mas se chamá-las é coisa perdida,
pois da preguiça mostrais estar presa,
quero eu, triste, para dar-me a vida,
sacar a força de vossa fraqueza.

Morto Fileno, volta Cardônio.

CARDÔNIO: Oh, Deus, quanto Fileno está mudado,

daquele que era desde há dois anos,
e como Zéfira o tem desprezado
com suas palavras, burlas e enganos!
Volto não para ouvir-lhe o que diria
sobre Cupido e sua dura lei,
mas porque de modo algum deveria
deixar-lhe do jeito como o deixei.
Se a solidão tanto lhe comprazia,
eu bem podia ficar escondido
para verificar o que fazia.
Será que o vejo ali estendido?
Sempre tive este contínuo temor
que se tenha com um lobo topado!
Mas quiçá mitigue a pena e a dor,
e durma do sofrimento cansado.
Melhor é sair e não duvidar,
para ver se dorme ou mesmo o que faz.
A boca fechada e sem respirar,
e é sangue o que sobre o peito traz.
Foi atacado por um animal,
da maneira como havia temido!
Oh santa Vênus, mas é um punhal
aquilo no lado esquerdo metido!
Oh triste Fileno, que fantasia
te conduziu a tão áspera sorte?
Agora sei que minha companhia
tu não querias para dar-te a morte.
Pois diz-me, estranho, por que me negaste
o último abraço, sendo-te irmão?
Ou ainda porque não me tocaste,
se esperavas, ao menos a mão?
Não posso crer que tivesses amigo
a alguém no mundo, e isso é verdade,
porque a ti mesmo tens como inimigo,
ao dar-te a morte com tal crueldade.

Pior que, sendo por sábio estimado,
logo que seja a morte conhecida,
de todos serás por louco julgado,
pois o fim é aquele que honra a vida.
Quem poderia de fato pensar
que fosse um amor de tanta emoção,
capaz de se fazer por fim matar?
Sei que o amor não vai pela razão,
pelo que concordo, triste, mesquinho,
com o refrão que aqui e agora acolho:
que vendo fazer a barba o vizinho,
comece a meter a sua de molho.
Se por ventura agradasse ao demônio
que aquela que adoro assim me tratasse,
forçado seria o pobre Cardônio
que uma triste morte também buscasse.
Mas que se desmanche tal pensamento,
que a mim não me espanta ou pode a Fortuna,
pois em meu cuidado há forte cimento
não tendo no mundo o que o desuna.
Mas não vale a pena nisso pensar,
e sim antes perder todo o temor,
e com a ajuda de Zambardo enterrar
a esse que quis ser mártir do amor.
Ouves, Zambardo? Ainda és terreno?
Larga do sono que tanto te dura,
que dormindo não ouviste Fileno.
Acorda para dar-lhe sepultura.

ZAMBARDO: O que dizes, Cardônio? Estás brincando?

CARDÔNIO: Que transtorno, e como ele está absorto!
   Se do que te digo estás duvidando,
   levanta e verás como está bem morto.

ZAMBARDO: Pobre Fileno! Não quero viver
   mais uma hora, pois quis minha sorte

que fosse eu a causa de teu sofrer
e de tua crudelíssima morte.
Ah, Fileno, me seria melhor
consumar essa existência dormindo
do que ter o desalento maior
que agora na vigília estou sentindo.

CARDÔNIO: Por Deus, Zambardo, deixa de chorar,
pois não te serve para coisa alguma.
Vamos com o enterro nos preocupar
e decidir onde ele se consuma.

ZAMBARDO: Seu jazigo, pois o destino o quer,
será na ermida, sobre a montanha,
onde, Cardônio, se a ti aprouver,
deixarei meus versos feitos com sanha.
Embora seja apenas um pastor,
me ajudará uma grande paixão
a falar daquele perverso amor.

CARDÔNIO: E não te esqueças de Zéfira, não.

ZAMBARDO: Escuta, pois, que já os vejo aqui.
Se não te agradam, podes remendar.
Caramba, que me foge o que intuí.

CARDÔNIO: Devagar, Zambardo, torna a pensar.

ZAMBARDO: "Oh tu que passas pela sepultura
do mísero amante…!"

CARDÔNIO: O coração, Zambardo, assegura.

ZAMBARDO: "Oh tu que passas pela sepultura
do triste Fileno, espera, se queres;
saberás o que é servir a mulheres
e a que fim sua vida procura.
Verás que a paga do bom servidor,
de Zéfira, para minha má sorte,
foram só trabalhos, desdém e dor,
choros, suspiros e a cruenta morte".

LOPE DE RUEDA

Nasceu em Sevilha, em 1510, vindo a falecer em Córdoba, em 1565. É o primeiro homem integralmente dedicado ao teatro, na qualidade de autor, ator, teórico e diretor de companhia. Casou-se duas vezes, a primeira com uma atriz e bailarina, de nome Mariana. A segunda, com Ángela Trilles, com quem teve uma filha. Suas primeiras representações ocorreram em Sevilha no transcurso das comemorações de Corpus Christi, em 1542 e 1543. Depois disso, levou uma vida itinerante, viajando pelas principais cidades da Espanha, encenando suas peças em festas nobiliárquicas, em igrejas, casas burguesas, praças públicas e, provavelmente, nos primeiros teatros públicos (*corrales*) de Valência e Madri. Suas fontes de inspiração foram o teatro italiano e a vida cotidiana das camadas populares, das quais transportou, em forma dramática, os tipos, os costumes, a prosódia e a sintaxe, registrando os mais variados erros em comparação com a norma culta da língua. Criou pequenas representações cômicas a que deu o nome de *pasos*, pois que serviam de passagem ou interlúdio entre os atos das peças, e que sugeriram a Cervantes os seus entremezes. O conjunto de sua obra só foi publicado postumamente, em 1567, por seu amigo e editor Juan de Timoneda.

COMÉDIA ARMELINA

O introito ou prólogo da *Comédia Armelina*, "mui poética e graciosa", expõe, como era habitual, o enredo: o ferreiro Pascual Crespo teve um filho, levado por sua mãe à Hungria, e que vive sob a tutoria de um tal Viana, que, por sua vez, teve, anos atrás, uma filha que foi capturada pelos turcos e vendida como escrava a um irmão de Crespo, agora tutor da moça. Na família rústica do ferreiro, a jovem Armelina se destaca por sua finura e beleza. Pretendem casá-la com um sapateiro viúvo, personagem ridícula que faz galanteios à noiva com metáforas de seu ofício em cena cômica. Viana chega ao povoado em busca de sua filha desaparecida, seguindo indicações de um sábio grego, e seu afilhado Justo, filho de Crespo, enamora-se de Armelina.

Percebe-se já aonde leva a trama dessa comédia cheia de casualidades e simetrias. A parte "realista"(isto é, o elemento cômico-popular) se mistura com componentes literários italianos e se enraíza em tipos como o sapateiro, o ferreiro ou o simplório Guadalupe, que na segunda cena protagoniza um verdadeiro "paso" ou entremez, levando pancadas da criada para curar seu "mal de olhos", pois é um dorminhoco preguiçoso, como um bom criado bobo.

Há um outro ingrediente interessante, o sobrenatural e mitológico, que rompe com o mencionado realismo: um mouro adivinho, a quem Viana recorre, invoca a maga Medeia, que acode ao esconjuro. Mais adiante, Armelina, que fugira para evitar seu casamento com o sapateiro, está disposta a jogar-se ao mar, mas Netuno a impede e descobre de quem é filha.

O enredo é ainda primitivo e não pertence verdadeiramente à ação (cujas chaves são informadas ao espectador no introito, antes do início da peça), mas às peripécias narradas no prólogo, que não fazem parte da ação cênica. Netuno é o *deus ex-machina* que desempenha papel fundamental para que o desenlace seja satisfatório, ao revelar a identidade dos personagens e facilitar as bodas de Justo e Florentina, verdadeiro nome de Armelina.

A comicidade se desenvolve por meio da linguagem (língua popular do bobo, o jargão mourisco do adivinho), da ação e da caricatura dos tipos grotescos.

[*Comédia*] *mui poética e graciosa, composta por Lope de Rueda, na qual atuam as seguintes pessoas:*

Pascual Crespo, *ferreiro*
Inês Garcia, *sua mulher*
Armelina, *dama*
Mencieta, *criada*
Guadalupe, *empregado*
Justo, *fidalgo*
Beltranico, *pagem*
Viana, *tutor de Justo*
Mulién Bucar, *mouro*
Medea, *fúria infernal*
Netuno, *deus dos mares*
Oficial de justiça (aguazil)
Diego de Córdoba, *sapateiro*
Rodrigo, *casamenteiro*

Introito do Autor

Saibam, agradáveis ouvintes, que Pascual Crespo, homem famosíssimo e já oficial quando moço, teve um filho de certa manceba, a qual o levou quando um capitão se fez seu amante e se foi à Hungria, onde ambos morreram, deixando o filho por herdeiro de tudo o que possuíam e, por tutor, Viana, homem ancião da mesma cidade. De Viana, um parente seu muito chegado tirou-lhe uma filha, dita Florentina, pois a tratava muito mal sua madrasta. Para seu infortúnio, foi capturado por mouros e a menina vendida como escrava a um irmão de Pascual Crespo, o ferreiro, que então mercadejava pelos mares. Ao morrer, e pelo amor que lhe tinha, deixou-a livre e possuidora de farto dote para que seu irmão, o ferreiro, a casasse. Esta é, senhores, a trama de nossa comédia e percebei que Armelina é Florentina, como assim se declara ao fim de nossa poética representação.

Cena Primeira

Pascual Crespo, Inês Garcia, Mencieta e Armelina

PASCUAL: Que o nome seja de Deus Todo-Poderoso, sempre o pé direito à frente e, para que o demônio não me possa danar, quero fazer o sinal da cruz e encomendar minha pessoa e toda a minha casa ao Feitor Supremo. Mas como minha gente se descuida! Todos dormem em Zamora! Guadalupe, ah, Guadalupe. Mencieta! Inês Garcia, mulher! Oh, que enorme trabalho tem um oficial hoje em dia para sustentar casa e família, especialmente tendo um ofício como este meu, que para ganhar medianamente a comida é preciso madrugar, e tomara que isso baste! Inês Garcia, ouves?

INÊS: Já te ouvi. O que queres? Começas de manhã a alvoroçar os vizinhos? Grunhidor, rabugento!

PASCUAL: Aparece aí que é meio-dia e ninguém trabalha em toda a casa.

INÊS: Jesus, Jesus! Livre-me Deus de mau homem, de mulher má e de falso testemunho, se não há já duas horas que ando por toda a casa.

PASCUAL: Pois anda a acabar, chama essa gente, faze o fogo e acende logo o fogão; que se comece a trabalhar, cubra esses peitos, porque só te pareces verdadeiramente com a enteada da quarta-feira de cinzas.

INÊS: Já, já. Matem aquele coelho. Para que tudo isso, senhor de Alonso? Depois de quarenta anos de casamento pareço-lhe a enteada da quarta-feira de cinzas. Pois assim eu pareça ante a face dos anjos, porque para eles tenho boa aparência.

PASCUAL: Sim, sim, como ainda és menina, não me maravilho.

INÊS: Não é pelos muitos anos, mas os trabalhos cedo me encaneceram.

PASCUAL: Assim acreditarão. Faz levantar toda essa gente e deixemos agora de discutir sobre coisas de pouca importância.

INÊS: Não digo isso pela idade, já que o padre que me batizou poderia estar vivo, se não morresse no ano dos gafanhotos.

PASCUAL: Não fales disso. As crianças podem se assustar como se assustam com o bicho-papão. Façamos de conta que se passou outra coisa.

INÊS: Não é desculpa, marido, mas muito jovem perdi a dentadura. Não fosse isso, juro que meu rosto seria como alfavaca. Mencieta, ah, Mencieta!

MENCIETA: Já vou, senhora.

INÊS: Não é hora, dona? Espera que o sol se ponha?

MENCIETA: Jesus, eis-me aqui. O que manda?

INÊS: O que faz Armelina, minha filha?

MENCIETA: Acabou de fazer a gola plissada esta madrugada, e ainda não faz uma hora que se deitou.

PASCUAL: Acendeste o fogo?

MENCIETA: Aquele ali queria fazer.

PASCUAL: O que faz Guadalupe?

MENCIETA: Guadalupe, senhor? Minha alma se foi com a sua.

PASCUAL: Como, o que tem ele?

MENCIETA: Será preciso uma trombeta para que acorde.

PASCUAL: Pensei que tivesse algum mal e já me transtornava.

MENCIETA: Que esse mal tivesse Mencieta.

PASCUAL: O quê? Nunca te cansas de dormir? Só isso te falta!

MENCIETA: Não diga isso. Nem fechou os olhos a pessoa e já tem o despertador nos ouvidos, como quem se levanta para tomar purgante ou vigiar o noivo.

INÊS: Mencieta, Mencieta!

MENCIETA: Senhora, senhora, depressa, que o fogo repica; Deus, não nos deixe repousar, amém.

INÊS: Onde puseste o cesto com os apetrechos de fogo?

MENCIETA: Em cima do banco da ferramenta.

INÊS: Ah, desgraçada de mim! Jesus, Jesus, não é que joguei toda a lamparina de azeite em cima de mim? Queira Deus que quem aqui te pôs encha a mão de espigas e panariços.

PASCUAL: Com quem discutis?

INÊS: Mencieta abusada, se tu não me pagares, não me tenhas por filha de Anton Ramírez Ruiz, Alvarez, Alonso de Pisano, Ureña de Pimentel.

MENCIETA: Jesus! E por que te voltas contra mim?

PASCUAL: Queres encarrilhar mais nomes, como os dos mistérios?

INÊS: Eu bem posso colocá-los, pois meu pai, que esteja na santa glória, fez tantos bens, que em cada lugar se escrevia seu nome.

PASCUAL: O Pimentel, de onde lhe veio?

INÊS: Haja paciência! Da pimenta que vendeu nesta vida, sendo especieiro por três anos, dois meses e cinco dias. Não vedes que de *pimentibus* vem Pimentel?

ARMELINA: Que Deus vos dê bons dias.

INÊS: Jesus, filha Armelina! Por que te levantastes tão de manhã?

ARMELINA: Em toda esta noite só preguei os olhos agora.

INÊS: Ah, que desgosto! E por quê?

ARMELINA: Esta cabeça me parece que se parte, de verdade, em duas partes.

INÊS: Sim, sim, por causa da lixívia, que devia estar forte. Te defumas com um pouco de alecrim e de arruda; também é bom o açafrão tomado em jejum com água de *filibus terre*.

PASCUAL: E não acontecerá nada.

INÊS: Vem aqui, filha: vou benzer-te esta cabeça. "Em nome de Deus, que não comece a fumaça nem o sumo, nem o mal olhado ou o lentisco, nem nuvem que traga pedrisco. Os bois apascentavam e os gansos cantavam. Por aí passou o veado preto, em tua casa, de cabeça baixa, e disse: – Não tenhas outro mal que aquele que tem o corvo em seu ninho. Assim se aplaque esta dor, achada na bancada de um tosador". Sossega, filha, que com a ajuda de Deus não será nada.

PASCUAL: Levantem, que é meio-dia; vamos entrar e fazer levantar esse moço. E que comecem a mover esses foles.

INÊS: Já vou, marido.

PASCUAL: Eu também vou entrar; porque se não se anda por tudo, maldito trabalho na quinta.

ARMELINA: Mas eu aqui quero ficar, senhor.

PASCUAL: Fica em boa hora; e tu, Mencieta, para lhe fazer companhia.

Cena Segunda

Armelina, Mencieta e Guadalupe.

MENCIETA: Ai, senhora. Pensei na minha alma que hoje sua mãe se acabasse. Jesus, e como levantou disparates.

ARMELINA: Assim são esses velhos. Ouvindo aquelas velharias, que me faziam rir, disse que estava com dor de cabeça.

MENCIETA: E como representou bem!

ARMELINA: Maldizem tudo o que lhes vem à boca, e como está em idade caduca, fala mais do que sabe, especialmente porque os velhos não são mais do que crianças.

MENCIETA: Nessa manhã estavam falando muito em segredo e, não sabendo que os escutava, diziam não sei o que de vossa mercê.

ARMELINA: De mim? E o quê?

MENCIETA: Pois me dê alvíssaras.

ARMELINA: Que te sejam boas. O que acontece?

MENCIETA: Que, segundo parece, andam querendo casar-te.

ARMELINA: Era isso? E com quem, se por Deus entendeste?

MENCIETA: Com um homem muito honrado.

ARMELINA: E quem?

MENCIETA: Com o sapateiro que enviuvou outro dia.

ARMELINA: Eu acredito em ti, pois minha sorte é tal que, ainda que eu merecesse, esse casamento é muito alto. Mas cala, que não sei quem vem.

GUADALUPE: Agora não posso crer, mas o santo que vai atrás de mim ordena umas coisas que não posso entender de onde diabos as tira ou descobre, que estou em pé e não consigo mais abrir os olhos, como se nunca os tivesse tido. Valha-me o santo que está entre Fregenal e Almadén. A ele me ofereço e prometo uns olhos da cor destes meus, de cera, de estopa ou de mel de Cerrato. Oh, desventurado de mim. Não posso manter abertos os dois cantos do melão, que não se esfregam, como sacola de presente de natal. Com muita dificuldade me pariu minha mãe, se tenho que ficar assim.

MENCIETA: O que é isso, Guadalupe?

GUADALUPE: És tu, Mencieta?

MENCIETA: Sim, irmão. Do que te lamentas?

GUADALUPE: Não vês, irmã, que mal abro os olhos e se me caem as comportas, como portas de um portal?

MENCIETA: O burro ainda deve vir dormindo e não atina.

GUADALUPE: Assim viva Alonso, o porqueiro de Medelín, tio de minha mulher. Deve ser por herança os pecados que me deram.

MENCIETA: O que darias para te curar?

GUADALUPE: O quê? Prometeria ao abade de Montserrat dormir toda uma semana em pé e vestido como minha mãe me pariu.

GUADALUPE: Isso é muito.

GUADALUPE: Ai, minha mãe. Para me curar, juro por Deus, não me aborreceria estar duas horas e meia sem tomar café da manhã, só um pãozinho, alguma coisa de cozinha ou algo semelhante.

MENCIETA: Te doem os olhos?

GUADALUPE: Não, mas ficam nublados por eles mesmos.

ARMELINA: Mas de sono.

GUADALUPE: Se é do que diz vossa mercê, tem remédio, senhora?

ARMELINA: Pergunta a Mencieta.

GUADALUPE: Mencia, irmã, tu sabes algo contra olhos dormidos?

MENCIETA: Há mil medicinas.

GUADALUPE: Mil, é? Me diz um par delas.

MENCIETA: Para que um par?

GUADALUPE: Uma pra cada olho.

MENCIETA: Ah, dizes bem. Aguarda um pouco. Tapa bem os olhos com as mãos, sem que vejas coisa alguma.

GUADALUPE: Está bem assim?

MENCIETA: Sim; vira de costas e, se alguma coisa te doer, não fales, que ficarás cego por todos os dias da tua vida.

GUADALUPE: Faze, que ficarei calado até que tu mandes.

MENCIETA: Fica quieto, tonto.

GUADALUPE: Aí não, Mencieta, não aí. Os olhos estão mal e me emplastas as costas?

MENCIETA: É daí que te vai a saúde aos olhos.

GUADALUPE: Creio que já estarei bem, Mencieta.

MENCIETA: Penso que sim.

GUADALUPE: Praza a Deus que não seja preciso alguma sangria, que me dói muito esse emplastro que me puseste. Do que era?

MENCIETA: De um pouco de banha de galinha e outro pouco de levedura.

GUADALUPE: Puseste levedura demais.

MENCIETA: Por quê?

GUADALUPE: Porque é muito duro esse emplastro.

MENCIETA: Agora podes abrir bem os olhos?

GUADALUPE: Sim, mas é preciso rogar a Deus que possa voltar a fechá-los, porque, como o cozimento da tua medicina está nas costelas, os olhos me parecem candeias e ainda será espantoso que não me acuda depois um sono de quinze dias.

MENCIETA: Não é muito.

GUADALUPE: Olha, Mencieta, ainda que outra vez me vejas cego, a rezar orações, não me cures.

MENCIETA: Mas que recompensa por fazer bem aos semelhantes!

GUADALUPE: Manda ao diabo essas semelhanças. Sei que outras vezes me curaram, mas tu tens a mão muito pesada. Juro e te aconselho que, quando fores grande, não te faças casamenteira.

MENCIETA: Por quê?

GUADALUPE: Porque um casamento feito com tua mão não dura mais do que a memória de Cid Ruy Diaz.

ARMELINA: E então, já vais curado?

GUADALUPE: Manda ao diabo a saúde, senhora, porque logo começa outra dor de novo.

MENCIETA: Isso está bem? Para não me pagar fazes essas comédias.

GUADALUPE: E o que entra num remédio desses?

MENCIETA: Mais de um real e meio.

GUADALUPE: Um real e meio? Barato se tu me afrouxasses as costelas. E quanto me vai durar essa ardência?

MENCIETA: Até que acabe o humor, o que leva quinze ou vinte dias.

GUADALUPE: Manda ao diabo tua cura; pois uma modorra, quando muito, se cura com catorze dias, e a tua medicina dura vinte.

MENCIETA: Aonde vais?

GUADALUPE: A buscar quem me cure desses cataplasmas.

MENCIETA: Vai em boa hora e vê se acha um amigo teu que queira se curar como tu fizeste.

GUADALUPE: Não, não, Mencieta; não faças mais esse trabalho, pois acho que não gozarás de boa fama com esses teus emplastros. Fica com Deus.

ARMELINA: Maldita sejas, que me fizeste rir.

MENCIETA: Entremos, que a gente nas ruas já começa a se alvoroçar.

Cena Terceira

Diego de Córdoba, Rodrigo, Mencieta e Guadalupe.

RODRIGO: Vede, senhor Diego de Córdoba, eu vos prometo não abrir mão do negócio até tê-lo concluído, ou perderei a garganta. A senhora prometida vos viu?

DIEGO: Mil vezes, e ainda com um vestido novo. Se não me deseja por este caroço que tenho... Mas creio que não devemos nos desavir. O que disse Pascual Crespo, seu pai?

RODRIGO: Ele está contente. Não creio que a moça desgostará de vós, sendo, como sois, homem honrado, de boa idade e fama, rico e, além disso, bom oficial. O que vos falta?

DIEGO: Gentil-homem e bem vestido. Por Deus, comprei um gibão outro dia, quando tirei o luto, que podia ser o melhor da cidade.

RODRIGO: Descobri um pouco a capa, que estamos perto de sua casa e a moça poderia se pôr à janela.

DIEGO: Não, que agora vou de volta.

RODRIGO: Tirai essa capa que parece um avental e dá-la ao diabo.

DIEGO: Oh, pecador de mim. A senhora está à janela.

RODRIGO: Vos tenho vendido como o mais formoso e político dentre os homens da terra e vós vindes pela rua com esses andrajos. Haveis lavado a cara? Olhai que mãos para ter à vista!

DIEGO: Por certo e na verdade me lavei. Mas a porta se abre e não sei quem sai.

RODRIGO: Componde-vos e falai autorizadamente, e não menti em coisas de ofício, nem por pensamento, que a moça ainda não sabe que sois oficial.

DIEGO: Não, não, estarei de sobreaviso. Valha-me Deus!

GUADALUPE: E se não achar ovos, o que trarei?

MENCIETA: Traga sardinhas, como disse o patrão, para que essa gente almoce. Ah, Guadalupe, pega o pretendente.

GUADALUPE: Qual pretendente, Mencieta?

MENCIETA: Não seja ridículo. O que pretende casar com a senhora Armelina.

GUADALUPE: E que faço se ele for muito gordo?

MENCIETA: Fica quieto, que ele vem até aqui.

DIEGO: Deus lhe guarde, senhora donzela.

MENCIETA: Beijo as mãos de vossa mercê, senhor.

DIEGO: Por que tal gentileza, minha filha?

MENCIETA: Vossa mercê me conheceis, por ventura?

DIEGO: E muito bem. Não sois vós criada do senhor Pascual Crespo, o ferreiro?

MENCIETA: Sim, senhor...

DIEGO: O que faz a vossa senhora, a moça?

GUADALUPE: Durante toda a noite não pôde repousar.

DIEGO: Jesus, que Deus a guarde. E por quê?

GUADALUPE: Por pensar em vossa mercê.

MENCIETA: Cala-te, asno. Em verdade, senhor, ele mente.

DIEGO: Eu vos asseguro que algo deve de ser, se o moço disse. Que lhe parece, senhor, se a coisa vai transtornada?

RODRIGO: Assim parece.

DIEGO: Dizei, filha: lhe disseram como quero me casar com ela?

GUADALUPE: Por que pensais que esteve esta noite tão pensativa?

DIEGO: Acredito em ti.

GUADALUPE: Que Deus nos guarde, senhor.

DIEGO: E de que, filho, por ventura?

GUADALUPE: De que, senhor pretendente? De amores.

DIEGO: Quê, de mim?

GUADALUPE: Não, mas deste avental; disseram que vossa mercê faz maravilhas e é o melhor homem de sua linhagem para remendar um sapato.

DIEGO: Eu remendo? Por certo que mentiram. Sou, por acaso um oficial ilícito? Mas vejam só que testemunho!

GUADALUPE: Sim, sim, assim creio que disseram e, além disso, que em casa de vossa mercê só por milagre se fazem cozidos.

DIEGO: Como por milagre? Muito bem guisados e preparados, quereis dizer.

GUADALUPE: Não, é que quando em sua casa se fazem, pode-se contar que é por milagre; porque não se costuma fazer senão de quatro em quatro meses.

DIEGO: Jesus, Jesus! Tal te disseram? Por minha consciência, isso é sedição; senão, diga o senhor casamenteiro.

GUADALUPE: Do que mais a minha senhora se enamorou foi de sua cara.

DIEGO: Isso bem pode ser.

GUADALUPE: Em verdade, falando outro dia de vossa mercê, e estando elogiando suas feições, não faltou quem dissesse: "Bendita seja tal cara, porque, na minha opinião, se parece com estrume de boi no mês de maio".

DIEGO: Quem disse? Algum velhaco malicioso. Esse homem de má língua não vai escapar.

MENCIETA: Deixai-o, senhor, que devaneia.

GUADALUPE: Como devaneia? Tu não ouviste dizer que tinha muito bem conservada a dentadura?

DIEGO: Conservada em quê?

GUADALUPE: Em estirar as peças de couro curtido com os dentes, e por isso vossa mercê tem as mãos bem conservadas ao tratar as solas, que até parecem folhas de gengibre ou de sobreiro.

DIEGO: Para isso tenho luvas de festas. Existe tal coisa no mundo?

GUADALUPE: Como devem compor bem!

DIEGO: E por que não?

GUADALUPE: Sim, sim, creio que assentam em vossa mercê como enfeite de africano.

MENCIETA: Percebestes vossa mercê como está zombeteiro o moço?

DIEGO: Pois eu vos prometo, dom asno, que se vos pego me ireis pagar.

RODRIGO: Deixai-o, senhor.

DIEGO: E se vosso amo não vos castigar, que não me tenha por amigo.

MENCIETA: Vamos, diabo. (*A Diego*) Perdoai-o, senhor.

DIEGO: Que Deus vos perdoe, filha.

GUADALUPE: Senhor pretendente: não deixe vossa mercê de soprar o fole e assim dará mais proveito a meu amo. E não vos atreveis mais em passar por essa rua, senão podereis voltar carregado de lenha seca, porque a verde não tem em casa.

DIEGO: Me aguarde, seu miserável!

RODRIGO: Deixai-o, que não se deve ter consideração por quem não sabe o que diz e não passa de um saco vazio.

DIEGO: Para um homem que pretende o bem, deve-se ir embora com tais disparates?

RODRIGO: Vós mesmo dais ocasião a isso. Componde-vos, que me parece que Armelina é quem está à janela.

DIEGO: Tudo ficou enevoado. Não sei se é ela.

RODRIGO: Quem há de ser? Fingi que sou vosso criado e perguntai-me algo diante dela, para pareceres homem de pudor e que não mentis nem em pensamento.

DIEGO: Dizes bem. Ouve, moço?

RODRIGO: Senhor?

DIEGO: Vem cá. Vai depressa à casa de meu compadre Pero Alonso, e que esteja disposto a fazer aqueles saltos e aquelas proteções, digo, aqueles arreios e bota de dupla sola.

RODRIGO: O que dizeis?

DIEGO: Digo que é para o cavalo.

RODRIGO: Sim, é o que farei, senhor, encomendá-los. (*À parte*) Pobre de mim, que vos destruís a vós mesmo.

DIEGO: Mais ainda. Não esqueças de cobrar aquelas formas.

RODRIGO: Do que falais?

DIEGO: Quis dizer aquelas almofadas.

RODRIGO: Tereis tantas almofadas?

DIEGO (*reservadamente, para Rodrigo*): Olha, tirar-me do caminho é pôr-me a perder. Quieto, que agora corrijo tudo.

RODRIGO (*baixo, para Diego*): Vejamos.

DIEGO: Prepara-me aquela vasilha de ferver couro e as tesouras, quero dizer, aquele pente e aquela escova.

RODRIGO (*baixo, para Diego*): Falai diretamente com ela, que é melhor.

DIEGO: Que falo com ela? Vem atrás de mim, moço.

RODRIGO: Agora estou contente.

DIEGO: Ilustre senhora... (*Para Rodrigo*): Comecei bem?

RODRIGO: Bem.

DIEGO: Pele larguíssima, suave e amorosa que cobre minhas queimantíssimas entranhas; afilado estilete para cortar a penetrante palmilha de meu dificultoso sapato e a cortiça do meu mal forjado tamanco.

RODRIGO: Eu desisto, desisto.

DIEGO: E finalmente: agulha e agulhão que atravessa de parte a outra o meu retoricado coração.

RODRIGO: Ai de mim, que vós haveis estragado tudo e tudo pusestes a perder. Não esquecestes de nenhum aparelho ou ferramenta da oficina.

DIEGO: Ao ver minha esposa na janela, não consigo dizer as coisas direito.

RODRIGO: Ainda assim tivestes sorte.

DIEGO: Em quê?

RODRIGO: Era apenas um pano na janela, posto para enxugar.

DIEGO: Então me abraça e vamos embora, antes que algo pior aconteça.

RODRIGO: Vamos.

Cena Quarta

Justo, Beltranico, Viana e Mulién Bucar, mouro.

JUSTO: Essa, Beltranico, é a casa daquele ferreiro onde vive a formosa donzela de quem te falei algumas vezes, mas tão esquiva que nunca com boa cara se dignou me olhar.

BELTRANICO: Diga-me, senhor, sabes se é filha daquele Pascual Crespo?

JUSTO: Não me preocupo em saber de quem é filha; basta me ter parecido ser bonita. Por que deveria saber de quem é filha? Já a vi na casa do ferreiro e mais não quero saber.

BELTRANICO: Digo porque parece ser moça de grande recolhimento para ser filha de um homem tão baixo. Mas, diga-me, senhor Justo: o que pensa fazer teu pai ao cabo de cinco ou seis meses que andamos vagando por essas ruas, comendo sem proveito o que teríamos de outra forma recusado?

JUSTO: Já te direi. Tem por convicção que neste povoado há de achar sua filha Florentina, porque lá em Bolônia, antes que partíssemos, um sábio grego lhe disse que, sem dúvida, a encontraria nesta cidade. E ele não pensa em partir até descobri-la, ou morrer à sua procura. E ela já ter alguns bons anos.

BELTRANICO: Mais do que os de duas mãos.

JUSTO: Mas passemos à outra esquina da rua para ver se poderei gozar da vista da minha senhora Armelina.

BELTRANICO: Queria falar com sua empregada, Mencieta, que me prometeu um *certo frasco* e não seria má intermediária para o teu negócio.

JUSTO: Nos desviemos um pouco, Beltranico, que aquele homem que vem parece o meu senhor.

BELTRANICO: É ele, sim. Vamos daqui.

Aparece Viana.

VIANA: Apesar dos trabalhos desta vida miserável, os que nela vivem padecem de diversas maneiras; e o grau do meu padecimento é superior e excessivo, pois já se passaram quase cinco meses que moro neste povoado, onde o grego me certificou que acharia minha amada filha Florentina, roubada de uma casa de campo, aos quatro anos, em Viana, aldeia onde nasci. Por sua falta, criei um filho adotivo e ele agora, na mocidade, se aparta de minha obediência, pois sem juízo se encontra enamorado da filha do ferreiro que mora naquela casa. Deus o proteja melhor do que imagino com ditoso retorno a Viana, nossa pátria querida, no gozo de saúde. Saí por esses arrabaldes, onde em uma casinha destas habita um mouro de Granada, que dizem que em certas artes é habilíssimo, especialmente em descobrir furtos e coisas perdidas e, segundo as indicações, é esta a sua casa. Olá, quem está em casa?

MOURO: Quem chamar, quem chamar? Olá, bor que tirar a tranguilidade?

VIANA: Perdoai-me, bom homem, que não pensaria em molestá-lo.

MOURO: Não tem aqui quem perdoar, amego. Eu ser a persona que cumprimentou e bossa mercê está agora a estorvar e não bê o que perdi de trabalho.

VIANA: Bom homem...

MOURO: Borque bom homem? Falar de outro modo.

VIANA: Homem honrado, não vos injurieis, que minha intenção não vos foi ofender nem molestar. Vim antes buscar um remédio de vossas mãos, conforme fui informado, e sabendo que podereis dá-lo.

MOURO: Ah, sinhor, dizer o que querer logo aqui buscar, porque fazemo certo experimento.

VIANA: Senhor, sabendo de vossa habilidade, quis socorrer-me de vós, que a vossa fama se estende longe e creio ter chegado a bom porto.

MOURO: Ah, picador de mim. Falamo logo. Bra que tanto revolver palavra? Dizer "esto quero, esto mando" e fichar o bico. Um palavra basta. Bom palavra, bom entendedor.

VIANA: Sou estrangeiro, senhor, e tive uma filha em um povoado chamado Viana, de onde sou natural, e me foi furtada de uma casa de campo, quando menina. Faz muito tempo que a procuro. Se em vossa sabedoria há alguma habilidade que faça terminar essa busca, que seja à minha custa.

MOURO: Senhor como chamar?

VIANA: Viana, senhor.

MOURO: Como chamar filha?

VIANA: Florentina.

MOURO: E terra vostra?

VIANA: Viana. Dali tomei meu apelido.

MOURO: Que seu pelido?

VIANA: Meu nome, senhor.

MOURO: Predizemo. Deixar ver, sinhor: ter vostra reverença bom ânimo e boa resistença?

VIANA: Creio, senhor, que não me faltarão.

MOURO: Ficar preparado para não falar e calar bico. Não ter pavor si querer achar tua filha. "Olá, vos, Platón, gran sinhor daquele temeroso reino, convoco vos também, Projorpina, querida daquele infernal sinhor, por aquel poder que sobre as sombras infernais tiveram concedido, compilo que vexam essa petição, me enviar logo logo a mágica Medea, nascida na ilha xamada de Cólquida, por cuxa gran sabedoria aquel belocino, pelas mãos do venturoso Jasão, no templo de Marte foi com não pequeno trabalho ganhado". Olá, sinhora Medea, vir a meu xamamento.

MEDEA (surgindo): O que é que dizes, Mulién Bucar, que tão apressado tens os que moram nas profundas trevas e nos obscuros sítios? Vês-me aqui: sou a que, pelos amores daquele mancebo que tu sabes, fui fratricida, desmembrando em partes meu pequenino irmão Apsirto, para que o velho pai de ambos, enquanto eu fugia de suas vistas, para seguir meu Jasão, recolhendo os espalhados e sangrentos pedaços do amado filho, por algum tempo se detivesse, enquanto eu, com meu novo esposo, às naves me recolhia. Sem mais, e assim por minha sabedoria e por minha crueldade, vivendo procurei cumprir. Assim, vês-me por teu mandamento compelida; observa o que manda, que em todo e por todo serás obedecido.

MOURO: Medea, filha, bem te conheci. Fiz vir por causa de outro mandamento: dizer, infernal persona, donde morar, em que rigião e em que reino, em que terra, uma filha moça daquel que estar presente. Deixemo ele lá. Fazer o que mando por aquel sobrado poderio que sobre ervas, sobre pedra e sobre animal e mais sobre a infernal potença minha sabedoria me concede.

MEDEA: Hás de saber que nesta cidade vive, e numa casa não muito a seu contentamento; com brevidade convém buscá-la, antes que por extremo em que está posta faça algum desvario. E porque tua pergunta não se estende a mais em saber em que região mora, vou-me aonde minhas penas, enquanto os séculos durarem, não se verão aniquiladas.

MOURO: Anda, vai, e dar minha recomendação a Platón, Projorpina e dar minha beija-mão a Cãocerbero e aos demais, ficando para todo teu serviço. Ah, que te parecer, sinhor honrado? Ter tudo bem entendido?

viana: Muito bem, senhor, e tome pelo trabalho feito.

mouro: Alá te dar saúde como desejamo. Perdoar, sinhor, que é tempo de descobrir o que experimento.

viana: Oh Deus soberano! O que foi que vi? Mas, agora que sei que está neste povoado, convém não descansar um momento até descobri-la. Mas, ai de mim! Em que extremo tão grande está minha filha, pois disseram que convém falar-lhe logo, antes que as fúrias infernais se inclinem a dar-lhe uma morte breve, que com suas mãos a procurem. Vou-me já. Aquele que me concedeu o primeiro, que não me negue os demais.

Cena Quinta

Armelina, Netuno, Mencieta, Pascual Crespo, Diego de Córdoba e Guadalupe.

armelina: Grandíssimo trabalho é viver descontente e ser levada a fazer alguma coisa contrária à sua vontade. Ah, infelicidade! Pois qual outra maior do que a que estou metida, procurando este Pascual Crespo dar-me, por um casamento infeliz, a um homem a quem a natureza não concedeu outra graça senão a de coser sapatos. E esses velhos me trazem acossada para que o aceite o mais breve possível. Penso até mesmo sem esperança ir viver nos desertos e correr os riscos solitários, lá onde os animais possam me fazer de pasto para seus dentes e de sebo para suas crias. E se por ventura isso não acontecer, penso lançar-me da mais alta montanha num mar tempestuoso. Mas, por ventura cruel, quem vem lá?

Surge Netuno.

NETUNO: Tuas palavras de mero passatempo, Armelina, me trouxeram e tiraram dos montes encovados e das ondas agitadas de onde sou senhor e tenho morada, junto aos delfins, aos peixes, búzios, baleias e às maiores tartarugas, de quem a natureza armou de carapaças. E todos me servem e me fazem reverência. Se queres saber meu nome, sabe que é Netuno, senhor das possessões e penhascos marítimos. E também o que costuma, às naves que navegam por minhas ondas, algumas favorecer e a outras negar. Ali, só a Éolo, senhor dos ventos, reconheço obediência, ele que, muitas vezes, por sua fúria, faz com que os peixes a meu serviço se encerrem nos esconderijos e cavernas ocas, para fugir de seu furor. E como te ouvi dizer que em minhas ondas estavas determinada a fazer o sacrifício de tua vida, não quis consentir teu desespero e desejo. Vem comigo que, embora seja de tua vontade, logo teus trabalhos serão reduzidos a um sossego e quietude agradáveis.

Saem.

MENCIETA: Ai, que amargura! Sou eu quem mereço? Tinha o encargo de sua guarda? Tinha as chaves de seu aposento para assim me maltratarem? Eles têm culpa e se voltam contra mim.

PASCUAL: Que culpa, perguntas, mulher ruim? Volta aqui, pois dormias em teu quarto e vais me dizer o que foi feito dela.

MENCIETA: Sim, sim, mas esperem que eu diga. Ela estava feito cobra porque a queriam casar contra sua vontade. Não é nenhum milagre que tenha ido embora, desesperada por esse mundo.

PASCUAL: Como contra sua vontade? Era muito para ela eu oferecer um dote de meus bens e casá-la com um homem honrado, não sendo minha filha? Isso não se faz a um semelhante!

MENCIETA: Era isso que dizia. Que era filha de um homem dos mais importantes de toda a sua aldeia.

PASCUAL: Só me pesa o que as pessoas dirão e a desonra que cairá sobre minha casa. Se a havia criado, queria pô-la em boa situação.

DIEGO: O que é isso que me disseram, senhor Pascual Crespo?

PASCUAL: Senhor Diego de Córdoba, já vedes; parece-me que a prometida se foi.

GUADALUPE: Mencieta, olha que te chamam lá fora.

MENCIETA: E onde?

GUADALUPE: Na porta da casa.

MENCIETA: A mim, na porta da casa? E quem é?

GUADALUPE: Vai logo. Ele me disse que te dissesse em segredo.

MENCIETA: Deixa de segredos.

GUADALUPE: Vai-te ao diabo, que o outro não quer que saiba. Tu tens mais pontas do que a agulha de São Germano.

PASCUAL: E minha casa anda cheia de segredinhos como esse!

GUADALUPE: Digo o mesmo, senhor. (*Para Mencieta*) Por que diabos tu te metes a abraçar um filho de ninguém na porta da casa ou acenar-lhe com lencinho? Não digo isso para enredar-te com o senhor, nem quero que se diga de mim que sou boateiro, mas o figadozinho de cabrito que desapareceu outro dia do gancho, quem o comeu, se te lembras?

MENCIETA: E que diabos sei disso?

GUADALUPE: Não te zangues; como tu falavas com aquele mocinho que está na porta, fizeste-me suspeitar que ele o havia comido. Anda, vai, que te aguarda, e como não é teu primo nem teu irmão, não lhe dê o que falta em casa, que a suspeita recai nos gatos.

MENCIETA: Ai, que grande confusão, valha-me Deus.

GUADALUPE: Anda, vai, e já que o mandaste vir, dá-lhe um guardado para que não venha inutilmente.

MENCIETA: E o que lhe vou dar, boquinha mentirosa?

GUADALUPE: Outro figadozinho como o que sumiu e outro gato a quem incriminar.

PASCUAL: Que vos parece, senhor Diego de Córdoba, ter em minha casa quem me roube para dar a quem deseje?

DIEGO: Coisa difícil é servir-se um homem de filhos alheios.

PASCUAL: Vem cá, Mencieta, minha filha. Quem é esse que te procura?

MENCIETA: Deve ser apenas uma mocinha, filha de uma tia, e aquele ali, burro como é, desatina.

GUADALUPE: É verdade que desatino; mas como o vejo com calças, capa e gorro, acho que é um homem.

PASCUAL: Ah, traidora! Acaba com isso, diz quem é ele.

MENCIETA: Ai, senhor, não me apertem, que vou dizer.

PASCUAL: Pois diga, vamos.

MENCIETA: É um mocinho, criado de um estrangeiro.

PASCUAL: Qual estrangeiro?

MENCIETA: Um que está com seu pai, e que vem em busca de uma filha.

PASCUAL: Como o conheceste?

MENCIETA: Por lhe ver passar por esta rua.

PASCUAL: E por que passava, com que propósito?

MENCIETA: Não sei, senhor.

GUADALUPE: Sabe, sim, senhor. Mente.

DIEGO: Diz, minha filha, a verdade e eu rogarei ao teu senhor que não te castigue.

PASCUAL: Por quem passavam aqui?

MENCIETA: Por minha senhora.

PASCUAL: Como sabes?

MENCIETA: Ele me pediu que lhe falasse de sua parte.

PASCUAL: E tu falaste?

MENCIETA: Não ousava, senhor.

PASCUAL: Por que não ousavas?

MENCIETA: Para que minha senhora se mantivesse recolhida.

DIEGO: Bom recolhimento! Pois parece pelos indícios que ela foi levada.

PASCUAL: Isso a justiça vai averiguar. E de ti, o que queria o mocinho?

MENCIETA: Me prometeu um rosário.

PASCUAL: E para que te prometia?

MENCIETA: Diz que queria se casar comigo.

GUADALUPE: Que vá ao diabo! Não alcançava com a mão um prato no armário e já queria berço em casa?

MENCIETA: Não, só quando fosse grande.

GUADALUPE: Claro, claro. Devias abraçá-lo agora para não ficar de joelhos no milho ou jogada às traças.

DIEGO: Depressa, senhor! Vamos pegar aquele mocinho e apertá-lo, que ele dirá a verdade.

PASCUAL: E onde vive o moço?

MENCIETA: Na pracinha velha, eu sei onde é a casa.

GUADALUPE: E olha que ela sabe!

PASCUAL: Segura tua irmã, Guadalupe, e não a soltes.

GUADALUPE: Considera-te presa, senhora Mencieta, e fuxiqueira.

MENCIETA: Sai, diabo!

GUADALUPE: Não me morda, noivinha de meninos de presépio.

MENCIETA: Ah, dom Sangual, seja testemunha que ainda vou lhe dar mais pauladas do que um burro possa levar.

GUADALUPE: Anda, anda, sem vergonha.

Cena Sexta

Armelina, Netuno, Justo, Beltranico, Mencieta e um aguazil.

ARMELINA: Diz-me, senhor, que vida tão estranha é essa que queres que eu padeça, ou para que queres que me conserve em tua companhia, sendo teu gênero tão diferente do meu? Dá-me licença para que procure a morte ou o remédio por outra via, pois tua conversa, na verdade, tua presença e tua morada são difíceis de suportar.

NETUNO: Mais saudável do que pronunciar semelhantes palavras, Florentina, seria procurar o silêncio, pois minha morada, presença e conversa pouco prejuízo te podem fazer.

ARMELINA: Florentina? Não é esse meu nome.

NETUNO: É o teu próprio, como o meu Netuno, e vem dos tempos em que Ariadne foi abandonada por Teseu, mesmo tendo por seu engenho conquistado o espantoso Minotauro, dentro do labirinto que Dédalo edificou, por traição de Pasífae. Fui eu quem procurou ampará-la, depois de privada das fugitivas naves, e enganada por falso amante, mandando que as ondas furiosas ficassem em sossego, até que Baco, deus da embriaguez, em carro regido por tigres, por amante a levasse. E quando, depois de atravessar a região dos ares e das úmidas nuvens, à sua memória dedicou uma coroa de estrelas na forma de flor. Não creias, pois, Florentina, que minha intenção tenha menos propósito no que toca a ti. Por fim, não te canses tanto, que, por tua causa, meu trabalho está arrevesado, mas antes de muitas horas a fortuna te rodeará e a quem não consideras bem cortês e próspero.

ARMELINA: O que te rogo, senhor, já que vim em teu poder e por mim, desventurada, determinas o fazer, diz-me de que maneira fui furtada do poder de meus pais e trazida ao poder daquele ferreiro, ou que infortúnio se passou em tão tenra idade.

NETUNO: Como naquele tempo tu tiveste madrasta e não mãe legítima, um parente teu à noite te roubou, vendo que a malvada mulher de teu pai procurava por todos os meios tratar-te mal e assim, fugindo da pátria onde nasceste, outra desgraça maior lhe sucedeu. Tendo peregrinado e chegado contigo à ilha da Sardenha, foi assaltado por corsários, e tu coubeste a um deles, que te trouxe para vender em Espanha, fingindo que eras escrava. E no porto de mar muito conhecido e lavrado de naus ligeiras e de vela, o de Cartagena, foste vendida.

ARMELINA: E quem foi aquele homem tão piedoso que, já depois de tantos trabalhos passados por mim, dignou-se comprar-me? Porque naquele tempo, sendo eu tão menina, muito pouco serviço podia ter de mim.

NETUNO: Não faltou quem, e foi um irmão do ferreiro, que naquela época mercadejava pelo mar e te comprou. Já à beira da morte, deixou-te encarregado a Pascual Crespo, seu irmão, para que como filha te criasse e doutrinasse. Mas vamo-nos daqui e procura alegrar-te, pois não passará muito tempo para que saibas quem seja teu pai.

Saem.

JUSTO: O que é isso, senhor? O que fazeis comigo, por que me levais preso?

PASCUAL: Senhor oficial, fazei vosso ofício.

GUADALUPE: Sim, senhor, fazei o vosso que eu também farei o meu, de levar depressa esta saidinha.

MENCIETA: Vai me arrastar?

GUADALUPE: Sim, que te posso arrastar, desarrastar e levar empinada, pois meu senhor e o rei me mandam.

PASCUAL: Segura bem a esse tacanho; ponha-o na prisão e com muita segurança, que ele se dará conta do processo que lhe será movido, ou dirá com que intenção importunava a mocinha para que falasse em segredos com minha filha. Vem cá, mocinha: não é aquele gentil-homem com quem falavas?

MENCIETA: Eu não sei de nada, senhor.

GUADALUPE: Olha que eu te aperto as ilhargas até arrebentares.

MENCIETA: Por que me perguntam?

PASCUAL: Diz, traidora.

GUADALUPE: Diz, pudiquinha.

PASCUAL: Cala-te e fica quieto.

GUADALUPE: Como vossa mercê disse "diz", eu disse então "com os joelhos", para que dissesse tudo.

PASCUAL: Não confessaste por tua boca que aquele rapaz te importunava para que falasses com tua senhora?

MENCIETA: Eu, senhor, é verdade que disse, mas fiz por medo.

GUADALUPE: Que Deus te ajude, porque não tens medo nem vergonha.

PASCUAL: Diz a verdade.

MENCIETA: Que me arranquem a língua pela nuca antes que eu diga alguma palavra que ofenda alguém.

VIANA: O que é isso? Para que prendestes esse rapaz, senhores?

PASCUAL: Para que não pague menos do que com a vida.

VIANA: Senhor, se de alguma maneira a piedade e a misericórdia estão em vossas entranhas, apiedai-vos agora deste velho triste e estrangeiro e deste que preso levais e que, além disso, é meu filho.

AGUAZIL: A piedade será, honrado velho, seguir a justiça, e que lhe dê contas de uma filha que lhe falta.

VIANA: O que dizes, filho?

JUSTO: Na verdade, senhor, nada lhe devo a esse respeito.

MENCIETA: Nem mesmo essa triste Mencieta.

GUADALUPE: Santa Maria, senhora! Ponham-se todos de um só lado. Não vêem que estranho espetáculo aparece daquela mulher com máscara no rosto?

PASCUAL: Estejamos atentos.

NETUNO: Não há o que temer, senhores. Estai sossegados, sem alteração ou espanto, porque o motivo principal da minha vinda é dar-lhes contentamento e a todos afável regozijo. Sabei em primeiro lugar que sou Netuno, senhor das águas marinhas e sabedor de vossos negócios; por isso, tu, Pascual Crespo, não sejas tão cruel; solta teu filho chamado Justo, o qual já pensavas ter perdido.

PASCUAL: Este é meu filho, o que tive quando moço com minha amiga Cristalina?

NETUNO: Este, sem dúvida. Servindo como pajem a um capitão, na guerra que teve o rei da Hungria com o potentíssimo turco, por seus bons serviços deixou encomendado, à beira da morte, com fartas riquezas e como tutor e pai a este senhor, que chamam Viana.

VIANA: Assim é verdade.

PASCUAL: Meu filho? Solta-o, senhor aguazil, e abraça-me caríssimo filho.

JUSTO: Dá-me tuas mãos.

PASCUAL: Que Deus te bendiga.

GUADALUPE: Solto Mencieta, senhor?

PASCUAL: Solta, acabemos com isso.

NETUNO: E mais tu, honrado velho, em grau elevado te regozija; e tu, Pascual Crespo, sabe com satisfação que aquela que por Armelina tinhas, Florentina se chama, e é filha natural deste atribulado ancião, dito Viana.

PASCUAL: O que nos contais?

VIANA: O que dizeis?

NETUNO: Que em vossa presença a tendes. Tira de teu agraciado rosto o véu, Florentina, e abraça teu pai.

ARMELINA: Com graça e sobrada alegria.

VIANA: Ai, filha de minha alma e de meu coração! Quantos infortúnios passei para ver este dia!

ARMELINA: Não chores, pai.

VIANA: Deixa-me, filha, que assim chorando descansam minhas envelhecidas cãs e a pele já enrugada.

PASCUAL: Armelina! Mas o que digo? Florentina, dá-me um abraço e tenhas boa disposição.

GUADALUPE: Abracemo-nos todos e vamos abraçados dançar.

MENCIETA: Sai fora, tonto, que não quero teus abraços.

GUADALUPE: Os meus tu não queres, mas bem sei quais.

MENCIETA: Quais, néscio?

GUADALUPE: Os de Beltranico, pajem do senhor Justo.

JUSTO: Se ela quiser, farei com que se case com ela.

MENCIETA: Beijo tuas mãos, senhor, porque eu o aceito como marido.

GUADALUPE: Ah, espertalhona, como aceitou depressa!

JUSTO: Tens razão.

PASCUAL: Muito mais razão tens, filho, para que cases com Florentina, se te convém, se ela se contenta e se seu pai consente.

VIANA: Eu sou o mais feliz.

ARMELINA: Eu sou a que mais estima.

GUADALUPE: Eu o que mais aparelhado estou para encher o bucho de carnes e comer confeitos.

NETUNO: Então deem-se as mãos.

AGUAZIL: Estão dadas.

PASCUAL: Entremos, pois, e daremos fim ao celebrar estas tão desejadas bodas em meu pobre aposento.

NETUNO: Entremos, que tão logo estejam casados voltarei à minha morada.

GUADALUPE: Senhores, perdoai. Se vos parecer melhor para a alegria da festa, vos aconselho a ter aqui Baco, e não Netuno.

COMÉDIA EUFÊMIA

Essa comédia "exemplar e graciosa" inspira-se em alguma italiana não identificada. Um argumento semelhante acha-se no conto nove da segunda jornada do *Decamerão*, de Boccaccio, e Joan Timoneda, editor de Rueda, o reitera na patranha 15 de "El Patrañuelo".

Leonardo, fidalgo, entra a serviço do nobre Valiano, que quer se casar com a irmã de Leonardo, Eufêmia, uma formosa e perfeita dama. Paulo, um enciumado da sorte de Leonardo, calunia Eufêmia, tratando-a de desonesta e dando detalhes de particularidades físicas da dama que parecem revelar um tratamento íntimo, mas que, em realidade, foram revelados por uma criada. Valiano, irritado com o que acredita ser uma manobra de Leonardo, condena-o à morte, mas Eufêmia consegue demonstrar a falsidade de Paulo, acusando-o de romper a palavra matrimonial depois de havê-la possuído. Paulo, que nunca houvera visto a dama, nega lhe ter prometido casamento ou dormido com ela. Com isso se descobre a traição, e Eufêmia se dá a conhecer como a irmã de Leonardo.

Como se há de notar, é muito importante o tema da honra, que também aparece no aspecto cômico, a propósito das presunções do bobo Melchior. É um tema que se fará central na comédia lopesca.

Eufêmia é um exemplo de mulher virtuosa e de valor, capaz de desmascarar o traidor Paulo, que prejudicou sua honra e pôs em perigo de morte ao irmão. Este, Leonardo, é uma personagem pouco desenhada; com poucos traços característicos, para além de sua preocupação com a honra.

Nesta trama se intercalam dois "pasos" (nas cenas segunda e sétima), um de um lacaio valentão e covarde, outro de uma negra, independentes do assunto central, ocasiões para que Lope fizesse brilhar suas capacidades também de ator cômico.

Nas partes faladas pelos personagens nobres, Rueda mantém um estilo elevado, com períodos sintáticos amplos, enquanto os personagens populares se expressam por exclamações, insultos e metáforas degradantes.

As transgressões linguísticas desempenham também funções cômicas, da mesma forma que a patuscada da linhagem, recaindo sobre o bobo Melchior, que alude à honra de seus pais, ao descrever de modo infame sua parentela: sua mãe "era um pouco ladrona e algo desonesta de corpo"; o pai foi verdugo e laçador-mor de cachorros.

O diálogo é rápido e a comicidade sobretudo linguística: que se veja o "paso" da negra, no qual se explora o jargão convencional.

Epístola satisfatória de Juan de Timoneda ao prudente leitor

Chegando-me às mãos, amantíssimo leitor, as comédias do excelente poeta e gracioso Lope de Rueda, veio-me à memória o desejo e a afetação que alguns amigos e senhores tinham de vê-las na proveitosa e artificial imprensa. Por isso me dispus (com todo o cuidado possível) a colocá-las em ordem e submetê-las à correção da Santa Madre Igreja. Das quais se retiraram algumas coisas ilícitas e mal sonantes, que alguns, em vida de Lope, ouviram. Portanto, vejam que não sou de culpar, que minha boa intenção é a que me salva. Et vale.

Personagens:

LEONARDO: gentilhomem
EUFÊMIA: sua irmã
Melchior Ortiz – empregado e bobo
Jimena de Peñalosa – velha
PAULO: criado, velho
CRISTINA: criada de Eufêmia
VALIANO: senhor de baronatos
VALLEJO: lacaio
Cigana
POLO: lacaio
Eulalla – negra
GRIMALDO: pagem

Cena Primeira

Leonardo, Melchior Ortiz, Eufêmia, Jimena de Peñalosa e Cristina

LEONARDO: Longa, muito longa me pareceu a noite passada. Não sei se foi por deitar só de madrugada. Sem dúvida deve ter sido assim, porque faz tempo que ouço minha querida irmã Eufêmia falar com as criadas, pensando na mesma coisa desde que foi dormir, dizendo que não pude deixar de fazer esta viagem. Vejamos se Melchior fez à noite o que lhe deixei encomendado. Melchior!, Melchior!

MELCHIOR: Depressa, perigo! Até parece que os mouros entram na vila!? Escrevei uma linha, se quereis que responda!

LEONARDO: Melchior! Que esse asno vá para o diabo! Onde estás que não me ouves?

MELCHIOR: Diz que eu não ouço? Por Deus, se quisesse, antes de me chamar já teria ouvido. Trato tão bem dos meus interesses como qualquer homem de honra. Dê a esse Melchior um "suportativo" e verá quão duro sou com ele.

LEONARDO: "Superlativo" é o que queres dizer, tagarela estúpido.

MELCHIOR: Sim, senhor. Por que nos embaralhamos outro dia, eu e Jimena de Peñalosa?

LEONARDO: Não me lembro.

MELCHIOR: Não te lembras que nos socamos porque me disse nas barbas que a linhagem dos Peñalosa era melhor do que a da minha família Ortiz?

LEONARDO: Parece que já me lembro.

MELCHIOR: Ah, graças a Deus. Para não andar às secas, consegue uma coisinha para este Melchior e verás o que acontece.

LEONARDO: Ah, senhor Melchior Ortiz!

MELCHIOR: Agora estou contente. O que manda vossa mercê?

LEONARDO: Que Deus te castigue, pois há de se negociar muito para que saias.

MELCHIOR: Por minha alma, só faço isso para que essa velha má perceba que sou honrado por vossa mercê. Para mim, basta um "ouves". Já é muito, como as águas do mar.

LEONARDO: E o que ela tem a ver com tudo isso?

MELCHIOR: Ela disse que é melhor do que a minha mãe, que não há homem nem mulher nessa vila que, não abrindo a boca, não fale bem dela.

LEONARDO: Isso de ser benquista, deve ser verdade.

MELCHIOR: E por quê? Na verdade, senhor, não se achou por detrás dela uma só "máscula".

LEONARDO: "Mácula" tu queres dizer.

MELCHIOR: Mulher que todo mundo elogia não é cansativo, senhor?

LEONARDO: Pois não sei o que dizem por aí de suas tramoias.

MELCHIOR: Não há o que dizer. O que podem dizer? Que era um pouco ladrona, como Deus e todo mundo sabe, e algo desonesta com seu corpo; ademais, não fosse ela... Como se chamam aquelas coisas que se enchem de vinho, senhor?

LEONARDO: Odre.

MELCHIOR: Vossa mercê não sabe outro nome?

LEONARDO: Borracha.

MELCHIOR: Também. Nisso podiam apostar ouro sem conta, como quando se dá uma linguiça a uma gata parida ou a mim um refogado de carne.

LEONARDO: E teu pai, era oficial?

MELCHIOR: Se dizia membro da justiça em Constantin de la Sierra.

LEONARDO: Foi o quê?

MELCHIOR: Diga o senhor os cargos de uma cidade.

LEONARDO: Corregedor.

MELCHIOR: Mais baixo um pouquinho.

LEONARDO: Oficial de justiça.

MELCHIOR: Não era oficial, porque era torto.

LEONARDO: Policial.

MELCHIOR: Não, não servia para correr, já que lhe cortaram um pé por motivos de justiça.

LEONARDO: Escrivão.

MELCHIOR: Em toda a nossa linhagem não teve um só homem que soubesse ler.

LEONARDO: Então, qual era o seu ofício?

MELCHIOR: Como se chama aquele que de um homem faz quatro?

LEONARDO: Carrasco.

MELCHIOR: Isso, isso, carrasco. Carrasco e laçador-mor de cachorros de Constantin de la Sierra.

LEONARDO: Certamente, és filho de um pai honrado!

MELCHIOR: Então como a senhora Peñalosa diz que não chego aos seus sapatos?

LEONARDO: Cala-te um pouco que tua senhora sai. E vai para dentro.

EUFÊMIA: Que madrugada foi essa, Leonardo?

LEONARDO: Caríssima Eufêmia, queria começar hoje, se Deus aprouver, minha viagem e ir-me àquelas partes onde fosse útil.

EUFÊMIA: Quê? Ainda estás determinado a caminhar sem saber para onde? Que coisa cruel é essa! És meu irmão, mas não te compreendo. Ah, quanta desventura! Quando me ponho a pensar em tua determinação e firme propósito, a morte de meus pais me vem à lembrança. Ah, irmão, devias te lembrar do tempo em que nosso pai morreu e quanto fiquei sob tua responsabilidade por ser mulher e mais nova do que tu. Não faças isso, Leonardo. Tem piedade desta irmã desconsolada, que a ti, com justa súplica, se recomenda.

LEONARDO: Querida e amada Eufêmia, não procures deter com tuas piedosas lágrimas aquilo que tenho resolvido há tantos dias, e que só a morte poderia ser um estorvo. O que devo suplicar-te que faças é o que as moças sábias e virtuosas, já despossuídas e afastadas do amparo paterno, costumam fazer. Aviso-te que onde quer que esteja te visitarei com minhas cartas. E agora, enquanto vou à missa, farás a Melchior o que à noite lhe deixei ordenado.

EUFÊMIA: Vai, irmão, em boa hora, e em tuas orações pede a Deus que me conceda a coragem conveniente para suportar tua ausência.

LEONARDO: Assim o farei. Fica com Deus.

Sai Leonardo.

EUFÊMIA: Ortiz, Melchior Ortiz!

MELCHIOR (*aparecendo*): Senhora. Pegaram-me para muito trabalho esta manhã.

EUFÊMIA: Vem cá, que é preciso.

MELCHIOR: Sim, sim, não me digas mais, que vou atinando com o que queres.

EUFÊMIA: Pois se sabes, faze-o e depressa que teu senhor foi ouvir missa e logo estará de volta.

MELCHIOR: Não sei por onde começo.

EUFÊMIA: Desde que faças tudo, começa por onde quiseres.

MELCHIOR: Ora, vamos, já vou, em nome de Deus... Mas sabe vossa mercê o que eu queria?

EUFÊMIA: Não, se não dizes.

MELCHIOR: Saber o que vou fazer e para quê.

EUFÊMIA: O que te mandou o teu senhor à noite, antes de deitar? (*Para a criada*) Tu ouviste, Jimena de Peñalosa?

JIMENA: Por minha alma e pelas entranhas que mais quero, pude eu dormir uma hora nessa noite?

EUFÊMIA: E por que, ama?

JIMENA: Pernilongos, que me pegaram a ferroadas.

MELCHIOR: A senhora deve dormir de boca aberta.

JIMENA: Se durmo ou não, o que importa ao filhote de sapo?

MELCHIOR: Como quer a senhora que não lhe piquem os pernilongos se de oito dias que tem a semana passa nove chupando rolha?

JIMENA: Ai, senhora, como se pôde enfiar essa colher de papa na minha cara? Queira Deus que tu defuntes ainda verdinho.

MELCHIOR: Verde, antes do tempo? Pelo menos eu serei perdoado, mas suas maldições não têm cabimento.

JIMENA: Por quê, exemplo de estúpido?

MELCHIOR: Como pode a senhora, tronco de palmito, ainda estar verde, se já é uva chupada?

JIMENA: Que atrevimento, dom monstrengo. Vais me pagar e caro.

MELCHIOR: Passa fora, cara de mula com cólica.

JIMENA: Ai, minha senhora, veja vossa mercê onde se chega. Não é o mesmo que enfileirar gotas de melado?

MELCHIOR: Enfeite de bodega, assombração de encruzilhada.

EUFÊMIA: Passo e não quero saber. E o que é isso? Não há mais boas maneiras, sequer por quem está em vossa presença?

CRISTINA: Ai, minha senhora. E não tem um pau para esse porção sujo? Por minha saúde, o barulho não é o mesmo de uma briga de bêbados?

EUFÊMIA: É verdade. Sempre parecem gato e cachorro.

CRISTINA: Faria melhor, senhor Melchior, se olhasse aquele cavalo que há três dias não se põe a sela encima.

MELCHIOR: Mas me maravilho, irmã Cristina, com o que dizes. Para que demônio vai se pôr se já está com a cinta e a almofada da garupa arrochadas?

EUFÊMIA: Livre-me Deus de ir atrás! Te parece bom deixar o cavalo sem tirar a sela e a cinta há três dias? Que ânimo terá para fazer a jornada?

JIMENA: Os recados do senhor.

MELCHIOR: Que recados? Se eu não tivesse tão boa vontade o deixaria assim?

CRISTINA: E te parece boa vontade deixá-lo três dias encilhado?

MELCHIOR: Por Deus, mana Cristina, na verdade só o deixei vestido para se alegrar com a sela e o freio novos. Se outro mal não tivesse, esse bem lhe serviria.

EUFÊMIA: Outro mal? E qual seria?

MELCHIOR: Desde que o senhor veio da granja, anteontem, é o maldito grão de cevada que provou.

EUFÊMIA: Jesus! Deus esteja comigo. E só agora o dizes? Corre, Cristina, veja se é verdade o que diz.

Sai Cristina.

MELCHIOR: Verdade, senhora, assim como sou filho de Gabriel Ortiz e Arias Carrasco, verdugo e laçador de cachorros de Constantín de La Sierra.

JIMENA: Títulos honrados tinha o senhor vosso pai.

MELCHIOR: Assim me faça Deus, amém.

EUFÊMIA: É o que tu desejas, por certo.

MELCHIOR: Senhora, não se engane vossa mercê, que enforcando meu pai a quem quer que fosse, nele não falava mais o juiz, como se nunca o houvesse tocado.

CRISTINA (*voltando*): Ai, senhora, que desventura tão grande! Veja vossa mercê: como havia de comer o rocim com o freio na boca?

EUFÊMIA: Freio?

MELCHIOR: Sim, o freio, o freio.

EUFÊMIA: O deixaste com o freio, imbecil?

MELCHIOR: E hei de ser adivinho? Ou venho de casta ruim para ser tão mal educado?

EUFÊMIA: E seria má educação tirar o freio do rocim?

MELCHIOR: Se o nosso amo pôs o freio, parece-me que era de ser boa educação não desfazer o que o senhor havia feito.

JIMENA: A retórica é como queres, e resposta não há de faltar.

MELCHIOR: Retórica? Sabei que fui amamentado com ela.

EUFÊMIA: Era tão sábia assim a mãe do senhor?

MELCHIOR: Por Deus, senhora, a maior parte das noites, ao levantar-se da mesa, não havia urraca ou tordo que guinchasse tanto.

CRISTINA: Ai, senhora, entrai vossa mercê; vou remediar o que se puder, que o senhor logo estará de volta e vai querer partir.

EUFÊMIA: Disseste bem. Entremos.

JIMENA: Passe adiante, "senhor dos bons recados".

MELCHIOR: Vá "a senhora dos bons tempos de antanho".

Cena Segunda

Polo, Vallejo e Grimaldo.

POLO: Já faz um bom tempo e ninguém dos que deviam de vir chegou; mas o que ganho se, para cumprir com a honra deste desesperado Vallejo madruguei, chegando antes da hora combinada? Olha que é uma façanha a deste homem. Todo dia põe os lacaios da casa ou parte deles em polvorosa: ora por que se envolveu com Grimaldicos, o pajem de Capiscol, sendo ele um moço honrado da cidade; ora por que tenho que ver quanta satisfação e ânimo se dá, presumindo ser muito valente.

VALLEJO: Tem que se sofrer no mundo? Como se pode passar por uma coisa dessas? E mais: estando na porta do banheiro público, onde tanta gente ilustre costuma chegar! Pode uma coisa dessas? Um rapaz descaradinho, que nasceu ontem, querendo me afrontar e os lacaios de meu amo me dizem para ficar calado por ser ele Capiscol, amigo de quem me dá de comer. Se eu não castigo, acabo andando nu ou indo a Jerusalém descalço e com um sapo na boca atravessado nos dentes.

(À parte): Aqui está meu companheiro.

Ah, senhor Polo, acaso veio algum daqueles homenzinhos?

POLO: Não vi nenhum.

VALLEJO: Está bem. O favor que me fareis é que ainda que vejais alguém muito parecido, dobrai vossa capa e vos sentai em cima, tendo em conta os limites a que levo minhas pendências; e se virdes alguns mortos aos meus pés, o que agradará à majestade divina, ponde olho na justiça enquanto eu me escapo.

POLO: Como? O quê? Pecou tanto aquele moço que quereis pôr em dificuldade a vós e aos vossos amigos?

VALLEJO: E o que quereis mais, senhor Polo? Levando a carne para Capiscol, seu amo, o rapaz tocou-me com a ponteira de sua espada na capa da minha libré. A quem faria semelhante afronta que já não tivesse uma dezena e meia de homens para lhe transformar em múmia?

POLO: Por tão pouco? Valha-me Deus.

VALLEJO: Tão pouco vos parece rir-se na minha cara, fazendo escárnio?

POLO: Na verdade, Grimaldicos é um moço honrado e me surpreendo de fazer tal coisa. Mas ele virá e dará suas desculpas, e vós, senhor, o perdoareis.

VALLEJO: Dizeis isso, senhor? Me pesa ser seu amigo, por dizer semelhante coisa. Se eu agora perdoasse o negócio, dizei-me: o que quereis que faça?

POLO: Fazei as pazes, que ele aí vem.

GRIMALDO: Olá, gentis-homens, é tempo agora de deixar este negócio de lado.

POLO: Estava aqui rogando ao senhor Vallejo que não vá adiante neste assunto, e tomou tudo tão a peito que a razão não lhe basta.

VALLEJO: Ponha-se vossa mercê de lado; veremos o quanto ele canta de galo.

POLO: Ora, senhores, ouçamos a razão, e para isso me ponho no meio; vejamos se me farão o tão assinalado favor de não brigarem agora.

VALLEJO: Podiam me pôr assim diante de todas as peças de artilharia que estão na defesa de todas as fronteiras da Ásia, da África e da Europa, com o canhão de bronze levado para as terras de Cartagena, e voltassem a ressuscitar os pelouros de ferro com o que o cristianíssimo rei, dom Fernando, ganhou Baza; e se viesse finalmente aquele tão nomeado galeão de Portugal com toda a canalha que o guia, nada mudaria meu propósito em tudo o que disse e pensei.

POLO: Por Deus, senhor, que me haveis espantado, pois esperava que misturásseis as galeras do Grão Turco com todas as demais do Levante e do Poente.

VALLEJO: O quê? Não as misturei? Pois então as dou por embrulhadas. Vamos.

GRIMALDO: Senhor Polo, para que tanta munição? Ponha-se de lado e deixe-me com esse ladrão.

VALLEJO: Quem é ladrão, bestalhão?

GRIMALDO: És tu. Por acaso falo com outro?

VALLEJO: Há que se passar por isso para que se ponha esse desbarbado no "tu a tu"?

GRIMALDO: Sou coelho e não tenho precisão de barbas para uma galinha como tu. Mas com as tuas, e diante do senhor Polo, penso limpar as solas das minhas botas.

VALLEJO: As solas, senhor Polo! O que mais podia dizer aquele valoroso espanhol Diego Garcia Paredes?

GRIMALDO: O conheceste, falastrão?

VALLEJO: Eu, rapazote? A batalha que se fez no Piemonte, quem com ela acabou, senão ele e eu?

POLO: Vossa mercê? É certo ter havido a batalha?

VALLEJO: Boa pergunta! Uns poucos homens que nela sobraram, quem lhes acabou com a vida, a não ser este braço que vedes?

POLO: Por Deus, isso me parece uma coisa de muita honra.

GRIMALDO: Que mentira, senhor Polo. Um homem como Diego Garcia estaria acompanhado de um ladrão?

VALLEJO: Então eu era ladrão, pombinho?

GRIMALDO: Se não era então, agora és.

VALLEJO: E como sabes, filhote de ganso?

GRIMALDO: Como? O que te passou em Benavente, que está agora a terra mais cheia dele do que de erva daninha?

VALLEJO: Já sei o que é isso. A vossa mercê, que conhece os negócios da honra, quisera contar, senhor Polo, porque a pulgas semelhantes não dou satisfação. Fui a Benavente para um caso de pouca monta, matar cinco lacaios do conde, porque quero que o saiba. Foi revelado por uma mulherzinha que estava na casa do padre, em Medina do Campo.

POLO: Conheço bem aquela terra.

VALLEJO: Depois que foram enterrados, eu me vi, por meu isolamento, com certas necessidades, e recorri a um manto de um padre e a umas toalhas de mesa de um botiquineiro onde costumava comer. E aí me pega a justiça e se assim se crê, senhor, etc etc. Isso é o que o rapaz está dizendo. Mas agora, como tenho de comer em casa de meu amo, vamos aos tratos.

GRIMALDO: Adiante, que estou com pressa.

VALLEJO: Senhor Polo, afrouxe-me vossa mercê um pouco essas ligas.

POLO: Aguarde um pouco, senhor Grimaldo.

VALLEJO: Agora, aperte-me esta cinta do lado da espada.

POLO: Está bem assim?

VALLEJO: Agora, pegue-me uma relíquia que achará aqui ao lado do coração.

POLO: Não acho nenhuma.

VALLEJO: Não carrego aí uma relíquia?

POLO: Não, por certo.

VALLEJO: Com sorte a esqueci em casa, debaixo da almofada de cabeceira, e não posso brigar sem ela. Espera-me aqui, ratazana.

GRIMALDO: Volta aqui, covarde.

VALLEJO: Ora, pois, que sois obstinado. Sabei que o deixaria com um pouco mais de vida se fosse procurá-la. (*A Polo*) Deixai-me fazer a esse homúnculo as perguntas a que sou obrigado por descargo de consciência.

POLO: O que haveis de perguntar? Dizei.

VALLEJO: Deixai-me fazer o que devo. (*A Grimaldo*) Quanto tempo faz, pombinho, que não te confessas?

GRIMALDO: Quem achas que és para pedir-me isso, corta-bolsas.

VALLEJO: Senhor Polo, vede vossa mercê se este pobre moço quer que digam algo a seu pai, ou prefere que lhe digam missas por sua alma.

POLO: Irmão Vallejo, conheço bem seu pai e sua mãe, se algo lhe acontecer, e sei onde mora.

VALLEJO: E como se chama seu pai?

POLO: De que serve saber seu nome?

VALLEJO: Para saber quem quererá pedir sua morte.

POLO: Vamos, acabai já, que se faz vergonhoso. Não sabeis que se chama Luis de Grimaldo?

VALLEJO: Luis de Grimaldo?

POLO: Sim, Luis de Grimaldo.

VALLEJO: O que me conta vossa mercê!?

POLO: Não mais do que isso.

VALLEJO: Pois senhor Polo, tomai essa espada e pelo lado direito apertai-a o quanto puder, que depois de executada em mim a sentença vos direi o porquê.

POLO: Eu, senhor? Guarde-me Deus que faça isso e tire a vida de quem nunca me ofendeu.

VALLEJO: Pois, senhor, si vós, sendo amigo, recusais, mandai chamar a um certo homem de Pedraíta a quem mate por minhas próprias mãos, e quase a terceira parte de sua geração me tem como inimigo e vingará em mim a sua sanha.

POLO: Por quê?

VALLEJO: Por que, me perguntais? Não dizes que esse é o filho de Luis de Grimaldo, meirinho maior de Lorca?

POLO: Um é filho do outro.

VALLEJO: Desventurado de mim. Quem me libertou tantas vezes da forca senão o padre deste cavalheiro? Senhor Grimaldo, tomais vossa adaga e vós mesmo abri este peito e sacai o coração, onde está escrito o nome de vosso pai, Luis de Grimaldo.

GRIMALDO: Como? O quê? Não entendo isso.

VALLEJO: Não quisera vos ter matado, pelos santos de Deus, por todos os soldos que meu amo me dá. Vamos daqui que quero gastar o que da vida me resta a serviço deste gentil-homem, em recompensa das palavras que disse, sem conhecê-lo.

GRIMALDO: Deixemos isso, irmão Vallejo, que ainda tenho o que fazer.

VALLEJO: Ora, vamos, que pelo novo conhecimento entraremos na casa de Malata, o taverneiro, porque trago quatro reais. E não fique um só tostão, gasto a serviço de meu mais que senhor Grimaldo.

GRIMALDO: Muito obrigado, irmão; guardai vossos reais para o que vos convenha, que Capiscol, meu senhor, vai querer dar volta à casa. Mas estarei sempre à vossa honra.

VALLEJO: Senhor, como criado menor, podeis ir e ide com Deus. Viu vossa mercê, senhor Polo, como o rapaz é distinto?

POLO: Certamente parece moço de honra. Mas vamos que é tarde. Quem ficou na guarda da mula?

VALLEJO: O lacaiozinho. (*À parte*) Ah, Grimaldico, Grimaldico, como escapastes da morte por te dares a conhecer. Mas, cuidado, não voltes a dar o menor tropeçozinho do mundo, que toda a parentela dos Grimaldos não será bastante para que em minhas mãos esse pobre espiritozinho, que ainda fede a leite, não se renda.

Cena Terceira

Leonardo, Melchior Ortiz, Polo e Paulo

MELCHIOR: Ah, graças a Deus que me deparo com o senhor! Parece-lhe que foi bem o logro? Essa é a companhia que me prometeu fazer, antes que saíssemos de nossa terra, e que minha senhora lhe pediu?

LEONARDO: Que foi o que me pediu, que não me lembro?

MELCHIOR: Não lhe rogou que me fizesse boa companhia?

LEONARDO: E que má companhia tu recebeste de mim nesta jornada?

MELCHIOR: Confiava pensando que logo o acharia, e há mais de sete horas que ando como cão perdigueiro, e nem por bem nem mal consegui alcançar-lhe.

LEONARDO: Não podias ir cedo à pousada, já que não me achavas?

MELCHIOR: E eu tinha trocado para dar ao pregoeiro?

LEONARDO: E para que um pregoeiro, pateta?

MELCHIOR: Para que me pregoasse como besta perdida e assim, aos poucos, me adestrasse onde lhe tinham aposentado vossa mercê.

LEONARDO: Quê? Tão pouca habilidade é a tua, que não percebes uma pousada?

MELCHIOR: Se percebesse estaria ainda por tomar o café da manhã?

LEONARDO: Não comeste? Será possível?

MELCHIOR: Tenho o bucho vazio como o falcão posto em dieta.

LEONARDO: Como diabos te perdeste essa manhã?

MELCHIOR: Como vossa mercê ia ocupado, falando com aquele amigo, me desviei um pouco porque achei que falavam em segredo e, de repente, quando me viro para ver uma tábua de pastéis que um rapaz levava na cabeça, me atravessam outros dois, e um deles me parecia vossa mercê de costas, e os dois se enfiaram numa igreja para ouvir a missa que lá diziam e ficaram uma hora e meia. Eu continuei ali atrás, pensando que era vossa mercê, e quando se voltou a dizer o *benalicamus dolime*, que os outros respondem *don grásilas*, cheguei-me para aquele que parecia o senhor e lhe disse: vamos agora para a casa? Ele voltou a cabeça, me viu e disse: tu me conheces, irmão?

LEONARDO: Quem te vê!

MELCHIOR: Eu, que vejo as coisas mal paradas, acudo às portas para voltar a procurar e, ai meus pecados, que sempre me acenam, acho todas elas fechadas.

LEONARDO: Como saiu?

MELCHIOR: Lhe direi como. Já viu vossa mercê uma ratazana presa na ratoeira, que querendo se soltar anda dando cabeçadas de um lado para outro?

LEONARDO: Sim, já vi algumas vezes.

MELCHIOR: Pois nem mais nem menos andava assim o sem ventura Melchior Ortiz Carrasco, até que a fortuna me concedeu uma portinhola por onde vi saindo gentes que se haviam atrasado para ouvir aquela missa que era a última. Mas vamos, senhor, se temos de ir.

LEONARDO: Aonde?

MELCHIOR: Aonde? Para casa.

LEONARDO: E para que, a essa hora?

MELCHIOR: Para tomar pela boca um pouco de orégano e sal.

LEONARDO: Para que sal e orégano?

MELCHIOR: Para pôr as tripas de molho.

LEONARDO: Como?

MELCHIOR: Senhor, elas já estão no vinagre de pura fome; com o sal e o orégano já terão com o que sustentar-se, se bem parece a vossa mercê.

LEONARDO: Pois agora não pode ser. Vem comigo que Valiano, que é senhor daquele povoado, com quem agora de novo me entendi, está de véspera e tenho de acompanhá-lo. Ouvirás as mais solenes vozes que ouviste em toda a tua vida.

MELCHIOR: Vamos, senhor, em boa hora; mas se eu pudesse evitar ouvir vozes, seria um enorme favor.

LEONARDO: Ah, dom traidor, agora me pagarás pelo jejum do rocim. Estás de acordo?

MELCHIOR: Se fui pecador de Deus, me faça vossa mercê pagar o pecado onde cometi o delito, e não onde posso ficar abandonado.

LEONARDO: Ora, levanta; toma essa rua em frente e pergunta pela pousada do Lobo. Pega aqui a chave e come o que achares no aposento. Aguarda-me na pousada até que eu chegue.

MELCHIOR: Agora se dá razoavelmente proteção a Melchior. Mas não saberá o que sobrou para mim?

LEONARDO: Caminha. Estou seguro que não terás queixa.

MELCHIOR: Já vou. Queira Deus que assim seja.

Chega Polo.

POLO: Que Deus guarde este gentil-homem.

LEONARDO: Vens em boa hora, mancebo.

POLO: Diga-me. Vossa mercê é um estrangeiro que chegou dias passados a esta vila, em companhia do mordomo do palácio desta terra?

LEONARDO: Creio que sou por quem perguntais. Mas por que dizes isso?

POLO: Porque na noite passada falaram de sua habilidade e também como era vossa mercê mui gentil escrivão e excelente contador; finalmente, que seria valiosa sua habilidade para entender e tratar do ofício de secretário de Valiano, meu senhor. Porque como é moço e esteja por casar, não possui cópia oficial de seu estado civil e renda. Quisera eu que vossa mercê ficasse nesta terra a serviço dele, por ser um dos mais virtuosos cavalheiros desta parte.

LEONARDO: Terei prazer em ficar, porque eu e um certo cavalheiro, que não sei quem é, nos encontramos a uma jornada daqui, e sabendo de minha vontade, que era estar a serviço de um senhor, ele, por sua virtude, encaminhou-me a esta terra. Assim mesmo, como não tenho qualidades quase nenhumas, senão a de escrever e contar, que meus pais me ensinaram, concordou em avisar vosso senhor para ver se seria suficiente e hábil a seu serviço.

POLO: Por certo, senhor, que ele se mostra ser pessoa de bem; mas creio que andam pela vila à sua procura. Que vossa mercê vá ao palácio onde lhe estão aguardando, e não há razão para se deixar passar tão boa oportunidade, senão insistir para que estejamos a seu serviço.

LEONARDO: Muito obrigado. Agradeço-lhe e vou-me.

POLO: Vá com Deus.

LEONARDO: Meus cumprimentos.

Chega Paulo.

PAULO: O que estás fazendo, Polo?

POLO: Já se pode ver, senhor Paulino.

PAULO: Soube notícias desse gentil-homem que procuro na vila?

POLO: Está indo diretamente ao palácio, porque lhe avisei da procura.

PAULO: Que maneiras de homem e que idade demonstra?

POLO: Homem gentil e disposto, senhor. Parece ter boa prática e sua idade será de vinte e cinco, trinta anos.

PAULO: Tem boa aparência?

POLO: Pelo traje, de ilustre linhagem deve ser sua ascendência.

PAULO: De que país?

POLO: Espanhol, me parece.

PAULO: Então vamos.

POLO: Ide vossa mercê, que preciso andar para dar uma vista d'olhos em minha senhora Eulália, a negra.

Cena Quarta

Valiano, Leonardo e Vallejo.

VALIANO: A causa por que te mandei chamar, Leonardo, com tuas armas, foi para conversar contigo sobre aquele negócio que ontem começaste a me indicar; e por isso te trouxe por ruas tão desertas de gente. Só a Vallejo, o lacaio, disse para tomar capa e espada e ficasse vigilante, para não sermos vistos por ninguém.

LEONARDO: Vallejo!

VALLEJO: Aonde vão? Que morram os traidores!

VALIANO: Deixai passar. Quem viste e o que te acontece?

VALLEJO: Ai, pecador de mim, senhor. Por que saístes para pôr em perigo vossa pessoa? Ide deitar, senhor, e também o senhor Leonardo. Deixai-me com eles que os enviarei, antes que amanheça, a pregar madeira em Mechualón.

VALIANO: Vai-te ao diabo! Quem haveria de me incomodar em minha terra?

VALLEJO: Oh, renego as armas com que se caçam pombas-rolas na Calábria. Não vedes que é de noite e no escuro tudo é turvo? Por certo que se não reconhecesse a voz do senhor Leonardo, não faltaria muito para que a terra ficasse sem herdeiro.

VALIANO: De mim, traidor?

VALLEJO: É preciso, senhor, que de noite a pessoa vá avisada, porque em minhas mãos está o determinar-me e nas daquele que assinou o grande horizonte com os polos árticos e antárticos.

VALIANO: Tudo me pareceria bem, se não te embrigasses quase todos os dias.

VALLEJO: Sois meu senhor e tenho que aguentar-vos. Mas se outro me dissesse, já teria batido as botas.

VALIANO: Agora fica aqui e toma em conta que ninguém nos espie, pois é segredo o que falamos.

VALLEJO: Encomendai a um homem que, ainda que alguém venha com patas de avestruz e todos os seus capangas, dando bordoadas por essa rua, não bastará para tirar meu pé direito de onde estiver.

VALIANO: Assim é bom. Voltemos aos nossos propósitos, Leonardo, e diz-me: essa tua irmã, além de ser tão bela como dizes, é honesta e bem criada?

LEONARDO: Senhor, tu podes ser melhor informado do que eu ao dizê-lo; porque, ao fim, como sou parte, não deveriam minhas razões ser admitidas. Seu defeito é ser minha irmã, pois no demais podia ser mulher de qualquer senhor de título.

VALLEJO: Senhor Leonardo?

LEONARDO: Que há, irmão Vallejo?

VALIANO: Veja o que ele quer, Leonardo.

VALLEJO: Parece que entendi que falavam desse negócio de mulheres. E se acaso é assim, pelos quatro elementos da profundíssima terra, não há hoje em dia homem em toda a redondez do mundo que seja mais experimentado do que eu nem com mais razão.

VALIANO: O que dizes, Vallejo?

VALLEJO: E haveria, senhor, quem se pudesse encarregar de um negócio semelhante como eu?

VALIANO: De que maneira?

VALLEJO: Não há em toda a vida airada nem em toda a máquina astrologal a quem mais se submetam as mulheres do que a mim, teu lacaio.

VALIANO: Não digas asneira.

VALLEJO: Não vos engane, senhor, porque se conhecêsseis o que conheço na terra, ainda que sejais quem sois, vos poderia chamar de bem-aventurado se fôsseis como eu alegre no amor.

VALIANO: A quem podes conhecer?

VALLEJO: A bem sucedida Catarininha de Biscaia, a que deixei em Cádiz com Barrientos, da galera do Grifo. Em toda a armada não tinha moça de melhor porte do que ela.

LEONARDO: Irmão Vallejo, é bom calar-se um pouco.

VALLEJO: Só digo isso porque falamos de balestras.

VALIANO: Não vais te calar?

VALLEJO: Ah, Deus te perdoe, Leonor de Balderas, mulher, digo a vossa mercê, para dar de comer a um exército.

VALIANO: Que Leonor é essa?

VALLEJO: A que tirei da Córsega e a pus à força em uma estalagem de Almeria, e ali esteve se chamando de minha até que cortei a perna de Mingarrios, corregedor de Estepa, para manter sua honra.

VALIANO: Que o diabo te valha.

VALLEJO: E cortei o braço direito de Vicente Arenoso, brigando com ele em Málaga, com a água nos peitos.

VALIANO: Prossegue, Leonardo, que se ele é assim como tu o pintas, poderá ser que faça por ti mais do que pensas.

LEONARDO: Senhor, sempre recebi e recebo de tua mão favores sem conta, mas quanto à minha irmã, saberás que é mais do que tenho dito.

VALLEJO: Valha-me Nossa Senhora do Pilar de Zaragosa! Ladrões, ladrões! Leonardo, aponta a arma.

LEONARDO: O que é, o que viste?

VALIANO: Quem são?

VALLEJO: Não preciso de ajuda, que todos já fugiram. Ah, rapagões, vieram com barulhada? Agradecei-os.

VALIANO: A quem?

VALLEJO: Eu sei. Senhor Leonardo, deixando nosso amo em casa, quero que vamos eu e tu dar uma escapada na casa de Bulbeja, o taverneiro.

LEONARDO: Para quê?

VALLEJO: Para ver-me com aqueles forasteiros que passaram por aqui e que, segundo estou informado, chegaram de Marbella há meia hora e trazem uma rapariga como um serafim.

VALIANO: Que disse o moço, Leonardo?

LEONARDO: Não o entendo, senhor.

VALLEJO: Diz que não entendes? Mas não falo em algaravia. Vejamos como tiveram o atrevimento de meter a vaca no pasto sem registrá-la com o dono.

VALIANO: Eu gostaria, Leonardo, se bem te parece, dar parte disso a algumas pessoas de minha família, para que não digam que num negócio como este me decidi sem lhes comunicar.

LEONARDO: Que tua vontade seja tudo.

VALLEJO: Vamos, senhor, que tenho certos compromissos antes que amanheça.

VALIANO: Que compromissos tens, beberrão?

VALLEJO: Um negócio de fartos quilates de honra, senhor.

VALIANO: Vejamos que quilates são esses.

VALLEJO: Já disse ao senhor Leonardo: cobrar uma porção de trigo de certos jovens que vieram aqui mofar dos da terra.

VALIANO: Chega e vai-te embora.

VALLEJO: Mais guardadas e seguras vão vossas costas com minha sombra do que se estivésseis em Medina, fechada com a robusta ponte levadiça que de noite a protege.

Cena Quinta

Eufêmia, Cristina, Cigana, Valiano e Paulo.

EUFÊMIA: Cristina, que te parece o esquecimento de Leonardo, meu irmão, de escrever-me? Já são passados bons dias que não vejo suas letras. Oh almas bem-aventuradas do purgatório, acendam o coração daquele irmão para que com suas letras ou pessoalmente me alegre.

CRISTINA: Ah, minha senhora, não te canses que talvez não tenha podido. Especialmente quem serve a outro poucas vezes é senhor de si. Bem sei que não lhe faltará vontade para fazê-lo, mas talvez negócios mais difíceis daquele senhor a quem serve o estorvem. Assim, minha senhora, não deves aborrecer-te. Quando menos pensares, verás o teu desejo satisfeito.

EUFÊMIA: Ai, minha amiga, Deus, por sua piedade imensa, faça com que com suas cartas encham de alegria esta casa.

Aparece uma cigana.

CIGANA: Que a paz esteja nesta casa. Deus te guarde, senhora honrada. E uma esmolinha, com cara de ouro, cara de sempre nova, me dê cá. Que Deus te faça prosperada e te dê o que desejas, cara boa.

CRISTINA: Não podeis pedir lá de fora? Ai, minha senhora, que gente importuna. Em lugar de se apiedar, as pessoas lhe têm ódio por suas impertinências e insistências.

CIGANA: Cala, cala, graciosa. Dá-me uma esmola, por Deus, e te direi a boa-aventurança que terás e de tua senhora.

EUFÊMIA: Eu? Ai, coitada de mim. Que ventura poderá ter para ser próspera quem já do ventre nasceu sem ela?

CIGANA: Cala, cala, senhora honrada; por um dinheirico aqui saberás maravilhas.

EUFÊMIA: O que tem de saber quem seguidamente esteve sem consolo e cheia de aflições, de misérias e trabalhos?

CRISTINA: Ai, senhora, dá-lhe alguma coisa e ouçamos os desatinos que elas costumam dizer.

CIGANA: Escuta, escuta, bico de urraca, sabemos mais quando queremos que ninguém pense.

EUFÊMIA: Acabemos com isso. Toma lá, diga o que se passa e vá com Deus.

CRISTINA: Por minha fé que, antes que se vá, nos há de dizer o signo.

EUFÊMIA: Deixa estar e vá com Deus, que agora não estou para essas graças.

CIGANA: Sossega, sossega, senhora gentil. E não se canse antes do tempo, que coisas de sobra estão por vir.

EUFÊMIA: Nisso creio; agora sim, haveis acertado.

CRISTINA: Não te entristeça, senhora, que tudo o que tiram da boca é engano e mentira.

CIGANA: E a mantilha de enfeite que tens escondida no armarinho? É mentira?

CRISTINA: Ai, senhora, e fala pela boca do que está por trás. Que a mãe que me pariu esteja bem, porque disse a maior verdade do mundo.

EUFÊMIA: E existe essa coisa? Como é possível?

CRISTINA: Como estamos aqui. Diz mais, irmã.

CIGANA: Não queria que te envergonhasses por estar diante de tua senhora.

CRISTINA: Não ficaria, pela vida da minha alma. Que podes dizer que seja coisa que prejudique minha honra?

CIGANA: Me dás licença de dizer?

CRISTINA: Que sim.

CIGANA: O par de tortilhas que fizeste crer à senhora que os gatos haviam comido, onde foram comidas?

CRISTINA: Olha do que se lembra! Isso foi antes que meu senhor Leonardo partisse.

CIGANA: Assim é. Mas tu e o moço da cavalariça as comestes no descanso da escada. Bem sabes que digo a verdade.

CRISTINA: Que me coma a terra, mas não diria maior verdade do que se visse com os próprios olhos.

CIGANA: Pois, senhora, uma pessoa longe daqui que te quer muito, e que agora recebe os favores de seu senhor, dentro em pouco estará em perigo de perder a vida por uma traição que lhe armaram. Mas, te acalma, pois ainda que seja por tua causa, Deus, que é o verdadeiro juiz e não consente que nenhuma falsidade esteja por muito tempo escondida, descobrirá a verdade de tudo isso.

EUFÊMIA: Ah, mulher desventurada! Por minha causa se verá essa pessoa em perigo? E quem poderá ser, coitado, senão meu querido irmão?

CIGANA: Eu, senhora, não sei mais. Mas nas coisas que se disseram da tua criada não houve mentira, e eu me vou. Fica sossegada que, se mais souber, virei te avisar. Fica com Deus.

CRISTINA: E de mim não dizes nada, se ficarei casada ou solteira?

CIGANA: Serás mulher de nove maridos, e todos vivos. Que mais queres saber? Deus te console, senhora.

EUFÊMIA: Não dizes mais de meu negócio e me deixas duvidosa de minha saúde.

CIGANA: Não sei mais o que dizer-te. Apenas que teu trabalho não será mais duradouro do que no tempo do mais forte perigo e não mude a prudência e a fortuna. Permanecei todos tão contentes quanto a misericórdia divina sabe operar.

Cristina, Ai, senhora, não vê que me disse que seria mulher de nove maridos e todos vivos? Que mal-aventurada fui. E como pode ser isso?

EUFÊMIA: Te aquieta e me deixa porque, embora tudo o que se disse possa ser engano, mais triste e aflita fico do que em noite escura. Vamos para dentro.

Saem as mulheres. Aparecem Valiano e Paulo.

VALIANO: Diz-me, Paulo, é possível isso que me contas, que tu estiveste na casa de Eufêmia, irmã deste Leonardo mentiroso, a quem tão alto pus?

PAULO: Sim, senhor.

VALIANO: E tu dormiste com ela no mesmo leito?

PAULO: Eu mesmo dormi com ela em seu próprio leito. O que mais queres?

VALIANO: Agora, meu fidelíssimo Paulo, resta contar-me como tudo se passou.

PAULO: Senhor, aconteceu com ela o que se passa com todas as demais. Não foi preciso dar muitas voltas antes de ver-me passar por sua rua e olhar pela janela. Daí enviou-me uma criadinha chamada Cristina.

VALIANO: E a criada, o que te disse?

PAULO: Se era preciso alguma coisa daquela casa. E como já sabia antes de agora, como havia dito a vossa mercê, passei-me por casamenteiro e me introduzi na casa, especialmente porque a dama já me conhecia. Fiquei aquela noite como hóspede e assim por três outras, e vi bem como era sua pessoa. E como prometi, vim dar-lhe conta do que se passou.

VALIANO: Enfim...

PAULO: Enfim, que ela me deu um pedaço de seu cabelo, para que pusesse no chapéu, e que lhe nasce no ombro esquerdo sobre uma mancha grande; e por um pedido que seu irmão Leonardo não pode negar, concordei trazê-lo. Ei-lo aqui e podes ver que cumpri com a fidelidade que um vassalo te deve. Tu, senhor, ordena que nenhum traidor se ria de ti nem se atreva a aconselhar-te, sendo criado teu, especialmente em caso de honra.

VALIANO: Não te preocupes, Paulo. Já tinha percebido esse traidor que se pôs a meu serviço para desonrar essa antiga casa. Te prometo que não pagará essa traição com menos do que com a vida, e tu serás premiado com grandes favores por teus serviços.

PAULO: Assim convém, senhor, para que o traidor seja conhecido pelo que é, e o leal remunerado por sua fidelidade.

VALIANO: Vamos, Paulo, que prometo que seu castigo será conhecido pelos presentes e pelos que ainda virão.

PAULO: É preciso que com os traidores se faça a justiça.

Cena Sexta

Eufêmia, Cristina, Melchior e Paulo.

EUFÊMIA: Cristina, minha irmã, vem aqui e me aconselha o que fazer, pois meu coração está cercado de angústias cruéis. Depois que aquela cigana esteve conosco, não vivi uma hora com mil sobressaltos? Pois embora tenha tomado suas palavras como mentiras, os olhos querem ver os prognósticos.

CRISTINA: Por Deus, minha senhora, que eu não te veja triste, porque se acertam por acaso em alguma coisa, em outras duas mil devaneiam. Tudo quanto falam não tem por fim senão tirar aqui e ali o mais que possam. E sendo seu ofício, não pretendas, minha senhora, entender ou lhes dar alguma fé.

EUFÊMIA: Ai, Cristina, eu entendo que é assim como dizes, mas que queres, se não posso estancar essa imaginação?

CRISTINA: Calma, minha senhora, e te encomenda a Deus, que remedia todas as coisas. Mas por minha mãe, eis aqui Melchior Ortiz. Sejas bem-vindo. Que novas trazes para minha senhora e como está o nosso amo?

MELCHIOR: O senhor está bem, embora não lhe tenham feito o que lhe vão de fazer.

EUFÊMIA: E o que lhe vão fazer? Diz logo.

MELCHIOR: Valha-me Deus. Sei que primeiro lhe vão confessar, como disse um daqueles que andam encapuzados.

CRISTINA: Que andam encapuzados? Frades é o que queres dizer?

MELCHIOR: Sim, sim.

CRISTINA: O que disseram, Melchior?

MELCHIOR: Que ponha em ordem a sua alma, que não será nada e que, agradando a Deus, mas se desfazendo disso e daquilo, vão lhe tirar da cadeia.

EUFÊMIA: Ai, Cristina, acho que vou morrer.

CRISTINA: Calma, minha senhora, não diga isso, que esse aí sem dúvida desvaria. Não o conhece vossa mercê? (*a Melchior*) O senhor te disse alguma coisa? Deu-te uma carta para minha senhora?

MELCHIOR: Me disse para morar aqui porque não queria que eu servisse a ninguém depois que se finasse.

CRISTINA: Como que se finasse? O que quer dizer com isso?

MELCHIOR: Ele não tem vontade de se finar, mas estando como estava sua garganta e tudo. Mas vai fazer o seu caminho.

CRISTINA: Asno, ele te deu alguma carta?

MELCHIOR: Ouvi bem? Asno para um homem que já pode dar conselhos de acordo com as uvas e as amêndoas que encontra por aí?

CRISTINA: Trazes carta de teu senhor? Diz logo!

MELCHIOR: Já não disse que sim?

CRISTINA: E onde está?

MELCHIOR: Olha, Cristina, me lava os pés, me defuma a cabeça e me dá de almoçar ao invés de brigar comigo.

CRISTINA: Quer que eu te lave? Que te lave o fogo! Dá-me a carta cá. Onde a tens?

MELCHIOR: Veja, senhora, nessa sacola.

CRISTINA: Aqui não tem nada.

MELCHIOR: Se não tem, o que quer que eu faça? Sou obrigado a me lembrar?

EUFÊMIA: Dá-me a carta, filho; diz-me onde está, pelo amor de Deus!

MELCHIOR: Senhora, deixa-me voltar lá para perguntar a meu senhor onde a pus e acabemos com isso.

EUFÊMIA: Olha que é aquilo branco no carapuço.

Melchior (*para Cristina, que tenta pegar a carta*): Deixa, demônio, que isso é um papel entintado que meu amo manda para a senhora.

EUFÊMIA: Ai, pecadora de Deus. E o que é que te estamos pedindo há duas horas?

MELCHIOR: Então isso é carta? Eu achava que era só papel. Toma, que por culpa do senhor não sei como não caiu pelo caminho.

EUFÊMIA: Cristina, minha filha, lê tu a carta que não tenho ânimo nenhum para a ler.

CRISTINA: "Que seja dada nas mãos da mais cruel e malvada mulher que até hoje se viu".

MELCHIOR: Deve ser para para você, Cristina, segundo tudo indica.

CRISTINA: Cala a boca. (*Lendo*) "Se justas queixas devo dar a Deus de tua injusta e abominável pessoa, Eufêmia, pediria à sua mão divina que um justo prêmio sobre ti executasse e não sei se ele seria suportável o bastante para aquilo que teu desonestíssimo corpo merece, sendo tão nefando. Qual foi a causa, maldita irmã, de que sendo filha de quem és, e descendente de pais tão ilustres, em tanta dissolução e desonestidade acabaste? Que não só te dês livremente aos que cobiçam teu corpo, mas ainda muitas partes dele ofereças, deixando que me tragam cabelos de tua pessoa? De mim estarás certa de que morrerei por enaltecer a quem não conhecia, pois a sentença do senhor a quem quis enganar não pode ser revogada. Só vinte dias tenho para encomendar minha alma. E por que queixar-me de ti seria derramar razões ao vento, vive à tua vontade, falsa e desonesta mulher, enquanto eu, sem dever, pagarei com a cabeça o que tu, com tua desonra ofendeste".

EUFÊMIA: O que é isso? O que ouço? Ah, desventurada! Que desonestidades tão grandes foram as minhas, ou quem foi aquele que deu indícios de minha pessoa usando de enorme traição e engano, como nem um verme daria entre mil paredes?

CRISTINA: Ai, minha senhora, que se algum infortúnio e pena tem meu senhor, fui eu a causa, e não tu. E se me perdoares, bem diria o que disso percebo.

EUFÊMIA: Diga o que quiseres e não duvides do perdão, se alguma claridade me dás desta atribulada carta.

CRISTINA: Sabe, pois, minha senhora, que embora te confie meu erro, não tenho tanta culpa ao pecar por ignorância, quanto se fosse por malícia que o fizera.

EUFÊMIA: Diz, acaba já, que não é tempo de gastar palavras. Diga o que houve e não me deixes suspensa, que morro por ouvir-te.

CRISTINA: Sabe, senhora, que alguns dias passados um estrangeiro perguntou por ti, dizendo-me se seria possível poder ver-te ou falar. Eu, vendo teu grande recolhimento, disse-lhe que era impossível, mas ele foi tão importuno comigo que acabei lhe dando indícios de ti. E não contente, fez-me dar-lhe um pelinho do ombro direito. Eu, pensando que não ofendia tua honra nem a ninguém, furtei o pedaço de cabelo quando dormias e assim o dei.

EUFÊMIA: Não me digas mais nada, que algum grande mal deve haver sucedido a partir daí. Vamos daqui que estou determinada a descobrir, o mais encoberta possível, e dentro destes vinte dias, tudo o que possa. Vejamos se posso remediar a vida de meu amado irmão, que sem saber a verdade tantos ultrajes e tantas lástimas me escreveu.

CRISTINA: Se fazes isso e te apressas no caminho, estou certa de que com a ajuda de Deus ele estará salvo. Vamos.

MELCHIOR: E eu tenho de ir lá?

CRISTINA: Claro, irmão. Quem nos guiaria pelo caminho senão tu?

MELCHIOR: Por Deus, ainda que eu tivesse de aprender cartas de navegação, que não me fizessem atravessar mais vezes esse caminho. Mas que seja.

Saem todos. Aparece Paulo.

PAULO: Ah, como vão bem os meus negócios e quão bem soube fazê-los. Como fui astucioso para desvencilhar-me deste forasteiro Leonardo. Como o destino me fez alegre e quanto crédito consegui com Valiano. Tudo está bem: faltam poucos dias para que se cumpra o prazo de alguma satisfação. Que homem haverá em toda essa terra mais venturoso do que eu, quando ele for justiçado? Mas teria má testemunha no lacaio Vallejo? Por duas moedas lhe prometi, quando me ensinou o caminho, jurou que se matará e a todos que me contradisserem. Mas é melhor ir embora, que alguém se aproxima.

Cena Sétima

Polo e Eulália.

POLO: Oh, bendito seja Deus, que me deixou escapar um pouco de meu importuno senhor Valiano, já que todos os dias parece estar pensando em coisas fora de propósito. Mas estou espantado como Leonardo, um homem honrado e ajuizado aos olhos de todos, pudesse enganar Valiano, dando a entender que a sua irmã era tão boa que nada lhe faltava para ser sua esposa. Que coma de seu pão e pague com o pescoço o que pecou com a língua. E Deus me guarde de ser intrometido. Prefiro seguir o meu planeta e se esta Eulália se vai comigo, como me tem prometido, sou o mais bem-aventurado homem de toda a minha linhagem. Bem, cá estou à sua porta. O que farei para que saia? Ah, é ela quem canta.

EULÁLIA (*canta*): "Gila Gonzalé / da vila mi chama / mas num sei, pur minha fé / si a janela abrirei. / Gila Gonzalé / da torre mi chama / mas num sei, pur minha fé / si ela me ama".

POLO: Ah, senhora Eulália, como está embevecida com sua canção!

EULÁLIA: Jesus, mi ofreço a Deus tudo puderoso, criadô no céu e nas terra.

POLO: Ah, senhora Eulália, não se preocupe, que quem te chama não deseja senão prestar-te todos os favores.

EULÁLIA: Parece a vosmecê que sé bom izemplo istá na janela de uma dona honrada e riculhida como eu a fazê cortesia nessas hora?

POLO: Ah, não me deve ter reconhecido.

EULÁLIA: Ah, malandru. Ti parece bem a homi honrado fazê gracinha pra puta alhea?

POLO: Ai, pecador de mim! Aparece à janela, senhora Eulália, e verás quem eu sou.

EULÁLIA: Quem tá aí? Jesus! O a voz mi mente, o é aquele qui si chama sinhô Polo.

POLO: Ah, bendito aquele que te fez entender.

EULÁLIA: Meu sinhô, a tais hora?

POLO: Minha senhora, por uma pessoa como vossa mercê nunca é cedo ainda para servi-la.

EULÁLIA: Di boa fé, qu'istô uma pessoa de má vontade.

POLO: Que Deus lhe guarde, e por quê?

EULÁLIA: A sinhora dona Dolza, uma prima minha, mi deu di presente uma lixívia pa ruivá meus cabelo i como sô tão delicada, tô perdendo muito e de má vontade.

POLO: E não há remédio para isso?

EULÁLIA: Sim, sim, guarde-me Deus. A sinhora abadessa mi manda visitá a santa monja Pabla e me disse que vai mandá uma mezinha pra passá com as mão.

POLO: Mas agora te pões a enruivar?

EULÁLIA: Sim, pur qui não? Num tenho cabelo como otra?

POLO: Sim, e aos meus olhos é um brocado sem comparação.

EULÁLIA: Cum fé faço oração tem cinco noite ao sinhô Nicolau de Tramentino.

POLO: A são Nicolau de Tolentino, não é o que queres dizer? E para que fazes a oração, senhora?

EULÁLIA: Quero casar meus sinhores e que Deus mi ache um marido de contento.

POLO: Ah, senhora, como fazes isso? Não me havias prometido sair comigo?

EULÁLIA: Ah, sinhô, só vê isso? Dô bom izemplo e conta de minha linhage? O que dirá as sinhoras que tenho como amigas nestas terra?

POLO: Mas e a palavra que me deste, senhora?

EULÁLIA: Sinhô, o que na força vai, de direito si perde.

POLO: Mas qual é a desonra em se casar comigo?

EULÁLIA: Já vejo, senhor, mas qué me tirá e depois deixá perdida.

POLO: Minha rainha, como dizes isso? Só te podia deixar se deixasse também a vida.

EULÁLIA: Ah, traidoras. Mi diziam: dá otro osso pra esse cachorro.

POLO: Na verdade, senhora, te enganas. Mas, diz-me, com quem te queriam casar?

EULÁLIA: Eu quero com um carnicero, mas meu amo disse que não, mió com um boticário. Mas eu disse qui não e meu amo disse então: "oia, presta atenção, quem num tem ofício tem malefício".

POLO: E eu não sou oficial?

EULÁLIA: E faiz u quê, sinhô Polo?

POLO: Conserto gorros e botas, tiro manchas, trabalho na roca e faço fuso, e outros mil ofícios. Ainda que sirva agora de lacaio, te sustentarei com toda a honra. Não deixes de sair comigo e depois te farei senhora de salas de visitas e de camas de couro. Que mais queres, senhora?

EULÁLIA: Agora sim tu mi faiz contente. Mas sabe u qui quero, sinhô Polo?

POLO: Não, até que me digas.

EULÁLIA: Mi comprá uma macaca, um papagaio.

POLO: Para quê, minha senhora?

EULÁLIA: O papagaio prá qui eu ensine a falá na gaiola e a macaca prá eu tê na minha porta como dona de establo.

POLO: De salão, a senhora quer dizer.

EULÁLIA: Sim, sim. Eu sempre digo qui num sei. Mas mi falta rogar à sinhora dona Beatriz que me pegue uma ventarola.

POLO: E uma ventarola para quê, senhora?

EULÁLIA: Para pôr diante da cara, purque si uma vizinha mi olha, num me vê.

POLO: Eu o trarei, senhora. Mas vou-me porque toda a terra está em rebuliço para ver aquele pobre Leonardo, que hoje mandam justiçar.

EULÁLIA: Ah, mal sucedido! Pur certo que mi pesa como si fosse meu fio, mas si vai pro má, dance c'oas onda.

POLO: Adeus, minha senhora, que o dia se põe a andar, e as pessoas madrugam hoje mais do que nos outros dias para encontrar lugar, porque o pobrezinho, ainda que estrangeiro, era benquisto e toda a gente irá lhe ajudar com as orações.

EULÁLIA: Ai, amarga deve está a mãe qui lhi pariu.

POLO: Até a meu senhor Valiano estranhamente lhe pesa sua morte; mas aquele Paulo foi quem trouxe as indicações de sua irmã e lhe acusa com todo o valor. Adeus.

EULÁLIA: O Isprito Santu te guarde e ti livre no entrutanto.

POLO (*à parte*): Mas vejam só a gulosinha! Eu penso vendê-la na primeira ocasião como escrava e ela se faz de senhora. Não tenho um real para tirar dos costados e me pede macacos e papagaios.

EULÁLIA (*chamando*): Senhor Polo, senhor Polo!

POLO: O que é, minha vida?

EULÁLIA: Mi traiz amanhã um pouquinho di mustarda e de tremós.

POLO: De tremoços, é o que quereis dizer. E para que tudo isso?

EULÁLIA: Pra fazê uma mezinha de branquiá as mão.

POLO: Com essa cor estou contente, senhora. Não é preciso colocar nada.

EULÁLIA: É verdade. Ainda qui eu tenho a cara moreninha, u corpo é qui nem veludo.

POLO: Se fosses branca não valias nada. Adeus. (*À parte*) Assim te quero para fazer alguns reais.

Cena Oitava.

Eufêmia, Cristina, Valiano, Paulo e Vallejo.

CRISTINA: Estamos bem aqui, senhora, porque deste lugar se pode aguardar Valiano.

EUFÊMIA: Que o Todo-poderoso, que sabe e entende de todas as coisas, traga à luz e revele essa grande traição, de modo que a verdade seja manifesta e meu caríssimo irmão liberto, pois eu e ele não temos culpa dessas falsas acusações.

CRISTINA: Já estamos em tempo de se descobrir a verdade, de sorte que cada um fique com sua reputação.

EUFÊMIA: Ouve, há barulho de passos. Há gente que sai e aquele da direita, por suas maneiras, deve ser Valiano, senhor de todas essas terras.

CRISTINA: Ai, senhora, e o que vem com ele é o estrangeiro a quem dei seus indícios.

EUFÊMIA: Quieta, que vêm falando.

VALIANO: Diz, Paulo, já está tudo pronto?

PAULO: Sim, senhor, pus toda a diligência necessária para que o traidor te pague e fiques sem queixa.

VALIANO: Fizeste bem. Mas quem são essas pessoas?

PAULO: Não as conheço, senhor. Parecem estrangeiras.

VALIANO: Concordo, e que vem na frente parece moça distinta. Desde já a convido para que coma no mesmo prato comigo.

EUFÊMIA: Ilustre senhor. Sou estrangeira e estou aqui para te pedir justiça.

VALIANO: Folgo muitíssimo estar em minhas mãos fazer-te algum favor. Ainda que não fosses mais do que uma estrangeira, teu aspecto e maneira me colocam a teu serviço. Assim, pede o que queres, que quanto à justiça, nada será negado.

EUFÊMIA: Justiça, senhor, porque fui muito ofendida.

VALIANO: Em minhas terras não suporto ofensas.

VALLEJO: Eia, senhor. Vamos nos armar todos em casa e dai-me o comando. Vereis quão rapidamente revolvo todos os rincões desta cidade e faço justiça sem mais querelas.

VALIANO: Calma, Vallejo. Diz-me, senhora, quem se utilizou de astúcia para te ofender?

EUFÊMIA: Este traidor que tens ao teu lado.

PAULO: Eu? Fazeis troça de mim, senhora, ou quereis brincar com as pessoas?

EUFÊMIA: Não brinco, traidor, pois muitas vezes dormiste comigo em minha cama e na última noite me furtaste uma joia muito rara da cabeceira da minha cama.

PAULO: O que dizes, senhora? Me tomas por outro, que não te conheço nem sei quem és. Como me acusas do que em toda a minha vida nunca pensei fazer?

EUFÊMIA: Ah, dom traidor, não te bastava aproveitar-se de mim como te aproveitaste, e ainda roubar-me um bem?

VALIANO: Responde, Paulo, é verdade o que diz esta senhora?

PAULO: Digo que é a maior falsidade do mundo; não a conheço nem nunca a vi em minha vida.

EUFÊMIA: Ah, senhor, como nega o traidor para não pagar-me pela joia.

PAULO: Não chames ninguém de traidor, pois se há traição é tua, já que afrontas a quem nunca te viu na vida.

EUFÊMIA: Então não dormiste comigo?

PAULO: Digo não, não a conheço, nem sei quem és.

EUFÊMIA: Ah, senhor, tome-o em juramento, se ele diz a verdade.

VALIANO: Põe a mão sobre a espada, Paulo.

PAULO: Juro, senhor, por tudo o que se pode jurar, que não dormi com ela em sua casa e não a conheço nem sei do que se fala.

EUFÊMIA: Pois então, traidor, ouçam os teus ouvidos o que a tua boca infernal disse, pois com tuas palavras te condenaste.

PAULO: Como, de que maneira? O que dizes e o que lhe devo?

EUFÊMIA: Diz, desventurado, se tu não me conheces, como me fizeste tão grande afronta e falso testemunho?

PAULO: Eu testemunhei? Essa mulher está louca!

EUFÊMIA: Eu louca? Tu não disseste que dormiste comigo?

PAULO: Eu disse tal coisa? Se for verdade, que eu seja condenado e morto pelo verdugo em tua presença.

EUFÊMIA: Pois se tu, mentiroso, não dormiste comigo e não me conheces, como se fez tão grande escândalo nesta terra por um testemunho que sobre mim fizeste?

PAULO: Vai-te daqui com teus testemunhos e idiotices.

EUFÊMIA: Diz, homem sem lei, não disseste ter dormido com a irmã de Leonardo?

PAULO: Sim, disse, e dela ainda trouxe um cabelo.

EUFÊMIA: E esse indício, como o conseguiste? Se tu, traidor, me tens diante de ti, eu que sou a irmã de Leonardo, como não me conheces depois de tanto dormir comigo?

VALIANO (*à parte*): Aqui há um falso testemunho, segundo vou entendendo.

CRISTINA (*adiantando-se*): Homem sem lei, tu não me rogaste que te desse uma prenda de minha senhora e agora por estar disfarçada não me conheces? Quando estava dormindo tirei-lhe um fio de cabelo da mancha que tem no ombro, e dei-o a ti, sem pensar que tanta ofensa haveria.

VALIANO: Ah, senhor traidor. Não podes agora negar a verdade, pois tu mesmo a confessaste.

VALLEJO: Também a mim me queria pegar no puçá.

VALIANO: De que maneira?

VALLEJO: Pediu-me pelo caminho, quando fui com ele, que testemunhasse que dormiu com a irmã de Leonardo e para isso me prometeu umas calças, mas eu preferia um gibão com cem colchetes.

VALIANO: Vamos, peguem este mentiroso e que ele pague com a pena de Talião, para que o fiel Leonardo recupere o que tinha. Tirem-no da prisão e que seja restituído em sua honra. A esse traidor cortem-lhe a cabeça no mesmo lugar preparado para Leonardo.

VALLEJO: Logo farei o que mandas, senhor.

VALIANO: E a esta nobre senhora, que tão bem soube salvar a vida de seu irmão, que permaneça em nossas terras, como senhora delas e minha, que ainda assim não penso pagar-lhe as atribulações que ela e seu irmão devem ter padecido.

EUFÊMIA: Como mandares, senhor, estarei muito feliz.

VALLEJO: Abraçado com a moça vai meu amo. Mas sou quem melhor se saiu deste negócio, pois escapei de me cozinhar cem anos no fogo por falso testemunho. Vou-me embora, que em casa me esperam. (*Ao público*) Auditores e espectadores, dai a volta à praça se quereis ver se descabeçar um traidor, libertar um homem leal e premiar a quem soube desfazer a trama de modo tão avisado e diligente.

MIGUEL DE CERVANTES

Miguel de Cervantes e Saavedra (1547-1616) nasceu em Alcalá de Henares, cidade e centro universitário perto de Madri, mas fez seus estudos tanto em Valadoli como na capital. Tornou-se soldado em 1569 e participou da famosa batalha naval de Lepanto (1571), contra os turcos, sendo então gravemente ferido. Quatro anos depois, durante a campanha em Túnis, foi feito prisioneiro e só veio a ser resgatado em 1580. De volta à Espanha, conseguiu um emprego de coletor de impostos, sendo acusado e preso várias vezes por denúncias de corrupção. Em 1605 conseguiu publicar a primeira parte do *Dom Quixote*, cujo sucesso foi imediato e extraordinário, não só pela acolhida do público como pela inovação e consagração, em definitivo, do gênero romance. Em 1613 vieram a lume as *Novelas Exemplares*, obras de intuito moralizante, e de grande brilho literário. Já no âmbito dramático, o renome e a avassaladora produção de Lope de Vega parecem ter intimidado a criação teatral de Cervantes, o que transparece no prólogo de suas *Oito Comédias e Oito Entremezes*. Tais peças, no entanto, escritas em prosa, permanecem até hoje como pequenas joias do humor realista, típico do autor. As demais obras cervantinas, como o romance pastoril *Galatea*, o poema didático *Viagem ao Parnaso* e o romance de cavalaria *Os Trabalhos de Persiles e Segismunda*, escrito, aliás, após a segunda parte do *Quixote*, não possuem a mesma importância e não exerceram a mesma influência sobre escritores e leitores de todo o mundo.

ENTREMEZES

São peças de breve duração e de caráter cômico que, no Século de Ouro, acompanhavam as comédias e autos sacramentais na formação do espetáculo completo. Sua primeira definição precisa encontra-se no Dicionário de Autoridades: *representação breve, jocosa e burlesca, a qual se entremete de ordinário entre uma jornada e outra de comédia para maior variedade ou para divertir e alegrar o auditório.*

Os entremezes têm seu precedente nos "pasos" renascentistas, espécies de intermédios cômicos dentro da mesma comédia, como se vê na obra de Lope de Rueda, logo convertidos em entremezes ao se desgarrarem da ação central – com a qual, aliás, podiam ou não estar ligados – e se tornarem peças autônomas. Muitos dos dramaturgos áureos também cultivaram o entremez, e nesse gênero se destacaram Quevedo, Calderón e Moreto, além do especialista na matéria, por antonomásia, Luis Quiñones de Benavente.

O entremez se move em dois polos: um é a pintura da sociedade contemporânea, com sua fala cotidiana e os costumes familiares, próprios dos espectadores; o outro é o mundo da literatura – narrativa, descritiva ou dramática – de que toma muitos elementos, como personagens, assuntos ou mecanismos expressivos.

O itinerário do entremez foi traçado com maestria por Eugenio Asensio: em seus inícios, escrevia-se em prosa e se limitava a uma caracterização caricaturesca de alguns personagens cômicos, especialmente o do bobo. Com Lope de Rueda os tipos tradicionais enriquecem seus matizes e amplia-se a visão realista do meio, o que permite uma inserção mais contumaz da comicidade literária. Na etapa de 1600-1620, afirmam-se a utilização do verso e o retratismo caricatural, este último propiciado pela elaboração literária de "figuras": sujeito de aparência extravagante, ridícula, física ou moralmente.

Um dos marcos do gênero é a obra a ele dedicada por Cervantes, que o enriquece com materiais novelescos e o refina literariamente, dotando-o de novos temas, ideias e técnicas.

O entremez constitui um dos extremos lúdicos do teatro aurissecular, um mundo diferente da comédia "séria": não haverá restauração do caos, e sim alegre aceitação desse caos, que o público observa a partir de uma distância cômica. A ótica jocosa o domina inteiramente; todos os personagens nela estão imersos e a comicidade responde, em boa parte, à fórmula da grosseria e da fealdade que caracterizavam a comédia antiga. A brevidade da ação o impede de estabelecer intrigas complexas, e a galeria de tipos está submetida à caricaturização geral; do bobo ou "simples" ao velhote enamorado, do policial e do prefeito até o sacristão.

Cervantes não conseguiu triunfar em suas comédias extensas, mas conseguiu obras primas com os entremezes, seguramente as obras teatrais que conservam maior vigência entre as que escreveu. Eles tomam como ponto de partida as de Lope de Rueda, para estender-se na elaboração literária, ampliando o número de personagens, o repertório dos tipos e os mecanismos tomados ao romance, que assim serve ao enriquecimento do gênero.

Os entremezes de Cervantes foram classificados em grupos temáticos – tema amoroso-matrimonial, tema social, tema da infidelidade conjugal – ou, segundo critérios estruturais, em entremezes de figuras em função do diálogo e de figuras pela ação; ação que consiste em uma burla e que explora habitualmente o filão do folclore, do chiste ou do pequeno conto tradicional.

Os entremezes de Cervantes são oito; dois deles em versos, publicados junto com outras oito comédias em *Ocho Comedias y Ocho Entremezes Nuevos Nunca Representados* (Madri, 1615).

O Velho Enciumado

Para *O Velho Enciumado* encontraram-se precedentes em relatos orientais, italianos e em numerosas fontes de inspiração, mas, sem dúvida, deita raízes na novela exemplar *El Celoso Extremeño*, do próprio Cervantes, posta em clave humorística, não isenta de crítica a casamentos desequilibrados e absurdos. Esta seria uma peça de ação sobre o eixo de uma burla ao velho do título, agora sim, casado com uma mulher jovem. Alguns críticos sublinharam a imoralidade do assunto, mas, como assinala Asensio, tais leitores não levam em conta as convenções a que obedece o entremez.

Lorenza, uma moça casada por pressão de seus pais com um velhote rico e ciumento, vive encerrada como em um cárcere, lamentando a liberdade e o amor que não pode conhecer com seu velho marido. Com a ajuda de uma alcagueta engenhosa e desavergonhada, consegue fazer entrar em sua casa um jovem galã, enredando o velho num jogo de ilusões que ele não pode entender, e desenvolvendo uma exibição de habilidades prestidigitadoras com a ajuda de um tapete. O jogo cênico é um dos mais elaborados no conjunto dos entremezes cervantinos, e se há uma lição, esta seria a do escarmento para aqueles que contradizem a natureza e a liberdade, impondo casamentos absurdos que, em outros âmbitos, como na novela exemplar, terminam com um desenlace trágico, mas que no entremez desemboca no riso.

O Juiz dos Divórcios

É um entremez em que diversas pessoas casadas que querem se divorciar, recorrem a um juiz para que lhes dite sua liberdade:

uma mulher que está farta de seu velho e achacoso marido; outra que protesta do "tosco pedaço de pau" de seu marido, um antigo soldado vago e inútil; um cirurgião que está cansado da violência de sua briguenta mulher...

Este entremez responde ao esquema de revista de personagens: um tribunal frente ao qual passa uma série de reclamantes e de acusados. Não há maior ação ou intriga: os casais que solicitam o divórcio não têm relação entre si, nem seus casos se acham ligados por um argumento comum.

O que interessa é o retrato dos litigantes, sua caracterização e o enfrentamento das mulheres e de seus maridos. Abre-se o desfile com Mariana e seu velho esposo, que sofre toda classe de insultos e de desqualificações. Sem dúvida, há que se ler com cuidado o entremez cervantino, cuja representação cênica deveria deixar claro que não se trata, como um leitor pouco atento poderia crer, do tema tradicional do velho que casa com jovem, mas de algo mais ridículo e grotesco. A tal Mariana, que fala da primavera de sua idade, por oposição ao velhinho enfermo e cheio de achaques, faz vinte e dois anos — nisso insiste o entremez — que está casada com o "inverno" de seu marido. Isso quer dizer que Mariana tem, no mínimo, quarenta anos: para a época, é uma idade bastante longe da primavera. Mariana é uma personagem tão caricatural como o velhote, ou talvez mais, pois, estando próxima da velhice, insiste em suas ficções e espantos juvenis.

Em qualquer caso, o ritmo da peça se dá pela exclamação, pela gesticulação dramática e pelo grito. O velhote suporta pacientemente os insultos, mas faz suas alegações, procurando defender-se.

De modo parecido, Guiomar rechaça seu marido preguiçoso e inútil, um soldado que só sabe ir às casas de jogos, perder tempo com boatos e conversas de rua e fazer maus versos. Como resposta, o soldado não trata de se defender das acusações, mas exige de sua mulher que ela cumpra seu dever, embora seja "inábil, desleixado e preguiçoso".

O matrimônio seguinte é o de um médico e sua mulher Aldonza de Minjaca, que tem mais de quatrocentos motivos para pedir o divórcio; de novo a zombaria e a enumeração abundante de defeitos, que privilegia a atuação feminina, deixando o marido como simples ouvinte que pouco intervém para reclamar o divórcio, já que a vida em comum é impossível.

A última personagem, para encerrar o desfile, é um carregador que vem apenas se queixar ao juiz de divórcios das más condições de sua mulher, uma prostituta com quem prometeu se casar após uma bebedeira. A mulher lhe saiu, como era de se esperar, soberba e insuportável, típica verdureira de gênio impaciente, que não deixa o marido viver por causa das brigas que provoca.

O interessante da obra é a variedade de reações e atuações frente ao problema da incompatibilidade dos casados. Termina com os músicos, forma habitual de finalizar peças cômicas e que, curiosamente, chegam para convidar o juiz a uma festa que dão dois casados cujas desavenças o magistrado resolveu e apaziguou. Nem sempre, pois, o divórcio é inevitável, e assim se suavizam os tons melancólicos que puderam ter as histórias de frustrações, tratadas, de qualquer modo, dentro das convenções cômicas do gênero, que Eugenio Asensio caracterizava como "férias morais".

A Cova de Salamanca

Esta é outra burla de um estudante a um marido enganado e ao sacristão que pretende Leonarda. Na classificação de Asensio, seria um entremez de ação que explora o tema cômico do escolar nigromante e conjurador, conhecido em várias tradicões literárias. O mesmo Asensio destaca a elaboração teatral que oferece a peça cervantina, desde a adúltera Leonarda, personagem animada e cheia de recursos de fingimento, com grandes possibilidades para uma boa atriz, até o estudante tapeador que, à maneira de um diretor de cena, obriga todos os demais a atuar em sua farsa, passando pelo sacristão, o barbeiro – personagens típicas do entremez, que, ao perceberem o conflito, não deixam de aproveitá-lo – e o marido bobo Pancrácio. As duplas, Leonarda e seu sacristão Riponce e Cristina e seu barbeiro Nicolás, permitem um desenvolvimento do diálogo e uma multiplicação dos contrastes.

Cervantes adapta essa burla ao tema tradicional da cova de Salamanca, presente em muitos outros escritores, lugar onde o diabo ensinava suas artes mágicas aos interessados, sobretudo ao famoso marquês de Villena (ver a comédia de Ruiz de Alarcón, *A Cova de Salamanca*) e dissemina uma série de menções contemporâneas para inserir o entremez na experiência do espectador: como, por exemplo, a referência ao famoso bandoleiro Roque Ginarde, que Cervantes voltará a recordar mais dilatadamente no *Quixote*, ou o famoso baile novo de Escarramán.

ENTREMEZ DO VELHO ENCIUMADO

Aparecem dona Lourença e Cristina, sua sobrinha, e Hortigosa, sua vizinha.

DONA LOURENÇA: Foi um milagre, senhora Hortigosa, para a minha dor, jugo e desespero ele não me ter trancado à chave. Este é o primeiro dia, depois que me casei com ele, que falo com alguém fora de casa, ou que a veja fora desta vida, além dele e a quem com ele me casou.

HORTIGOSA: Ande, minha senhora, não se queixe tanto, que com uma caldeira velha se compra outra nova.

DONA LOURENÇA: Com esses e outros vilancicos e estribilhos me enganaram; que sejam malditos seus dinheiros, suas joias, suas galas, e maldito tudo quanto me dá e promete. De que me serve tudo isso se em meio à riqueza estou pobre, ou se em meio à abundância estou com fome?

CRISTINA: Na verdade, senhora tia, tens razão; quisera eu andar com um trapo na frente e outro atrás e ter um marido moço, do que ver-me casada e enlameada com esse velho corrompido que tomaste por marido.

DONA LOURENÇA: Eu o tomei, sobrinha? Na verdade, deu-me quem pôde, e eu, como jovem, fui mais ligeira em obedecer do que em contrariar. Mas se eu tivesse tanta experiência nessas coisas, antes me cortasse a língua com os dentes do que pronunciar aquele sim, que se pronuncia com três letras e que dá a chorar por três mil anos; mas imagino que não se passaria outra coisa a não ser esta, e as que hão de acontecer forçosamente não há nem prevenção nem diligência humana que as previna.

CRISTINA: Jesus, e com um velho cheio de males! Toda a noite é "dá cá o urinol, toma lá o urinol, Cristininha, e me aquece com uns panos que morro de dor nas ilhargas; me ponha mais palhas que esta pedra me cansa". Tem mais unguentos e remédios no quarto do que numa botica; e eu, que mal sei me vestir, tenho de lhe servir de enfermeira. Puch, puch, puch, velho fracote e tão sortudo quanto ciumento, o mais ciumento do mundo!

DONA LOURENÇA: É verdade, sobrinha.

CRISTINA: Prouvera a Deus que nunca dissesse isso!

HORTIGOSA: Agora bem, dona Lourença, vossa mercê faça o que lhe aconselhei e verá como é bom o meu conselho. O moço é como um arbusto verde: quer bem, sabe se calar e agradecer o que se faz por ele; e, como os ciúmes e o recato do velho não nos deixam lugar para pedidos e respostas, que haja resolução e bom ânimo; pois pela ordem que dei, eu porei o galã no aposento de vossa mercê e de lá o tirarei, ainda que o velho tivesse mais olhos do que Argos e visse mais do que um aríolo, que dizem ver sete palmos debaixo da terra.

DONA LOURENÇA: Como sou iniciante, estou com medo, e não queria, a troco deste gosto, pôr a honra em risco.

CRISTINA: Isso me parece, senhora minha tia, o cantar de Gómez Arias: "Senhor Gómez Arias, tenhais pena de mim; sou menina e jovem, e nunca em tal me vi".

DONA LOURENÇA: Algum espírito mau deve falar em ti, sobrinha, pelas coisas que dizes.

CRISTINA: Eu não sei quem fala, mas sei que faria tudo aquilo que a senhora Hortigosa disse, sem deixar faltar nada.

DONA LOURENÇA: E a honra, sobrinha?

CRISTINA: E o divertir-se, tia?

DONA LOURENÇA: E se vêm a saber?

CRISTINA: E se não vêm?

DONA LOURENÇA: E quem vai me assegurar que nada se saiba?

HORTIGOSA: Quem? A boa diligência, a sagacidade, a artimanha; e, sobretudo, o bom ânimo e os meus planos.

CRISTINA: Olhe, senhora Hortigosa, traga-nos o galã, limpo, desenvolto, um pouco atrevido e, sobretudo, moço.

HORTIGOSA: Tem tudo isso que propus e duas coisas mais: é rico e liberal.

DONA LOURENÇA: Não quero riquezas, senhora Hortigosa, pois me sobram joias e as cores dos meus vestidos me confundem, que são muitos. Não tenho o que querer; Canizares me tem mais vestida do que um palmito e mais cheia de joias do que a vitrina de um ourives rico. Se não me trancasse as janelas, fechasse as portas, visitasse a casa a toda hora, enxotasse os gatos e os cachorros, só porque são do sexo macho; se não fizesse isso e outras coisas, eu o perdoaria por suas dádivas e favores.

HORTIGOSA: É assim tão enciumado?

DONA LOURENÇA: Digo que outro dia lhe vendiam um tapete a preço muito bom e, por ter figuras, não o quis. E comprou outro com desenhos de plantas por um preço maior, embora não fosse tão bom. Antes que se chegue ao meu quarto há sete portas, fora a porta da rua, e todas trancadas a chaves; e não sei onde as esconde de noite.

CRISTINA: Tia, a chave com dentes eu acho que ele põe entre as abas da camisa.

DONA LOURENÇA: Não acredites nisso, sobrinha, pois eu durmo com ele e jamais vi nem senti que tenha alguma chave com ele.

CRISTINA: Toda noite anda como um duende por toda a casa; e se por acaso há música na rua, atira pedras para que saiam. É um malvado, um bruxo; é um velho e nada mais tenho para dizer.

DONA LOURENÇA: Senhora Hortigosa, vá para que não venha o resmungador e a encontre comigo, que seria pôr tudo a perder. E o que tiver de fazer, faça-o logo, porque estou tão aborrecida que só me falta jogar uma corda ao pescoço para sair desta má vida.

HORTIGOSA: Quem sabe se com esta que agora começa toda essa triste vontade desapareça e uma outra mais saudável virá que a faça mais contente.

CRISTINA: Assim aconteça, ainda que me custe um dedo da mão. Pois quero muito à senhora minha tia e morro de vê-la tão pensativa e angustiada em poder desse velho e revelho, mais do que velho. Não paro de dizer que é velho.

DONA LOURENÇA: Mas é verdade que te quer bem, Cristina.

CRISTINA: Por isso deixa de ser velho? Ainda mais que sempre ouvi dizer que os velhos sempre são amigos das meninas.

HORTIGOSA: Assim é verdade, Cristina. E adeus, que acabando de comer, fecho a porta. Vossa mercê mantenha o que deixamos acertado e verá como saímos e entramos bem nisso tudo.

CRISTINA: Senhora Hortigosa, faça-me o favor de trazer um coroinha pequenininho com quem me possa brincar.

HORTIGOSA: Eu o trarei pintado para a menina.

CRISTINA: Eu não quero pintado, mas vivo, vivo e pequenininho.

DONA LOURENÇA: E se o tio o vir?

CRISTINA: Direi que é um duende; terá medo dele e eu vou me divertir.

HORTIGOSA: Então digo que o trarei. E adeus.

Sai Hortigosa.

CRISTINA: Olha, tia. Hortigosa traz o galã e o meu coroinha, e se o senhor os vir, não teremos mais a fazer senão todos nós o agarrar, sufocá-lo e jogá-lo no poço ou enterrá-lo na cavalariça.

DONA LOURENÇA: Tu és de tal maneira que acredito que farias melhor ainda do que falas.

CRISTINA: Então que o velho não seja ciumento e o deixamos viver em paz, pois não fazemos mal nenhum e vivemos como umas santas.

Saem. Entram Canizares, o velho, e um compadre seu.

CANIZARES: Senhor compadre, senhor compadre, o setentão que se casa com uma de quinze ou carece de entendimento ou tem ganas de visitar o outro mundo o mais rápido possível. Casei-me como dona Lourença apenas pensando em tê-la como companhia e conveniência, uma pessoa que se achasse à minha cabeceira e me cerrasse os olhos na hora da morte, mas uma turbamulta de trabalhos e de desassossegos investiu contra mim; tinha casa e casei-me; estava pousado e desposei-me.

COMPADRE: Compadre, foi um erro, mas não muito grande, porque, segundo o dito do apóstolo, é melhor casar-se do que abrasar-se.

CANIZARES: Não havia o que me abrasar, senhor compadre, pois a menor excitação me faria acabar como cinza. Quis companhia, procurei companhia e companhia achei, mas Deus socorre a quem Ele quiser.

COMPADRE: Tens ciúmes, senhor compadre?

CANIZARES: Do sol que ilumina Lourencinha, do ar que lhe toca, das roupas que ela sacode.

COMPADRE: Ela lhe dá motivo?

CANIZARES: Não penso por que, nem tem por que, nem como, nem quando, nem onde. As janelas têm chaves e estão seguras por grades e gelosias; as portas jamais se abrem; a vizinha não atravessa as portas nem as atravessará enquanto Deus me der vida. Olha, compadre, os males não chegam às mulheres por irem às comemorações e procissões, nem às festas públicas; onde elas tropeçam, onde se estropiam e fazem mal é em casa de vizinhas e de amigas; mais maldades encobre uma amiga ruim que a capa da noite; mais modificações se fazem em sua casa e lhe movem a cabeça do que um ajuntamento.

COMPADRE: Eu acredito que sim. Mas se dona Lourença não sai de casa nem ninguém entra na sua, por que vives descontente, compadre?

CANIZARES: Porque não passará muito tempo para que Lourença queira o que lhe falta; e será um mau caso, e tão mau que só de pensar tenho medo, e de temê-lo me desespero, e desesperadamente vivo desgostoso.

COMPADRE: E com razão se tem esse medo, porque as mulheres querem gozar por inteiro os frutos do matrimônio.

CANIZARES: A minha os goza dobrados.

COMPADRE: Aí está o dano, senhor compadre.

CANIZARES: Não, não penso assim, porque Lourencica é muito tola e até agora não entende nada desses bolodórios; e adeus, compadre, que quero entrar em casa.

COMPADRE: Eu quero também entrar para ver minha senhora dona Lourença.

CANIZARES: Haverás de saber, compadre, que os antigos latinos usavam de um refrão que dizia: *amicus usque ad aras*, que quer dizer: amigo, até o altar. Concluindo que o amigo há de fazer por seu amigo tudo aquilo que não for contra Deus, digo ao meu amigo *usque ad portam*, até a porta. Ninguém vai passar dos gonzos; e adeus, senhor compadre, me perdoa.

Canizares entra em casa.

COMPADRE: Nunca vi na minha vida homem mais recatado nem mais ciumento e impertinente; mas este é daqueles que arrastam o cabresto e sempre acabam morrendo do mal que receiam.

Sai. Aparecem dona Lourença e Cristina.

CRISTINA: Tia, o tio demora muito, e mais ainda Hortigosa.

DONA LOURENÇA: Que ele nunca viesse nem ela tampouco. Porque ele me enfada e ela me põe confusa.

CRISTINA: Tudo deve ser provado, senhora tia. E se não sair bem, dar de ombros.

DONA LOURENÇA: Ai, sobrinha! Dessas coisas ou sei pouco, ou sei que toda a ruína está em prová-las.

CRISTINA: A verdade, senhora minha tia, é que tem pouco ânimo e que, se eu tivesse a sua idade, nem homens armados me assustariam.

DONA LOURENÇA: Outra vez volto a dizer, e direi cem mil vezes, que Satanás fala pela tua boca. Mas, ai, como o senhor entrou?

CRISTINA: Deve ter aberto com a chave mestra.

DONA LOURENÇA: Encomendo ao diabo suas habilidades e suas chaves.

Entra Canizares.

CANIZARES: Com quem faláveis, dona Lourença?

DONA LOURENÇA: Falava com Cristina.

CANIZARES: Olhai bem, dona Lourença.

DONA LOURENÇA: Digo que falava com Cristininha; com quem mais havia de falar? Tenho com quem?

CANIZARES: Não queria que tivesses algum solilóquio com vós mesma, que acabasse em meu prejuízo.

DONA LOURENÇA: Não entendo esses circunlóquios que vós dizeis, nem os quero entender; e tenhamos a festa em paz.

CANIZARES: Nem as vésperas queria tê-la em guerra com vós; mas quem chama à porta com tanta pressa? Olha quem é, Cristininha, e se for pobre, dá-lhe uma esmola e o despeça.

CRISTINA: Quem está aí?

HORTIGOSA: A vizinha Hortigosa, senhora Cristina.

CANIZARES: Hortigosa e vizinha? Deus esteja comigo. Pergunta-lhe, Cristina, o que quer e lhe dê, com a condição de não atravessar essas portas.

CRISTINA: E o que quer, senhora vizinha?

CANIZARES: O nome vizinha me perturba e sobressalta; chama-a por seu nome próprio, Cristina.

CRISTINA: Responda: o que quer, senhora Hortigosa?

HORTIGOSA: Quero recorrer ao senhor Canizares, que me vai a honra, a vida e a alma.

CANIZARES: Diz a essa senhora, sobrinha, que a atendo, mas que não me entre aqui.

DONA LOURENÇA: Jesus, que condição tão extravagante! Não estou aqui diante de vós? Vão arrancar-me o olho? Vão me levar pelos ares?

CANIZARES: Entre com cem mil belzebus, já que quereis!

CRISTINA: Entre, senhora vizinha.

CANIZARES: Que nome fatal é esse de vizinha!

Entra Hortigosa e traz uma tela de couro com pinturas de herois medievais: Rolando, Mandricardo, Ruggiero e Gradaso; Rolando, no entanto, está pintado com um rebuço, que lhe encobre parte do rosto.

HORTIGOSA: Meu senhor de minha alma, movida e incitada pela boa fama de vossa mercê, por sua grande caridade e muitas esmolas, me atrevi a suplicar que me faça o favor, a boa obra e a caridade de comprar-me esta tela porque tenho um filho preso por uns ferimentos que fez a um tosquiador e mandou a justiça que apresente um cirurgião e não tenho com que lhe pagar e corro o risco que me façam sequestro de bens, que poderiam ser muitos, por causa que é muito travesso o meu filho; e queria tirá-lo hoje ou amanhã, se fosse possível, da cadeia. A obra é boa, a tela é nova, e, com tudo isso, lhe darei por aquilo que vossa mercê me quiser dar por ele, que a estima é maior, e coisas como essa perdi nesta vida. Pegue vossa mercê nessa ponta, minha senhora, e vamos estender a tela para que o senhor Canizares veja que não o engano com palavras. Levante mais, minha senhora, e veja como tem boa caída e as pinturas dos quadros parecem que estão vivas.

Ao levantar e mostrar toda a tela, entra por detrás um jovem galã. Vendo os retratos, diz Canizares:

CANIZARES: Oh, que belo Rolando! Mas o que quer o senhor disfarçadinho em minha casa? Se ainda soubesse que sou tão amigo dessas coisas e desses disfarces, ficaria assustado.

CRISTINA: Senhor tio, não sei nada de disfarçados. E se ele entrou em casa, a culpa é da senhora Hortigosa. Que o diabo me leve se disse ou se fiz alguma coisa para que ele entrasse. Não, por minha consciência, e ainda seria o diabo se o senhor meu tio me jogasse a culpa por sua entrada.

CANIZARES: Eu vejo que a senhora Hortigosa tem a culpa. Mas não há do que me espantar, porque ela não sabe das minhas condições nem quão inimigo sou dessas pinturas.

DONA LOURENÇA: Ele fala das pinturas, Cristinica, e não de outras coisas.

CRISTINA: Delas é que eu falo. Ai, Deus esteja comigo! A alma me voltou ao corpo, que eu já andava pelos ares.

DONA LOURENÇA: Que esse falador se queimasse! Enfim, quem se deita com rapazinhos...

CRISTINA: Ai, desgraçada, e que perigo poderia haver em toda essa confusão!

CANIZARES: Senhora Hortigosa, não sou amigo de figuras encapuzadas; tome este dinheiro, com o qual poderá remediar sua necessidade, e vá embora de minha casa o mais rapidamente que possa, e há de ser logo, levando essa pintura.

HORTIGOSA: Viva vossa mercê mais anos do que Matusalém, pela vida de minha senhora... não sei como se chama, a quem suplico que me ordene, pois a servirei de noite e de dia, com vida e com alma, que a dela deve ser como a de uma pomba rola bobinha.

CANIZARES: Senhora Hortigosa, seja breve e se vá, e não fique aí julgando almas alheias.

HORTIGOSA (*para Lourença*): Se vossa mercê precisar de algum emplastro para sua mãe, tenho alguns maravilhosos; e se for para o mal de dentes, sei umas palavras que tiram a dor como se fosse com as mãos.

CANIZARES: Seja breve, senhora Hortigosa, que dona Lourença não tem mãe nem dor de dentes; todos estão sadios e inteiros, e nunca em sua vida arrancou nenhum deles.

HORTIGOSA: Um dia vai arrancar, aprazendo o céu, porque lhe dará muitos anos de vida; e a velhice é a total destruição da dentadura.

CANIZARES: Valha-me Deus! Será possível que essa vizinha não me deixe? Hortigosa, o diabo, vizinha, ou seja lá o que és, vai-te com Deus e sai da minha casa!

HORTIGOSA: É justo o pedido e vossa mercê não se aborreça que já me vou.

Sai Hortigosa.

CANIZARES: Vizinhas, vizinhas! Fico escaldado com as boas palavras da vizinha, por terem saído da boca de uma vizinha.

DONA LOURENÇA: Digo que pareceis um bárbaro ou selvagem. O que disse essa vizinha para que fiqueis com ojeriza dela? Todas as vossas boas obras fazeis em pecado mortal. Deste-lhe uma vintena de reais acompanhada por duas dezenas de injúrias. Boca de lobo, língua de escorpião e porão de malícias!

CANIZARES: Não, não, que esta parva se vá com o mau vento; não me parece bem que deis tanta razão à vossa vizinha.

CRISTINA: Senhora tia, entre ali dentro e se desamagoe, e deixe o tio, que parece que está aborrecido.

DONA LOURENÇA: Assim farei, Cristinica, e talvez não me veja a cara nas próximas duas horas.

Sai dona Lourença.

CRISTINA: Tio, não viu como fechou a porta com força? E acho que vai buscar uma tranca para ela.

DONA LOURENÇA (*de dentro*): Cristinica? Cristinica?

CRISTINA: Que quer, tia?

DONA LOURENÇA: Se soubesses com que galã minha sorte se deparou! Moço bem disposto, moreno, e a boca tem hálito de flor de laranjeira.

CRISTINA: Jesus, que loucura, que criancice! Estás louca, tia?

DONA LOURENÇA: Estou com todo o meu juízo; e a verdade é que se tu o visses, tua alma se alegraria.

CRISTINA: Jesus, que loucura, que criancice! Ralhe com ela, tio, para que não se atreva a dizer mentiras nem brincando.

CANIZARES: Me fazeis de bobo, Lourença? Pois, por minha fé, não acho engraçado padecer essas brincadeiras de mau gosto.

DONA LOURENÇA: Mas são verdades, e tão verdades que deste gênero não podem ser maiores.

CRISTINA: Jesus, que loucura, que criancice! Mas, me diga tia, está aí também o meu coroinha?

DONA LOURENÇA: Não, sobrinha, mas de outra vez virá, se a vizinha Hortigosa quiser.

CANIZARES: Lourença, diz o que quiseres, mas não ponhas na boca o nome vizinha, que me tremem as carnes só de ouvi-lo.

DONA LOURENÇA: Também elas me tremem, pelo amor da vizinha.

CRISTINA: Jesus, que loucura, que criancice!

DONA LOURENÇA: Agora vejo quem és, velho maldito, que até agora tenho vivido enganada contigo.

CRISTINA: Ralhe com ela, tio, que está muito desavergonhada.

DONA LOURENÇA: Quero lavar as poucas barbas do galã com uma bacia cheia de água perfumada, porque seu rosto é como o de um anjo pintado.

CRISTINA: Jesus, que loucura e criancice! Despedaça ela, tio.

CANIZARES: Não vou despedaçá-la, mas a porta que a encobre.

DONA LOURENÇA: Não tem por quê. Ei-la aqui aberta; entre e verá como é verdade tudo o que disse.

CANIZARES: Ainda que estejas zombando, entrarei, sim, para te sossegar.

Ao entrar, Canizares recebe uma baciada de água nos olhos, e sai para se enxugar; Cristina e Lourença o ajudam e, enquanto isso, o galã escapa.

CANIZARES: Por Deus, por pouco não me cegas, Lourença. Ao diabo com essa brincadeira de jogar água nos olhos.

DONA LOURENÇA: Olhem com quem minha sorte me casou: com o homem mais malicioso do mundo! Olha como deu crédito às minhas mentiras, fundadas no ciúme; que a minha virtude seja rebaixada e perseguida! Pagai vós, cabelos, as dívidas deste velho; chorai vós, olhos, as culpas deste maldito; olhem como trata minha honra e meu crédito, pois das suspeitas faz certezas, das mentiras faz verdades, das zombarias, certezas e dos divertimentos, maldições! Ai, que minha alma se arranca!

CRISTINA: Tia, não grite tanto que a vizinhança vai se juntar.

AGUAZIL (*de dentro*): Abram essas portas. Abram logo ou vou pô--las abaixo.

DONA LOURENÇA: Abre, Cristinica, e que todo o mundo saiba da minha inocência e da maldade deste velho.

CANIZARES: Por Deus, eu sabia que tu estavas zombando! Calada, Lourença!

Entram o Aguazil, músicos, bailarino e Hortigosa.

AGUAZIL: O que é isso? Que pendenga é essa? Quem gritava aqui?

CANIZARES: Não é nada, senhor; são pendências entre marido e mulher, e logo passam.

MÚSICO: Por Deus, que estávamos eu e meus companheiros, que somos músicos, aqui ao lado, em um casamento e acudimos à gritaria, preocupados, pensando que era outra coisa.

HORTIGOSA: E eu também, com minha alma pecadora.

CANIZARES: Pois em verdade, senhora Hortigosa, se não fosse justamente por ela, nada haveria sucedido.

HORTIGOSA: Meus pecados teriam a culpa; sou tão infeliz que, sem saber por onde sim, por onde não, me jogam as culpas que outros cometem.

CANIZARES: Senhores, todas vossas mercês voltem com minhas felicitações, que vos agradeço o bom desejo; eu e minha esposa já ficamos em paz.

DONA LOURENÇA: Ficarei sim, se primeiro pedir perdão à vizinha por alguma coisa de mau que pensou contra ela.

CANIZARES: Se tivesse de pedir perdão a todas as vizinhas de quem penso mau, seria um nunca acabar. Mas, apesar disso, peço à senhora Hortigosa.

HORTIGOSA: E eu a outorgo aqui e diante de Pero García.

MÚSICO: Então, na verdade, não viemos em vão. Toquem comigo os meus companheiros, dance o bailarino e se alegrem em paz com esta canção.

CANIZARES: Senhores, não quero música; a dou por recebida.

MÚSICO: Pois terá, embora não queira.

Cantam e dançam.

> A água de São João
> tira vinho e não dá pão.
> As brigas de São João
> todo ano paz nos dão[1].

---

1. Este refrão quer dizer que, no início dos ajustes de casamento, tudo seja bem previsto, para que as brigas, sempre inevitáveis, possam ser resolvidas e pacificadas.

Brotar o trigo nas eiras
estando as vinhas em flor
se atrapalha o lavrador
com o paiol e as videiras.
Mas as brigas caseiras,
se acontecem em São João,
todo ano paz nos dão.
Pela canícula ardente
a raiva chega pronto;
mas passando aquele ponto
menos forte a gente sente.
E assim, quem diz não mente:
que as brigas de São João
todo ano paz nos dão.
As brigas dos casados
como esta sempre sejam
para que depois se vejam,
sem pensar, regozijados.
O sol, depois dos tempos nublados,
é alegria depois da escuridão.
As brigas de São João
todo ano paz nos dão.

CANIZARES: Vejam vossas mercês as voltas e revoltas em que me pôs uma vizinha, e se tenho razão de estar mal com elas.

DONA LOURENÇA: Embora meu esposo esteja mal com a vizinha, beijo vossas mãos, senhora vizinha.

CRISTINA: E eu também. Mas se a minha vizinha me tivesse trazido um coroinha, eu a teria por melhor vizinha. E adeus, senhora vizinha.

ENTREMEZ DO JUIZ DOS DIVÓRCIOS

Entram o juiz, que logo se senta em uma cadeira, o escrivão e o procurador. Em seguida, um velhote e Mariana, sua mulher.

MARIANA: Ainda bem que o senhor juiz dos divórcios já está sentado na cadeira de audiência. Desta vez tenho de ficar dentro ou fora, mas livre de taxas e de impostos, como um bom gavião.

VELHOTE: Pelo amor de Deus, Mariana, não faz disso um negócio de compra e venda; peça vênia, pela paixão que Deus passou; olha que tens atordoado toda a vizinha com teus gritos, mas aqui tens diante o senhor juiz, e com menos alarido lhe deves pedir justiça.

JUIZ: Que pendência trazeis, boa gente?

MARIANA: Divórcio, senhor, divórcio e mais divórcio, mil vezes divórcio!

JUIZ: De quem ou por quê, senhora?

MARIANA: De quem? Deste velho aqui presente.

JUIZ: Por quê?

MARIANA: Porque não posso sofrer suas impertinências nem estar sempre atenta para curar todas as suas doenças, que são inúmeras. E meus pais não me criaram para ser hospedeira ou enfermeira. Eu trouxe um bom dote para esse saco de ossos, que me tem consumido os dias. Quando entrei para sua casa, minha cara brilhava como espelho e hoje a tenho como um pedaço de lã amarrotada. Vossa mercê, senhor juiz, me descase, se não quiser que eu me enforque. Olhe os sulcos que tenho no rosto, pelas lágrimas que derramo todo dia por ver-me casada com esta anatomia.

JUIZ: Não choreis, senhora; baixai a voz e enxugai as lágrimas, que eu vos farei justiça.

MARIANA: Deixe-me, vossa mercê, chorar, que assim descanso. Nos reinos e nas repúblicas bem arranjadas devia ser limitado o tempo dos matrimônios e de três em três anos deviam ser desfeitos ou confirmados de novo, como coisas de arrendamento; mas não durar toda a vida, com sofrimento perpétuo para ambas as partes.

JUIZ: Se por dinheiro essa vontade se pudesse ou devesse pôr em prática, já se teria feito. Mas especificai mais, senhora, as ocasiões que vos movem ao divórcio.

MARIANA: O inverno do meu marido e a primavera da minha idade; o tirar-me o sono, por me levantar à meia-noite e esquentar panos e pãezinhos para lhe pôr nos quartos; o lhe amarrar ora esta ora aquela atadura; por justiça, que fique atado a um pau; o cuidado de lhe preparar à noite a cabeceira alta na cama e xaropes para que não afogue o peito; e estar obrigada a sofrer o fedor de sua boca, a uma distância de três tiros de arcabuz.

ESCRIVÃO: Deve ser de algum dente podre.

VELHOTE: Não pode ser, porque, pelo diabo, não tenho um dente em toda a boca.

PROCURADOR: Pois há uma lei que diz, segundo ouvi dizer, que só pelo mau hálito pode uma mulher descasar do marido e o marido da mulher.

VELHOTE: Na verdade, senhores, o mau hálito que ela diz que tenho não se engendra em meus dentes podres, pois não os tenho, nem mesmo procede de meu estômago, que está saníssimo, mas da má vontade de seu coração. Vossas mercês mal conhecem esta senhora, pois é certo que, se a conhecessem, lhe teriam medo ou lhe dariam umas pancadas. Vinte e dois anos que vivo com ela e sou mártir, sem ter sido confessor de suas insolências, de seus gritos e de seus caprichos, e já se vão dois anos que a cada dia me empurra para a sepultura. Seus gritos já me fizeram meio surdo e briga por brigar, sem razão alguma. Se cuida de mim, cuida arreganhando os dentes, quando deviam ser suaves a mão e a índole do médico. Em conclusão, senhores: sou eu quem morro em seu poder, e ela é quem vive pelo meu, porque é senhora, com pleno domínio e sentença de juiz, dos bens que tenho.

MARIANA: Vossos bens? E que bens tendes vós que não haja ganho do que trouxe o meu dote? E é minha a metade dos bens de casados, que mal se pesam. Se morresse agora, não deixaria um tostão, dele e do dote, para que vejais o amor que tenho.

JUIZ: Dizei, senhor, quando vos pusestes sob o poder de vossa mulher, não vos pusestes são e em boas condições?

VELHOTE: Já disse que há vinte e dois anos me submeti ao seu poder, como quem se submete ao capitão de uma galé calabresa, a remar obrigado. E entrei tão sadio que podia falar e praticar o nosso "joguinho".

MARIANA: Que mentira é essa? Três dias amarrado a uma estaca é o que mereces.

JUIZ: Calai-vos, calai-vos agora, mulher de bem, e andai com Deus que não encontro motivo para vos descasar; e já que comestes das maduras, gostais das figuras. E nenhum marido está obrigado a deter a corrida do tempo, que passa por sua porta e por seus dias. Descontai os males que agora vos dá dos bons que, quando pôde, vos deu. E não repliqueis com qualquer palavra.

VELHOTE: Se fosse possível, receberia como grande favor se vossa mercê me retirasse a pena, livrando-me deste cárcere. Porque, deixando-me como estou, e se tendo chegado a este rompimento, será de novo entregar-me ao verdugo que me martiriza. E se não, façamos uma coisa: entre ela em um monastério e eu em outro; dividimos os bens e, desta maneira, poderemos viver em paz e a serviço de Deus durante o tempo que nos resta de vida.

MARIANA: Que anos horríveis! Sou mulher para ficar encerrada em convento!? Encerrai-vos vós, que não tendes olhos com que ver, ouvidos com que ouvir, pés com que andar ou mãos com que tocar. Eu, que estou sadia, que tenho todos os meus sentidos vivos e inteiros, quero usá-los livremente e não guiada por um jogo de sorte ou cálculo duvidoso.

ESCRIVÃO: A mulher se faz de livre.

PROCURADOR: E de prudente, o marido; mas não pode mais nada.

JUIZ: Pois eu não posso fazer este divórcio, *quia nullam invenio causam*, ou seja, porque não encontro motivo.

Entram um soldado, bem apessoado, e sua mulher, dona Guiomar.

DONA GUIOMAR: Bendito seja Deus que me fez cumprir o desejo que tinha de ver-me ante a presença de vossa mercê, a quem suplico encarecidamente que me descase deste aqui.

JUIZ: Que coisa é "deste aqui"? Não tem outro nome? Seria melhor se ao menos dissésseis "deste homem".

DONA GUIOMAR: Se fosse homem não iria me descasar.

JUIZ: Pois então, o que ele é?

DONA GUIOMAR: Um tosco pedaço de pau.

SOLDADO: Por Deus que tenho de ser um pedaço de pau para sofrer calado. Quem sabe se não me defendendo nem contradizendo esta mulher o senhor juiz poderá me condenar. E pensando que me castiga, me tirará deste cativeiro, como se um preso se libertasse, por milagre, das masmorras de Tetuán.

PROCURADOR: Falai com comedimento, senhora, e relatai vosso negócio sem impropérios contra vosso marido, que o senhor juiz dos divórcios, à vossa frente, olhará retamente pela justiça.

DONA GUIOMAR: Pois não querem vossas mercês que chame de pau a uma estátua, que não se move mais do que um pedaço de madeira?

MARIANA: Ela e eu nos queixamos da mesma afronta.

DONA GUIOMAR: Digo enfim, senhor, que me casaram com este homem, já que vossa mercê quer que assim o chame. Mas não é este o homem com quem me casei.

JUIZ: Não vos entendo.

DONA GUIOMAR: Quero dizer que pensei que me casava com um homem de expedientes, e faz poucos dias descobri que me havia casado com um pedaço de pau, como tenho dito. Porque ele não sabe qual é a sua mão direita, não procura meios nem tem planos para granjear um só real para sustentar a casa e a família. As manhãs ele passa a ouvir missa e a ficar na porta de Guadalajara cochichando, sabendo das novas, dizendo e escutando mentiras. Nas tardes, mas também nas manhãs, vai de casa em casa de jogo e ali serve de curioso que, segundo tenho ouvido dizer, é um gênero de gente que aborrece os jogadores. Às duas horas vem comer sem ter ganho ou jogado. Vai de novo, volta à meia-noite, janta se tiver o que comer, se bosteia e vai deitar. E durante a noite não sossega, dando voltas. Pergunto-lhe o que tem e me responde que está fazendo um soneto de memória para um amigo que lhe pediu. E dá de ser poeta, como se fosse ofício de quem não estivesse ligado às necessidades do mundo.

SOLDADO: Minha senhora, dona Guiomar, em tudo que disse não saiu dos limites da razão; e se eu não a tivesse no que faço, como ela tem no que diz, já teria procurado alguma coisinha sem importância, aqui ou ali, vendo-me, como se veem outros homenzinhos espertos e buliçosos, montados numa mula de aluguel, pequena e seca, com uma vara nas mãos e sem guri que o acompanhe, porque as tais mulas nunca se alugam, a não ser que estejam em falta. E os alforjes postos nas ancas: num deles, uma camisa de gola; noutro, uma metade de queijo, um pão e sua bota; sem acrescentar os vestidos que traz da rua para vendê-los pelo caminho, umas polainas e uma espora. E com uma comissão ajustada, sai atropelando pela ponte Toledana, apesar da preguiça das manhãs e, ao cabo de poucos dias, manda para casa algum pernil com toucinho e algumas varas de tecido cru; enfim, aquelas coisas que custam barato no distrito de sua jurisdição e com isso o pecador sustenta sua casa com o melhor que pode. Mas eu, que não tenho ofício nem benefício, não sei o que fazer, porque não há senhor que me queira porque estou casado. Assim é, senhor juiz, que me será forçoso suplicar a vossa mercê, porque os nobres estão cansados dos pobres e minha mulher o pede, que nos divida e aparte.

DONA GUIOMAR: E tem mais, senhor juiz: como eu vejo que meu marido serve para tão pouco, e que padece necessidade, morro para ajudá-lo. Mas não posso mais, porque, por vontade, sou mulher de bem e não tenho como fazer vileza.

SOLDADO: Só por isso esta mulher merecia ser querida, mas debaixo deste pudor tem encoberto a pior condição da terra, pois pede céus sem causa, grita sem porquê, é presunçosa sem ter condições e, como me vê pobre, não me dá atenção nos bailes. E o pior, senhor juiz, é que quer, a troco da fidelidade que me guarda, que eu sofra e dissimule as milhares de impertinências e a dureza do gênio que tem.

DONA GUIOMAR: E não? E por que não me havíeis de respeitar e guardar o decoro, sendo tão boa como sou?

SOLDADO: Ouvi, senhora Guiomar: aqui, diante deste senhores, vos quero dizer isso: por que me fazeis crer que sois boa, se estais obrigada a sê-lo, por ser nascida de bons pais, por ser cristã e por que vos deveis a vós mesma? É bom que as mulheres queiram ser respeitadas por seus maridos porque são castas e honestas. Como se apenas nisso consistisse sua perfeição, já que não se dispõem a ver os canais por onde deságuam a fineza de outras mil virtudes que lhes faltam. Que me importa que sejais casta convosco, pois me importa mais se vos descuidais de que o seja vossa criada, e se andais de cara amarrada, aborrecida, enciumada, pensativa, dorminhoca, preguiçosa, encrenqueira e rabugenta, tendo outras insolências deste jaez, que bastam para consumir as vidas de duzentos maridos? Mas com tudo isso, senhor juiz, digo que nada disso tem minha senhora dona Guiomar; e confesso que eu sou o toco, o inábil, o frouxo e preguiçoso; e que pela lei do bom governo, ainda que não seja por outra coisa, vossa mercê está obrigado a nos descasar. Aqui digo que não tenho coisa alguma para alegar contra o que disse minha mulher e dou o pleito por concluído, estando alegre por ser condenado.

DONA GUIOMAR: O que há de alegar contra o que eu disse? Que não me dais de comer nem à vossa criada; e importa que não são muitas, só uma e ainda prematura, que não come mais do que um grilo.

ESCRIVÃO: Se acalmem que vêm chegando novos demandantes.

Entram um médico cirurgião e Aldonza de Minjaca, sua mulher.

CIRURGIÃO: Por quatro causas, que são bastantes, venho pedir a vossa mercê, senhor juiz, que faça o divórcio entre mim e a senhora Aldonza de Minjaca, minha mulher, que aqui está presente.

JUIZ: Vindes resoluto: dizei as quatro causas.

CIRURGIÃO: A primeira é que não a posso ver mais do que a todos os diabos; a segunda, pelo que ela sabe; a terceira, por aquilo que me calo; a quarta, para que não me levam os demônios quando desta vida me for, se hei de ficar em sua companhia até morrer.

PROCURADOR: Bastantíssimamente provou sua intenção.

MINJACA: Senhor juiz, vossa mercê me ouça e note que, se meu marido pede por quatro causas o divórcio, eu o peço por quatrocentas. A primeira, porque cada vez que o vejo, vejo o próprio Lúcifer; a segunda, porque fui enganada quando com ele me casei, pois disse que era médico de pulso e me apareceu como cirurgião[2] e homem que faz ligaduras e cura outras enfermidades, o que baixa o preço à metade do que é justo; a terceira, porque tem ciúmes do sol que me toca; a quarta é que, como não lhe posso ver, queria estar apartada dele dois milhões de léguas.

ESCRIVÃO: Quem diabos poderá consertar esses relógios, estando os ponteiros tão desconjuntados?

MINJACA: A quinta...

JUIZ: Senhora, senhora, se pensais dizer aqui todas as quatrocentas causas, não estou para escutá-las, nem há lugar para isso.

---

2. Na época, o cirurgião era visto como uma categoria inferior de médico.

Vosso negócio pede provas. Ide com Deus que há outros negócios a despachar.

CIRURGIÃO: Que mais provas, a não ser que eu não quero morrer com ela, nem ela gosta de viver comigo?

JUIZ: Se isso bastasse para descasar os casados, todos sacudiriam de seus ombros o jugo do matrimônio.

Entra um carregador vestido com seu gorro de quatro pontas.

ENTREGADOR: Senhor juiz, não nego que sou carregador, mas também cristão velho e homem de bem e de direito. E se não fosse por algumas vezes tomar vinho, ou ele me tomar a mim, que é o mais correto, já teria sido mordomo na confraria dos irmãos de carga. Mas deixando isso à parte, porque há muito a dizer sobre ele, quero que saiba, senhor juiz, que estando uma vez muito doente pelas tonteiras de Baco, prometi me casar com uma prostituta. Voltei a mim, me curei e cumpri a promessa, casando-me com a mulher que tirei do pecado. Fiz-lhe ser vendedora na praça, mas me saiu tão soberba que briga com todos que chegam em sua barraca, ora sobre o peso, ora por lhe roubarem uma fruta e a dois por três lhes dá com um peso na cabeça e os desonra até a quarta geração, sem ter um minuto de paz com suas vizinhas alcoviteiras. E eu tenho que manter todo dia a espada mais em riste do que um trombone para defendê-la. E já não ganhamos para pagar os prejuízos e condenações das pendências. Queria, se vossa mercê pudesse, ou que me apartasse dela ou, pelo menos, lhe mudasse essa conduta precipitada que tem para outra mais branda e educada. Prometo a vossa mercê levar-lhe toda a lenha que comprar este verão, porque posso muito com meus irmãos de carga.

CIRURGIÃO: Já conheço a mulher deste bom homem, e é tão má como a minha Aldonza que não lhe posso dizer mais.

juiz: Olhai, senhores, embora alguns dos que aqui estão tenham dado algumas causas que trazem consigo a sentença de divórcio, é mister, apesar disso, que tudo conste por escrito e com testemunhas. Só assim os recebo com prova. Mas o que é isso? Música e violões em minha audiência? Que grande novidade é essa?

Músicos, entrando.

músico: Senhor juiz, aqueles dois casados que vossa mercê conciliou e apazigou outro dia estão esperando vossa mercê com grande festa em sua casa; e por isso nos enviam para suplicar que se digne ir e honrá-los.

juiz: Isso eu farei de bom grado e prouvera a Deus que todos os presentes se reconciliassem como eles.

procurador: Dessa maneira morreríamos de fome, os escrivães e procuradores dessa corte. Não, não, que todo mundo faça pedidos de divórcio e que, no fim, todos fiquem como estavam e nós teríamos o fruto de suas pendengas e disparates.

músico: Desde aqui vamos alegrar a festa.

Tocam e cantam

> Entre um casal honrado,
> se há pleito e desacerto,
> mais vale o pior concerto
> do que o divórcio apressado.
> Onde não cega o engano,
> em que não poucos estão,
> as brigas de São João[3]
> são paz para todo o ano.

---

3. Ver nota 1, a respeito deste refrão.

Lá renasce o par honrado
e o gosto do bom acerto;
mais vale o pior concerto
do que o divórcio apressado.

Embora tamanho zelo
seja forte e rigoroso,
se os tem o amor cioso,
não são penas, mas desvelo.

Assim se expressa o Amor,
que é mais sábio, decerto:
mais vale o pior concerto
do que o divórcio apressado.

ENTREMEZ DA COVA DE SALAMANCA[4]

Aparecem Pancrácio, Leonarda e Cristina.

PANCRÁCIO: Enxugai essas lágrimas, senhora, e ponde fim aos vossos suspiros, considerando que quatro dias de ausência não são séculos. Voltarei, no mais tardar, no quinto dia, se Deus não me tirar a vida. No entanto, poderá ser melhor, para não perturbar vossa palavra, romper a minha e deixar de lado a viagem, e sem a minha presença poderá se casar minha irmã.

LEONARDA: Não quero, Pancrácio, que por meu respeito pareçais descortês. Ide em boa hora e cumpri com vossas obrigações, pois as que levais são precisas. Eu me apertarei com

---

4. A assim chamada Cueva de Salamanca é uma região da cidade cuja legenda popular diz ser o local onde o diabo ensinava magias e adivinhações a sete estudantes, durante sete anos. Terminadas as lições, um dos estudantes era sorteado para ser seu assistente. O mesmo relato se atribuiu a um pároco, Clemente Potosi, da antiga igreja de São Cipriano, então existente no lugar, em cujos subterrâneos ensinava igualmente bruxarias e astrologia. Francisco de Moraes publicou, em 1737, uma *Historia de las Cuevas de Salamanca*.

meu infortúnio e passarei minha solidão o menos mal que puder. Só vos encargo da volta e que não ultrapasseis o prazo que haveis dado. Apoia-me, Cristina, que meu coração se aperta.

Leonarda desmaia.

CRISTINA: O que fazem as bodas e as festas! Em verdade, senhor, que, se eu fosse vossa mercê, não sairia.

PANCRÁCIO: Entra, filha, e traga um pouco de água para jogar-lhe ao rosto. Não, espera. Lhe direi umas palavras ao ouvido que têm a virtude de fazer voltar dos desmaios.

Diz-lhe as palavras. Leonarda acorda.

LEONARDA: Basta, isso é necessário. Só há de se ter paciência, meu bem. Quanto mais vos detiverdes, mais adiais minha alegria. Vosso compadre Loniso vos deve esperar no coche. Ide com Deus e que ele vos traga logo e bem como vos desejo.

PANCRÁCIO: Meu anjo, se quereis que fique, não me moverei daqui, como se fosse uma estátua.

LEONARDA: Não, não, que meu prazer está no vosso. Por agora, mais vale ir do que ficar, pois é vossa honra a minha.

CRISTINA: Que espelho de matrimônio! É certo que se todas as casadas quisessem tanto os seus maridos, como minha senhora Leonarda quer o seu, não haveria outro galo que cantasse.

LEONARDA: Entra, Cristinica, e tira o meu manto, que quero acompanhar teu senhor até o coche.

PANCRÁCIO: Não, meu amor, abraçai-me e ficai, por favor. Cristinica, lembra-te de tratar bem tua senhora, que te trago um sapato quando voltar, o que tu quiseres.

CRISTINA: Vá, senhor, e não leve penas de minha senhora, porque penso não lhe permitir que descanse para que não sinta a falta que vossa mercê lhe há de fazer.

LEONARDA: Descansar, eu? Calculas mal, menina! Pois gostos e prazeres não foram feitos se meu bem estiver ausente; só sofrimentos e dores.

PANCRÁCIO: Não posso mais sofrer. Ficai em paz, luz dos meus olhos, que nada verão de prazeroso enquanto não vos olhar outra vez.

Sai Pancrácio.

LEONARDA: Vai como chispa à casa de Ana Diaz. Vai e, como fumaça, não voltes. Por Deus, que desta vez não vão valer tuas valentias e recatos!

CRISTINA: Mil vezes temi que com esses exageros tu haverias de atrapalhar sua ida e as nossas alegrias.

LEONARDA: Virão esta noite os que esperamos?

CRISTINA: E não? Já os avisei e eles estão tão decididos que esta tarde enviaram pela lavadeira, nossa secretária, uma canastra com panos, mas cheia de presentes e de coisas de comer, que mais parece um daqueles cestões que o rei distribui na quinta-feira santa aos pobres. A canastra mais parece a de Páscoa, porque tem empanadas, frios, peito de frango e dois capões, frutas de todo gênero e, sobretudo, uma arroba de vinho de primeira.

LEONARDA: É muito obsequioso, e sempre foi, o meu Reponce, sacristão das teias do meu ventre.

CRISTINA: E o que falta ao meu mestre Nicolás, barbeiro dos meus fígados e navalha dos meus desgostos, que os apara e corta quando estou com ele, como se nunca os tivesse tido?

LEONARDA: Puseste a canastra em lugar seguro?

CRISTINA: A pus na cozinha, coberta com um pano, para dissimular.

Chama à porta o estudante Carraolano que, sem esperar resposta, entra.

LEONARDA: Cristina, olha quem chama.

ESTUDANTE: Senhoras, sou eu, um pobre estudante.

CRISTINA: Bem se vê que sois pobre e estudante, pois isso mostra a vossa roupa e o vosso atrevimento. Que coisa estranha é essa que não existe pobre que espere a esmola na porta, mas entram pelas casas até os fundos, sem olhar se acordam alguém ou não.

ESTUDANTE: Esperava uma resposta mais branda da boa graça de vossa mercê. Quanto mais porque não queria nem buscava esmola, mas sim um palheiro ou cavalariça para me abrigar nesta noite de inclemências que, tudo indica, ameaçam se despejar sobre a terra.

LEONARDA: E de onde sois, meu caro amigo?

ESTUDANTE: Salmantino, quer dizer, sou de Salamanca. Ia a Roma com um tio, que morreu pelo caminho, no coração da França. Vi-me então sozinho e decidi voltar à minha terra. Na Catalunha, os lacaios de Roque Ginarde[5] me roubaram, porque ele mesmo não estava ali. Se estivesse, não consentiria que me fizessem tal agravo, porque é muito comedido e cortês e, além disso, generoso nas esmolas. Dei-me agora nessas portas santas, que assim as considero, e busco uma proteção.

LEONARDA: Na verdade, Cristina, sinto-me compadecida do estudante.

CRISTINA: Ai, que me comoveu até as entranhas. Vamos mantê-lo esta noite em casa, já que das sobras do castelo o bom

---

5. Bandoleiro famoso na época, também mencionado pelo autor no seu *Quixote*.

moço poderá se manter; quero dizer que entre as relíquias da canastra algo haverá que sua fome goste. E mais: vai me ajudar a pelar os capões que estão ali.

LEONARDA: Como queres, Cristina, que metamos em nossa casa testemunhas de nossa libidinagem?

CRISTINA: Ele tem a aparência de quem fala pela nuca e pela boca. Vem cá, amigo, sabes pelar?

ESTUDANTE: Se sei pelar? Não entendo isso de pelar, a menos que vossa mercê esteja zombando. Se quer assim, me confesso o maior pelado[6] do mundo.

CRISTINA: Por minha alma, não digo por isso, mas para saber se sabia tirar a pele de dois ou três pares de capões.

ESTUDANTE: O que saberia responder é que eu, senhoras, pela graça de Deus, sou graduado e bacharel por Salamanca, e não digo...

LEONARDA: Dessa maneira, quem duvida que saberá pelar não apenas capões, mas gansos e passarinhos? E guardar segredo, que lhe parece? Por acaso fica tentado a dizer tudo o que vê, imagina ou sente?

ESTUDANTE: Diante de mim podem matar mais homens do que carneiros no mercado que não abro a boca para dizer coisa alguma.

CRISTINA: Pois tape essa boca, costure essa língua com uma agulhinha e afie esses dentes; verá mistérios, comerás maravilhas e poderás medir com teus pés o pedaço que queres para dormir no palheiro.

ESTUDANTE: Com sete pés terei bastante espaço, pois não sou exigente nem de muitas comodidades.

Entram o sacristão Reponce e o Barbeiro.

---

6. No sentido de não ter um só tostão.

SACRISTÃO: Oh, que estejam bem os automedontes[7] e guias dos carros dos nossos prazeres, as luzes de nossas trevas e as recíprocas vontades que servem de plintos e colunas amorosas à fábrica de nossos desejos!

LEONARDA: Esse jeito dele só me enfada. Meu Reponce, por tua vida, fala como os modernos, de modo que te entenda e não trepes onde não te alcance.

BARBEIRO: Isso eu tenho de bom. Falo mais chão que sola de sapato, ou pão pão, queijo queijo, como se costuma dizer.

SACRISTÃO: Claro, pois há uma diferença entre um sacristão gramático e um barbeiro que só fala a linguagem popular.

CRISTINA: Para o que eu quero, meu barbeiro sabe tanto latim quanto Antonio de Nebrija. Mas que não se discuta agora ciência ou modo de falar. Cada um fala, senão como deve, ao menos como sabe. Vamos entrar e mãos à obra, que há muito o que fazer.

ESTUDANTE: E muito o que pelar.

SACRISTÃO: Quem é este bom homem?

LEONARDA: Um pobre estudante *salamanqueijo*, que pede albergue para esta noite.

SACRISTÃO: Eu lhe darei dois reais para a ceia e a cama, e que se vá com Deus.

ESTUDANTE: Senhor sacristão Reponce, recebo e agradeço o favor e a esmola, mas sou mudo, e além disso pelado, como tem precisão esta senhora donzela que me convidou. E prefiro não me ir desta casa essa noite. Confie vossa mercê, ainda que de muito mau grado, em um homem com minhas qualidades, que se contenta em dormir em um palheiro. E se têm os seus capões, que os pelem um turco e os comam.

BARBEIRO: Parece mais um rufião do que um estudante pobre. E se dispõe a levantar a voz com toda a casa.

---

7. Automedonte, o condutor do carro de Aquiles.

CRISTINA: Que eu não me aborreça de repente. Entremos todos e ponhamos em ordem o que se vai fazer, que o pobre vai despelar e ficar calado como na missa.

ESTUDANTE: E também como nas vésperas.

SACRISTÃO: Este estudante me dá medo; aposto que sabe mais latim do que eu.

LEONARDA: Disso nascem os brios que tem; mas não te importe de fazer caridade, amigo, que vale para todas as coisas.

Entram todos. Em uma rua, aparecem Pancrácio e Loniso, seu compadre.

COMPADRE: Logo vi que a roda ia quebrar. Não há cocheiro que não seja teimoso. Se desviasse um pouco daquele barranco, já estaríamos a duas léguas daqui.

PANCRÁCIO: A mim não me importa, pois gostei de voltar e passar esta noite com minha esposa Leonarda, porque a deixei esta tarde quase sem alento, muito sentida com minha partida.

COMPADRE: Grande mulher! Muito bem fez os céus de vos dá-la. Dai graças por isso.

PANCRÁCIO: Eu dou como posso, não como devo. Não há Lucrécia que se chegue a ela, nem Pórcia que se iguale[8]. A honestidade e o recolhimento fizeram nela as suas moradas.

COMPADRE: Se a minha não fosse ciumenta, nada mais teria a desejar. Por esta rua logo chego em casa. Pegai aquela ali e logo estará na vossa. Mas nos vemos amanhã, porque não faltará um coche para a viagem. Adeus.

PANCRÁCIO: Adeus.

Saem os dois. O sacristão e o barbeiro com seus violões, Leonarda, Cristina e o estudante. O sacristão tem a sotaina levantada e presa à cintura. Dança ao som do violão.

8. Lucrécia, esposa de Tarquínio Colatino, e Pórcia, mulher de Bruto, símbolos de integridade da mulher romana.

SACRISTÃO: Linda noite, lindo tempo, linda cena de amor!

CRISTINA: Senhor sacristão Reponce, não é hora de dançar; vamos jantar e preparar as outras coisas, e fiquem as danças para outra ocasião.

SACRISTÃO: Linda noite, lindo tempo, linda cena de amor!

LEONARDA: Deixa-o, Cristina, que gosto muitíssimo de ver sua agilidade.

Pancrácio chama à porta.

PANCRÁCIO: Oh gente que dorme, não ouvis? Por que tão cedo transcastes a porta? São os recatos da minha Leonarda, por certo.

LEONARDA: Ai, infeliz! Pela voz e pelos golpes é o meu marido Pancrácio. Algo deve ter acontecido, porque voltou. Senhores, recolham-se à carvoaria, quer dizer, ao despejo de carvão. Corre, Cristina, e leva todos que eu vou entreter o Pancrácio enquanto arranjas lugar para eles.

ESTUDANTE: Noite feia, tempo ruim e má cena de amor!

CRISTINA: Como é gentil! Vamos, venham todos!

PANCRÁCIO: Que diabos é isso? Como não me abris a porta, dorminhocos?

ESTUDANTE: É o sinal de que não quero ter a sorte destes senhores. Escondam-se onde quiserem, e me levem ao palheiro, porque se me acham ali, antes parecer pobre do que adúltero.

CRISTINA: Caminhando, que a casa vai cair com as pancadas.

SACRISTÃO: Levo a alma nos dentes.

BARBEIRO: E eu nos calcanhares.

Todos saem e aparece Leonarda à janela.

LEONARDA: Quem está aí, quem chama?

PANCRÁCIO: Teu marido, Leonarda minha; abre-me, que a meia hora estou batendo nessas portas.

LEONARDA: A voz que ouço bem me parece a do meu Pancrácio; mas a voz de um galo se parece com a de outro galo, e não me estou segura.

PANCRÁCIO: Oh, recato inaudito de uma mulher prudente! Sou eu, vida minha, teu marido Pancrácio; abre-me com toda a segurança.

LEONARDA: Venha aqui para que o veja agora. O que foi que eu fiz quando ele foi embora esta tarde?

PANCRÁCIO: Suspiraste, choraste e, por fim, desmaiaste.

LEONARDA: É verdade; mas com tudo isso, que sinais eu tenho em um dos ombros?

PANCRÁCIO: O esquerdo tem uma mancha do tamanho de uma moeda de meio real, com três cabelos, como três fiozinhos de ouro.

LEONARDA: É verdade, mas como se chama a donzela da casa?

PANCRÁCIO: Oh, tonta, não seja enfadonha. Cristinica se chama! O que queres mais?

LEONARDA: Cristinica, Cristinica, é o teu senhor; abre-lhe a porta, menina!

CRISTINA: Já vou, senhora, e que ele seja muito bem vindo. O que é isso, senhor da minha alma? Que volta mais acelerada é essa?

LEONARDA: Ai, meu bem, dizei-nos depressa, que o medo de algum mau sucedido já me deixa sem pulso.

PANCRÁCIO: Não foi outra coisa senão que a roda se quebrou num barranco e eu e meu compadre decidimos voltar e não passar a noite no campo. Amanhã veremos se podemos ir, porque há tempo. Mas que vozes são essas?

Dentro, como de muito longe, fala o estudante.

ESTUDANTE: Abram aqui que estou sufocando.

PANCRÁCIO: É em casa ou na rua?

CRISTINA: Que me matem se não é o estudante que pus no palheiro para passar a noite.

PANCRÁCIO: Um estudante encerrado em minha casa e na minha ausência? Muito mau. Na verdade, senhora, que se não estivesse seguro de vossa boa vontade, esta hospedagem me daria muito receio. Mas anda, Cristina, e abre-lhe a porta, que toda a palha lhe deve ter caído sobre a cabeça.

CRISTINA: Já vou.

LEONARDA: Senhor, é um pobre *salamanqueijo* que pediu que o acolhêssemos esta noite, pelo amor de Deus, mesmo que fosse no palheiro. E sabes que não posso negar nada do que me pedem, por isso o colocamos ali. Veja como sai.

Aparecem o estudante e Cristina, ele com palha nos cabelos, no rosto e pelo corpo.

ESTUDANTE: Se não tivesse tanto medo e fosse menos escrupuloso, teria evitado o perigo de me afogar no palheiro, e assim teria jantado melhor e tido uma cama mais macia e menos perigosa.

PANCRÁCIO: E quem vos daria um jantar melhor e uma cama macia?

ESTUDANTE: Quem? Minha habilidade, mas o medo da justiça me atou as mãos.

PANCRÁCIO: Que habilidade perigosa deve ser a vossa, porque tendes medo da justiça!

ESTUDANTE: Se quisesse usar, sem medo da Inquisição, a ciência que aprendi na Cova de Salamanca, de onde venho, sei que jantaria e rejantaria às custas de meus hospedeiros; e talvez não deixe de usá-la, sequer esta vez, quando a necessidade me força e me desculpa. Mas não sei se estas senhoras poderão se manter tão secretas como tenho sido.

PANCRÁCIO: Não se preocupe com elas, que farei com que se calem, mas fazei o que quiserdes, pois desejo imensamente ver algumas dessas coisas que dizem que se aprendem na Cova de Salamanca.

ESTUDANTE: Vossa mercê se contentará com que tire daqui dois demônios em forma humana, trazendo uma canastra cheia de coisas como fiambres e comidinhas?

LEONARDA: Demônios na minha casa e na minha presença? Jesus! Livrai-me do que não sei do que me livrar!

CRISTINA (*à parte*): O estudante tem o próprio diabo no corpo. Praza a Deus que o vento não derrube esta parva. Mas o meu coração está tremendo no peito.

PANCRÁCIO: Pois bem, se há de ser sem perigos e sem espantos, folgo de ver esses senhores demônios e a canastra com os frios. Mas torno a avisar: desde que as figuras não sejam espantosas.

ESTUDANTE: Digo que sairão em figura de sacristão de paróquia e de barbeiro.

CRISTINA: Diz isso pelo sacristão Reponce e pelo mestre Roque, o barbeiro da cidade? Infelizes deles, que se verão convertidos em diabos! Diga-me, irmão, e haverão de ser diabos batizados?

ESTUDANTE: Graciosa novidade! Onde existem diabos batizados, ou por que seriam os diabos batizados? Até poderá ser que sejam, porque não há regra sem exceção. Mas se afastem, porque verão maravilhas.

LEONARDA (*para Cristina*): Ah, desventurada! Aqui se desmancham e saem as maldades em praça pública; agora estou morta.

CRISTINA (*para Leonarda*): Ânimo, senhora, que um bom coração quebranta a má sorte!

ESTUDANTE: *Vós, mesquinhos, que na carvoaria*
achastes amparo a vossa desgraça,
saí, e nos ombros, e com graça,
tirai uma canastra da prateleira;
não me inciteis para que de outra maneira,
mais dura, vos conjure. Saí, que esperais?
Olhai que se aparecer vos recusais,
muito pior será a nova trapaceira!

Muito bem, já sei o que fazer com esses demonicos humanos. Quero entrar ali e, a sós, fazer um conjuro tão forte que os faça sair mais do que depressa, embora o tipo destes demônios esteja mais para conselhos do que para imprecações.

O estudante entra.

PANCRÁCIO: Digo que se ele sai como disse, será a coisa mais nova e rara que já se viu neste mundo.

LEONARDA: Se sair? Quem duvida? Haveria de nos enganar?

CRISTINA: Tem barulho lá dentro. Aposto que os arranca dali. E já vejo que vem com os demônios e a canastra.

LEONARDA: Jesus! Como são parecidos com o sacristão Reponce e o barbeiro da pracinha!

SACRISTÃO: Diga o que quiserem, que nós somos como os cachorros do ferreiro, que dormem ao som de marteladas: nada nos espanta ou nos perturba.

LEONARDA: Se aproximem para que eu coma do que vem na canastra.

ESTUDANTE: Eu darei as boas-vindas e começarei pelo vinho. (*Bebe.*) É bom. É de Esquivias, senhor sacridiabo?

SACRISTÃO: É de Esquivias. Juro...

ESTUDANTE: Contenha-se. Por sua vida, não vá adiante. Sou amiguinho de diabos juradores? Demoniozinho, demoniozinho, não viemos aqui para fazer pecados mortais, mas para uma hora de passatempo, jantar e nos irmos com Cristo.

CRISTINA: E esses aí vão comer conosco?

PANCRÁCIO: Podem ficar, porque os diabos não comem.

BARBEIRO: Alguns comem e outros, não. Nós somos dos que comem.

CRISTINA: Ai, senhores, que os pobres diabos fiquem aquí, porque trouxeram a ceia. E seria pouca cortesia deixá-los ir mortos de fome, já que parecem diabos honrados e de bem.

LEONARDA: Como não nos assustam, e se meu marido aprova, fiquem de boa hora.

PANCRÁCIO: Fiquem. Quero ver o que nunca vi.

BARBEIRO: Nosso senhor pague a vossas mercês a boa obra, meus senhores.

CRISTINA: Ai, que bem educados, que corteses eles são. Que eu não me desaponte; se todos os diabos são como estes, hão de ser meus amigos daqui em diante.

SACRISTÃO: Ouçam, pois, para que se enamorem de verdade.

Toca e canta o sacristão; o barbeiro lhe ajuda no último verso.

SACRISTÃO: *Ouçam os que pouco sabem*
o que com minha língua franca
digo do bem que em si tem

BARBEIRO: a Cova de Salamanca.

SACRISTÃO: Ouçam o que deixou escrito
dela o bacharel Tudanca
no couro de uma égua
que dizem que foi potranca

> *na parte da pele*
> *que confina com a anca*
> *louvando até as nuvens*

BARBEIRO: a Cova de Salamanca.

SACRISTÃO: Nela estudam os ricos,
> *sem medo de trampa,*
> *saindo inteira e roliça*
> *a memória que está manca.*
> *Assentam-se os que ali ensinam*
> *sobre o alcatrão da banca,*
> *e seus abrigos encerram*

BARBEIRO: a Cova de Salamanca.

SACRISTÃO: *Nela se fazem discretos*
> *os mouros de Palanca;*
> *e o estudante mais burro*
> *ciências do peito arranca.*
> *Aos que nela estudam,*
> *nada mais atravanca;*
> *viva, pois, séculos eternos,*

BARBEIRO: a Cova de Salamanca.

SACRISTÃO: E nosso conjurador,
> *se é acaso de Loranca,*
> *que nela tenha muitas vides,*
> *de uva tinta e de uva branca.*
> *E ao diabo que lhe acusar,*
> *que lhe ponham sob tranca,*
> *e para ele nunca lhe sirva*

BARBEIRO: a Cova de Salamanca.

CRISTINA: Basta. Também os diabos são poetas?

BARBEIRO: E todos os poetas são diabos.

PANCRÁCIO: Diga-me, meu senhor, pois os diabos sabem de tudo. Onde se inventaram todos esses bailes de sarabandas e de remelexos, como o famoso Escarramán?

BARBEIRO: Onde? No inferno; ali tiveram sua origem e princípio.

PANCRÁCIO: Eu também acho.

LEONARDA: E na verdade, eu tenho também meus brincos e colar para dançar no Escarramán; mas por ser honesta e guardar o decoro, não me atrevo a bailar com eles.

SACRISTÃO: Com quatro passos que eu ensinasse a vossa mercê, um em cada dia, em uma semana seria única no baile; e sei que lhe falta pouco.

ESTUDANTE: Tudo irá bem, mas agora vamos jantar, que é o que importa.

PANCRÁCIO: Entremos, que quero conferir se os diabos comem ou não, assim como outras cem mil coisas que se dizem deles. E, por Deus, não vão sair de minha casa até que me tenham ensinado a ciência e as ciências que ensinam na Cova de Salamanca.

LOPE DE VEGA

Nasceu em Madri em 1562, em uma família de artesãos, e ali mesmo veio a falecer, em 1635. Estudou inicialmente com os jesuítas e depois, já universitário, em Alcalá de Henares, antes de se tornar soldado em 1583 e ser incorporado à expedição que conquistou a Ilha Terceira dos Açores. Enamorou-se da atriz Elena Osorio, que então vivia separada de seu marido, e tendo ela o abandonado também, escreveu-lhe versos ofensivos que resultaram em seu desterro para Valência, em 1588. Pouco meses depois, casou-se com Isabel de Urbina, de família nobre, com quem viveu até ela falecer. Em 1594, já então perdoado, regressou a Madri e passou a manter relações com uma mulher casada, Micaela Luján, que lhe deu quatro filhos. Ainda assim, casou-se em 1598 com Juana de Guardo, filha de um comerciante de carnes, com quem teve mais quatro filhos, dos quais sobreviveram dois, um deles Carlos Félix, seu preferido, nascido em 1606 e falecido em 1612. Esse fato lhe provocou um doloroso recolhimento religioso e a decisão de se ordenar padre, em 1614. Passou por muitos outros infortúnios: em 1623, sua filha Marta de Nevares ficou cega e louca e a ela se dedicou até a morte dela, em 1632; dois anos depois, sua filha

Antonia Clara, de apenas dezessete anos, fugiu com um amante, levando joias e dinheiro, e seu filho Lope Félix, que se fizera soldado, morreu em um naufrágio nas costas da Venezuela.

Lope escreveu sempre com muita facilidade e em profusão, abarcando todos os gêneros literários: poesia narrativa e histórica, poesia lírica, romances em prosa e, sobretudo, teatro, no qual mesclou o trágico e o cômico, o erudito e o popular. Sua imensa produção dramática foi distinguida por Menéndez y Pelayo em autos, comédias de santos, comédias mitológicas, comédias de história antiga estrangeira, históricas *españolas*, dramas e comédias amorosas.

FUENTE OVEJUNA

Datado de 1612-1614, talvez seja o drama lopeano mais universalmente conhecido. Dramatiza um sucesso histórico, recolhido nas *Crônica das Três Ordens*, de Francisco Rades (Toledo, 1572). O comendador de Fuente Ovejuna, Fernán Gómez de Guzmán comete toda classe de abusos contra seus vassalos. Soberbo e luxurioso, humilha os homens e força as mulheres. Agrada-lhe uma camponesa, Laurência, prometida a Frondoso, e trata por todos os meios de possuí-la. Em um episódio crucial, surpreende-a no campo, mas Frondoso, com a própria balestra do comendador, obriga-o a largar a jovem. Sobre o fundo (ação secundária) da guerra dos partidos que apoiam Juana la Beltraneja ou os reis católicos, o comendador toma partido pela Beltraneja e parte para Ciudad Real, onde suas tropas são derrotadas pelas forças dos reis. Em seu regresso, continua a fazer desmandos. Humilha Esteban, pai de Laurência e alcaide de Fuente Ovejuna, prende Frondoso, rouba Laurência, já casada, e a leva a sua casa. Enraivecido, o povo se rebela e mata o comendador em cenas de grande violência. Os reis ordenam investigar o caso, mas todo o povo responde sempre a mesma coisa: "Fuente Ovejuna quem fez" e, por fim, os reis aprovam o castigo dado a Fernán Gómez, pondo a vila de Fuente Ovejuna sob jurisdição real.

Diversos estudiosos analisaram a ação dupla da peça e sua articulação unitária. Por um lado estão os acontecimentos da vila; por outro, expõem-se as lutas civis, centrada no enfrentamento da Ordem Militar de Calatrava com os reis católicos. Ambas refletem uma estrutura de poderes e de conflitos, de hierarquias e de setores sociais que alcançam sua resolução na revolta e na sanção do poder real, que afirma, no desenlace, seu domínio sobre os nobres vencidos e sobre os vilões fiéis à coroa. Toda a nova configuração dos estratos de poder (os feudais já submetidos ao monarca) se estabelece em Fuente Ovejuna.

A dimensão revolucionária da peça, que os críticos do século XIX assinalaram, é discutível, mas talvez não seja eficaz ignorá-la por completo. Se tivermos em conta o efeito sobre o público, é evidente que o desenlace da primeira ação pode ser interpretado como rebelião popular e política contra o tirano. Nesse sentido, a adaptação revolucionária da obra em tempos modernos demonstra sua potência dramática, embora no esquema ideológico de Lope de Vega não caiba falar propriamente de caráter revolucionário, e sim de afirmação da honra e da potestade do soberano. O mesmo nível da violência no plano da ação cênica é um elemento importante para o impacto emotivo no público, centrado na recusa do poder injusto. Violência nas ações do comendador, violência nas reações do povo (no esquadrão das mulheres, sobretudo), violência nas torturas do inquiridor.

Um dos aspectos importantes da peça é sua inteligente estrutura em gradação, comum a outras tragédias e tragicomédias de Lope e, sobretudo, de Calderón. As violências do comendador sobem progressivamente de tom: os assédios a Jacinta e a humilhação de Mengo gozam de uma hierarquia trágica muito menor do que os episódios que afetam a Laurência e Frondoso. À perseguição das mulheres, Fernán Gómez soma a humilhação das autoridades da vila: o rapto no momento da boda, a intenção de assassinar o noivo e forçar a noiva. O discurso de Laurência, descabelada e desesperada, supõe um resumo de todas essas violências e equivale a um clímax emotivo, crucial em sua decisiva incitação à revolta:

> De vossos olhos levou-me
> à sua casa Fernán Gómez;
> a ovelha ao lobo deixais,
> como pastores covardes.
>
> Vós sois homens nobres?
> Vós sois pais e parentes?
>
> Sois ovelhas, bem o diz
> o nome de Fonte Ovejuna.
>
> Nascestes lebres covardes;
> Bárbaros sois, e não espanhois.
> Galinhas, aguentais que de vossas mulheres
> outros homens gozem!

Falam as pessoas seguintes (por ordem de atuação)

Fernán Gómez de Guzmán, *Grão Comendador da Ordem de Calatrava*
Flores, *criado de Fernán Gómez*
Ortuño, *criado de Fernán Gómez*
O Mestre (chefe militar) de Calatrava, *Rodrigo Téllez Girón*
Laurência, *filha de Esteban*
Pascuala, *lavradora*
Frondoso, *lavrador*
Barrildo, *lavrador*
Mengo, *lavrador*
Alonso, *alcaide (oficial de justiça)*
Esteban, *alcaide (oficial de justiça), pai de Laurência*
Rainha dona Isabel
Rei dom Fernando
Dom Manrique, *Mestre da Ordem de Santiago*
1º Regedor *(conselheiro municipal) de Ciudad Real*
2º Regedor *de Ciudad Real*
Cuadrado, *regedor de Fuente Ovejuna*
Juan Rojo, *outro regedor de Fuente Ovejuna, tio de Laurência*
Leonelo, *licenciado de Salamanca*
Cimbranos, *soldado*
Jacinta, *lavradora*
Um Juiz
Um rapaz
Músicos
Alguns lavradores

Ato I

Entram o Comendador, Flores e Ortuño, criados.

COMENDADOR: O Mestre sabe que estou na vila?
FLORES: Já o sabe.

ORTUÑO: Com a idade, está mais grave.

COMENDADOR: E já sabe também que sou Fernán Gómez de Guzmán?

FLORES: É rapaz, não te espantes.

COMENDADOR: Se o nome não sabe dos visitantes,
    não lhe basta o que me dão de Grão Comendador?

ORTUÑO: Não falta quem lhe diga, talvez,
    que deixe de ser cortês.

COMENDADOR: Conquistará pouco amor.
    É chave a cortesia
    para abrir a vontade;
    já para a inimizade,
    a néscia descortesia.

ORTUÑO: Se os malcriados soubessem
    como todos os aborrecem
    querendo por todo viés
    pôr a boca a seus pés,
    antes do que não ser ninguém,
    desejaria morrer.

FLORES: Que cansado deve estar de sofrer!
    Que áspero e que importuno!
    Chamam a descortesia
    a ignorância dos iguais,
    pois é entre desiguais
    a linhagem da tirania.
    Aqui não se mudou nada:
    o rapaz não se sente levado
    a saber o que é ser amado.

COMENDADOR: A obrigação da espada,
    que cingiu no mesmo dia
    em que a cruz de Calatrava
    cobriu-lhe o peito, já bastava
    para aprender a cortesia.

FLORES: Se te puseram de mal com ele,
  logo o conhecerás.

ORTUÑO: Volta, se com dúvidas estás.

COMENDADOR: Quero ver o que há com ele.

Surge o Mestre de Calatrava com seu acompanhamento.

MESTRE: Perdoai, por minha vida,
  Fernán Gómez de Guzmán;
  só agora a notícia me dão
  de vossa presença aludida.

COMENDADOR: Tinha eu justa queixa de vós;
  o amor e a urbanidade
  me seriam de mais confiança e lealdade,
  por ser, como somos nós,
  vós, mestre em Calatrava,
  eu, vosso Comendador,
  além de vosso servidor.

MESTRE: Seguro, Fernán, eu estava
  de vossa boa vinda.
  Quero voltar a vos abraçar.

COMENDADOR: Deveis me honrar,
  que por vós expus a vida,
  com diferenças tantas,
  até o Pontífice suprir vossa idade.

MESTRE: É verdade.
  E pelas insígnias santas
  que cruzam nosso peito,
  devo estimar-vos
  e, como um pai, honrar-vos.

COMENDADOR: De vós sinto-me satisfeito.

MESTRE: Que guerra há por lá?

COMENDADOR: Estai atento e sabereis
 da obrigação que tereis.
MESTRE: Para tanto, dizei-me já.
COMENDADOR: Grão Mestre dom Rodrigo Téllez Girón,
 que a tão alto lugar traz o valor
 daquele vosso insigne pai que, há oito anos,
 por vós renunciou ao mestrado,
 e que depois, para ser mais seguro,
 o confirmaram reis e comendadores,
 permitindo o santo Pontífice Pio, por suas bulas,
 que dom Juan Pacheco,
 Grão Mestre de Santiago,
 fosse vosso coadjutor;
 estando ele morto,
 deram o governo a vós só,
 embora com poucos anos;
 reparai que é vossa honra
 seguir neste caso
 a causa de vossos ascendentes;
 porque morto Enrique quarto,
 querem que obedeçam seus vassalos
 ao rei dom Alonso de Portugal[1],
 que por sua mulher herdou Castilha;
 se bem que o mesmo pretende
 por Isabel, dom Fernando,
 grande príncipe de Aragão,
 não com direitos tão claros
 de vossos parentes;
 enfim, não presumem que haja engano
 na sucessão de Juana,
 a quem vosso primo-irmão
 tem agora em vosso poder.

---

1. Trata-se, na verdade, de Afonso V, chamado o Africano, que reivindicou sem sucesso o trono de Castela, após a morte de Enrique IV, tendo-se casado com Joana, filha do falecido rei espanhol.

E, assim, venho vos aconselhar
que juntai em Almagro os cavaleiros de Calatrava
e tomai Ciudad Real,
que divide, como passagem,
Andaluzia de Castilha,
para a ambas vigiar.
Pouca gente é preciso,
porque só os vizinhos são soldados
e alguns poucos fidalgos
que defendem Isabel
e chamam rei a Fernando.
Será bom que assombreis,
Rodrigo, embora jovem,
a quantos dizem que é grande essa cruz
para vossos ombros fracos.
Olhai os condes de Ureña
de quem vindes,
e que mostrando vos estão
os lauréis que ganharam;
os marqueses de Villena
e outros tantos capitães
que apenas as asas da fama
os podem levar.
Sacai essa branca espada
que haveis de fazer, lutando,
tão rubra quanto a cruz;
porque não vos poderei chamar
Mestre da cruz vermelha,
que ao peito trazeis,
enquanto tiverdes a espada branca.
Uma ao peito, e outra ao lado,
Ambas hão de ser rubras;
e vós, Girón soberano,
capa do templo imortal
de vossos ilustres passados.

MESTRE: Fernán Gómez, estai certo
　　　　que nesta parcialidade,
　　　　pois que a vejo ser verdade,
　　　　com meus ancestrais me concerto.
　　　　E se é importante como passo
　　　　Ciudad Real, meu intento
　　　　vereis que, como raio violento,
　　　　seus muros ultrapasso.
　　　　Porque morreu meu tio,
　　　　não pense, conhecido ou estranho,
　　　　que por isso me acanho,
　　　　e com ele morreu meu brio.
　　　　Puxarei a branca espada
　　　　para que fique sua luz
　　　　da mesma cor da cruz,
　　　　sangue vermelho banhada.
　　　　Vós, onde residis?
　　　　Tendes alguns soldados?

COMENDADOR: Poucos, porém meus criados,
　　　　e se deles vos servis,
　　　　lutarão como leões.
　　　　Já vedes que em Fuente Ovejuna
　　　　há gente humilde e reiúna,
　　　　não instruída em esquadrões,
　　　　mas em campos e cultivo.

MESTRE: Ali residis?

COMENDADOR: Sim, justamente ali,
　　　　por encomenda escolhi
　　　　uma casa em donativo.
　　　　Que vossa gente se registre
　　　　para não ser vassalo.

MESTRE: Inda hoje me vereis a cavalo
　　　　e de lança em riste.

Vão-se todos. Entram Pascuala e Laurência.

LAURÊNCIA: Que nunca mais aqui voltasse!

PASCUALA: Pois verdadeiramente pensei
que quando te contei
mais triste seria o desenlace.

LAURÊNCIA: Praza aos céus que jamais
o veja em Fuente Ovejuna!

PASCUALA: Que mudança de fortuna.
Agora estás brava demais,
e tinhas o coração
mole como manteiga.

LAURÊNCIA: E como ser meiga
em minha condição?

PASCUALA: Vamos, que ninguém diga
desta água não beberei.

LAURÊNCIA: Juro ao sol que o direi,
ainda que o mundo me desdiga.
De que serviria meu aceno
querer eu a Fernando?
Casar-me com ele?

PASCUALA: Não.

LAURÊNCIA: Logo, a infâmia condeno.
Quantas moças na vila,
no Comendador confiadas,
já andam desencantadas!

PASCUALA: Seria um prodígio se, tranquila,
escapas de sua mão.

LAURÊNCIA: Pois é em vão o que vês;
me segue já faz um mês,
e tudo, Pascuala, em vão.
Aquele Flores, seu alcaguete,

e Ortuño, aquele socarrão,
me mostraram um gibão,
uma sarta e um corpete.
Disseram-me coisas honrosas
de Fernando, seu senhor,
que me causaram temor;
mas não serão poderosas
para assegurá-las em meu peito.

PASCUALA: Onde te falaram?

LAURÊNCIA: Lá no arroio, e haverá seis dias.

PASCUALA: Mas eu cá suspeito
que ainda hão de enganar, Laurência.

LAURÊNCIA: A mim?

PASCUALA: Claro que não, mas ao cura.

LAURÊNCIA: Ainda que franga, sou dura
para fazer reverência.
Por Deus, mais aprecio ter,
Pascuala, de madrugada,
um pernil ou uma empada
no fogo para comer,
com uma tasca de pão
que eu mesmo amasso
e roubar da panela um pedaço
que se grudou do capão;
e gosto mais ao meio-dia
ver as vacas beberem no rio
e andarem no baldio
em saudável harmonia;
e subir por montes e caminhos,
até que me canse a canela,
e casar uma berinjela
com nacos de toucinhos;
e depois aproveitar uma sombrinha,

enquanto se faz o almoço da tarde,
entre os pés e cachos da vinha,
que Deus do granizo a guarde;
e almoçar um salpicão,
com azeite e pimenta,
ir-me à cama, que me contenta,
e "ao afasta tentação"
rezar-lhe minhas devoções,
que muitas patifarias,
com seu amor e suas porfias,
têm esses ardilões;
pois todo o seu cuidado,
depois de dar-nos desgosto,
é anoitecer com gosto,
e amanhecer com enfado.

PASCUALA: É, Laurência, tens razão;
pois deixando de querer,
mais ingratos costumam ser
do que os pássaros a um vilão.
No inverno, que o frio
faz os campos gelados,
descem dos telhados
piando "tio, tio",
até chegar a comer
as migalhas da travessa;
mas logo que o frio cessa,
e o campo volta a florescer,
não baixam dizendo "tio, tio",
já do auxílio olvidados;
mas saltando nos telhados,
dizem "vadio, vadio".
Assim os homens são;
quando nos querem o prazer,
somos sua vida, seu ser,
sua alma e coração;

mas queimadas as brasas,
as tias somos judias
e em vez de nos chamarem tias,
só querem nos cortar as asas.

LAURÊNCIA: Todos iguais, e não se confia em gatuno.

PASCUALA: O mesmo digo eu, Laurência.

Aparecem Mengo, Barrildo e Frondoso.

FRONDOSO: Por causa dessa diferença,
Barrildo, andas importuno.

BARRILDO: Ao menos aqui está
quem nos dirá o mais certo.

MENGO: Pois façamos um acerto aberto,
antes que chegueis lá:
se julgam por mim,
me dê cada um uma prenda,
que é o preço desta contenda.

BARRILDO: Desde aqui, digo que sim.
Mas se perdes, o que darás?

MENGO: Darei minha rabeca de buxo
de muito valor e luxo,
porque sei que gostarás.

BARRILDO: Com isso me contento.

FRONDOSO: Pois nos acheguemos.
Deus vos guarde, formosas damas.

LAURÊNCIA: Damas, Frondoso, nos chamas?

FRONDOSO: Proceder de costume é o que queremos:
se bacharel, licenciado;
como cego, torto; se zambaio,
caolho; se manco, cambaio
e homem bom, se despreocupado.

Se ignorante, sisudo,
se mal galã, soldadesca,
se a boca é grande, fresca,
se o olho é pequeno, agudo.
Se demandista, diligente;
gracioso, se intrometido,
se falador, entendido,
se não sofre, é valente.
Se covarde, fala pouco,
como atrevido, bizarro;
companheiro se me agarro
e desenfadado se é louco.
Gravidade no descontente;
na calvície, autoridade;
distinção na necessidade
e com pé grande, resistente.
Se furunculoso, resfriado;
comedido, se arrogante,
ao engenhoso, constante,
ao corcunda, carregado.
Para vos chamar a eles imito,
sem além daqui passar;
pois se fora assim falar,
falaria ao infinito.

LAURÊNCIA: Lá na cidade, Frondoso,
chama-se cortesia
a este modo; mas haveria
outro mais rigoroso,
e pior vocabulário,
em língua malcriada.

FRONDOSO: Diz, não te faças de rogada.

LAURÊNCIA: É de todo o contrário:
o homem grave, enfadonho;
venturoso, o descomposto;

melancólico, o composto,
e se repreende, medonho.
Importuno quem aconselha;
o liberal, adocicado,
o justiceiro, airado,
e o piedoso, ovelha.
Quem é constante, vilão,
o cortês, ouvinte,
hipócrita o pedinte
e o pretendente, cristão.
O justo mérito é sorte,
a verdade, imprudência,
covardia é prudência
e a culpa, má sorte.
Néscia é a mulher honesta;
mal feita, a formosa e casta,
e a honrada... mas basta,
que a isso já se contesta.

MENGO: Digo que és um demônio.

BARRILDO: É verdade que falou mal.

MENGO: Aposto que o cura jogou-lhe sal
como faz ao rude campônio.

LAURÊNCIA: Que contenda vos trouxe aqui,
se mal não vos entendi?

FRONDOSO: Ouve, por favor.

LAURÊNCIA: Diga.

FRONDOSO: Empresta-me o cuidado de que sou merecedor.

LAURÊNCIA: Como emprestar, se já foi dado?
Já vos dei minha atenção.

FRONDOSO: E confio em tua discrição.

LAURÊNCIA: No que haveis apostado?

FRONDOSO: Eu e Barrildo contra Mengo.

LAURÊNCIA: E o que disse Mengo?

BARRILDO: Uma coisa que, sendo certa e forçosa, a nega.

MENGO: Venho negá-la porque sei que é verdade.

LAURÊNCIA: O que diz?

BARRILDO: Que não existe amor.

LAURÊNCIA: Geralmente, é de rigor.

BARRILDO: É de rigor e uma nescidade.
Sem amor não se poderia
nem o mundo conservar.

MENGO: Eu não sei filosofar;
e ler também não saberia.
Mas se os elementos
vivem em discórdia eterna
e entre nós um e outro se alterna,
cólera e melancolia,
fleuma e sangue, então claro está.

BARRILDO: O mundo daqui e de lá,
Mengo, é todo harmonia.
Harmonia é puro amor,
porque o amor é a união.

MENGO: Do natural, faço questão,
de não negar o valor.
Amor existe e é o que de si
todas as coisas governa,
a correspondência eterna
de quanto se vê aqui;
e jamais teria negado
que cada um tem amor,
segundo seu próprio humor
e que conserva em seu estado.
Minha mão defenderá
o golpe que ao rosto se der;
e meu pé, ao correr, salvará

do dano que alguém me quiser.
As pestanas não fechamos
quando do olho se está mal?
Porque o amor é natural.

PASCUALA: No que então nos enganamos?

MENGO: Ninguém tem mais amor
do que à sua própria pessoa.

PASCUALA: Tu mentes, Mengo, e perdoa;
por que é assunto de penhor
com que um homem a uma mulher
ou um animal quer e ama
seu semelhante?

MENGO: A isso se chama
do amor próprio a resultante
O que é o amor?

LAURÊNCIA: É um desejo
de formosura.

MENGO: E essa formosura,
por que o amor a procura?

LAURÊNCIA: Para gozá-la.

MENGO: Nisso creio, sem pejo,
pois esse gosto que se intenta
não é para si mesmo?

LAURÊNCIA: Assim é, aqui ou ali.

MENGO: Logo, por querer-se a si
busca o bem que o contenta.

LAURÊNCIA: É verdade.

MENGO: Desse modo,
não há amor, só o que digo,
e por meu gosto o sigo,
com certeza e sobremodo.

BARRILDO: Disse o cura do lugar,
  certo dia no sermão,
  que havia certo Platão
  que nos ensinava a amar;
  e amava só a alma pura
  e a virtude do amado.

PASCUALA: Num assunto haveis entrado
  que somente se depura
  com o discernimentos dos sábios,
  na academia ou na escola.

LAURÊNCIA: Disseste bem e não canses a cachola
  para responder aos ressábios.
  E tu, Mengo, dá graças ao céu,
  porque te fizeram sem amor.

MENGO: Tu amas?

LAURÊNCIA: Minha própria honra.

FRONDOSO: Deus castiga um tal farnel.

BARRILDO: E afinal, quem ganha?

PASCUALA: Com a questão
  podeis ir ao sacristão,
  porque ele ou o cura vos darão
  toda a satisfação.
  Laurência não sabe bem,
  e a mim me falta sabença;
  como daremos a sentença?

FRONDOSO: O que há maior do que o desdém?

Entra Flores.

FLORES: Deus guarde a essa boa gente.

PASCUALA: Este é, do Comendador,
  o criado.

LAURÊNCIA: Gentil raptor!
   De onde vens, agente?

FLORES: Não vês que sou soldado?

LAURÊNCIA: Para cá vem Dom Fernando?

FLORES: A guerra se está acabando,
   embora nos tenha custado
   algum sangue e amigos.

FRONDOSO: Conta-nos como ocorreu.

FLORES: Quem melhor dirá do que eu,
   testemunha de todos os perigos?
   Para empreender a jornada
   nesta cidade que já tem
   nome de Ciudad Real,
   juntou o galhardo Mestre
   dois mil lúcidos infantes
   de seus vassalos valentes
   e mais trezentos a cavalo
   de seculares e frades militares;
   pois a cruz vermelha obriga
   quantos ao peito a tragam,
   mesmo os de ordem sacra,
   o que contra os mouros se entende.
   Saiu o Mestre rapaz esforçado,
   de casaca verde,
   bordada com signos de ouro,
   que só nos punhos
   as mangas descobriam,
   e presa por seis botões.
   Um corpulento cavalo
   pardo claro e pintado, que do Betis
   bebeu a água e de suas margens
   despontou a grama fértil;
   a cauda coberta com fitas,
   a crina cacheada,

presa em laços brancos,
que com as manchas de neve,
que banham o pelo branco,
iguais adornos tece.
Ao seu lado, Fernán Gómez,
vosso senhor, sobre um forte
cavalo mel de patas negras,
mas que com branco se mistura.
Sobre uma cota de malha turca
a armadura luzente,
com casaca alaranjada,
de ouro e pérolas guarnecida.
O morrião, coroado
com plumas brancas, parece
que, da cor alaranjada da casaca,
suas cores verte;
cingida ao braço uma liga,
vermelha e branca, com que move
um freixo inteiro por lança,
que até em Granada o temem.
A cidade se pôs em armas;
Dizem que sair não querem
da coroa real,
e o patrimônio defendem.
Encontro-se bem resistente,
mas o Mestre, aos rebeldes
e aos que então trataram
sua honra injuriosamente,
mandou cortar as cabeças;
e aos da baixa plebe,
com mordaças na boca,
açoitar publicamente.
Fica nela tão temido
e tão amado, que crêem
que, quem com tão poucos anos

peleja, castiga e vence,
há de ser em outra idade
o raio da África fértil,
e muitas luas azuis
à sua vermelha cruz sujeite.
Ao Comendador e a todos
fez tantas mercês
que o saque da cidade
o de sua fazenda parece.
Mas a música já soa;
recebei-os alegremente,
que do triunfo os carinhos
são as melhores láureas.

Entram o Comendador e Ortuño, músicos, Juan Rojo, Esteban e Alonso. (Todos cantam)

Seja bem-vindo
o Comendador
que rende as terras
e mata os homens.
Vivam os Guzmanes!
Vivam os Girones!
Se nas pazes são brandos
são ternos nas razões.
Vencendo mouros,
forte como carvalho,
de Ciudad Real
chega vencedor;
e a Fuente Ovejuna
nos traz os seus pendões.
que viva muitos anos,
viva Fernán Gómez!

COMENDADOR: Habitantes da vila, eu vos agradeço justamente
o amor que aqui me haveis mostrado.

ALONSO: E ainda não mostra uma parte do que sente.
Mas por muito que sejais amado,
quem vos merece?

ESTEBAN: Fuente Ovejuna
e o regimento que haveis honrado,
vos rogam, mesmo em hora importuna,
receber um pequeno presente que as carruagens
trazem, senhor, de nossa comuna,
em apreço e homenagens
mais do que de ricos dons. A primeira
traz duas canastras de viagens;
de gansos vem uma rebanhada inteira
que tiram pelas redes os bicos durões
para cantar vossa coragem guerreira.
Dez cevados em sal, em belas porções,
sem os miúdos, com carnes sequinhas;
e mais do que luvas de âmbar, capões.
Cem pares de variadas galinhas,
que deixaram viúvos seus galos,
nas aldeias que observais vizinhas.
Aqui não há armas ou cavalos
nem jaezes bordados de ouro puro,
se não é ouro o amor dos vassalos.
E porque digo puro, vos asseguro
que chegam macias peles de cordeiros
com que em janeiro podeis forrar um muro
e ainda vestir vossos guerreiros,
melhor do que com armas temperadas;
e o vinho costuma dar brios aos cavaleiros.
De queijos e outras coisas não evitadas,
não vos quero dar conta: é justo o peito
de afeições demonstradas;
e a vós e vossa casa, bom proveito.

COMENDADOR: Estou muito agradecido.
Ide, regimento, em boa hora.

ALONSO: Descansai, senhor, agora,
e sede entre nós reconhecido;
as plantas que reconheceis
e crescem em vossos umbrais
foram pérolas orientais
e muito mais mereceis,
se for possível à vila então.

COMENDADOR: Assim o creio, senhores.
Ide com Deus.

ESTEBAN: Vamos, cantores,
outra vez ao bordão.

Todos (*cantam*): Seja bem-vindo
o Comendador,
que rende as terras
e mata os homens.

Vão-se.

COMENDADOR: Vós, as duas, esperai.

LAURÊNCIA: O que manda vossa senhoria?

COMENDADOR: Me desdenhastes, outro dia.
Por que esta conduta vos atrai?

LAURÊNCIA: Fala contigo, Pascuala?

PASCUALA: Comigo, não; ponha-me fora!

COMENDADOR: Com vós falo, teimosa senhora,
e com esta pastora que se cala.
Não sois minha?

PASCUALA: Sim, senhor.
Mas não para casos tais.

COMENDADOR: Entrai, passai os umbrais.
 Há homens, podeis entrar sem temor.

LAURÊNCIA: Se os alcaides entrassem
 (pois sou filha de um)
 poderia entrar, mas se nenhum...

COMENDADOR: Flores...

FLORES: Senhor...

COMENDADOR: Em que reparam
 para não fazer o que lhes digo?

FLORES: Entrai, e deixai de bravatas.

LAURÊNCIA: Não nos agarre.

FLORES: Entrai, se não sois insensatas.

PASCUALA: Arre,
 quereis logo fechar a porta.

FLORES: Entrai, que ele vos quer mostrar
 o que traz da guerra.

Comendador (*à parte, para Ortuño*): Se entrarem, Ortuño, cerra.

LAURÊNCIA: Flores, deixa-nos passar.

ORTUÑO: Também vindes apresentadas,
 como os demais?

PASCUALA: Por minha fé,
 te aparta do meu pé...

FLORES: Basta; que só andam a estocadas.

LAURÊNCIA: Não basta ao vosso senhor
 tanta carne presenteada?

ORTUÑO: A vossa é a que lhe agrada.

LAURÊNCIA: Que se arrebente de muita dor.

Saem.

FLORES: Belo recado levamos.
          Vamos aguentar e sofrer
          com o que há de nos dizer
          se sem elas nos vamos.

ORTUÑO: Quem serve, a isto se obriga.
          Se em algo se deseja crescer,
          ou com paciência se deve viver,
          ou não há o que não se maldiga.

Vão-se todos e aparecem o rei dom Fernando, a rainha dona Isabel, Manrique e acompanhantes.

ISABEL: Digo, senhor, que convém
          não haver descuido exposto,
          para se ver Afonso em tal posto
          se seu exército não se detém.
          E é bom ganhar pela mão,
          antes que o dano vejamos;
          se não o remediamos,
          será certa a ascensão.

REI: De Navarra e de Aragão
          está o socorro seguro;
          e de Castilha procuro
          fazer a recuperação,
          de modo que o sucesso
          com a prevenção tenham utilidade.

ISABEL: Pois creia Vossa Majestade
          que o bom fim é o que vos peço.

MANRIQUE: Aguardando vossa licença
          dois regedores estão
          de Ciudad Real. Entrarão?

REI: Não lhes neguem minha presença.

Entram dois regedores de Ciudad Real.

PRIMEIRO REGEDOR: Católico rei Fernando,
    a quem o céu enviou,
    desde Aragão e Castilha,
    para nosso bem e amparo;
    em nome de Ciudad Real
    e ao vosso valor supremo
    humilde nos apresentamos,
    pedindo o amparo real.
    Muita sorte tivemos
    estar sob vossos títulos,
    mas nos pode tirar
    desta honra o fado adverso.
    O famoso Dom Rodrigo
    Tellez Girón, cujo esforço
    é de um valor extremado,
    embora de idade tão jovem,
    Mestre de Calatrava,
    pretendendo dilatar
    a honra de sua comenda,
    nos pôs um apertado cerco.
    Com valor nos prevenimos
    para resistir à sua força,
    tanto que arroios corriam
    do sangue dos mortos.
    Por fim, tomou possessão,
    mas não chegaria a fazê-lo
    se não lhe desse Fernán Gómez
    ordem, ajuda e conselho.
    Ele permanece em possessão
    e seremos seus vassalos
    com nosso pesar
    se isso não remediarmos.

REI: Onde está Fernán Gómez?

PRIMEIRO REGEDOR: Em Fuente Ovejuna, creio,
   por ser sua vila e ter nela
   casa e assento.
   Ali, com mais liberdade
   do que dizer podemos,
   mantém afastados seus súditos
   de todo contentamento.

REI: Tendes algum capitão?

SEGUNDO REGEDOR: Senhor, é certo não tê-lo,
   pois não escapou nenhum nobre,
   preso, ferido ou morto.

ISABEL: Este caso não requer
   ser tratado com apatia;
   mas replicar com ousadia
   e o valor que se faz mister;
   pode aquele de Portugal,
   achando a porta segura,
   entrar pela Extremadura
   e causar-nos muito mal.

REI: Dom Manrique, parti com apego
   levando duas companhias
   e revidai suas descortesias
   sem dar-lhes nenhum sossego.
   O conde de Cabra pode ir adrede,
   que é de Córdoba um varão ousado,
   e a quem o nome de soldado
   todo o mundo lhe concede.
   Este é o melhor meio
   que a ocasião nos oferece.

MANRIQUE: O acordo bom me parece
   para romper o bloqueio.
   Porei limites a seu excesso
   se a vida mantiver, com certeza.

ISABEL: Partindo de vós a empresa,
    seguro está o bom sucesso.

Vão-se todos e aparecem Laurência e Frondoso.

LAURÊNCIA: Quis, para afastar-me do caminho,
    atrevido Frondoso,
    não dar o que falar,
    desviar-me do arroio;
    para dizer aos teus atrevimentos
    que todo o povo murmura,
    que me olhas e eu te miro
    e todos nos trazem sob o olhar.
    E como tu és rapaz
    que pisa brioso
    e excedendo aos demais
    te vestes com roupas caras,
    não há moça em todo lugar,
    ou moço no prado ou no bosque
    que não afirme dizendo
    que já somos um só;
    e todos esperam o dia
    que o sacristão Juan Chamorro
    nos faça sair do coro
    e deixar os instrumentos.
    E quanto mais suas tulhas vejam
    o trigo dourado em agosto
    cheias e contadas,
    e seus odres tão carregados de mosto,
    que por imaginação
    me chegaram a dar enjôo,
    ela não me desvela nem aflige
    e nela não ponho cuidado.

FRONDOSO: São tais os teus desapegos

bela Laurência, que corro perigo,
ao ver-te, de perder a vida.
Se sabes que é minha intenção
ser teu esposo,
um mau prêmio dás à minha fé.

LAURÊNCIA: É que não sei dar outro.

FRONDOSO: É possível que não te comovas
ao ver-me tão cuidadoso,
e pensando em ti
não bebo, durmo ou como?
É possível tanto rigor
neste rosto angélico?
Os céus sabem o quanto desejo.

LAURÊNCIA: Pois peça, Frondoso.

FRONDOSO: Já te peço
que ambos, como pombos,
estejamos aos bicos,
arrulhando,
depois de deixarmos a igreja...

LAURÊNCIA: Diz ao meu tio Juan Rojo
que, embora não te queira bem,
já tenho alguns assomos.

FRONDOSO: Ai de mim, aí vem o senhor.

LAURÊNCIA: Está caçando algum corço.
Esconde-te nesse mato.

FRONDOSO: E com que zelo me escondo.

Surge o Comendador

COMENDADOR: Não é mal vir seguindo
um corçozinho temeroso
e topar com uma bela corça.

LAURÊNCIA: Aqui descansava um pouco
  depois de lavar alguns panos.
  Assim, volto ao arroio,
  se manda sua senhoria.

COMENDADOR: Essas indiferenças toscas,
  bela Laurência, afrontam
  as graças que o poderoso
  céu te deu; de tal sorte,
  que vens a ser um monstro.
  Mas se outras vezes pudeste
  fugir de meu rogo amoroso,
  agora não quer o campo,
  amigo secreto e só,
  que sozinha sejas
  tão soberba e fujas
  do senhor que tens,
  tendo-me em tão pouca conta.
  Mesmo sendo ambas casadas
  não se renderam Sebastiana,
  mulher de Pedro Redondo,
  e a de Martin Del Pozo,
  havendo apenas passado
  dois dias do desposório?

LAURÊNCIA: Estas, senhor, já tinham
  andado com outros
  o caminho que lhes agrada,
  porque também muitos moços
  mereceram seus favores.
  Ide com Deus atrás de vosso corço,
  pois se não vos visse com a cruz,
  vos teria por demônio,
  tanto me persegues.

COMENDADOR: Que modo tão enfadonho!
  Ponho a balestra no chão

e com as mãos
reduzo esses melindres.

LAURÊNCIA: Como?
Fazeis isso? Estais em vós?

Surge Frondoso e agarra a balestra.

COMENDADOR: Não te defendas.

FRONDOSO (*à parte*): Se tomo a balestra
que os céus não me deixem
pô-la no ombro.

COMENDADOR: Rende-te.

LAURÊNCIA: Que os céus me ajudem!

COMENDADOR: Estamos sós; não tenhas medo.

FRONDOSO: Generoso Comendador,
deixai a moça,
e crê que de meu agravo e incômodo
será imune vosso peito,
embora a cruz me assombre.

COMENDADOR: Cachorro, vilão!

FRONDOSO: Aqui não há cachorro.
Foge, Laurência.

LAURÊNCIA: Frondoso,
cuidado com o que fazes.

FRONDOSO: Vai-te.

COMENDADOR: Ah, é um mal o homem
desafivelar sua espada;
para não espantar a caça,
a retirei.

FRONDOSO: Pois por Deus, senhor, se toco
o pomo com a flecha
vos hei de matar.

COMENDADOR: Infame, traiçoeiro,
solta logo a balestra.
Solta-a, vilão.

FRONDOSO: Como?
Me tirarás a vida.
vos advirto que o amor é surdo,
pois não escuta palavras
no dia em que se senta no trono.

COMENDADOR: Há de virar as costas
um homem tão valente
a um vilão? Atira, infame,
atira e te põe em guarda; que rompo
as leis de cavalheiro.

FRONDOSO: Isso não. Me conformo
com minha condição, e como é
forçoso guardar a vida,
com a balestra me vou.

Sai.

COMENDADOR: Perigo estranho e notório!
Mas me vingarei
do agravo e do estorvo,
que não terminei com ele.
Viva o céu, que me ponho a correr.

Ato II

Entram Esteban e o Regedor de Fuente Ovejuna, Cuadrado.

ESTEBAN: Assim tenha saúde, como parece,
e que não se retire mais agora do entrepósito.
O ano aponta mal, e o tempo cresce,

e é melhor que o sustento esteja no depósito,
ainda que lhe contradigam a benesse.

CUADRADO: No fim, sempre tive este propósito,
de governar em paz esta república.

ESTEBAN: Façamos a Fernán Gómez uma súplica.
Não se pode aguentar que estes astrólogos,
de coisas futuras ignorantes,
nos queiram persuadir com largos prólogos
dos segredos só para Deus importantes.
O certo é que, presumindo-se teólogos,
fazem um tempo entre o depois e o antes!
E pedindo ao presente o importante,
no mais sábio vereis o mais ignorante.
Dominam eles as nuvens em sua casa
e o proceder dos celestes lumes?
Por onde veem o que no céu se passa,
para nos darem pesadelos e negrumes?
Para o semear nos impõem salvaguarda:
pedem trigo, cevada e legumes,
cabaças, pepinos e a mostarda...
São a cabaça, onde muito se guarda.
Logo contam que morre um bezerro,
mas isso vem a ser na Transilvânia;
que o vinho será pouco no cerro
e a cerveja sobrará na Alemanha,
que a cereja congelará, sem erro,
e que haverá muitos tigres na Hircânia.
E no fim, semeando-se ou não, se me lembro,
o ano terminará em dezembro.

Aparecem o licenciado Leonelo e Barrildo.

LEONELO: É certo que não ganhas a palmatória,

porque já está ocupado o mentideiro[2].

BARRILDO: Como fostes em Salamanca?

LEONELO: É uma longa história.

BARRILDO: Um Bartolo sereis[3].

LEONELO: Nem ainda um barbeiro.
É, como digo, coisa notória,
o que dela se diz de rotineiro.

BARRILDO: Sem dúvida que vos tornastes bom estudante.

LEONELO: Procurei saber o importante.

BARRILDO: Depois de ver tanto livro impresso,
não há ninguém que sábio não se presuma

LEONELO: Quando ainda se ignora, mais se sente o progresso,
que não se reduz a breve suma;
porque na confusão com o excesso,
os intentos desaparecem em espuma;
e aquele que do ler faz mais uso,
só de ver letras fica confuso.
Não nego que com o livro e sua arte
retirou-se muito engenho que soergue,
e parece que nesta sagrada parte
as obras guarda e serve de albergue;
e o tempo as distribui e as reparte.
Deve-se a invenção a Gutenberg,
um famoso alemão de Mogúncia
de cuja fama não pode haver renúncia.
Mas muitos que tiveram opinião grave
ao imprimir suas obras a perderam;
depois disso, com o nome de quem sabe,
muitos suas tolices editadas forneceram.
Outros, a quem a baixa inveja cabe,

---

2. Lugar onde pessoas ociosas, ou em situação de lazer, se encontram para conversar descontraidamente e que, por isso, acabam contando mentiras.

3. Refere-se ao famoso jurista italiano do século XIV, Bartolo de Sassoferrato.

seus loucos desatinos escreveram,
e com o nome daqueles a quem entediam
impressos pelo mundo os enviam.

BARRILDO: Não sou desta opinião.

LEONELO: O ignorante,
é justo que se vingue do letrado.

BARRILDO: Leonelo, a impressão é importante.

LEONELO: Sem ela, muitos séculos se passaram,
e não vemos no que este se agigante.
Onde está um Jerônimo, um Agostinho?

BARRILDO: Deixai disso, que vos fazeis mesquinho.

Surgem Juan Rojo e outro lavrador.

JUAN ROJO: Não há em quatro fazendas um dote,
se é que as que vi terão uso;
a um homem curioso é bom que note
que nisto a aldeia e o vulgo anda confuso.

LAVRADOR: Notícias do Comendador? Que ele não vos perturbe
ou sabote.

JUAN ROJO: Trouxe Laurência a este campo e não me escuso.

LAVRADOR: Como pôde ser tão bárbaro nesta sujeira?
Pendurado o veja naquela oliveira.

Aparecem o Comendador, Ortuño e Flores.

COMENDADOR: Deus guarde a boa gente.

CUADRADO: Oh, senhor!

COMENDADOR: Sinceramente,
que estai vós todos.

ALONSO: Vossa Senhoria,
caso costume sentar,

nós em pé estaremos bem.

COMENDADOR: Digo que havereis de sentar.

ESTEBAN: Aos bons deve-se honrar,
pois não é possível que deem
honra os que não a têm.

COMENDADOR: Sentem-se. Falaremos de algo.

ESTEBAN: Vossa Senhoria viu o galgo?

COMENDADOR: Alcaide, espantados em realidade
estão esses criados, ao se ver
tão notável velocidade.

ESTEBAN: É de uma extrema qualidade.
Por Deus, que pode correr
atrás de um delinquente
ou do covarde em questão.

COMENDADOR: Queria nesta ocasião
que o fizesse parente
de uma lebre que, pela coxilha,
neste momento vai acolá.

ESTEBAN: Sim, o farei. Mas onde está?

COMENDADOR: Ali, é vossa filha.

ESTEBAN: Minha filha?

COMENDADOR: Sim, é verdade.

ESTEBAN: Mas é boa para o vosso alcance?

COMENDADOR: Contestadora, alcaide, mas talvez se amanse.

ESTEBAN: Como?

COMENDADOR: Resolveu causar-me dificuldade.
Há uma mulher, e a principal,
de alguém que ocupa a praça,
que imaginou, com toda a graça,
um plano para ver-me.

ESTEBAN: Fez muito mal.

E para vós, senhor, não é decente
falar tão livremente.

COMENDADOR: Oh, que vilão eloquente!
Ah, Flores, faça com que lhe deem
a *Política*, para que leia Aristóteles.

ESTEBAN: Senhor,
debaixo de sua honra e pudor
o povo desejar viver.
Olhai que em Fuenteovejuna
há gente muito estimada.

LEONELO: Já se viu sem-vergonhice tão arraigada?

COMENDADOR: Disse eu coisa inoportuna,
e que vos seja grave, regedor?

CUADRADO: O que dizeis é injusto;
não o digais, que não é justo
tirar-nos a honra e ser ofensor.

COMENDADOR: Vós tendes honra?
Pelos cavaleiros de Calatrava!

CUADRADO: Por acaso vos vangloriais
da cruz que neles pondes,
que não é de sangue e seiva tão pura.

COMENDADOR: E eu a sujo juntando
a minha à vossa?

CUADRADO: Quando o mal mais tinge do que depura.

COMENDADOR: De qualquer modo que seja,
vossas mulheres se honram.

ALONSO: Essas palavras desonram,
e nas outras não se crê nem se festeja.

COMENDADOR: Que plebeu cansativo!
É bom haver cidades
em que homens de qualidades
não impedem o gosto exclusivo;

> ali apreciam os casados
> que se visitem suas mulheres.

ESTEBAN: Dizes isso porque queres
> que vivamos descuidados.
> Nas cidades há Deus
> quem logo castiga.

COMENDADOR: Levantai-vos daqui.

ALONSO: Que se diga
> também aos seus.

COMENDADOR: Saí da praça logo;
> que não fique nenhum aqui.

ESTEBAN: Já nos vamos.

COMENDADOR: Isso sim.

FLORES: Que voltes atrás, te rogo.

COMENDADOR: Queriam fazer corrilho
> esses aldeões em minha ausência.

ORTUÑO: Tem um pouco de paciência.

COMENDADOR: De tanta me maravilho.
> Cada um por si
> se vá à sua casa.

LEONELO: Céus! A complacência é rasa.

ESTEBAN: Eu me vou por aqui.

Vão-se.

COMENDADOR: O que vos parece essa gente?

ORTUÑO: Não sabes dissimular
> que não queres escutar
> o desgosto que se sente.

COMENDADOR: Se igualam eles comigo?

FLORES: Isto não é se igualar.

COMENDADOR: E o aldeão, há de ficar
　　　　　　com a balestra e sem castigo?

FLORES: À noite pensei que estava
　　　　na porta de Laurência,
　　　　e a um outro, que sua presença
　　　　e a capa imitava,
　　　　de orelha a orelha lhe apliquei
　　　　um benefício famoso.

COMENDADOR: Mas onde estará Frondoso?

FLORES: Dizem que anda por esta grei.

COMENDADOR: Por aqui se atreve a andar
　　　　　　aquele que matar me quis!

FLORES: Como rato sem nariz,
　　　　ou como peixe, vem a dar
　　　　na arapuca ou no anzol.

COMENDADOR: Se para um capitão, cuja espada
　　　　　　faz tremer Córdoba e Granada,
　　　　　　um lavrador, um jovem sem escol
　　　　　　aponte uma balestra ao peito,
　　　　　　o mundo se acaba, Flores.

FLORES: Isso acontece por amores.

ORTUÑO: E como ainda vive, suspeito
　　　　que grande amizade lhe deves.

COMENDADOR: Dissimulei, Ortuño,
　　　　　　pois senão, com a arma em punho,
　　　　　　duas horas não tão breves
　　　　　　me deixaria ficar;
　　　　　　até que chegue a ocasião,
　　　　　　sob o freio da razão,
　　　　　　espero a vingança me dar.
　　　　　　E o que sabes de Pascuala?

FLORES: Responde

que anda agora por casável.

COMENDADOR: Até lá quer ser confiável?

FLORES: Leva-se em conta o lugar onde
se paga em boa moeda.

COMENDADOR: E de Olalla?

ORTUÑO: Uma graciosa resposta.

COMENDADOR: É moça briosa. Qual?

ORTUÑO: Que o marido desposado
anda atrás dela estes dias,
cauteloso dos meus recados,
de que com teus criados
a visitá-la virias;
mas se ele se descuida,
entrarás como primeiro.

COMENDADOR: Bom, confia no cavalheiro.
Mas o vilãozinho cuida...

ORTUÑO: Cuida até nos altares...

COMENDADOR: E o que há com Inês?

FLORES: Qual?

COMENDADOR: A Inês de Antão.

FLORES: Para qualquer ocasião,
ofereceu mais do que olhares.
Podes falar-lhe no curral,
por onde hás de entrar, se quiseres.

COMENDADOR: A essas fáceis mulheres,
quero bem e pago mal.
Se elas soubessem, ó Flores,
estimar o que valem...

FLORES: Não há desgostos que se igualem
quando avaliam seus favores.
Mas render-se logo desdiz

a esperança do bem.
Mas há mulheres também,
e um filósofo é quem o diz,
que aos homens apetecem
na forma que se deseja;
e que isto assim seja,
são coisas que acontecem.

COMENDADOR: Um homem de amores louco
quer que ao seu impulso fremente
se lhe rendam facilmente;
mas depois as tem por pouco,
e o caminho de esquecer,
para o homem acostumado,
é o haver pouco custado
pôde antes querer.

Aparece Cimbranos.

CIMBRANOS: Está aqui o Comendador?

ORTUÑO: Não o vês em tua presença?

CIMBRANOS: Oh, galhardo Fernán Gómez!
Troca o chapéu verde
pelo branco capacete
e o capote por armas novas,
que o Mestre de Santiago
e o conde da Cabra cercam
dom Rodrigo Girón
pela rainha de Castela
em Ciudad Real; de sorte
que não é muito que se perca
o que em Calatrava sabes
que tanto sangue lhe custa.
Já se divisam com o dia,
desde as altas ameias,

os castelos e os leões
e as listas aragonesas.
E ainda que o rei de Portugal
quisesse honrar a Girón,
não pouco se fará para que o Mestre
volte com vida para Almagro.
Ponde-vos a cavalo, senhor;
que apenas te vejam
voltarão a Castela.

COMENDADOR: Não prossigas, espera.
Ortuño, faz com que na praça
Toquem logo a trombeta.
Quantos soldados tenho aqui?

ORTUÑO: Penso que cinquenta.

COMENDADOR: Que se ponham todos a cavalo.

CIMBRANOS: Se não caminhas depressa,
Ciudad Real será do rei.

COMENDADOR: Não tenhas medo de que seja.

Saem. Entram Mengo, Laurência e Pascuala, fugindo.

PASCUALA: Não te afastes de nós.

MENGO: Por que temes o pior?

LAURÊNCIA: Mengo, na vila é melhor
irmos uma e outra, não a sós,
pois há sempre um gatuno
e o perigo do tropel.

MENGO: Que este demônio cruel
não seja tão importuno.

LAURÊNCIA: Nos persegue à luz e como sombra.

MENGO: Que o raio do céu impeça
a loucura dessa promessa.

LAURÊNCIA: Essa fera sangrenta nos assombra;
 é o arsênico e a pestilência do lugar.

MENGO: Soube por contado
 que Frondoso, aqui no prado,
 para te socorrer, Laurência,
 lhe pôs no peito uma vara.

LAURÊNCIA: Dos homens me aborrecia,
 Mengo; mas desde aquele dia
 os vejo com outra cara.
 Grande valor teve Frondoso.
 Penso que lhe pode custar a vida.

MENGO: Que deste lugar
 se vá, é forçoso.

LAURÊNCIA: Embora lhe queira bem,
 isso também lhe aconselho.
 Mas recebe meu conselho
 com raiva e desdém;
 e jurou o Comendador
 que se vingaria.

PASCUALA: Que pegue uma boa difteria.

MENGO: Uma pedrada tem mais sabor.
 Juro que se lhe atirasse
 uma que levo na matula atada
 faria barulho e uma avaria danada
 quando na cabeça lhe acertasse.
 Não foi Sábalo, o romano,
 assim tão vigoroso.

LAURÊNCIA: Diria Heliogábalo, o bilioso,
 mais do que fera, inumano.

MENGO: Pero Galván, ou quem seja,
 que não entendo de história;
 mas a desgraça de sua memória
 também neste viceja.

Há homem na natureza
como Fernán Gómez?

PASCUALA: Não, que ela lhe deu
do tigre a aspereza.

Aparece Jacinta.

JACINTA: Socorram-me, por Deus,
pela amizade antiga.

LAURÊNCIA: O que é isso, Jacinta amiga?

PASCUALA: Por que todo esse pavor?

JACINTA: Os criados do Comendador
que vão para Ciudad Real,
de mais infâmia natural
do que de aço armados,
me querem com eles levar.

LAURÊNCIA: Pois, Jacinta, Deus te livre disso;
se contigo é ardor passadiço,
mais aflição me hão de causar.

Sai.

PASCUALA: Não sou homem, Jacinta
para que te possa defender.

Sai.

MENGO: Eu sim, tenho de ser,
para que meu ser não me desminta.
Chega-te a mim.

JACINTA: Tens arma?

MENGO (*mostra uma funda*): As primeiras do mundo.

JACINTA: Tão pouco me alarma.

MENGO: Mas aqui não faltam pedras.

Aparecem Flores e Ortuño.

FLORES: Só com os pés pensavas ir-te?

JACINTA: Mengo, estou morta!

MENGO: Senhores...
 A estes pobres lavradores!

ORTUÑO: Queres induzir-te
 a defender esta mulher?

MENGO: Com rogos a defendo
 que sou parente e pretendo
 guardá-la como soer.

FLORES: Tirai-lhe logo a vida.

MENGO: Juro que se me emburro,
 dando pedradas e murro,
 ela será bem cara vendida.

Aparecem o Comendador e Cimbranos.

COMENDADOR: O que é isso? Para coisa tão vil
 me fazeis apear?

FLORES: Gente deste infame lugar
 (razão para que aniquiles o covil,
 que não te agrada e é rusto)
 às nossas ordens se opõe.

MENGO: Senhor, se a piedade vos impõe,
 para este feito tão injusto,
 castigai estes soldados,
 que sob vosso nome agora
 levam uma lavradora embora,

mulher de esposo e pais honrados;
e dai-lhe licença
para que possa ficar.

COMENDADOR: Licença lhes quero dar...
para se vingarem de ti.
Solta a funda.

MENGO: Senhor!

COMENDADOR: Flores, Ortuño, Cimbranos,
amarrai as mãos do paisano.

MENGO: Assim mudais vosso pudor?

COMENDADOR: De mim, o que pensam Fuente Ovejuna
e seus habitantes?

MENGO: Senhor, não vos ofendi antes,
nem o povo desta comuna.

FLORES: Deve morrer?

COMENDADOR: Não sujai
as armas, que haveis de honrar
em outro e melhor lugar.

ORTUÑO: O que mandas?

COMENDADOR: Que o açoitai.
Levai-o e naquele carvalho
o atai e desnudai.
E com as correias...

MENGO: Piedade!
Piedade, mesmo que fosse um rebotalho!

COMENDADOR: Açoitai-o até que saltem
os ferros das correias.

MENGO: Céus! Para façanhas tão feias
quereis que castigos faltem?

Saem.

COMENDADOR: E tu, vilã, por que foges?
   É melhor um lavrador
   do que um homem de meu valor?

JACINTA: Me satisfaço se me devolves
   o respeito que me foi tirado
   ao me levarem assim.

COMENDADOR: Por te querer levar?

JACINTA: Sim,
   porque tenho um pai honrado
   que, se no alto nascimento
   não te iguala, nos costumes
   te vence.

COMENDADOR: Os queixumes
   e este vilão atrevimento
   não acalmam quem está irritado.
   Sai por aqui.

JACINTA: Com quem?

COMENDADOR: Comigo.

JACINTA: Mira-te bem.

COMENDADOR: Pior para ti, pois já foi visto e pensado.
   Já não a mim, mas à bagagem
   do exército hás de pertencer.

JACINTA: Não tem no mundo poder
   nem homens que, viva, me ultrajem.

COMENDADOR: Eia, vilã, anda e te inclina.

JACINTA: Piedade, senhor!

COMENDADOR: Não há piedade.

JACINTA: Apelo, por tua crueldade,
   à justiça divina.

Saem. Entram Laurência e Frondoso.

LAURÊNCIA: Como aparecer te atreves,
    sem temer o dano?

FRONDOSO: Por não ser leviano,
    testemunho a afeição que me deves.
    Do lugar onde estava
    vi sair o Comendador
    e, confiante em teu valor,
    perdi o medo que restava.
    Vá para onde não a vejam.

LAURÊNCIA: Quis maldizer
    porque costumam mais viver
    os que a morte desejam.

FRONDOSO: Se é isso, viva mil anos,
    e assim se fará todo o bem,
    pois desejando-lhe bem
    estarão seguros os danos.
    Laurência, desejo saber
    se em ti meu cuidado se insinuou
    e se minha lealdade encontrou
    um porto para a acolher.
    Olha que toda a vila
    já como um só nos espera,
    e se assim se considera,
    a gente de lá se rejubila.
    Aos desprezos extremos
    deixa, e responde sim ou não.

LAURÊNCIA: Pois à vila e à tua afeição
    respondo que o seremos.

FRONDOSO: Deixa que eu te beije a mão
    pela mercê recebida,
    que com ela recobro a vida
    e confesso minha gratidão.

LAURÊNCIA: Os cumprimentos corta;

e para que sejas meu esposo
fala com meu pai, Frondoso,
pois é isso que importa.
Ali vem com meu tio.
E podes em tudo crer
que uma boa mulher hás de ter

FRONDOSO: Em Deus confio.

Escondem-se e aparecem Esteban, Alonso e os regedores Cuadrado e Juan Rojo.

ALONSO: Foram por seus termos, sobretudo,
que a praça se alvoroçou;
o modo como se portou
foi descomedido em tudo.
A todos causa admiração
as demasias que comete;
e até à pobre Jacinta promete
a ferocidade de sua desrazão.

JUAN ROJO: Mas sabem os nossos reis
o que este nome significa já;
logo a Espanha lhe dará
a obediência de suas leis.
Contra Ciudad Real,
que Girón mantém,
o Mestre de Santiago vem
como nosso general.
Mas pesa-me saber de Jacinta,
donzela de qualidade.

ALONSO: E Mengo, açoitaram com barbaridade?

JUAN ROJO: Não há pano sujo ou tinta
como suas costas estão.

ESTEBAN: Calai, que me sinto arder

          com tão mal proceder
          e a má fama que lhe dão.
          E eu, para que trago enfim
          esta espada sem proveito?

JUAN ROJO: Se a seus criados cabe o feito,
          de que vos afligis assim?

ALONSO: Quereis mais? Pois me contaram
          que a mulher de Pedro Redondo
          um dia neste vale a encontraram
          e num gesto hediondo,
          depois de suas insolências,
          a seus criados a concedeu.

JUAN ROJO: Aqui há gente! Quem é?

FRONDOSO: Eu,
          que espero vossas licenças.

JUAN ROJO: Em minha casa, Frondoso,
          a licença não se precisa conceder;
          deves a teu pai teu ser
          e a mim, ser amoroso.
          Criei-te e te quero
          como a um filho.

FRONDOSO: Pois, senhor,
          fiado neste amor
          de ti uma mercê espero.
          Já sabes de quem sou filho.

ESTEBAN: Te agravou esse louco
          de Fernán Gómez?

FRONDOSO: Não pouco.

ESTEBAN: De teu agravo compartilho.

FRONDOSO: Pois, senhor, com o seguro
          do amor que haveis mostrado
          e por estar de Laurência enamorado,

ser seu esposo procuro.
Perdoai se no proceder
fui muito apressado;
pois fui no dizer ousado
como alguém há de dizer.

ESTEBAN: Vens, Frondoso, em boa ocasião
e me alargarás a vida
com a coisa mais temida
que sente meu coração.
Agradeço, filho, ao fado
que assim venhas por meu honor
e agradeço ao teu amor
a transparência do cuidado.
Mas como é justo dar razão
a teu pai deste ponto,
só digo que estou pronto
ao saber desta intenção;
que ditoso já me sinto
para que venha a acontecer.

CUADRADO: Da moça toma o parecer,
antes que tudo seja extinto.

ESTEBAN: Não tenhais esse cuidado,
que o caso já está previsto,
pois antes de chegar a isto
entre eles se haviam acordado.
Do dote, se quiseres,
podemos agora tratar;
que por bem vos penso dar
alguns maravedis, se não te opuseres.

FRONDOSO: Do dote não tenho mister;
isso não há de vos entristecer.

JUAN ROJO: Se não pede em couros o haver,
agradece-lhe como puder.

ESTEBAN: Ouvirei o parecer dela,
 se vos parece bem.

FRONDOSO: É justo, que não faz bem
 quem os gostos atropela.

ESTEBAN: Filha! Laurência!

LAURÊNCIA: Senhor...

ESTEBAN: (*para Frondoso*) Veja se bem digo eu.
 Como depressa respondeu!
 Vieram lhe perguntar também,
 Laurência, meu amor,
 se tua amiga Gila faz bem
 em ter Frondoso por marido,
 que é um honrado pastor
 e em Fuente Ovejuna querido...

LAURÊNCIA: Gila se casa, enfim?

ESTEBAN: E também se alguma aqui
 o merece, por lhe ser igual.

LAURÊNCIA: Eu digo, senhor, que sim.

ESTEBAN: Mas eu digo que é feia
 E que melhor semeia
 Frondoso em ti.

LAURÊNCIA: Ainda não estão esquecidos
 os galanteios com a idade?

ESTEBAN: Tu o quiseste em anos idos?

LAURÊNCIA: Pedi-lhe e tive vontade;
 mas pelo que tu sabes...

ESTEBAN: Queres que diga sim?

LAURÊNCIA: Diz-lhe, senhor, por mim.

ESTEBAN: Eu? Pois tenho eu as chaves?
 Então está feito. Vem, buscaremos
 meu compadre na praça.

CUADRADO: Vamos.

ESTEBAN: Filho, quanto a um dote que satisfaça
   o que diremos?
   Que eu bem te posso dar
   quatro mil maravedis.

FRONDOSO: Senhor, assim falais
   e minha honra ireis melindrar.

ESTEBAN: Anda, filho, que isso é
   coisa que passa num dia.
   Se não há dote, faz-se economia,
   e menos se perde em rapapé.

Vão-se e ficam Frondoso e Laurência.

LAURÊNCIA: Diz, Frondoso, estás contente?

FRONDOSO: Como estou! É pouco,
   pois não fiquei louco
   do prazer e do bem crescente.
   Um riso verte o coração
   pelos olhos de alegria,
   vendo em ti a magia
   desta doce possessão.

Vão-se. Entram o Mestre Girón, o Comendador, Flores e Ortuño.

COMENDADOR: Foge, senhor, pois não há outro remédio.

MESTRE: Foi a fraqueza do muro a causa,
   o poderoso exército inimigo.

COMENDADOR: Isso custa sangue e infinitas vidas.

MESTRE: E não vão se vangloriar de em seus despojos
   jogarem nosso pendão de Calatrava,
   que para honrar sua empresa bastava.

COMENDADOR: Teus desígnios, Girón, ficam perdidos.

MESTRE: Que posso fazer, se a fortuna cega
    que hoje cedo se levantou me humilha?

(*vozes de dentro*)

    — Vitória pelos reis de Castela!

MESTRE: Já coroam de luzes as ameias
    e as janelas das altas torres
    recobrem com os pendões vitoriosos.

COMENDADOR: Bem poderiam, com o sangue que lhes custa.
    A fé é mais tragédia do que festa.

MESTRE: Eu volto a Calatrava, Fernán Gómez.

COMENDADOR: E eu a Fuente Ovejuna, enquanto tratas
    ou de seguir teus parentes
    ou reduzir-te ao rei católico.

MESTRE: Te direi por carta o que pretendo.

COMENDADOR: O tempo há de ensinar-te.

MESTRE: Ah, os poucos anos,
    sujeitos ao rigor dos enganos!

Saem.
Casamento. Músicos, Mengo, Frondoso, Laurência, Pascuala, Barrildo, Esteban, Alonso e Juan Rojo.

MÚSICOS: Vivam muitos anos
    os casados!
    Vivam muitos anos!

MENGO: É certo que não lhes há custado
    muito trabalho para cantar.

BARRILDO: Saberias tu trovar
    melhor do que está trovado?

FRONDOSO: Entendes melhor de açoite,

Mengo, do que de versos já.

MENGO: Alguém que no vale está,
para que não te inquietes de noite,
a quem o Comendador...

BARRILDO: Não digas, por tua vida,
que este bárbaro homicida
de todos tira o pudor.

MENGO: Me açoitaram de verdade
cem soldados naquele dia...
Só uma funda possuía
para minha infelicidade.
Mas que me tenham lançado
como se fosse remédio
e se aumentasse o assédio
a mim que sou honrado
um saco cheio de tintas e pedrinhas
como se há de suportar?

BARRILDO: Fizeram para gozar.

MENGO: Não se brinca com mezinhas,
que embora seja coisa saudável...
quero morrer logo.

FRONDOSO: Canta logo, te rogo,
se a copla for razoável.

MENGO: Vivam os noivos muitos anos juntos,
possa o céu querê-lo,
e nem por inveja ou zelo
briguem ou façam desconjuntos.
Que só cheguem como defuntos
depois de puro viver cansados.
Que vivam muito!

FRONDOSO: Que o céu maldiga o poeta
Que essa canção criou.

BARRILDO: Foi muito rápido...

MENGO: Penso uma coisa desta copla.
    Já não vistes um pasteleiro
    o azeite esquentando
    e pedaços de massa jogando
    até encher o caldeiro?
    E uns bolinhos saem inchados,
    outros tortos e mal feitos
    uns conforme e direitos,
    alguns fritos e outros queimados?
    Pois assim imagino
    um poeta compondo,
    a matéria dispondo
    como lhe dá no tino.
    Vai jogando versos depressa
    no caldeiro do papel
    confiado que o mel
    cobrirá o engano e a promessa.
    Mas pondo-os no peito,
    só há um que os tome;
    tanto que só os come
    quem os tenha feito.

BARRILDO: Basta de loucuras;
    deixa a noiva falar.

LAURÊNCIA: Dai-nos a mão para beijar.

JUAN ROJO: Filha, minha mão procuras?
    Pede-a a teu pai logo,
    para ti e para Frondoso.

ESTEBAN: Rojo, a ela e seu esposo
    a proteção dos céus rogo,
    com sua grande bendição.

FRONDOSO: Os dois aos dois entregai.

JUAN ROJO: Tocai e cantai,
    pois um para o outro feitos são.

MÚSICOS: Ao vale de Fuente Ovejuna
a menina solteira vem;
o cavaleiro a segue
da Cruz de Calatrava.
Entre as ramas se esconde
de vergonha e assustada;
fingindo que não o viu,
põe diante as ramas.
"Por que te escondes,
menina airosa?
Meus agudos desejos
até as paredes passam".
Acercou-se o cavaleiro
e ela, confusa e turvada,
quis fazer uma gelosia
com as intrincadas ramas;
mas como quem tem amor
os mares e as montanhas
atravessa facilmente,
disse-lhe tais palavras:
"Por que te escondes,
menina airosa?
Meus agudos desejos
até as paredes passam".

Aparecem o Comendador, Flores, Ortuño e Cimbranos.

COMENDADOR: Que as bodas permaneçam
E ninguém se alvoroce.

JUAN ROJO: Não é este um jogo, senhor,
para que tu nele mandes.
Queres um lugar? Como vens
com teu belicoso alarde?
Vencestes? Mas que pergunta!

FRONDOSO: Estou morto! Que o céu me livre!

LAURÊNCIA: Foge por aqui, Frondoso.

COMENDADOR: Isso não. Prendam-no.

JUAN ROJO: Entrega-te à prisão, rapaz.

FRONDOSO: Queres que me matem?

JUAN ROJO: Por quê?

COMENDADOR: Eu não sou homem
    que mate alguém sem culpa;
    se fosse, o teriam feito
    esses soldados que trago.
    Mando levá-lo ao cárcere,
    para que a culpa que tem
    pronuncie seu próprio pai.

PASCUALA: Senhor, olhe que ele se casa.

COMENDADOR: Que me importa que se case?
    Não há outro na aldeia?

PASCUALA: Se vos ofendi, perdoai-me,
    por ser quem vós sois.

COMENDADOR: Não é coisa, Pascuala,
    de que seja parte.
    Isso é contra o Mestre
    Téllez Girón, que Deus o guarde;
    é contra toda a sua ordem,
    é em sua honra, é importante
    para o exemplo e para o castigo;
    haverá um dia em que alguém
    levantará o pendão contra ele,
    pois já sabeis que numa tarde
    apontou uma balestra ao peito
    do Comendador maior
    (que vassalos leais!).

ESTEBAN: Suponho que desculpá-lo
    pode caber a um sogro;

> não é exagero que em causas tais
> se tenha decomposto com vós,
> sendo homem e, com efeito, amante;
> porque se vós pretendeis
> tirar-lhe sua própria mulher,
> seria muito defendê-la?

COMENDADOR: Sois tolo, alcaide.

ESTEBAN: Por vossa virtude, senhor.

COMENDADOR: Nunca quis tirar-lhe
> sua mulher, pois não o era.

ESTEBAN: Sim, quisestes... e isso basta;
> há reis em Castela
> que novas ordens fazem
> e as desordens suprimem.
> E farão sofrer,
> quando descansem das guerras,
> a homens tão poderosos
> que em suas vilas e lugares
> trazem essas cruzes tão grandes;
> ponha o rei ao peito,
> pois para peitos reais
> esta é a insígnia, e não outra.

COMENDADOR: Opa, tirem-lhe o bastão.

ESTEBAN: Tomai-o senhor, em boa hora.

COMENDADOR: E com ele quero dar-lhe,
> como a um cavalo impetuoso.

ESTEBAN: Pelo senhor sofro. Batei-me.

PASCUALA: A um velho dás pauladas?

LAURÊNCIA: Se as dá em meu pai,
> o que fará comigo?

COMENDADOR: Levai-a e fazei que a guardem
> dez soldados.

Vai-se com os seus.

ESTEBAN: Que venha a justiça do céu.

PASCUALA: De luto se fez a boda.

Sai.

BARRILDO: Não há aqui um homem que fale?

MENGO: Eu já sofro meus golpes,
pois mesmo não indo a Roma
me encontro com os cardeais.
Que outros o incomodem.

JUAN ROJO: Falemos todos.

MENGO: Senhores,
aqui todos se calem.
Já sou muito conhecido
para pôr o guizo no gato.

Ato III

Entram Esteban, Alonso e Barrildo.

ESTEBAN: Não vieram para a junta?

BARRILDO: Não deram ouvido.

ESTEBAN: Então nosso dano corre acelerado.

BARRILDO: O povo está mais prevenido.

ESTEBAN: Frondoso na torre aprisionado,
e minha filha Laurência num triste enredo.
Se a piedade de Deus não lhes tiver afagado...

Aparecem Juan Rojo e um Regedor.

JUAN ROJO: Por que falar, quando importa tanto,
    para nosso bem, Esteban, o segredo?

ESTEBAN: Tão pouco falar é o maior espanto.

Aparece Mengo.

MENGO: Eu também me convoco para esta junta.

ESTEBAN: Um homem cujas cãs banha o pranto,
    honrados lavradores, vos pergunta:
    que obséquios devem fazer toda a gente
    à sua pátria sem honra e já perdida?
    E se por acaso chamam honras, justamente,
    como se farão, se não há entre nós
    um homem a quem este bárbaro não enfrente?
    Respondei-me: há alguém dentre vós
    que não se sinta ferido na honra e na vida?
    Não vos lamentais, uns e outros?
    Pois se já as tendes todos perdidas,
    O que aguardais? Que desventura é esta?

JUAN ROJO: A maior no mundo já sofrida.
    Mas como se publica e se manifesta
    que os reis deram a paz a Castela
    e sua vinda a Córdoba se apresta,
    vão ali dois regedores em sela
    e jogando-se aos seus pés peçam remédio.

BARRILDO: Desde que Fernando, aquele que flagela
    a tantos inimigos, não esteja ocupado,
    com tanta guerra e muito assédio,
    pois não poderá bater-se ao nosso lado.

REGEDOR: Se meu voto for escutado,
    deixo a vila, que assim se vota.

JUAN ROJO: Como é possível em tempo tão limitado?

MENGO: É certo que o alvoroço que brota

há de custar à junta alguma vida.

REGEDOR: Se a árvore da paciência se esgota,
a nave corre sem temor e perdida.
Se uma filha arrancam com tal aspereza
de um homem honrado, como é regida
a pátria em que viveis, se na cabeça
quebram a vara tão injustamente?
Que escravo se tratou com mais baixeza?

JUAN ROJO: O que queres que o povo intente?

REGEDOR: Morrer ou dar morte aos tiranos,
pois somos muitos, e eles pouca gente.

BARRILDO: Contra o senhor, as armas nas mãos!

ESTEBAN: Só o rei é senhor depois do céu,
e não bárbaros homens inumanos.
Se Deus nos ajudar contra o infame labéu,
o que há de nos custar?
Olhai, senhores,
que nestas coisas não se vai com léu.
Embora por simples lavradores
estejam aqui, pois mais injúrias passam,
com mais juízo represento seus temores.

JUAN ROJO: Se nossas desventuras andam a braços, vizinhas,
para perder as vidas, o que esperamos?
Queimam nossas casas e as vinhas.
São tiranos e vingar-nos vamos.

Surge Laurência, descabelada.

LAURÊNCIA: Deixai-me entrar, que bem posso
no conselho dos homens;
se não pode uma mulher
dar seu voto, que dê sua voz.
Me conheceis?

ESTEBAN: Santo Céu!
   Não é minha filha?

JUAN ROJO: Não conheces
   Laurência?

LAURÊNCIA: Venho de forma tal
   que a diferença vos faz
   duvidar de quem sou.

ESTEBAN: Minha filha!

LAURÊNCIA: Não me chames
   tua filha.

ESTEBAN: Por que, olhos meus?
   Por quê?

LAURÊNCIA: Por muitas razões,
   e as principais
   porque deixas que tiranos
   me raptem, sem que me vingues,
   traidores, sem que me cobres.
   Ainda não sou de Frondoso
   para que digas que ao marido
   peça vingança;
   ainda por tua conta corre;
   enquanto das bodas
   não tenha a noite chegado,
   ao pai, e não ao marido,
   a obrigação pressupõe;
   enquanto não me entreguem
   uma joia, ainda que a compre,
   não há de correr por minha conta
   nem a guarda nem os ladrões.
   De vossos olhos levou-me
   à sua casa Fernán Gómez;
   a ovelha ao lobo deixais,
   como pastores covardes.

Que adagas não vi em meu peito!
Que desatinos enormes,
que palavras e ameaças,
e que delitos atrozes
ao render minha castidade
a seus apetites torpes!
Meus cabelos não o dizem?
Não se veem aqui os golpes,
o sangue e os sinais?
Vós sois homens nobres?
Vós sois pais e parentes?
Não se rompem vossas entranhas de dor
ao ver-me em tantas dores?
Sois ovelhas, bem o diz
o nome de Fuente Ovejuna.
Dai-me armas a mim,
que sois pedra e sois bronze,
que sois jaspes e tigres...
Tigres não, porque, ferozes,
seguem a quem roubam seus filhos
e matam os caçadores,
antes que entrem no mar
e sobre as ondas se arrojem.
Nascestes lebres covardes;
Bárbaros sois, e não espanhóis.
Galinhas, aguentais que de vossas mulheres
outros homens gozem!
Ponde agulhas na cintura,
para que espadas?
Viva Deus que há de dispor
para que só as mulheres cobrem
a honra desses tiranos,
o sangue desses traidores
e que hão de lhes atirar pedras,
fiandeiras, maricas,

efeminados, covardes,
e que amanhã vos enfeitem
nossas tocas e saiotes,
cores e chapéus.
O Comendador já quer,
da ameia da torre,
dependurar Frondoso,
sem sentença e pregões;
e a todos fará o mesmo.
E eu me alegro, meio-homens,
de ficar sem mulheres
esta vila honrada, e volte
aquele século das amazonas,
eterno espanto do mundo.

ESTEBAN: Eu, filha, não sou daqueles
que permitem serem nomeados
com esses títulos vis.
Irei só, se se põem
todos contra mim.

JUAN ROJO: E eu também, por mais que me assombre
a grandeza do contrário.

REGEDOR: Morramos todos.

BARRILDO: Desprendei
uma bandeira ao vento
e morram os perversos.

JUAN ROJO: Que ordens pensais ter?

MENGO: Ir matá-lo sem ordem.
Juntai o povo a uma só voz;
que todos estão concordes
em que os tiranos morram.

ESTEBAN: Tomais espadas, lanças,
balestras, hastas e paus.

MENGO: Que vivam os reis, nossos senhores.

TODOS: Que vivam muitos anos!

MENGO: Morram os tiranos traidores!

TODOS: Traidores tiranos morram!

Saem todos.

LAURÊNCIA: Caminhai, e que o céu vos ouça.
    Mulheres da vila!
    Acorrei, para que se recobre
    vossa honra, acorrei todas!

Aparecem Pascuala, Jacinta e outras mulheres.

PASCUALA: O que é isso? Do que se fala?

LAURÊNCIA: Não vede como todos se vão
    Para matar a Fernán Gómez,
    Homens, moços e crianças,
    Como furiosos correm?
    Será que apenas eles
    tenham a honra dessa façanha,
    já que não são menores
    seus agravos às mulheres?

JACINTA: Diga então, o que é que pretendes?

LAURÊNCIA: Que postas todas em ordem,
    cometamos um feito
    que cause espanto a todo o mundo.
    Jacinta, dê cabo de tua afronta;
    comanda uma esquadra de mulheres.

JACINTA: As tuas não são menores.

LAURÊNCIA: Pascuala, serás alferes.

PASCUALA: Pois deixa-me que levante
    em uma haste a bandeira:
    verás se mereço o nome.

LAURÊNCIA: Não há tempo para isso,
    pois a sorte nos socorre:
    basta que levemos
    nossas toucas como pendões.

PASCUALA: Nomeemos um capitão.

LAURÊNCIA: Isso não.

PASCUALA: Por quê?

LAURÊNCIA: Porque onde
    meu valor assiste
    não há Cides e Rodomontes.

Saem. Aparecem Frondoso, com as mãos atadas, Flores, Ortuño, Cimbranos e o Comendador.

COMENDADOR: Pelas mãos atadas nessa corda
    pendurai-o como a uma candeia.

FRONDOSO: A crueldade, grão senhor, em teu sangue sobra!

COMENDADOR: Pendurai-o logo na primeira ameia.

FRONDOSO: Nunca foi minha intenção
    tua morte pôr em obra.

FLORES: Grandes ruídos se dão.

Ouvem-se ruídos.

COMENDADOR: Ruídos?

FLORES: E de maneira que interrompem
    a tua justiça, senhor.

ORTUÑO: As portas se rompem.

Ruídos.

COMENDADOR: A porta da minha casa, sendo a casa
    a encomenda.

FLORES: O povo junto vem.

JUAN ROJO (*fora*): Rompe, derruba, funde, queima e abrasa.

ORTUÑO: Um motim popular que mal se detém.

COMENDADOR: O povo contra mim!

FLORES: A fúria passa,
    segue adiante, e as portas
    foram jogadas por terra.

COMENDADOR: Desatai-o.
    Acalma, Frondoso, o alcaide.

FRONDOSO: Eu vou, senhor. O amor os moveu.

Sai.

MENGO (*fora*): Vivam Fernando e Isabel,
    e morram os traidores.

FLORES: Senhor, por Deus te peço
    que não te achem aqui.

COMENDADOR: Se persistem,
    este aposento é forte e defendido.
    Eles voltarão.

FLORES: Quando se alteram
    os povos afrontados, e resolvem,
    nunca sem sangue ou vingança se movem.

COMENDADOR: Nesta porta, assim como na liça,
    com armas o furor defendamos.

FRONDOSO (*fora*): Viva Fuente Ovejuna!

COMENDADOR: Que caudilho se atiça!
    Quer que com fúria arremetamos.

FLORES: Admiro a tua, senhor, insubmissa.

ESTEBAN: Já sobre o tirano e seus cúmplices estamos.
    Fuente Ovejuna, e que os tiranos morram.

Entram todos os outros.

COMENDADOR: Povo, esperai.

TODOS: As afrontas nunca esperam.

COMENDADOR: Dizei-me que irei pagando,
  com a fé de um cavaleiro, esses errores.

TODOS: Fuente Ovejuna! Viva o rei Dom Fernando!
  Morram os maus cristãos e traidores!

COMENDADOR: Não quereis me ouvir? Estou falando:
  Eu sou vosso senhor.

TODOS: Nossos senhores
  são os reis católicos.

COMENDADOR: Devagar, mais pachorra!

TODOS: Fuente Ovejuna! e que Fernán Gómez morra!

Vão-se e entram as mulheres, armadas.

LAURÊNCIA: Parai neste posto de esperanças,
  soldados atrevidos, e não só mulheres.

PASCUALA: O que são as mulheres nas vinganças!
  Bebe dele o sangue, se puderes.

JACINTA: Seu corpo atravessemos nas lanças.

PASCUALA: Vamos metê-las como se enfiam os clisteres.

ESTEBAN (*fora*): Morre, traidor, morre Comendador!

COMENDADOR: Eu morro.
  Piedade, senhor, tua clemência espero.

BARRILDO (*fora*): Aqui está Flores.

MENGO: Façamos dele um velhaco manco.
  Foi ele quem me deu as chicotadas.

FRONDOSO (*fora*): Não me vingo se a alma não lhe arranco.

LAURÊNCIA: Não nos escusemos de entrar.

PASCUALA: Não te inquietes com as estocadas.
 É bom guardar a porta.

BARRILDO (*fora*): Não me acalmo.
 Chora agora, marquesinho!

LAURÊNCIA: Pascuala, eu entro; que a espada
 não há de estar tão submissa ou embainhada.

Vai-se.

BARRILDO (*fora*): Aqui está Ortuño.

FRONDOSO (*fora*): Cortai-lhe a cara.

Aparecem Flores, fugindo, e Mengo atrás dele.

FLORES: Mengo, piedade, que não sou eu o culpado!

MENGO: Se não bastasse ser alcagueta,
 bastava o espertalhão me ter açoitado.

PASCUALA: Dá-nos às mulheres, Mengo, para...
 Dá por tua vida.

MENGO: Já está dado;
 e não quero maior castigo.

PASCUALA: Vingarei teus açoites.

MENGO: É isso que espero.

JACINTA: Morra traidor!

FLORES: Entre mulheres!

JACINTA: Não vem tão vaidoso?

PASCUALA: Ele chora?

JACINTA: Morre, emissário de seus prazeres.

PASCUALA: Morra, traidor.

FLORES: Piedade, senhoras!

Aparece Ortuño, fugindo de Laurência.

ORTUÑO: Olha que não sou eu...

LAURÊNCIA: Já sei quem és.
 Entrai, e recebei as armas vencedoras.

PASCUALA: Morrerei matando.

TODOS: Fuente Ovejuna, e viva o rei Dom Fernando!

Vão-se todos.
Surgem o rei dom Fernando, a rainha dona Isabel e dom Manrique, mestre.

MANRIQUE: Foi feita a prevenção
 e o efeito esperado
 foi bem realizado
 com pouca objeção.
 Houve pouca resistência
 e supondo que a houvera
 sem dúvida alguma era
 de pouca ou nenhuma essência.
 Fica mestre Cabra para ocupar
 e conservar o posto,
 caso retorne disposto
 e queira o inimigo ousar.

REI: O acordo foi reservado
 e no que ajuda é conveniente;
 reformando-se a gente,
 o primeiro passo foi dado.
 Com isso se assegura
 não poder fazer-nos mal
 Afonso, que em Portugal
 tomar o poder procura.
 É bom Cabra se impor
 no sítio presente,
 e como é diligente,
 que dê mostras de seu valor;

porque com isso nos assegura
do dano e da querela,
e como fiel sentinela,
o bem do reino procura.

Aparece Flores, ferido.

FLORES: Católico rei Fernando,
a quem o céu concede
a coroa de Castela,
como varão excelente;
ouve a maior crueldade
já vista entre as gentes,
desde onde o sol nasce
até onde se escurece.

REI: Dá-me a notícia.

FLORES: Rei supremo,
minhas feridas não consentem
dilatar o triste caso,
pois é breve minha vida.
Venho de Fuente Ovejuna,
de onde, com peito inclemente,
os habitantes da vila
a seu senhor deram a morte.
Morto, Fernán Gómez fica
caluniado por seus súditos;
os vassalos indignados
se atrevem por causa leve.
Com o título de tirano,
que a plebe lhe acumula,
e pela força desta voz,
o fero feito acometem;
e violando sua casa,
sem atender a quem oferece,

pela fé de cavaleiro,
o pagamento a quem deve,
não só não o escutaram,
mas com fúria impaciente
rompem o cruzado peito
com mil feridas crueis;
e pelas altas janelas
o jogam ao chão,
onde, com picadores e lanças,
o recolhem as mulheres.
Levam-no à casa morto
e competindo quem pode mais,
arrancam sua barba e cabelo,
e ferem-lhe o rosto.
De fato, foi tal a fúria
que neles cresceu
que os maiores cortes
nas orelhas foram.
Seus brasões mancham
e dizem que querem
tuas armas reais fixar,
porque aquelas os ofendem.
Saquearam a casa,
como se fosse de inimigo,
e com gozo, entre todos,
repartiram seus bens.
O que disse vi escondido,
porque minha sorte infeliz
em tal transe não permite
que minha vida se perdesse;
E assim estive todo o dia,
até que a noite viesse
para sair escondido
e as contas dar-te.
Faz, senhor, pois és justo,

com que uma pena justa tenham,
em tão rigoroso caso,
os bárbaros delinquentes:
olha que seu sangue, em alta voz,
pede que prove o teu rigor.

REI: Podes estar confiado
que sem castigo não ficam.
O triste sucesso há sido tal
que me sinto admirado;
que logo vá um juiz
averiguar o que convém
e castigue os culpados
para o exemplo das gentes.
Que vá com ele um capitão
e lhe dê segurança;
um tão grande atrevimento
requer um castigo exemplar;
e curai a este soldado
das feridas que tem.

Saem todos.
Surgem os lavradores e lavradoras com a cabeça de Fernán Gómez em uma lança.

MÚSICOS: Muitos anos vivam
Isabel e Fernando,
e morram os tiranos.

BARRILDO: Diga suas coplas, Frondoso.

FRONDOSO: Eu as digo por minha fé;
e se lhes faltar algum pé,
emendo-lhe um mais curioso.
Vivam a bela Isabel
e Fernando de Aragão,
juntos um apenas são,

casal honrado e fiel.
Aos céus o santo Miguel
leve os dois por sua mão.
Vivam muitos anos
e morram os tiranos!

LAURÊNCIA: Diga Barrildo.

BARRILDO: Já, já,
que por certo a pensei.

PASCUALA: Se a dizes com cuidado,
boa e boa será.

BARRILDO: Vivam os reis famosos
muitos anos para que tenham
a vitória e a ser venham
nossos donos venturosos.
Saiam sempre vitoriosos
de inimigos levianos
e morram os tiranos.

MÚSICOS: Muitos anos vivam
Isabel e Fernando,
e morram os tiranos.

LAURÊNCIA: Diga Mengo.

FRONDOSO: Diga.

MENGO: Eu sou poeta dotado.

PASCUALA: Melhor dirás machucado,
no reverso da barriga.

MENGO: Numa manhã de domingo
aquele me açoitou lampeiro,
de modo que o traseiro
dava espantoso respingo;
mas agora que me vingo,
vivam os reis *cristianingos*
e morram os *tiraningos*!

MÚSICOS: Vivam muitos anos.

ESTEBAN: Tira a cabeça de lá.

MENGO: Tem cara de enforcado.

Juan Rojo tira um escudo com as armas reais.

CUADRADO: As armas chegaram.

ESTEBAN: Mostra as armas aqui.

JUAN ROJO: Onde se hão de pôr?

CUADRADO: Aqui no conselho.

ESTEBAN: Bravo escudo.

BARRILDO: Que alegria.

FRONDOSO: Já começa a amanhecer,
com este sol, o nosso dia.

ESTEBAN: Vivam Castela e Leão,
E as barras de Aragão,
E morra a tirania.
Fuente Ovejuna, presta atenção
nas palavras de um velho:
ao se admitir seu conselho,
nada se perde, não.
Os reis hão de querer
averiguar este caso
e, sem dilatar o prazo,
em um dia hão de fazer.
É preciso que todos se acertem
naquilo que haveis de dizer.

FRONDOSO: Qual é o teu conselho?

ESTEBAN: Morrer
dizendo Fuente Ovejuna
e a ninguém tirem daqui.

FRONDOSO: É o caminho direito.
 Em Fuente Ovejuna assim foi feito.

ESTEBAN: Quereis responder assim?

TODOS: Sim.

ESTEBAN: Então eu quero ser
 agora o inquisidor,
 para melhor ensaiarmos
 o que haveremos de fazer.
 Seja Mengo o que está posto
 no julgamento.

MENGO: Não achastes
 outro mais fraco?

ESTEBAN: Pensastes
 que era de verdade?

MENGO: Prontamente.

ESTEBAN: Quem matou o Comendador?

MENGO: Fuente Ovejuna o fez.

ESTEBAN: Cachorro. E se te martirizo?

MENGO: Ainda que me mateis, senhor.

ESTEBAN: Confessa, ladrão.

MENGO: Confesso.

ESTEBAN: Pois quem foi?

MENGO: Fuente Ovejuna.

ESTEBAN: Dai-lhe outra tunda de açoites.

MENGO: É como se fosse nenhuma.

ESTEBAN: Um cagalhão para o processo!

Aparece Cuadrado, o regedor.

CUADRADO: O que fazeis agora aqui?

FRONDOSO: O que aconteceu, Cuadrado?

CUADRADO: Um inquisidor foi mandado.

ESTEBAN: Preveni a todos por aí.

CUADRADO: Com ele vem um capitão.

ESTEBAN: Que venha o diabo; já sabeis
o que responder tereis.

CUADRADO: Ao povo vão prendendo,
sem deixar alma alguma.

ESTEBAN: Que não haja temor.
Quem matou o Comendador,
Mengo?

MENGO: Quem? Fuente Ovejuna.

Saem.
O Mestre de Calatrava e um soldado.

MESTRE: Que tal caso haja sucedido!
Infeliz foi sua sorte.
Penso dar-te a morte
pelo relato trazido.

SOLDADO: Eu, senhor, sou mensageiro
e aborrecê-lo não é meu intento.

MESTRE: Que grande atrevimento
teve um povo arruaceiro!
Com quinhentos homens irei
para a vila devastar.
Nela nada há de ficar,
pois sequer sua memória deixarei.

SOLDADO: Senhor, tua irritação modera,
porque se deram ao rei
e, não tendo ferido sua lei,
é isso o que se espera.

MESTRE: Como ao rei se podem dar
 se praticaram tal ação?

SOLDADO: A respeito dessa razão,
 logo poderás pleitear.

MESTRE: Em todo pleito paga-se um preço.
 Não cometeram enganos?
 São senhores soberanos,
 e isso eu reconheço.
 Sabendo que se aliaram ao rei,
 serei mais comedido.
 Em sua presença ser admitido
 é ao que me disporei.
 Embora se tenha culpa
 em casos de gravidade,
 toda a minha pouca idade
 vem a ser o que me desculpa.
 Vou com vergonha, mas esse
 poder pode obrigar-me
 e importa não descuidar-me
 de tão honrado interesse.

Saem. Aparece Laurência, sozinha.

LAURÊNCIA: Amando, receio o dano do amado.
 Uma nova pena de amor se considera,
 pois quem no que ama um dano espera
 aumenta com o temor um novo cuidado.
 Se o firme pensamento desvelado,
 aflige o temor, ele fácil se altera;
 não sendo firme a fé, se destempera
 ver levar o temor o bem roubado.
 Meu esposo adoro; vinda a ocasião,
 o medo de seu dano me condena,
 se não o ajuda a bem-vinda sorte.

Pelo seu bem se inclina minha afeição;
se está presente, é certa a minha pena;
se ausente está, é certa a minha morte.

Aparece Frondoso.

FRONDOSO: Minha Laurência!

LAURÊNCIA: Esposo amado!
Como estar aqui te atreves?

FRONDOSO: Essas resistências deves
ao meu amoroso cuidado?

LAURÊNCIA: Meu bem, procura guardar-te
porque teu infortúnio receio.

FRONDOSO: Não queira o céu por tal meio
Laurência, desagradar-te.

LAURÊNCIA: Não temes ver o rigor
Que além da conta sucede
e o furor com que procede
aquele inquisidor?
Procura guardar a vida,
foge, tua ruína não esperes.

FRONDOSO: Como a mim me sugeres
coisa tão indevida?
É bem que os demais deixe
no perigo presente
e de tua vista me ausente?
Não me peças que me desleixe
porque não está na razão
fugir de modo tacanho
e derramar sangue estranho
em tão terrível ocasião.

Vozes dentro.

Vozes pareço ter ouvido.
E são, se bem atento,
das que causam tormento.
Ouçamos de novo o ruído.

Diz o juiz, dentro, e respondem.

JUIZ: Dizei a verdade, bom velho.

FRONDOSO: Azucrinam um velho, Laurência.

LAURÊNCIA: Haja paciência.

ESTEBAN: Deixem-me um pouco.

JUIZ: Dizei, quem matou Fernando?

ESTEBAN: O povo de Fuente Ovejuna, agravado.

LAURÊNCIA: Teu nome, pai, seja eternizado.

FRONDOSO: Bravo caso!

JUIZ: Aperta esse menino.
  Sei que tu sabes.
  Diz quem foi, cretino.

MENINO: Fuente Ovejuna, senhor.

JUIZ: Pela vida do rei, vilãos,
  Que vos enforco com minhas mãos.
  Quem matou o Comendador?

FRONDOSO: Que a uma criança atormentem
  e desta forma se comporte!

LAURÊNCIA: Bravo povo!

FRONDOSO: Bravo e forte.

JUIZ: Agora que esta mulher sentem
  amarrada no banco dos réus.
  E aperta a corda, que não sossego.

LAURÊNCIA: Já está de cólera cego.

JUIZ: Eu vos hei de matar, incréus,

e sobre esse banco, vilãos.
Quem matou o Comendador?

PASCUALA: Fuente Ovejuna, senhor.

JUIZ: E dá-lhe!

FRONDOSO: Pensamentos vãos.

LAURÊNCIA: Pascuala nega, Frondoso.

FRONDOSO: Se as crianças negam, o que te espanta?

JUIZ: Parece que tudo isso vos encanta.
Aperta!

PASCUALA: Ai, céu piedoso, que me aturdo!

JUIZ: Aperta, infame, estás surdo?

PASCUALA: Fuente Ovejuna fez isso.

JUIZ: Trazei-me aquele mais roliço,
o gordinho desnudo.

LAURÊNCIA: Pobre mengo. Não há quem lhe acuda.

FRONDOSO: Temo que há de confessar.

MENGO: Ai, ai!

JUIZ: Começa a apertar.

MENGO: Ai!

JUIZ: Quem matou, vilão,
ao senhor Comendador?

MENGO: Ai, eu direi, senhor.

JUIZ: Afrouxa um pouco a mão.

FRONDOSO: Ele vai confessar.

JUIZ: O cacete aplica
na espádua.

MENGO: Pare, que eu vos direi.

JUIZ: Quem o matou?

MENGO: Fuente Ovelhinha, senhor.

JUIZ: Mas que grande velhacaria!
   Da dor está zombando.
   De quem se estava esperando,
   nega mentindo e se desvia.
   Deixai-os, que estou cansado.

FRONDOSO: Oh, Mengo, que te proteja Deus.
   Dos medos meus,
   este está bem afastado.

Aparecem Mengo, Barrildo e o Regedor Cuadrado.

BARRILDO: Viva, Mengo!

CUADRADO: E com razão.

BARRILDO: Mengo, vitória.

FRONDOSO: Também digo.

MENGO: Ai, ai!

BARRILDO: Toma, bebe, amigo.

MENGO: Ai, ai, o que é?

BARRILDO: Cidra com limão.

MENGO: Ai, ai!

FRONDOSO: Deixa de beber.

BARRILDO: Há de beber e comer.

FRONDOSO: Já coou o bastante.

LAURÊNCIA: Dá-lhe outra vez de comer.

MENGO: Ai, ai!

BARRILDO: Este gole vai por mim.

LAURÊNCIA: Solenemente o embebe.

FRONDOSO: Quem nega bem, bem bebe.

CUADRADO: Queres outro?

MENGO: Ai, ai, sim, sim.

FRONDOSO: Bebe, que bem mereces.

LAURÊNCIA: Vez por outra se esgoela.

FRONDOSO: Bota-lhe roupa que se regela.

BARRILDO: Queres mais?

MENGO: Sim, mais três vezes.

FRONDOSO: Há vinho, pode-se perguntar?

BARRILDO: Sim, bebe ao teu prazer;
Quem nega há de beber.
(*A Mengo*): O que tens?

MENGO: Estou a me gripar.
Vamos, que pego um reumatismo.

FRONDOSO: Este é mais animador.
Quem matou o Comendador?

MENGO: Fuente Ovejuna, e sem pieguismo.

Saem.

FRONDOSO: É justo que honras lhe deem.
Mas, dizei-me, meu amor,
Quem matou o Comendador?

LAURÊNCIA: Fuente Ovejuna, meu bem.

FRONDOSO: E eu, com que te matei?

LAURÊNCIA: Disso me espanto.

FRONDOSO: Então, nunca saberei?

LAURÊNCIA: Com o quê? Com querer-te tanto.

Saem. Aparecem o rei, a rainha e, logo depois, Manrique.

ISABEL: Não esperava aqui, senhor, achar-vos.
Mas é boa a minha sorte.

REI: Uma nova alegria, e forte,
    é o bem de mirar-vos.
    Ia a Portugal e, de passagem,
    chegar aqui era preciso.

ISABEL: Com Vossa Majestade me confraternizo,
    nesta feliz paragem.

REI: Como deixastes Castela?

ISABEL: Em paz fica, simples e quieta.

REI: Sendo vós quem a aquieta,
    Não se receia a procela.

Surge Dom Manrique.

MANRIQUE: Para ver vossa presença
    o Mestre de Calatrava
    que aqui já estava
    pede que lhe deis licença.

ISABEL: Vê-lo seria esperado.

MANRIQUE: Certamente, senhora, vos empenho,
    que embora jovem de cenho
    é um valoroso soldado.

Vai-se e entra o Mestre.

MESTRE: Rodriguez Téllez Girón,
    que sempre vos louvava,
    Mestre de Calatrava,
    vos pede, humilde, perdão.
    Confesso que fui enganado
    e que me pus do lado oposto
    em coisas de vosso gosto,
    sendo mal aconselhado.
    O conselho de Fernando

e seu interesse me enganaram;
por outras vias me levaram
e perdão, humilde, vos demando.
E se receber mereço
esta mercê que suplico,
desde aqui vos certifico
que vos servir me ofereço,
e que naquela jornada
de Granada, aonde vais,
vos prometo que vejais
o valor que tem minha espada.
Com ela, que tanto campeia,
darei feras aflições
e plantarei cruzes e brasões
sobre as altas ameias.
E mais quinhentos soldados
a vosso serviço empregarei;
disso firmo e dou fé
à minha rainha e ao meu rei.

REI: Deixai, mestre, de vos ajoelhar.
Sempre que fiel e destemido,
sereis bem recebido.

MESTRE: Sabeis aos aflitos consolar.

ISABEL: Vós, com valor peregrino,
sabeis bem dizer e fazer.

MESTRE: Vós sois uma bela Ester,
e vós, um Xerxes divino.

Reaparece Manrique.

MANRIQUE: Senhor, o inquisidor
que foi a Fuente Ovejuna
voltou com despacho da comuna
e se coloca ao vosso dispor.

REI: Sê juiz destes agressores.

MESTRE: Se a vós, senhor, não mirasse,
talvez lhes ensinasse
a matar comendadores.

REI: Isso já não vos cabe.

ISABEL: Confesso que hei de ver
o cargo em vosso poder,
mas só Deus sabe.

Aparece o Juiz.

JUIZ: Para Fuente Ovejuna segui
do modo como mandado
e com especial cuidado
e diligência assisti.
Fazendo averiguação
do cometido delito,
em nenhuma folha está dito
o que sirva de confirmação.
Porque não há nada que os desuna,
respondem com valoroso peito
que o culpado do feito
é a vila de Fuente Ovejuna.
Trezentos investiguei,
não com pequeno rigor,
e te asseguro, senhor,
que mais não alcancei.
Até meninos de dez anos
No banco sentei, sem poder
fazê-los falar e dizer,
com agrados ou enganos.
E como assim se perfila
ser tão difícil averiguar,
ou se os há de perdoar

ou matar toda a vila.
Todos vêm à tua presença
para mais certificar-te;
com eles poderás informar-te.

REI: Que entrem, pois, sem detença.

Entram os dois alcaides, Frondoso e as mulheres.

LAURÊNCIA: Aqueles nossos reis são?

FRONDOSO: E em Castela poderosos.

LAURÊNCIA: Por minha fé, que são formosos.
Que os bendiga santo Antão.

ISABEL: São esses os agressores?

ESTEBAN: Fuente Ovejuna, senhora,
que humildes chegam agora
vossos súditos e lavradores.
A sobeja tirania
e o exagerado rigor
do falecido Comendador,
que mil insultos nos fazia,
foram os autores de tanta maldade.
As fazendas nos roubava,
e as donzelas forçava,
sendo-lhe estranha a piedade.

FRONDOSO: Tanto que aquela donzela
que o céu me concedeu
e me fez feliz, embora plebeu,
que a minha felicidade tutela,
porque comigo se casou,
em sua noite primeira
foi feita prisioneira
quando para sua casa a levou.
E por não saber-se guardar,

ela, que em virtude floresce,
já de manifesto aparece
o que se poderia passar.

MENGO: Já não é tempo que eu fale?
Se me dais licença, entendo
que vos admireis, sabendo
do modo como me tratou.
Porque quis defender
uma moça de sua gente
que, com palavra insolente,
queriam à força submeter.
Aquele Nero perverso
da maneira como me tratou
tanto açoite me aplicou
que me pôs ao inverso.
Bateram-me tanto no traseiro,
três homens e com tal porfia,
que ainda sinto a agonia,
de carregar um formigueiro.
Gastei com este mal enfermiço,
porque o couro me encurta,
mais mel e pó de murta
do que vale o meu cortiço.

ESTEBAN: Senhor, ser teu queremos.
És nosso rei natural
e com título tal
tuas armas nos pusemos.
Esperamos tua clemência
e que vejas, assim esperamos,
que neste caso te damos
por abono a inocência.

REI: Pois que não se pode averiguar
o sucedido por escrito,
mesmo sendo grave delito,

        por força se há de perdoar.
        É bom que comigo fique a vila
        se de mim se vale e obedeça,
        até ver se acaso se rejubila
        com um comendador que a mereça.

FRONDOSO: Sua Majestade fala, enfim,
        como quem é justo e honrado.
        E aqui, discreto senado,
        a Fuente Ovejuna se dá fim.

A DAMA BOBA

Assim chamam a Finea, bela mas tola, que tem uma irmã exemplo de gênio, Nise. O contraste entre ambas sustenta o arranque da obra. Finea dispõe de maior dote (um tio rico deixou-lhe como herdeira justamente para contrarrestar sua torpeza intelectual), mas seu prometido, descontente com a simplicidade da dama, prefere a irmã culta, enquanto Laurêncio, pretendente de Nise, inclina-se para Finea, atraído por seu dote.

Com este cruzamento de pretendentes e de damas inicia-se o crescimento intelectual de Finea que, uma vez enamorada, acha no amor a força que eleva seu engenho a uma altura maior do que a de Nise. A Finea caberá a solução da trama amorosa e a conquista e felicidade de todos. De uma primeira caracterização bastante diversa, passa Finea a ser um modelo de sensibilidade e fineza.

O fundo urbano pertence ao clima da comédia de capa e espada, mas, como apontam com inteligência Felipe Pedraza e Milagros Rodríguez, os lances e desafios, os enredos e labirintos servem apenas de pretexto à trama, que se inclina mais para uma reflexão de divertida e estilizada filosofia amorosa e neoplatônica, intensamente refletida em alguns versos, como o famoso soneto de Duardo, poema neoplatônico sobre a essência divina do amor, muito apreciado por Lope, que também o utiliza em *La Filomena*, e que mais tarde explica em uma carta a seu amigo Francisco López Aguilar (em *La Circe*, de 1624):

> A qualidade elementar resiste
> meu amor, a que a virtude celeste aspira,
> e nas mentes angélicas se mira,
> onde a ideia do calor consiste.
> Já não como elemento o fogo viste
> a alma, cujo voo ao sol admira,
> que de inferiores mundo se retira,
> onde o serafim, ardendo, assiste.
> Não pode elementar fogo abrasar-me,
> a virtude celestial que vivifica
> ambiciona o verme ao supremo alçar-me
> lá onde o fogo angélico me aplica
> como poderá mortal poder tocar-me
> se eterno e fim contradição implica?

Personagens

Liseo, *cavalheiro*
Turim, *lacaio*
Leandro, *cavalheiro*
Otávio, *velho, tio de Nise e Finea*
Miseno, *seu amigo*
Laurêncio, *cavalheiro*
Duardo, *cavalheiro*
Feniso, *cavalheiro*
Rufino, *professor*
Nise, *dama*
Finea, *irmã de Nise*
Clara, *criada*
Célia, *criada*
Pedro, *lacaio*

Músicos, um mestre de dança.

Ato I
Cena I

Portal de uma pousada em Illescas.
Liseo, cavalheiro, e Turim, lacaio, ambos a caminho.

LISEO: Que lindas pousadas!

TURIM: Frescas!

LISEO: Não se passa calor?

TURIM: Os percevejos com que se topa
    têm fama em toda a Europa.

LISEO: Lugar famoso Illescas!
    Não há o que iguale.

TURIM: Se soubesses a causa...

LISEO: Qual é?

TURIM: Dois meses
de ginjeiras floridas e de mentiras.

LISEO: Como aqui se juntam
a corte e os de Sevilha,
tudo se compartilha,
uns e outros se perguntam,
fatos das Índias se comenta
e há discursos largos,
compras de provisões e cargos,
coisas de que o vulgo se alimenta.
Não tomaste as medidas?
Turim - Uma dezena.

LISEO: E imagens?

TURIM: Sim, pela fé com que são admitidas,
por milagrosas em qualquer ocasião,
sempre as pede a devoção.

LISEO: Pois desse modo,
chegado o correio nos vamos.

TURIM: Não hás de comer?

LISEO: Esperar o guisado
nos leva tarde e atrasado,
e um marido há de chegar
quando ainda possa brilhar.

TURIM: Marin se atrasa com o repasto,
mas trago aqui comigo
o que se coma de antepasto.

LISEO: O que trazes?

TURIM: Já o verás.

LISEO: Fala.

TURIM: Espera.

LISEO: Mas és tonto!?

TURIM: Há quem não goste do nome.
Basta dizer que tu saberás depois.

LISEO: Então se entretém a fome
apenas dando-se nome aos bois?

TURIM: Hás de comer um pouquinho...

LISEO: Diz logo!

TURIM: Fiambre de toucinho.

LISEO: Quem não há de gostar
de ouvir um nome tão fidalgo?
Turim, se me hás de dar algo,
que mais podes me ofertar,
que pessoas como eu comem?

TURIM: Isto e uma bela caixa.

LISEO: Dá-me uma fatia do queijo de faixa
que o doce não é coisa de homem.

TURIM: Essas lições não são
de amante ou de casado.

LISEO: Verás quando em casa tiver chegado.

TURIM: As damas da corte são
todas um fino cristal:
transparentes e divinas.

LISEO: Turim, as mais cristalinas
dele comerão.

TURIM: É natural!
Mas esta formosa Finea,
com quem casar te vais,
comerá?

LISEO: O que achas?

TURIM: Acho que suspenderá,
já a partir de amanhã,

o açúcar, o maná e a passa.

LISEO: Para manter a graça.

TURIM: E o que pensas dar à sua irmã?

LISEO: A Nise, sua irmã tão bela,
uma rosa de diamantes,
para que tenham os amantes
mais firmeza com ela;
e uma corrente também
para pendurar a rosa.

TURIM: Dizem ser muito formosa.

LISEO: De minha esposa não fica aquém,
se crédito dou à fama;
mas pouco sei de sua irmã.
A mim me basta que essa cristã
dê-me o que se estima e ama.

TURIM: Belo golpe com dinheiro.

LISEO: São quarenta mil ducados.

TURIM: Grande dote e alvissareiro!

LISEO: Se bem contados,
como espero.

TURIM: De um cavalo engalanado
e com estribos de pau
se apeia um fidalgo moço.

LISEO: Será muito mau,
se me pões o almoço.

Cena II

Aparece Leandro, a caminho.

LEANDRO: Hóspedes, tendes do que comer?

LISEO: Sede bem-chegado.

LEANDRO: Vós seguis para o meu lado?

LISEO: Madri?

LEANDRO: Deixei-a ontem ao amanhecer,
   cansado de não sair
   e cansado de pretensões.

LISEO: Gostaríamos de convosco seguir,
   se não for causa de amofinações.

LEANDRO: Se ides para onde imagino,
   que Deus não o permita.

LISEO: Vou a negócio feito, ao meu destino.
   E vós, sois desta Madri tão bonita?

LEANDRO: Sim, sou do lugar.

LISEO: Então podeis conhecer
   a pessoa que vos nomear.

LEANDRO: Madri é um tabuleiro de peças
   com suas ruas e travessas.
   As damas, bispos e reis
   têm casas por suas leis;
   os demais, que vão e vêm,
   são simples peões ou ninguém;
   e tudo o mais é confusão.

LISEO: Otávio não é um peão bisonho.

LEANDRO: Se for quem suponho,
   é peça de estimação.

LISEO: Vos digo que é de nobre talho
   e pai de duas filhas.

LEANDRO: Já sei quem,
   mas diria também
   que uma é palma e outra carvalho.

LISEO: Como?

LEANDRO: Ambas o são;
   a bela Nise é a palma,

>   Finea o carvalho sem alma,
>   só discurso de razão.
>   Nise é mulher discreta,
>   sábia, entendida,
>   enquanto Finea retraída,
>   boba, indigna e indiscreta.
>   E penso que ouvi falar
>   que a casavam...

LISEO (*para Turim*): Escuta!

LEANDRO: Mas não há quem discuta
>   que não a podem igualar
>   no riquíssimo dote;
>   mas ai do infelicitado
>   que espera um besta ao lado!
>   Pois mais de um marquesote,
>   pela cobiça do dinheiro,
>   deseja a tontice desta dama,
>   e luta e se proclama
>   ser o dono do terreiro.

LISEO (*para Turim*): Com isso me desconcerto.
>   Que gentilezas me esperam!

TURIM (*a Liseo*): Dissimula.

LISEO (*a Turim*): Nem falar acerto.
>   Enfim senhor, Nise é bela,
>   sábia e comedida?

LEANDRO: É celebrada,
>   como única e desejada
>   por tudo o que há nela
>   e por gente engrandecida.

LISEO: Tão néscia é essa Finea?

LEANDRO: Pareceis sentir que o seja.

LISEO: É que sendo do mesmo sangue
>   vejo coisas bem desiguais.

Mas em dote, como são?
Por serem irmãs, com mais razão
imagino que sejam iguais.

LEANDRO: Ouvi dizer que um irmão
de seu pai deixou a Finea esta fazenda
porque viu que seria em vão
casá-la com homem de mesmo nascimento,
suprindo seu parco entendimento
com esta prenda.

LISEO: Fez ele mal.

LEANDRO: Antes bem.
Porque com ela virá a ser
como Nise.

TURIM: Vais comer?

LISEO: Dispõe o que disseste, logo,
ainda que possa não querer.

LEANDRO: Desejais outra coisa?
Que eu me despeço.

LISEO: Apenas vos servir. (*À parte*): A que esposa e destino me arremesso!

Sai Leandro.

Cena III

Turim e Liseo.

TURIM: O que faremos?

LISEO: Monta a cavalo
que já não quero comer.

TURIM: Não te aflijas, porque nada foi feito.

LISEO: Talvez me possa matar, já suspeito,
 se é tola essa mulher.

TURIM: Não diga "sim", se houver risco.
 Quem te pode obrigar?

LISEO: Só por vê-la não me há de matar,
 ainda que fosse um basilisco.

TURIM: Claro que não, senhor.

LISEO: Quem sabe me reconforte
 que, sendo tão esclarecida,
 Nise me dará a vida,
 mesmo que a outra me queira a morte.

Saem.

Cena IV

Sala em casa de Otávio, em Madri.
Aparecem Otávio, velho, e Miseno, seu amigo.

OTÁVIO: Essa foi a intenção de Fábio.

MISENO: E dela vos parece queixar.

OTÁVIO: Bem mal emprega
 tanto esforço meu irmão. Não foi sábio,
 pois o bom senso renega.

MISENO: Se por deixar a fazenda vos afrontou,
 não vos posso julgar.

OTÁVIO: Foi para Finea que deixou,
 e o benefício tanto rende e aumenta,
 que a todos nós sustenta.

MISENO: Deixou para quem mais lhe parecia
 ser sua sobrinha.

OTÁVIO: Vós andais bem discreto.

Quem herdou sua tolice
herdou também o seu afeto.

MISENO: De Nise, a conhecida meiguice,
as esperanças e o senso reto
vos devem ter apaixonado.
Quem duvida que a ela sois inclinado?

OTÁVIO: Ambas são filhas, mas vos juro
que me enfadam, me cansam cada uma
em seu caminho, quanto mais procuro
mostrar amor ou inclinação por alguma.
Se Finea é simples, de juízo obscuro,
a suprem os bens da fortuna
e alguns que lhe deu a natureza,
fazendo-a grande em beleza.
Mas ver Nise tão discreta e cativante
mais me consome e martiriza,
quanto de bem falada e elegante,
o povo a aplaude e soleniza.
Se me casasse agora (não vos espante,
que imaginar a hipótese me autoriza),
entre a boba e a mulher que se aprecia,
a boba certamente escolheria.

MISENO: Não digais isso, por Deus, que estão sujeitas
a não acertar em nada.

OTÁVIO: Cometeis um engano,
porque não trato aqui das menos perfeitas;
só às bacharelas desengano.
Mas de virtude e honestidade são feitas.

MISENO: Ter filho a cada ano
é um assunto ou argumento
que vós não quereis no momento.

OTÁVIO: Consiste a discrição de uma casada
em amar e servir a seu marido;

em viver recolhida e recatada,
honesta no falar e no vestir;
em ser da família respeitada,
saber retirar a vista e ouvir,
em ensinar os filhos, cuidadosa,
apreciada por ser limpa, mais do que formosa.
Para que quero eu que a bacharela,
minha própria mulher, conceitos me diga?
O casamento de Nise me exaspera,
pois o que é de mais ou de menos me afadiga.
Que a virtude em seu meio termo prossiga:
que Finea fosse mais e Nise menos soubera.

MISENO: Falais com juízo e gravemente.

OTÁVIO: Se todos os extremos têm vício,
eu estou, por justa causa, descontente.

MISENO: E o que pensais de vosso genro?

OTÁVIO: Aqui o meu ofício,
o de pai, percebe claramente:
caso Finea, o que é notável indício
de que a lei do mundo é do ouro dependente.
Nise, que tão sábia e douta se confessa,
mal atrai um homem que a peça.
Pela simplória Finea, em todos os instantes,
me solicitam tantos pretendentes,
do ouro e não do engenho amantes,
que me cansam amigos e parentes.

MISENO: Parecem haver razões bastantes.

OTÁVIO: Uma eu encontro, das mais evidentes,
e é buscar num homem em todo o estado
o que mais lhe falta e com mais cuidado.

MISENO: Não entendi muito bem.

OTÁVIO: Estai atento.
Nenhum homem vem a pensar,

Miseno, que lhe falte entendimento,
e assim não se põe a procurar.
Vê que o ouro lhe falta no sustento
e só por ele se quer esforçar,
pois como de sua falta entende,
deixa o entendimento pelo que compra e vende.

MISENO: Verdade. Nenhum homem aqui nascido
se queixa de faltar-lhe entendimento.

OTÁVIO: Pois muitos não têm prurido
e suas obras são claro argumento.

MISENO: Voltemos a Nise.

OTÁVIO: Me deixa aborrecido
seu soberbo julgamento.

MISENO: Pois um casamento
eu vos trago.

OTÁVIO: Pois casêmo-la, que temo
algum disparate em extremo.

Saem.

Cena V

Nise e Célia, a criada.

NISE: Deu-te o livro?

CÉLIA: Sim, e me obriga
a não abrir ou tocá-lo.

NISE: E por quê?

CÉLIA: Para não sujá-lo,
se queres que te diga.
Vem em suave pergaminho
e muita folha dourada.

NISE: Heliodoro é poeta de visão alargada
    e sua trilha, um bom caminho.

CÉLIA: Poeta? Pois me pareceu
    prosa.

NISE: Também há poesia
    em prosa.

CÉLIA: Disso não sabia.
    Olhei o começo e me aborreceu.

NISE: É que não se dá a entender,
    por ardis e simulação,
    até o quinto livro, quando então

    tudo se aclara e se vem a saber
    do que consta nos outros quatro.

CÉLIA: Enfim, é poeta em prosa?

NISE: E de uma história amorosa,
    digna de aplauso e teatro.
    Há duas prosas diferentes:
    a poética e a da história.
    Esta, se não contraditória,
    conta verdades patentes,
    em frases e termos claros;
    já a poética é mais formosa,
    vária, culta e licenciosa,
    ou dada a engenhos raros.
    Possui mil exortações
    e as mais variadas figuras.

CÉLIA: Por que coisas tão obscuras
    têm esse valor?

NISE: Não lhe ponhas objeções,
    que assim no mundo
    corre e se quer o engano.

Cena VI

Aparecem Finea, com algumas cartilhas, e Rufino, o professor.

FINEA: Nem em todo o ano
    saberei essa lição.

CÉLIA (*para Nise*): Tua irmã e o professor.

NISE: Sabe as letras já?

CÉLIA: No começo ainda está.

RUFINO: Paciência é o que me devo impor.
    Que letra é essa?

FINEA: Uma letra será.

RUFINO: Letra?

FINEA: E outra coisa se nota?

RUFINO: O que mais seria? (*à parte:*) Formosa idiota!

FINEA: Está bem, se são sinais,
    uma letra deve ser,
    mas fugida do colégio.

RUFINO: Não digas sacrilégio.
    É a letra K. Não se costuma ter
    em nossa língua jamais.
    Se usa na Alemanha
    e também no País Baixo.

FINEA: Que distinta façanha,
    mas não me encaixo.

RUFINO: Essas aqui são letras também.

FINEA: Há tantas assim?

RUFINO: Vinte e três elas são.

FINEA: Mas vamos com a lição
    que te direi muito bem.

RUFINO: Qual é esta?

FINEA: Esta? Não sei.

RUFINO: E esta?

FINEA: Não sei o que responda.

RUFINO: E esta?

FINEA: Qual, a redonda?
   É uma letra!

RUFINO: Muito bem!

FINEA: Acertei?

RUFINO: Linda besta.

FINEA: Isso, isso.
   Besta, por Deus, se chamava,
   mas não me lembrava.

RUFINO: Esta é R, e esta é I.

FINEA: E se tiveres errado?

NISE: (*à parte*:) Que padecimento, que situação!

RUFINO: Repita aqui: B, A, O, til, bão.

FINEA: E aonde vão?

RUFINO: Que gentil cuidado!

FINEA: Que se vão, não me dizias?

RUFINO: São letras. Olha bem.

FINEA: Estou olhando.

RUFINO: B, E, M, bem.

FINEA: Onde?

RUFINO: Onde nunca mais
   te possa ver!

FINEA: *Vem*, não disseste? Pois já vou.

RUFINO: Estou enlouquecendo!
   É impossível que tu aprendas.
   Por Deus que vou te dar com a palmatória.

FINEA: Tu em mim?

RUFINO (*tirando uma palmatória*): Mostra a mão.

FINEA: Ei-la aqui.

RUFINO (*bate-lhe*): Aprende a soletrar.

FINEA: Ai, cachorro, isso é a palmatória?

RUFINO: Pois o que pensavas?

FINEA: Aguarda!...

NISE: Ela te mata!

CÉLIA: Já vem tarde a tua ajuda.
    Deixa de ser discreta.

RUFINO (*apanha de Finea*): Ai que ela me mata!

NISE: Mas o que é isso? Em teu professor?

FINEA: Me deu motivo.

NISE: Como?

FINEA: Me enganou.

RUFINO: Eu te enganei?

NISE: Diz logo.

FINEA: Estava aprendendo aqui
    a letra besta e a Ká

NISE: A primeira já sabes já.

FINEA: Pois foi assim que aprendi.
    Tirou um pedaço de pau,
    com uma bola na ponta,
    e me fez uma afronta
    que nunca vi igual.
    Logo que a mão me pegou,
    bateu-me de forma cruenta;
    agora arde como pimenta.
    e só por sorte não quebrou.

NISE: Quando o aluno ignora,
 o mestre tem essa licença.

FINEA: Não há quem me convença.

RUFINO: Ainda que fosse, senhora,
 vosso pai de outra opinião,
 não lhe daria outra lição.

Sai.

Cena VII

Nise, Finea e Célia.

CÉLIA: Se foi.

NISE: Tu não tens razão.
 Aprender e sofrer coincidem.

FINEA: Mas as letras que ali estão
 já não as conheço bem?
 Venho quando dizem *vem*,
 e vou quando dizem *vão*.
 O que quer o professor
 quebrando-me a cabeça
 com *bão, bim, bom*?

CÉLIA (*à parte*): Que joia tem o rei!

NISE: Nosso pai quer que aprendamos.

FINEA: O padre nosso eu já sei.

NISE: Falo apenas do nosso, que compartilhamos.
 Para te exercitar a memória foi o castigo.

FINEA: Que me ponha um fio no dedo
 mas não me bata na palma.

CÉLIA: Te aflige a alma?

FINEA: Fico morta de medo!
   E não me responda,
   que verás o que te darei.

Cena VIII

Entra Clara, a criada.

CLARA (*para Finea*): Topei contigo, por fim.
NISE: As duas amigas se juntaram.
CÉLIA: A ninguém mais quer
   entre as criadas.
CLARA: Dá-me as boas-vindas, e bem dadas,
   como a ocasião requer.
FINEA: E por quê?
CLARA: Nossa gata já pariu, a Romã.
FINEA: Tens certeza?
CLARA: Foi nesta manhã.
FINEA: Pariu no telhado?
CLARA: Não.
FINEA: E onde, então?
CLARA: Num aposento,
   seguindo, por certo,
   o seu entendimento.
FINEA: És uma mulher notável.
CLARA: Pois escuta um momento.
   O sol saía, por onde costuma,
   belo e garboso,
   com trajes do rei,
   rosado e amarelo;
   andavam os carroções

afastando os humores
que caem à noite em Madri,
apregoando o aguardente,
a água de vinho,
os vendedores de carne
e de laranjas, aos gritos.
As grandes rendas dormiam,
acordavam os ofícios,
moíam os boticários
nos seus almofarizes
quando a gata de casa
começou, com mil suspiros,
a dizer: "ai, ai, ai,
que quero parir, marido".
Focinhomocho se levantou
e foi correndo contar
à sua família e parentes,
que devem ser mouriscos,
porque a linguagem que falavam,
com voz aguda de coroinha,
é um jargão deles,
não é fala nossa nem latim.
E veio uma gata viúva,
vestida de branco e negro,
gorda e de focinho grande;
e se o que arrasta honra,
como dizem os antigos,
é muito honrada pelo rabo,
como outros por seus ofícios.
Lhe trouxe um pouco de nata,
comeu e se preparou
para receber o parto.
Houve muitos gritos,
sem brincadeira, e pariu seis gatos,
tão manchados e lindos

que poderiam, se fossem pios,
estar no carro mais opulento.
Felizes, baixaram
dos telhados vizinhos,
das chaminés e terraços,
toda a parentela e os amigos:
Lamicola, Aranizaldo,
Marfuz, Marramau, Micilo,
Tumbolín, Miturro,
Mico e Rabocurto;
uns vestidos de pardo,
outros de branco vestidos,
outros com forro de marta,
de couro e capotinhos.
Para a festa veio de negro
o galhardo Golosino,
porque estava de luto
por seu pai, depois do gaticídio.
Ela faz como a égua,
como o peixe e a cabrita,
como o pardal astuto
e a pomba simplória.
Agora estão conversando
no senado gatesco,
divertindo-se, para maior alegria.
Vem logo, que os ouvindo
dirás que parecem crianças;
e darás à parida
os parabéns pelos filhos.

FINEA: Para meu gosto,
não me poderias contar um caso
de maior contentamento.

CLARA: Caminha, vamos.

FINEA: Atrás de ti.

Vão-se Clara e Finea.

Cena ix

Nise e Célia.

NISE: Tem loucura semelhante?
CÉLIA: Clara é boba também.
NISE: E por isso se querem bem.
CÉLIA: Se assemelham bastante,
      mas acho que Clara
      é mais velhaca do que boba.
NISE: Com isso a engana, não sendo proba.

Cena x

Aparecem Duardo, Feniso e Laurêncio, cavalheiros.

DUARDO: Aqui, como estrela clara,
      a sua beleza nos encaminha.
FENISO: E ainda é do sol sua luz pura.
LAURÊNCIO: Senhora da formosura!
DUARDO: Oh, Nise!
FENISO: Oh, senhora minha!
NISE: Cavalheiros...
LAURÊNCIO: Por vossos saberes sutis,
      e vosso engenho letrado,
      de um soneto de Duardo
      vos pedimos ser juiz.
NISE: A mim, que sou irmã de Finea

e dela tenho o mesmo sangue?

LAURÊNCIO: Se isso vos consola,
sois sibila espanhola,
não Cumana ou Eritreia;
a vós, por quem já as Graças
são quatro e as Musas gentis,
é justo vos fazer de juiz.

NISE: Se ignorâncias e desgraças
trouxessem para julgar,
seria justa a eleição.

FENISO: Vossa rara discrição,
impossível de louvar,
foi justamente a eleita.
Ouvi, senhora, a Duardo.

NISE: Ouçamos o soneto, que aguardo,
ainda que indigna e imperfeita.

DUARDO: "A qualidade elementar resiste,
meu amor, que a virtude celeste aspira,
e nas mentes angélicas se mira,
onde a ideia do calor consiste.
Não já como elemento o fogo viste
a alma, cujo voo ao sol admira;
que de inferiores mundo se retira
para onde o serafim ardendo assiste.
Não pode elementar fogo abrasar-me.
A virtude celestial que vivifica,
inveja o verme ao supremo alçar-me,
onde o angélico fogo me aplica;
como poderá mortal poder tocar-me
quando o eterno e o fim a contradição implica?"

NISE: Nada entendi, do começo ao fim.

DUARDO: Pois mais de um já disse,
talvez por fanfarronice

ou arrogância: "eu sim".
A intenção ou argumento
é pintar a quem se entrega
já livre do amor que cega
à luz do entendimento,
à alta contemplação
daquele puro amor sem fim
onde é fogo o serafim.

NISE: O argumento e a intenção
estão agora entendidos.

LAURÊNCIO: Conceitos profundos.

NISE: Que as palavras escondem.

DUARDO: Três fogos que correspondem,
formosa Nise, a três mundos,
e dão fundamento aos demais.

NISE: Poderias então discriminar.

DUARDO: Qualidade elementar
é o calor dos corpos animais;
a celestial é uma virtude
que aquece e cria com o ardor,
e a angélica é a ideia do calor.

NISE: Com inquietude
escuto o que não entendo.

DUARDO: O nosso elemento é o fogo.

NISE (*a Feniso e Laurêncio*): Vós entendeis a ideia e o jogo?

DUARDO: O sol que estais vendo,
no céu é fogo material;
seráfico é o fogo ideal;
e assim diferem os três.
O que elementar se chama
abrasa quando se aplica;
o celeste vivifica

e o sobreceleste ama.

NISE: Não discorras mais, por favor.
Vai-te a uma escola.

DUARDO: Tu és uma, e eu o auditor.

NISE: Não ouço mais essa parola.
Põe-te a escrever, que é fácil.

DUARDO: Platão,
que escreveu sobre coisas divinas,
pôs-lhe véus e cortinas,
porque assim o são,
enigmas e matemáticas figuras.

NISE: Ouve isso, Laurêncio!

FENISO (*a Duardo*): Ela te impôs silêncio.

DUARDO: Temeu as coisas escuras.

FENISO: É mulher.

DUARDO: A claridade
é bastante almejada,
seja escrita ou falada.

NISE (*à parte, para Laurêncio*): Ainda tens veleidade?

LAURÊNCIO: Como tu a tens em ti.

NISE: Eu a ti te retribuo bem.
Mas não me tragas contigo quem
me impeça de falar-te assim.

LAURÊNCIO: Eu, senhora, humildemente,
aos teus olhos não me atrevo,
pois veem despojos somente
e quase nenhum relevo.
Mas se quiseres a alma olhar,
a acharás forte e rica
da fé que ao amor se dedica.

NISE: Um papel te quero dar;

Mas como poderá ser,
para que deles não seja visto?

LAURÊNCIO: Se o que desejas é isto,
e me queres favorecer,
lápis e papel te passo atrevido,
se fingires ter caído.

NISE (*fingindo um desmaio*): Jesus!

LAURÊNCIO: O que é isso?

NISE: Perdi o sentido.

LAURÊNCIO: Alegra-me como agiste.

NISE: Que se responda à alusão,
pois não há amor sem ação.

LAURÊNCIO: O amor em obras consiste.

NISE: Meu Laurêncio, adeus, guarda tua jura.
Duardo e Feniso, desculpai-me a rudeza.

DUARDO: Que tenhas tanto ventura
quanto tens de beleza.
Vão-se Nise e Célia.

Cena XI

Duardo, Laurêncio e Feniso.

DUARDO (*a Laurêncio*): O que ela te disse do soneto?

LAURÊNCIO: Que é muito extremado.

DUARDO: Vós haveis murmurado
porque fazeis versos em dueto.

LAURÊNCIO: Já não é mister fazê-los
para saber murmurá-los;
pois se atreve a censurá-los
quem não se atreve a entendê-los.

FENISO (*a Laurêncio*): Nós dois temos o que fazer;
   por isso dá-nos licença.

DUARDO: Não tomes como ofensa,
   mas devemos nos ausentar.

LAURÊNCIO: Deixai de malícia.

FENISO: Não digas tal.
   A divina Nise é tua,
   ou pelo menos se insinua.

LAURÊNCIO: Pudera eu ter igual.

Saem Feniso e Duardo.

Cena XII

Laurêncio, só.

LAURÊNCIO: Sem dúvida sois belo, pensamento,
   e ainda honesto, além de formoso;
   se é qualidade do bem ser proveitoso,
   numa parte de três falta alento.
   Nise, com divino entendimento,
   te enriquece de um amor ditoso;
   mas tens um dono pobre, e é forçoso,
   na necessidade, faltar contentamento.
   Bem, pensamento, deixa o assunto quieto:
   se vou néscio atrás de ti, me canso;
   se vieres atrás de mim, sê discreto.

Cena XIII

Entra Pedro, lacaio de Laurêncio.

PEDRO: Que bobagem procurar-te
fora deste lugar.

LAURÊNCIO: Bem poderias me achar
com a alma em outra parte.

PEDRO: Logo, ela não está aqui, não é assim?

LAURÊNCIO: Pôde um pensamento
reduzir seu movimento
dentro ou fora de mim?
Não vês que no relógio o ponteiro
sempre está firme num lugar,
mas se move o tempo inteiro
para a hora acompanhar?
Num momento marca uma
e logo depois já não está?
Que assim minh'alma vá,
sem fazer mudança alguma,
da casa em que me vês,
desde que Nise investiu
e às doze horas subiu,
que é o número da altivez.

PEDRO: Como foi essa mudança?

LAURÊNCIO: Como o ponteiro estou,
e de um em um me vou
e todo o círculo alcança.
Falavas de Nise?

PEDRO: Sim.

LAURÊNCIO: Pois falo de Finea.

PEDRO: Queres que te acredite?

LAURÊNCIO: Por que não, se há uma boa causa?

PEDRO: Então, diga.

LAURÊNCIO: Nise é a uma hora formosa,
e as doze são Finea,
bendita Galatea,
mais tranquila e copiosa.
Nas doze, hora oficial,
há descanso e basta-lhe ser
hora utilíssima de comer,
tão precisa e natural.
Com Finea se enseja
a hora do sustento,
o necessário alimento
que o homem deseja.
Deem-me as doze horas
que sou pobre sem merecer
e a mulher, dando-me de comer,
faz-me grandes melhoras.
Nise é agora infortunada
e o meu signo desvairado,
nem redondo nem quadrado,
olha-me com a face acautelada.
Finea é agora solvente
e Júpiter benigno,
a quem me persigno,
vê-me de modo benevolente.
Entendo que a Finea dando
todos os meus cuidados,
em quarenta mil ducados
vou-me resguardando.
Esta, Pedro, de hoje em diante
há de ser a minha empresa.

PEDRO: Com toda tua agudeza
uma suspeita inda é bastante.

LAURÊNCIO: Qual?

PEDRO: Que te hás de arrepender
por ser boba essa mulher.

LAURÊNCIO: Quem, podendo comer
e descansar, se lhe convier,
não se satisfaria?
Pois isso vem com ela.

PEDRO: A Nise, discreta e bela,
quem não preferiria,
ao invés de uma ignorante?

LAURÊNCIO: Que tolo conselheiro!
Não vês que o sol do dinheiro
vai claramente adiante?
Quem é pobre é tido por tolo,
quem é rico por sábio é tido;
no nascer não há culpa ou dolo,
por notável que tenha sido,
que o dinheiro não encubra;
nem há falta na natureza
que com a amarga pobreza
não se aumente e se descubra.
A Finea pretendo namorar.

PEDRO: Já me ponho a duvidar
se num gênio tão fechado
haja porta por onde entrar.

LAURÊNCIO: Eu sei qual.

PEDRO: Pois eu não.

LAURÊNCIO: Clara, a criada tão tola quanto ela.

PEDRO: Suspeito ser mais astuta que a patroa dela.

LAURÊNCIO: Vamos nós dois namorá-las, então.

PEDRO: Mais fácil será a alcoviteira.

LAURÊNCIO: O que me assegura de alguma maneira.

PEDRO: Elas vêm aí. Dissimula.

LAURÊNCIO: Diretamente em minha mão.

PEDRO: Como pode um bom cristão
enamorar-se de uma mula?

LAURÊNCIO: Possui um lindo rosto e o talhe também.

PEDRO: Assim fosse a alma, porém...

Cena XIV

Aparecem Finea e Clara.

LAURÊNCIO: Sei agora,
   bela senhora,
   que não apenas vem
   o sol das partes orientais
   pois vossos olhos detêm
   luzes e raios fenomenais,
   mas que quando quereis
   mais força dais ao meio-dia.
   Agora, o que fareis?

FINEA: Comer é o que queria,
   não coisas sem gosto e cheiro,
   mas sim saborosas.

LAURÊNCIO: Essas estrelas formosas,
   e esses noturnos luzeiros,
   me deixam fora de mim.

FINEA: Se com estrelas andais,
   ficareis resfriado e nada mais.
   Dormi cedo, isso sim,
   e não esqueceis do cobertor.

LAURÊNCIO: Não entendeis que vos tenho amor,
   puro, honesto e sem fim?

FINEA: E o que é amor?

LAURÊNCIO: Amor? É desejo!

FINEA: De quê?

LAURÊNCIO: De uma coisa formosa.

FINEA: De ouro, de pedra preciosa?
Lindas são essas coisas que vejo.

LAURÊNCIO: Não, mas da formosura
de uma mulher como vós,
e quer Deus que esses nós
sejam o fim que se procura.
E a beleza que possuis
gera em mim o desejo.

FINEA: E o que faço se já vejo
que tanto amor atribuis?

LAURÊNCIO: Querer-me. Não é sabido
que amor com amor se paga?

FINEA: Não sei como acende ou apaga,
porque não me havia sucedido.
Nunca vi em cartilha ou folhetim,
e minha mãe não me ensinou.
Vou perguntar a quem já provou.

LAURÊNCIO: Esperai, que não é bem assim.

FINEA: E é como?

LAURÊNCIO: Dos meus olhos sairão
alguns raios bem vivos,
como espíritos transitivos
de sangue e fogo em clarão,
que se encontrarão com os vossos.

FINEA: Não senhor, arredai!
Nada de espírito me atrai.

LAURÊNCIO: São os espíritos nossos
 que juntos hão de acender
 e causar um fogo doce,
 como se uma tremura fosse,
 até que se chegue a ver
 a alma em ascensão,
 que se dá por fim no casamento,
 quando neste santo intento
 se juntam os amores então,
 porque a alma que tenho
 vos invade e abraça.

FINEA: Casando, tudo isso se passa?

PEDRO (*para Clara*): Como te disse, com ele venho,
 tão desejoso do teu amor,
 que a ocasião não deixei.

CLARA: Amor? E o que é, que não sei?

PEDRO: É loucura, é furor!

CLARA: Então, louca devo ficar.

PEDRO: É uma doce loucura,
 com a qual, com grande candura,
 os homens costumam adotar.

CLARA: Eu farei o que minha patroa fizer.

PEDRO: Na ciência do amor,
 mesmo o mais rude lavrador
 só um pequeno curso requer.
 E começando a querer,
 adoece a vontade
 de uma doce enfermidade.

CLARA: Não me peças para ter,
 pois não tive na minha vida
 a não ser frieira.

FINEA: Me agrada a lição sobre raios e fogueira.

LAURÊNCIO: Tu verás ainda, querida,
    como o querer transporta,
    como o amor é luz do entendimento.

FINEA: Me convém o casamento.

LAURÊNCIO: E a mim ele me importa.

FINEA: Me levais a vossa casa
    e ali me mantereis também?

LAURÊNCIO: Sim, senhora.

FINEA: E assim está bem?

LAURÊNCIO: É justo para quem se casa.
    Vossa mãe e vosso pai
    se casaram assim.
    e disso nascestes.

FINEA: Eu?

LAURÊNCIO: Claro que sim.

FINEA: Quando se casou meu pai
    eu não existia tampouco?

LAURÊNCIO (à parte): Que enorme ignorância.
    Acho que esta ganância
    começa a me deixar louco.

FINEA: Acho que meu pai ali vem.

LAURÊNCIO: Então me vou. Mas lembrai-vos de mim.
    Sai Laurêncio.

FINEA: Não é que me agrada!

CLARA: Se foi?

PEDRO: Sim,
    e segui-lo me convém.
    Guarda-me na memória.
    Sai Pedro.

CLARA: Já vais? Mas como?

Cena XV

Clara e Finea.

FINEA: Viu, Clara?
  O amor, quem pensara,
  seria tal coisa.

CLARA: Não há guisado
  que tenha mais minudências
  de tripas, cabeças e pés.

FINEA: Meu pai, de frente ou de viés,
  anda com mil impertinências;
  tem assuntado me casar
  com um cavalheiro indiano,
  sevilhano ou toledano.
  Muitas vezes me veio falar
  e na última me tirou
  de uma carta um retratinho
  bem composto e bonitinho
  e logo que o olhou
  me disse: "toma, Finea,
  que é teu marido". E se foi.
  Como não tinha sabido
  o que fosse casar
  já o fizera de marido,
  quer dizer, só a cara
  e a blusa do peito. Mas, Clara,
  que importa que seja polido,
  se é bruto ou tem graça,
  se da cintura não passa
  tudo o que se pode ver?

CLARA: Estás coberta de razão.
  Tens ele aí?

FINEA (*tirando o retrato*): Veja aqui.

CLARA: Boa cara e bom corpo.

FINEA: Sim, mas não passa do gibão.

CLARA: Se vens a casar-te...

FINEA: Não há que casar;
Que se vá daqui por fim,
com suas pernas e comichão.

CLARA: E ainda caça com cão,
que o moço quer morder-me a mim.

Cena XVI

Aparecem Otávio e Nise.

OTÁVIO: Dizem que entrou com a posta
pela rua de Toledo.

NISE: E como não chegou ainda?

OTÁVIO: Alguma coisa aconteceu.
Estou com medo por Finea.

NISE: A noiva está aqui, senhor.

OTÁVIO: Filha, não sabes?

NISE: Não sabe.
Essa é toda a sua desgraça.

OTÁVIO: Já está em Madri o teu marido.

FINEA: Tua memória é sempre pouca.
Não me disseste com o retrato?

OTÁVIO: Essa é apenas a figura
que estava retratada.
O vivo chega agora.

Cena XVII

Entra Célia.

CÉLIA: Aqui está o senhor Liseo,
 chegado com a posta.
OTÁVIO: Olha, Finea, seja prudente
 e muito senhora.
 Trazei assentos e almofadas.

Cena XVIII

Aparecem Liseo, Turim e criados.

LISEO: Tomo a licença
 por vir a ser vosso filho.
OTÁVIO: E por nos dar a honra.
LISEO: Agora, senhor, dizei-me:
 quem das duas é minha esposa?
FINEA: Eu, não vê?
LISEO: Bem mereço vossos braços.
FINEA: Assim depressa, não importa?
OTÁVIO: Podes abraçá-lo.
FINEA: Clara!
CLARA: Senhora...
FINEA: Agora ele vem com pernas e pés.
CLARA: Isso é brincadeira ou linguagem de doido?
FINEA: Vê-lo só do meio para cima
 me dava maior aflição.
OTÁVIO: Abraçai vossa cunhada.

LISEO: A fama não é enganosa
    quando fala de vossa formosura.

NISE: Sou vossa servidora.

LISEO: O que é o entendimento!
    Toda a Espanha se alvoroça;
    de divina Nise vos chamam.
    Sois discreta e formosa,
    e formosa ao extremo.

FINEA: Ei, como se requebra para a outra,
    se vens a ser meu marido?
    Deixaste de ser bobo?

OTÁVIO: Cala-te, louca.
    Sentai-vos, filhos.

LISEO: Turim!

TURIM: Senhor?

LISEO (*à parte*): Que linda tonta!

OTÁVIO: Como fostes de caminho?

LISEO: Com os desejos, irrita-se,
    pois sempre são mais longos.

FINEA: Poderias ter pedido
    o mulo do poço,
    que anda como se fosse uma pessoa.

NISE: Embora formosa e virtuosa,
    Finea tem este humor.

LISEO: Turim, trouxeste as joias?

TURIM: Os nossos ainda não chegaram.

LISEO: Que esquecimentos se perdoam
    aos criados nas viagens.

FINEA: Trazeis joias?

TURIM: (à parte: Com as joias se acomoda bem).

OTÁVIO: Tendes calor? Quereis algo?

LISEO: Água gostaria de pedir.

OTÁVIO: Vos fará mal só a água.
Tragam do que comer.

FINEA: Se tivessem vindo, como agora,
no sábado passado,
que eu e essa moça fizemos
um cozido de miúdos…

OTÁVIO: Calada, néscia.

FINEA: … muito especial, uma coisa linda!

Entram com água, toalha, salva e comida.

CÉLIA: A água está aqui.

OTÁVIO: Comei também.

LISEO: Ao vê-la, senhora, mais sede provoca.

FINEA: Ele bebe como uma mula.

TURIM (à parte): Que bela tirada!

OTÁVIO: Como estás enfandonha hoje.
Cala-te, por favor.

FINEA: Estás te molhando todo.
Espera que vou te limpar.

OTÁVIO: Vais enxugá-lo?

FINEA: O que me importa?

LISEO (*à parte*): Me arrancou meia barba!
Como é lindo seu namoro!

OTÁVIO: É preciso que descanseis.
(*À parte:*) Quero que leve Finea daqui.

LISEO (*à parte:*): O descanso vem tarde
e se perde com a má sorte.

OTÁVIO (*para as mulheres*): Agora, bem.
Entrai e arrumai vossos aposentos.

FINEA: Acho que minha cama sobra para os dois.

NISE: Não vês que as bodas não foram feitas?

FINEA: E o que importa?

NISE: Vem comigo.

FINEA: Lá para dentro?

NISE: Sim.

FINEA: Adeus.

LISEO (*à parte*:): Me sinto afogar.

OTÁVIO: Eu também, filho, me vou,
   para preparar as coisas
   que me cabem.
   Deus vos guarde.

Vão-se todos, menos Liseo e Turim.

Cena XIX

Liseo e Turim.

LISEO: Ai de mim.
   Não sei o que fazer
   nesta minha desventura.

TURIM: Queres abandonar o casamento?

LISEO: Não, Turim, a vida.
   Há uma boba tão espantosa?

TURIM: Lamento que o céu
   ponha num corpo tão belo
   uma alma tão estúpida.

LISEO: Ainda que estivesse casado
   à força, não a teria.
   A lei é plana e notória:

acertei casar com mulher sensata,
e me casam com uma besta do campo,
como uma tosca vilã.

TURIM: Logo, não te casarás?

LISEO: Mesmo com todos os bens
que se adquire ou se toma!
Além disso, o que pode parir
essa mulher, embora bonita e moça,
senão tigres, onças e leões?

TURIM: Nisso te enganas, pois vemos,
por experiências e histórias,
tantos filhos de pais sábios
que por serem néscios os desonram.

LISEO: É verdade que em Roma
Cícero teve Marco Túlio,
que era um cavalo, um camelo.

TURIM: E da mesma maneira,
consta que de pais estúpidos
costuma sair uma fênix.

LISEO: Turim, em geral,
e por forçosa consequência,
o semelhante se engendra.
Logo, que a palavra seja rompida;
rasguem-se cartas e assinaturas,
pois nenhum tesouro compra a liberdade.
Ainda se fosse Nise...

TURIM: Ah, como te comportas bem!
Dizem que se a um homem irado,
que colérico se atira,
lhe mostram um espelho,
olhando o reflexo de sua cara
se controla e desapaixona.
Assim, olhando o bom gosto

          de sua bela irmã,
          que é o reflexo da alma,
          logo temperaste o teu próprio gosto.

LISEO: Bem dizes, porque só ela,
          desgosto de seu pai,
          que como vês, me comove,
          pode me salvar, Turim.

TURIM: E não vais tratar da outra?

LISEO: Por que hei de trocar a vida
          pela morte temerosa,
          e o sol que doura os céus
          pela noite enlutada,
          e as serpentes pelas aves,
          as espinhas pelas rosas,
          e por um demônio um anjo?

TURIM: Digo que razão te sobra;
          o gosto não está no ouro,
          pois o ouro e as horas
          são coisas diversas.

LISEO: A partir de agora,
          renuncio a essa dama boba.

Ato II

Cena I

Sala que dá para um pátio, em casa de Otávio. Duardo, Laurêncio, Feniso.

FENISO: Já se passou um mês
          e Liseo não se casa.

DUARDO: Nem sempre se abrasa
          a ambição ou a cupidez.

LAURÊNCIO: Como Nise adoeceu,
   a causa já foi o bastante.

FENISO: Acho que a irmã ignorante
   foi o que, na verdade, o esmoreceu.

LAURÊNCIO: Parece ter chegado a calmaria.
   Temo que o amor há de ser
   bem mais difícil de acender
   em pedra tão dura e fria.

DUARDO: Tantos milagres tem feito
   em gente rústica o amor!

FENISO: Desconfio não haver tanto calor
   para dar alma a um rude peito.

LAURÊNCIO: O amor, senhores, tem sido
   aquele engenho profundo
   a que chamam alma do mundo,
   o doutor que tem mantido
   a cátedra das ciências;
   pois só com o amor
   aprende o homem a dispor
   de todas as suas afluências.
   Assim o sentiu Platão,
   e Aristóteles o disse,
   não sendo nenhuma tolice
   entendê-lo como contemplação.
   Desta aqui nasceu o admirar-se
   e do admirar-se nasceu
   o que como filosofia floresceu
   e na qual pôde fundar-se
   toda a ciência afinal.
   Ao amor se há de agradecer
   que o desejo de saber
   seja do homem natural.
   O amor, com sua amenidade,

deu ao homem o perceber,
deu leis para poder viver
em harmonia na sociedade.
Repúblicas o amor já fez
e dele nasceu a concórdia,
o perdão e a misericórdia
que a guerra desfez.
O amor deu língua às aves,
vestiu a terra de frutos
e, como terrenos enxutos,
rompeu o mar com naves.
O amor ensinou definir
altos e doces conceitos,
como as causas e os efeitos,
e ensinou a refletir
sobre o mais rude ou adverso;
da elegância foi professor
e ainda o inventor
foi do primeiro verso;
a música a ele se deve,
como também a pintura,
pois quem uma delas cura
bem sabe quanto a prescreve.
Se em Finea não viceja,
quando comece a amar
talvez se deixe pelo amor ensinar,
por impossível que seja.

FENISO: Assim se pensa fazer
e seu pai muito atento
de com este casamento
fazê-la amar e aprender.

DUARDO: Eu, cá por mim,
excluindo amor louco,
prefiro acreditar

> que não se deve amar
> os que sabem pouco.

FENISO: Que maldade!

LAURÊNCIO: Exagerada!

FENISO: Coisa difícil é saber.

LAURÊNCIO: Sim, mas é fácil crer
> quando pouco se sabe, ou nada.

FENISO: Que divino entendimento
> tem Nise.

DUARDO: Celestial!

FENISO: Como, sendo tolo o mal,
> teve ele o desplante
> de fazer concomitante,
> o engenho e o irrisório?

LAURÊNCIO: Porque de sofrer com o simplório
> costumam adoecer os sábios.

DUARDO: Ela aí vem.

FENISO: A razão
> Por ela se alegra e suspira.

Cena II

Nise, Célia, e os demais.

NISE (*à parte, para Célia*): A história muito me admira.

CÉLIA: Acho que os amores estão
> baseados no dinheiro.

NISE: Nunca fundou o seu valor
> sobre o dinheiro o amor,
> pois almeja a alma primeiro.

DUARDO: Senhora, para vossa saúde,
 todas as coisas que vos veem
 dão alegre parabém
 e adquirem vida e magnitude;
 pois com a vossa virtude
 o mal se eclipsou,
 e o sol a projetou
 como se quisesse tê-la;
 pois até ver vossa estrela
 a fortuna pelo tempo andou.
 Tal como a primavera
 sai com pés de marfins
 e o variado véu dos jardins
 se estende e prospera,
 e corre a água e verbera
 e disputam as flores
 sobre as mais belas cores,
 assim vós saís, mudando
 o triste tempo e semeando
 o campo de amores.

FENISO: Já se riem essas fontes
 e são pérolas o choro
 com que as estrelas em coro
 verteram nos horizontes;
 e as aves nos montes
 fazem da voz instrumento claro
 para cantar vosso encanto raro.
 Tudo corre para vos ver
 e tudo intenta vos oferecer
 sem desejar ser avaro.
 Se com ver vós fazeis
 tais efeitos agora,
 onde não há alma, senhora,
 se a puseres que fareis,
 que sinais de alegria

neste venturoso dia
depois de tantos pesares
sendo vós o sol de meus olhares,
sendo vós quem me extasia?

LAURÊNCIO: Cheguei a estar sem vida
nos tempos que não vos servia,
e foi o que mais sentia
embora sem culpa devida.
Passei por males vossos
como corpo de animais;
vós movimentos me dais,
e eu sou instrumento vosso;
em minha vida e saúde mostro
tudo o que vós passais.
Que me deem o parabém
pela saúde que vos habita
pois meu corpo vos imita
no mal que vos faz refém.
Sei que vos ofendi,
mas desculpas esboço,
quando o mal que foi nosso
só eu tê-lo devia,
e não vós, como temia,
pois sou o corpo vosso.

NISE: Penso que, por oposição,
todos me dão os cumprimentos

LAURÊNCIO: Assim são os julgamentos,
daqueles que vossos são.

NISE (*a Duardo e Feniso*): Diverti-vos, por minha vida,
colhendo-me algumas flores,
já que com suas cores
à diversidade vos convida.
Dai-me licença porque quero
com Laurêncio falar um pouco.

DUARDO: Quem ama ou sofre ou é louco
 ou bastante néscio.

FENISO: Tal prêmio espero.

DUARDO: Não são vãos meus receios e queixumes.

FENISO: Ela o deseja.

DUARDO: Eu farei
 um ramalhete de fé,
 mas semeado de ciúmes.

Vão-se Duardo e Feniso.

Cena III

Laurêncio, Nise e Célia.

LAURÊNCIO: Já se foram. Poderei,
 Nise, com meus braços,
 dar-te os parabéns por tua saúde?

NISE: Sai, fácil e fingido,
 lisonjeiro enganador,
 louco, inconstante e mutável,
 homem que num mês de ausência
 – e bem merece chamar-se
 a ausência de enfermidade –
 mudaste o pensamento!
 O que mal disseste em um mês,
 porque podes desculpar-te
 de acreditar em minha morte,
 mas se minha morte pensaste,
 com gracioso sentimento
 pagaste o amor conhecido
 mudando-o para Finea.

LAURÊNCIO: O que dizes?

NISE: Mas fazes bem;
   tu eras pobre, discreto,
   ela rica e ignorante;
   procuraste o que não tens,
   e o que tem, deixaste.
   Tens discrição e, em mim,
   a que antes celebravas
   deixas com muita razão.
   Dois talentos iguais
   não conhecem o superior;
   e por ventura imaginaste
   que eu quisesse o império
   que aos homens deve-se dar?
   O ouro que não tinhas
   quiseste conquistá-lo,
   namorando Finea.

LAURÊNCIO: Escuta...

NISE: O que há para escutar?

LAURÊNCIO: Quem te disse que fui
   em um mês tão inconstante?

NISE: Parece-te pouco um mês?
   Eu te desculpo, não fales,
   que a lua está no céu
   sem interesse pelos mortais,
   e em um mês, ou até menos,
   está crescente ou minguante.
   Tu estás na terra e, de Madri,
   onde há tantos vendavais
   de interesses entre os homens,
   não foi um milagre mudar-te.
   Diz-lhe, Célia, o que viste.

CÉLIA: Não te espantes, Laurêncio,
   De que minha senhora
   Assim te trate;

Sei que disseste a Finea
palavras de amor...

LAURÊNCIO: Tu me fazes, Célia,
tais testemunhos!?

CÉLIA: Tu sabes que são verdades;
E não apenas tu pagaste
Com ingratidão à minha senhora;
mas também Pedro, ele que tem
as chaves dos teus segredos,
ama Clara com ternura.
Queres que mais te declare?

LAURÊNCIO: Foram teus ciúmes, Célia,
e queres que eu os pague.
Pedro ama Clara, aquela boba?

NISE: Laurêncio, se o ensinaste,
por que finges a cegueira?
Pareces o astrólogo
que sempre dos males alheios
faz grandes prognósticos,
sem reparar nos seus.
Como empregas bem o teu engenho!
"De Nise confesso o belo talhe,
mas não é apenas o exterior
o que atrai os que bem sabem".
Ah, quem vos ouvisse juntos...
Deveis falar em rimas intercaladas,
porque um atilado e um néscio
não podem ser consonantes.
Ah, Laurêncio, que boa paga
de fé e de amor tão notável!
Bem dizem que os amigos
Se conhecem na prisão.
Eu adoeci com minhas tristezas,
Por não ver-te e falar-te,

> Chorando sangue muitas vezes.
> Por teu gosto passei
> Por mudanças, fraudes e traições;
> E tão duras foram
> Que pareciam diamantes.
> Agora, saiba: tudo acabou!

LAURÊNCIO: Ouve, espera...

NISE: O que pretendes?
> Pretendes tua boba rica,
> e eu farei com que se case
> mais depressa do que pensas.

LAURÊNCIO: Senhora!...

Cena IV

Entra Liseo, quando Laurêncio agarra Nise.

LISEO (*à parte*): Esperava para mais tarde
> os desencantos;
> mas o amor não quer que me engane.

NISE: Solta!

LAURÊNCIO: Não quero!

LISEO: O que é isso?

NISE: Laurêncio pede que eu rasgue
> uns versos que me deu,
> de certa dama ignorante,
> e eu digo que não quero.

LAURÊNCIO: Pode ser que consigas, Liseo.
> Roga a Nise.

LISEO: Se tenho algo para rogar-te,
> faz algo por minhas lembranças
> e rasga o que tu sabes.

NISE: Deixai-me os dois!

Saem Nise e Célia.

Cena v

Laurêncio e Liseo.

LAURÊNCIO: Que fúria!
LISEO: Me espanto que Nise
    te trate com tais rigores.
LAURÊNCIO: Pois não te espantes,
    que é um defeito em pessoas distintas
    não serem talvez afáveis.
LISEO: O que tens a fazer?
LAURÊNCIO: Pouco, quase nada.
LISEO: Pois vamos esta tarde
    pelo jardim do Prado acima.
LAURÊNCIO: Vamos onde queiras ir.
LISEO: Junto aos Recoletos
    quero lhe falar.
LAURÊNCIO: Se ao falar-me
    não se usarem as línguas que dizem,
    e sim as línguas que fazem,
    ainda que seja infrequente,
    deixarei cavalo e pajens.
LISEO: Bem podes fazê-lo.

Vai-se Liseo.

Cena VI

Laurêncio, só.

LAURÊNCIO: Vou atrás de ti.
    Que ciumento e que arrogante!
    Finea é boba e, sem dúvida,
    do lhe haver contado
    nascem meus amores e registros.
    Para conselho já é tarde,
    pois as dúvidas e os desafios
    que mancham os honrados,
    em armadilhas se convertem
    e não é bom que se convertam.

Sai.

Cena VII

Um mestre de dança e Finea.

MESTRE: Tão rápido se cansa?

FINEA: Sim, já não quero dançar mais.

MESTRE: Se os pés não firmais,
    o cansaço é que avança.

FINEA: Por pouco não caio de focinho,
    e já me sinto agastada.
    Por acaso sou passarinho,
    para saltar e dar bicada?
    Um passo, o contrapasso,
    um floreio que afeita...
    Que loucura!

MESTRE (*à parte*):
    Que coisa imperfeita:
    num belo vaso põe a natureza

um licor de alma tão rude;
Já não me desilude
que nela não esteja a beleza.

FINEA: Mestre...

MESTRE: Senhora, o que seria?

FINEA: Traga-me amanhã um tamborim.

MESTRE: É um instrumento vil e ruim,
embora desperte alegria.

FINEA: Sou mais aficionada
de um chocalho, vos confesso.

MESTRE: Entre ovelhas faz mais sucesso.

FINEA: Fazei o que me agrada,
Que não é muita rudeza
enfiá-lo pelos pés;
muito pior, ao invés,
é trazê-lo na cabeça.

MESTRE (*à parte*): Vou manter o bom humor.
– Farei o que estais mandando.

FINEA: E venha com ele dançando.

MESTRE: Agradeço-vos o favor,
mas arrastarei um contingente.

FINEA: Um confeiteiro,
um alfaiate, um sapateiro
levam atrás tanta gente?

MESTRE: Não, mas tampouco pela rua
vão fazendo seus ofícios.

FINEA: Não poderiam fazer tais exercícios?

MESTRE: Poderiam, à luz do sol e da lua,
mas eu não quero dançar.

FINEA: Pois não entreis aqui.

MESTRE: Não o farei.

FINEA: Não quero andar com um pé,
nem dar voltas ou saltar.

MESTRE: Nem eu ensinar as que imaginam
disparates atrevidos.

FINEA: Não importa; pois são os maridos
os que melhor ensinam.

MESTRE: Assim é a mentecapta?

FINEA: O que é mentecapta, seu vilão?

MESTRE: Senhora, não levanteis a mão!
É uma dama que trata,
com gravidade e rigor,
a quem lhe serve.

FINEA: Então é isso!

MESTRE: Mas que volta depois
com docilidade e amor.

FINEA: É certo?

MESTRE: E não?

FINEA: Pois eu juro, já que não sou ingrata,
que, além de mim, não há no mundo
uma maior mentecapta.

MESTRE: Acreditar em vós é fidalguia;
adeus, que não me falta a cortesia.

Cena VIII

Clara e Finea.

CLARA: Dançaste?

FINEA: Não vês?
Perseguem-me todo o dia
com ler e escrever,

com dançar, e tudo é nada.
Só Laurêncio me agrada.

CLARA: Como poderei te dizer
uma notável desgraça?

FINEA: Falando, porque não é difícil
a uma mulher que diga e faça.

CLARA: É mau dormir em dia de festa?

FINEA: Acho que não.
Da costela de Adão
saímos nós, quando fazia a sesta.

CLARA: Pois se a mulher é filha
de uma costela adormecida,
dormir não é maravilha.

FINEA: Agora estou a entender,
só com essa advertência,
por que os homens nos vêm ver
e fazem tanta diligência:
devem estar atrás de sua costela
e não querem se ir sem ela.

CLARA: Logo, se para alguém que amou
um, dois anos, bastante bem,
dirão os que o veem
que sua costela encontrou?

FINEA: Ao menos os casados.

CLARA: Te mostras sábia!

FINEA: É que aprendo já;
ou me ensina o amor, quiçá,
me dando os seus cuidados.

CLARA: Mas dizia que Laurêncio
entregou-me um papel para dar-te;
me sentei para fiar à parte,
num canto e em silêncio;

> pus sobre a lã o papel,
> fiando ao candeeiro,
> e o fogo do braseiro
> prendeu-se ao carretel.
> A gente desculpa as cabeças
> que dormem sem almofadas
> e os sonhos ruins
> que vêm de cabeçadas.
> Tão logo o novelo ardeu
> me pus de pé, mas chamusquei.

FINEA: E o papel?

CLARA: Sobreviveu,
> como um falso beato.
> Ficaram essas anotações
> onde acharás mais razões
> do que pelos num gato.

FINEA: E se poderão ler?

CLARA: Claro, se quiser.

FINEA: Sei muito pouco.

CLARA: Deus livre de um fogo louco
> o pavio de uma mulher.

Cena IX

Entra Otávio.

OTÁVIO: É cansativo ter de ensiná-la.
> É como querer lavrar o pórfiro com vidro;
> nem dançar nem ler aprende,
> embora esteja menos rude do que de costume.

FINEA: Oh, pai mentecapto e generoso,
> sejas bem-vindo.

OTÁVIO: Como mentecapto?

FINEA: O mestre de dança me disse
que eu era mentecapta e fiquei brava;
mas ele me respondeu que esta palavra
significava mulher que briga,
mas logo volta a ser amável;
e como tu vens brigando agora,
e logo me hás de mostrar teu amor,
também te quis chamar de mentecapto.

OTÁVIO: Pois, filha, não creia em todo o mundo
e não digas esse nome, que não é justo.

FINEA: Não farei mais. Mas diga-me, pai,
sabes ler?

OTÁVIO: E ainda me perguntas?

FINEA: Pois toma isso e lê.

OTÁVIO: Esse papel?

FINEA: Sim, pai.

OTÁVIO: Ouve, Finea: "Agradeço muito a mercê que me fizeste,
embora esta noite toda a tenha passado pensando em tua
beleza".

FINEA: Nada mais?

OTÁVIO: Não há mais, porque o resto está queimado. Quem te
deu isso?

FINEA: Laurêncio, aquele discreto cavalheiro,
da academia de minha irmã Nise,
que me disse querer ao extremo.

OTÁVIO (*à parte*): Com sua ignorância, a desgraça temo.
Nise foi quem trouxe à minha casa discreta
o galã, o músico, o poeta,
o que gosta de estar cheiroso,
o barbeado, o louco e o ocioso.
(*Falando alto*) Por acaso, algo mais aconteceu?

FINEA: Ontem, na escada, um abraço me deu.

OTÁVIO (*à parte*): Minha honra com bons passos anda
em uma e outra banda:
a sensata com os tolos e os conceitos,
a boba com amores e trejeitos.
Esta só se leva por castigo,
por mais que a entenda seu esposo.
(*Alto*): Filha, sabe que estou muito aborrecido.
Não te deixes abraçar, entendeste?

FINEA: Sim, senhor pai, e é certo que me pesa,
ainda que tenha sido muito bom.

OTÁVIO: Só o teu marido será digno
desses abraços.

Cena X

Entra Turim.

TURIM: Venho à tua procura.

OTÁVIO: Por que toda a pressa?

TURIM: Porque no campo
vão se matar meu senhor Liseo
e Laurêncio, esse fidalgo marquesote,
que canta sonetos para Nise.

OTÁVIO (*à parte*): Que importa que os pais sejam sensatos,
se falta obediência aos filhos?
Liseo terá conhecido a imprudência
deste Laurêncio atrevido e louco.
(*Alto*) Caso estranho!
Por onde foram?

TURIM: Em direção ao Convento dos Agostinianos.

OTÁVIO: Pois vem comigo, que são desatinados e levianos!

Saem Otávio e Turim.

Cena XI

Clara e Finea.

CLARA: Parece que teu pai se irritou.

FINEA: Que posso fazer?

CLARA: Por que lhe deste o papel para ler?

FINEA: Porque me pesava.

CLARA: Já não podes seguir
com as vontades de Laurêncio.

FINEA: Clara, já não há diferença
entre elas e deixar de viver.
Não entendo como se passou,
porque já sinto como perdido
desde que ele me falou,
todo e qualquer sentido.
Se durmo, sonho com ele;
se como, nele estou pensando;
se bebo, estou olhando,
na água, a imagem dele.
Não viste de que maneira
o espelho mostra a quem o mira
que mesmo um rosto de mentira
lhe mostra a forma verdadeira?
Pois no vidro estou olhando
o que em cristal me representa.

CLARA: Estou bem atenta,
e tuas mudanças admirando.
Parece que em outra te transformas.

FINEA: Em outro dirias.

CLARA: Para aprender, confias
e ao professor te conformas.

FINEA: Serei, com tudo isso,
    ao meu pai obediente;
    é loucura, além disso,
    quebrar a palavra da gente.

CLARA: Eu farei o mesmo.

FINEA: Não te desvies
    do caminho em que andavas.

CLARA: Não vês que amei porque amavas,
    e esquecerei para que confies?

FINEA: Muito me pesa amá-lo,
    mas ao ver o que se desenha
    suspeito que ainda tenha
    de esquecer-me de olvidá-lo.

Vão-se.

Cena XII

No campo. Entram Liseo e Laurêncio.

LAURÊNCIO: Antes, Liseo, de sacar a espada,
    quero saber a causa que vos obriga.

LISEO: Melhor será que a razão vos diga.

LAURÊNCIO: Liseo, se são por ciúmes a peleja,
    enquanto Finea sua esposa não seja
    bem posso pretender, pois fui o primeiro.

LISEO: Dissimulais a fé de cavalheiro,
    pois longe levais o pensamento
    de amar uma mulher ignorante.

LAURÊNCIO: Antes de querê-la, não vos espante,
    porque sou pobre, mas bem nascido,
    e quero sustentar-me com o dote.

Isso dizendo, espero que se note
que vós, postergando o casamento,
haveis dado mais força ao meu intento,
e quando cheguem enfim obrigadas
a desnudar-se em campo as espadas
hão de ser tratadas francamente:
que é homem vil quem no campo mente.

LISEO: Logo, não quereis bem a Nise?

LAURÊNCIO: Nise, de ideias tão sutis,
não posso negar que a quis;
mas seu dote serão dez mil ducados;
e de dez a quarenta vão mais trinta,
dons e atributos bem mais dilatados.

LISEO: Sendo assim, como dizes e vos creio,
estai seguro que não trapaceio;
de Finea não vos tiro a promessa,
que embora a uma feia seja dada
fará de uma boba aventurada;
que Deus não conceda, que não a quero,
pois desde que Nise vi, a venero.

LAURÊNCIO: Nise?

LISEO: Sim, por Deus!

LAURÊNCIO: Pois Nise é vossa,
se a queres e ela vos endossa;
vos dou suas promessas e favores,
meus desejos vos dou e meus amores,
minhas ânsias, serenos e desvelos,
meus versos, minhas suspeitas e zelos.
Usai curingas, se quereis jogar,
mas ela não deixará de troçar.

LISEO: Embora jogando a contragosto,
aceito a mercê, senhor Laurêncio,
pois sou rico e comprarei meu gosto.

Não quero ouro e a Nise namoro;
tenho fazenda e sua beleza adoro.

LAURÊNCIO: Fazeis muito bem, mas eu, que sou pobre,
quero que muitos ducados me sobre;
se a Finea lhe falta entendimento,
em casa aprenderá a ter talento.
Não estão os registros de uma renda
guardadas numa caixa da vivenda,
e nos dão alimento todo o ano?
Não está uma casa principal
firme como pedra, refúgio e trono,
e rende mil ducados a seu dono?
Pois farei de Finea uma casa,
uma escritura, uma pensão e vinha,
uma renda como já se adivinha;
ademais, se ela me quiser, me basta,
pois não há mais feitio que ser casta.

LISEO: Estai certo que vos ajudarei,
para que vossa Finea venha ser.

LAURÊNCIO: E eu, com Nise, Liseo, farei o que vereis.

LISEO: Pois demo-nos as mãos,
de amigos, não fingidos cortesãos,
como na antiga Grécia se fazia,
onde a amizade muito se aprecia.

LAURÊNCIO: Eu serei vosso Pílades.

LISEO: E eu Orestes.

Cena XIII

Entram Otávio e Turim.

OTÁVIO: São eles?

TURIM: São eles.

OTÁVIO: E isso é desavença?

TURIM: Reconheceram tua presença.

OTÁVIO: Cavalheiros...

LISEO: Senhor, sede bem-vindo.

OTÁVIO: O que fazeis aqui?

LISEO: Como Laurêncio tem sido
um grande amigo meu, desde o dia
que vim a vossa casa, ou à minha,
encontramo-nos no campo sozinhos
tratando nossas coisas igualmente.

OTÁVIO: Com essa amizade fico contente.
Vim aqui ao jardim de um amigo
e me alegro se voltardes comigo.

LISEO: Para nós será uma honra notável.

LAURÊNCIO: Vamos vos acompanhar e servir.

OTÁVIO (*à parte para Turim*): Turim, por que me enganaste?

TURIM (*à parte para Otávio*): Porque devem ter dissimulado
e porque as pendências, enfim,
acabam por se tornar maduras;
se não, já não havia mais mundo.

OTÁVIO (*à parte para Turim*): Pois diz: tão logo
se pôde remediar?

TURIM (*à parte para Otávio*): Que outro remédio não brigar,
se a vida está no meio?

Cena XIV

Sala em casa de Otávio. Nise e Finea.

NISE: De tal forma te envaideces
que não te estou conhecendo.

FINEA: Se dizes isso me ofendo;
    sou a mesma que conheces.

NISE: Já te vi menos esperta.

FINEA: E eu mais segura de ti.

NISE: Tão mudada não te vi.
    Quem te dá lição secreta?
    Tens agora outra memória:
    efeito da cajuína?

FINEA: Nem com Ana ou Catarina
    tomo lições de oratória.
    Ainda sou a que era;
    só tenho com mais cuidado
    às coisas me dedicado.

NISE: Não sabes que Laurêncio me agrada?

FINEA: Quem te comprometeu com Laurêncio?

NISE: O amor.

FINEA: Verdade?
    Pois eu o desobriguei
    e ele mesmo me deu seu amor.

NISE: Vou arrancar-te a vida,
    boba tediosa!

FINEA: Não creias
    que se Laurêncio pleiteias
    eu contigo o divida.
    Com a vida soube mais
    do que a mim ele disse,
    e desfiz muita tolice.

NISE: Aproveitas como jamais;
    mas de hoje não há de passar-te
    pelo pensamento.

FINEA: Quem?

NISE: Laurêncio.

FINEA: Dizes muito bem,
    pois não voltarás a queixar-te.
NISE: Se os olhos pôs em ti,
    tira-os logo.
FINEA: Que seja
    como tu queres.
NISE: Finea,
    deixa-me Laurêncio.
    Tu já tens marido.
FINEA: Peço-te
    que não briguemos as duas.
NISE: Fica com Deus.
FINEA: Adeus.

Sai Nise.

Cena XV

Entra Laurêncio.

FINEA: Em que confusão me vejo!
    Há mulher mais infeliz?
    Todos querem perseguir-me.
LAURÊNCIO (*à parte*): Para em um ponto firme,
    fortuna veloz e airada,
    pois já parece que queres
    ajudar minha pretensão.
    Ah, que boa ocasião!
    (*Alto*): És tu, meu bem?
FINEA: Não esperes,
    Laurêncio, ver-me nunca mais.
    Por ti todos brigam comigo.

LAURÊNCIO: Deixa-me saber contigo.

FINEA: Então saberás.
   Onde está meu pensamento?

LAURÊNCIO: Teu pensamento?

FINEA: Sim.

LAURÊNCIO: Em ti;
   porque se estivera em mim,
   estaria mais contente.

FINEA: Vês?

LAURÊNCIO: Não.

FINEA: Minha irmã disse, e lamento,
   que não podes ficar-me
   mais no pensamento;
   por isso te desvia
   e não me passes por ele.

LAURÊNCIO (*à parte*): Pensa que estou nele
   e tirar-me fora queria.

FINEA: Além disso, disse que em mim
   puseste os olhos...

LAURÊNCIO: Pois a verdade diz
   e por certo não contradiz
   tua alma de serafim.

FINEA: Mas tens de tirar-me logo
   Os olhos que em mim puseste.

LAURÊNCIO: Como, se o amor assim se veste?

FINEA: Que os retire, te rogo,
   com este lenço enfim,
   se os tenho em meus olhos.

LAURÊNCIO: Não, basta de coisas dolorosas.

FINEA: Não estão em meu olhos?

LAURÊNCIO: Sim.

FINEA: Pois limpa e tira os teus,
que não podem estar nos meus.

LAURÊNCIO: Que loucuras graciosas!

FINEA: Põe os de Nise nos teus.

LAURÊNCIO: Já te limpo com o lenço.

FINEA: Já os tiraste?

LAURÊNCIO: E não se vê?

FINEA: Ah, Laurêncio, não os dê
que me vou perder o senso.
E hás de fazer outra jura,
antes que meu pai proteste
pelo abraço que me deste.

LAURÊNCIO (à parte): É possível outra loucura?

FINEA: Também o tens de tirar.

LAURÊNCIO: Mas como há de ser?

FINEA: Não sabes desabraçar?

LAURÊNCIO: Tens razão, já me recordo:
o braço direito levantei;
agora levanto o esquerdo
e o abraço desfarei.

FINEA: Já estou desabraçada?

LAURÊNCIO: Não vês?

Entra Nise.

NISE: E eu também.

FINEA: Alegro-me também, Nise,
pois já não me dirás nada.
(*Apontando Laurêncio:*)
Sua imagem foi levada
aqui do meu pensamento,

       e seus olhos devolvi,
       que ele contigo se casa.
       Num lenço branco os levou
       e desabraçada estou.

LAURÊNCIO: Saberás o que ocorreu,
       e terás do que rir.

NISE: Aqui, não.
       Vamos ao jardim,
       onde há muito o que discutir.

LAURÊNCIO: Vamos aonde quiseres.

Vão-se Laurêncio e Nise.

Cena XVII

Finea, sozinha.

FINEA: Ela o leva, enfim.
       Por que esta aflição
       de que se vá com ele?
       Tenho gana de ir atrás dele.
       Não é isso abrir mão
       de minha liberdade?
       Não me acho sem Laurêncio,
       sem quem tudo mais é silêncio.
       Olhos meus, mostrai a verdade.

Cena XVIII

Entra Otávio.

OTÁVIO: Onde está teu esposo?

FINEA: Pensava
    que a primeira coisa ao ver-me
    fosse saber se te obedeço.

OTÁVIO: Dizes isso com que propósito?

FINEA: Aborrecido,
    não me disseste que era malfeito
    abraçar Laurêncio?
    Pois lhe pedi que me desabraçasse
    e o abraço foi tirado.

OTÁVIO: Haverá coisa igual?
    Pois diga, besta,
    outra vez o abraçaste?

FINEA: Não é isso.
    Na primeira vez do abraço,
    se utilizou deste braço;
    e agora, foi o esquerdo que usou.
    Logo, desabraçada já estou.

OTÁVIO (*à parte*): Quando penso que sabe, mais vejo que ignora.
    É querer o que por natureza não melhora.

FINEA: Diga, senhor meu pai:
    como se chama o que se sente
    quando com outro vai quem se ama?

OTÁVIO: Esta ofensa de amor ciúme se chama.

FINEA: Ciúme?

OTÁVIO: Sim, não vê que nasce como um filho?

FINEA: De tua opinião então compartilho.
    E és um homem de bem, mas desditado,
    pois entre maus filhos ele foi criado.

OTÁVIO (*à parte*): Uma luz vai aparecendo e já penso
    que se o amor ensinasse, aprenderia.

FINEA: O mal do ciúme com que se desvia?

OTÁVIO: Desenamorando-se, comumente,

que é o remédio mais sábio e prudente;
pois enquanto houver amor, há ciúme,
o outro lado de um bem que é feiúme.
Mas onde está Nise?

FINEA: Junto à fonte.
Foi-se com Laurêncio.

OTÁVIO: Que coisa cansativa
dedicar-se a uma prosa exaustiva!
Que deixe seus sonetos e canções,
que ali vou desfazer suas razões.
Sai Otávio.

FINEA: Com quem no mundo se passa
o que se passa comigo?
O que parece tão antigo,
que me incendeia e me devassa?
Disse meu pai: é ciúme ou zelo;
grave enfermidade.

Cena XIX

Entra Laurêncio.

LAURÊNCIO (*à parte*): É boa a oportunidade
para evitar aborrecê-lo;
e ainda em parte lhe agradeço
de Nise deter a sanha invulgar.
Mas aqui está o olhar
a cujos raios me ofereço.
(*Alto*): Senhora...?

FINEA: Quase não quero falar-te.
Como saíste com Nise?

LAURÊNCIO: Não fui porque quis.

FINEA: E por quê?

LAURÊNCIO: Para não desagradar-te.

FINEA: Pesa-me se não te vejo,
e vendo-te já queria
não ver-te, que em porfia
andam o temor e o desejo.
Tenho ciúmes de ti,
e sei o que são tais zelos
com seus terríveis apelos
que meu pai me disse aqui.
Mas também me deu o remédio.

LAURÊNCIO: Qual é?

FINEA: Desenamorar-me,
porque poderei sossegar-me,
evitando o seu assédio.

LAURÊNCIO: E isso, como vai ser?

FINEA: Aquele que me pôs o amor,
o retira com mais rigor.

LAURÊNCIO: Só um remédio costuma haver.

FINEA: Qual?

LAURÊNCIO: Os que vêm agora aqui
com bom remédio ajudarão.

Cena xx

Entram Pedro, Duardo e Feniso.

PEDRO: Finea e Laurêncio estão juntos.

FENISO: E ele, fora de si.

LAURÊNCIO (*aproxima-se dos três*): Sejam os três bem-vindos
a esta bela ocasião

que a mim se ofereceu;
e como em dois de vocês
a alma se inclina esperançosa
para Nise, ouvi o que para mim
será o remédio de Finea.

DUARDO: Parece que nesta casa,
conforme os ares respiras,
Circe te fez muitos feitiços,
já que dela não sais.

LAURÊNCIO: Em pensamento
estou fazendo um rico desenho
e conseguir ouro por alquimia.

PEDRO: Gastas o tempo e a saúde.
Logo te cansarás, senhor,
pois tudo cansa
quando se pretende o impossível.

LAURÊNCIO: Cala-te, tolo.

PEDRO: Basta o nome
para não me calar,
já que os tolos nunca se calam.

LAURÊNCIO: Esperem-me enquanto falo com Finea.

DUARDO: Anda.

LAURÊNCIO: Bela Finea,
falava aos três
do remédio que aguardas.

FINEA: Tira-me logo este amor
que de ciúmes me mata.

LAURÊNCIO: Se disseres diante deles
dando-me a palavra
de ser minha esposa e mulher,
todas as preocupações se acabam.

FINEA: Só isso? Nada mais? Então farei.

LAURÊNCIO: Pois chama os três.

FINEA: Feniso, Duardo, Pedro.

OS TRÊS: Senhora!

FINEA: Dou minha palavra
de ser esposa e mulher de Laurêncio.

DUARDO: Que coisa estranha!

LAURÊNCIO: Sois testemunhas disso?

OS TRÊS: Sim.

LAURÊNCIO: Pois fique ciente de que estás curada
do amor e dos zelos
que tanto infortúnio te davam.

FINEA: Deus te pague, Laurêncio!

LAURÊNCIO: Vinde os três à minha casa,
que ali tenho um notário.

FENISO: Então te casas com Finea?

LAURÊNCIO: Sim, Feniso.

FENISO: E a bela Nise?

LAURÊNCIO: Troquei o engenho pela prata.

Cena XXI

Finea fica só e entram Nise e Otávio.

NISE: Falava com ele
coisas de pouca importância.

OTÁVIO: Veja, filha, essas coisas
causam mais desonra do que honram.

NISE: É um rapaz honesto,
que cuida das belas letras,
e o tenho por professor.

OTÁVIO: Juan Latino, em Granada,
    que ensinava à filha de um conselheiro,
    sendo negro e escravo,
    porque sua mãe foi escrava
    do duque de Sessa,
    honra de Espanha e da Itália,
    veio a se casar com ela.
    Estudavam gramática
    e ensinou-lhe a conjugar
    o *amo, amas*,
    que assim em latim
    se chama o matrimônio.

NISE: Disso está à salvo tua filha.

FINEA: Murmurais coisas sobre mim?

OTÁVIO: Esta louca estava aqui?

FINEA: Já não é tempo de reprimendas.

OTÁVIO: Quem te fala, quem te repreende?

FINEA: Nise e tu.
    Pois saibam que agora
    Laurêncio acaba de tirar-me
    todo o amor, como o abraço.

OTÁVIO (*à parte*): Outra tolice?

FINEA: Disse-me que retirava o amor
    se lhe desse a palavra de ser sua mulher;
    e diante de testemunhas
    a dei e estou curada,
    do amor e dos ciúmes.

OTÁVIO: Isso é coisa desarrazoada!
    Ela, Nise, vai me tirar a vida.

NISE: Deste palavras de mulher a outro homem?
    Não sabes que estás casada?

FINEA: Para arrancar o amor, que importa?

OTÁVIO: Laurêncio não entra mais em minha casa.

NISE: É um erro de boa-fé,
porque Laurêncio a engana;
ele e Liseo só falam para adestrá-la.

OTÁVIO: Se é assim, me calo.

FINEA: E com isso nos tapa a boca?

OTÁVIO: Vem comigo!

FINEA: Aonde?

OTÁVIO: Onde te aguarda um notário.

FINEA: Vamos.

OTÁVIO (*à parte*): Que descanso para as minhas cãs!

Saem.

NISE: Laurêncio contou-me
que fizeram este plano,
Ele e Liseo, para ver
se lavram aquela rudeza,
e isso não me parece mal.

Cena XXII

Entra Liseo.

LISEO: Laurêncio te contou meus desejos, Nise?

NISE: O que dizes? Sonhas ou falas de verdade?

LISEO: Laurêncio me deu sua palavra
de ajudar-me em minhas esperanças,
vendo que as deposito em ti.

NISE: Creio que te cansas de falar com tua esposa,

porque tua faca perde o gume na dureza que encontras,
e para voltar a falar queres em mim afiá-la.

LISEO: Meu amor trata de verdades contigo,
não de enganos.

NISE: Estás louco?

LISEO: Eu, que pensava casar-me com quem era,
mudei meu pensamento.

NISE: Que estupidez, que inconstância,
que loucura e traição a meu pai e minha irmã!
Vá em boa hora, Liseo!

LISEO: Dessa maneira pagas
tão desatinado amor?

NISE: Se é desatino, basta!

Cena XXIII

Entra Laurêncio.

LAURÊNCIO (*à parte*): Os dois falam a sós.
Se Liseo se declarar, Nise também saberá
que meus elogios a enganam.
Mas acho que já me viu.
Nise fala como se se dirigisse a Liseo.

NISE: Oh esplendor de minha esperança!

LISEO: Eu vosso esplendor?

NISE: Embora digam que me trais,
não o creio;
tua alma não o consente.

LISEO: Traição, Nise?
Se em minha vida mostrei amor por tua irmã,
que um raio me mate.

LAURÊNCIO (*à parte*): É comigo que ela fala
    e Liseo presume que tais mimos
    sejam para ele.

NISE: Quero sair daqui,
    porque o amor é tão enganoso
    que acabarei por dizer loucuras.

LISEO: Não vos retireis, oh Nise,
    pois depois do que ouvi
    minha vida ficará sem alma.

NISE: Deixai-me passar!

Sai Nise.

Cena XXIV

Liseo e Laurêncio.

LISEO: Estavas aqui,
    às minhas costas?

LAURÊNCIO: Entrei agora.

LISEO: Aquela ingrata
    falava e te agradava,
    mas olhava para mim.

LAURÊNCIO: Não te incomodes.
    As pedras abrandam o vigor das águas.
    Saberei fazer com que esta noite
    lhe possas falar.
    Se não a enganas,
    não poderás tirar-lhe do pensamento.
    E eu já sou de Finea.

LISEO: Se meu remédio não preparas,
    deixa-me louco o amor.

LAURÊNCIO: Deixa-me com o remédio e te cala,
porque enganar um sábio
é a mais alta vitória.

Ato III

Sala em casa de Otávio.

Cena I

Finea, só.

FINEA: Amor, divina invenção
de conservar a beleza
em nossa natureza,
por fortuna ou eleição!
Estranhos são os efeitos
que tua ciência trazem,
pois as trevas desfazem,
os mudos podem falar
e os mais rudes em pensar
judiciosos se fazem.
Não há dois meses vivia
como simples animal;
e tendo alma racional,
parece que não havia.
Como o animal sentia
e crescia como planta;
a razão, divina e santa,
não estava em mim presente
até que o raio atraente
de teu sol se levanta.
Tu rompeste e desataste
a escuridão de meu engenho;
tu foste o divo desenho

com o qual me ensinaste
o novo ser que hoje sou.
Mil graças, amor, te dou,
pois me ensinaste tão bem
que dizem quantos me veem
que muito mudada estou.
Que pura imaginação
na força de um desejo;
nos palácios já me vejo
da celestial razão.
Quanto a contemplação
do bem pôde levantar-me,
pois de Laurêncio enamorada
já podes, amor, honrar-me,
sabendo-me ensinada.

Cena II

Clara e Finea.

CLARA: Com grande conversação
    falam de teu entendimento.
FINEA: Folgo estar tudo a contento
    se há nova opinião.
CLARA: Teu pai fala com Miseno,
    de como escreves e lês,
    e danças com fluidez,
    o passo firme e sereno.
    Tudo atribui ao amor
    de Liseo, este milagre.
FINEA: Em outra ara se consagre
    meus votos e meu fervor.
    Tem sido Laurêncio o mestre.

CLARA: Pedro foi meu despertar.

FINEA: Me rio ao vê-los falar
        deste milagre terrestre,
        já que a firmeza do amor,
        é divina, como a vejo.

Cena III

Miseno e Otávio.

MISENO: Creio que é o melhor ensejo
        e um remédio animador.
        E já que haveis reparado
        em Finea o bem pensar,
        por sinal nunca esperado,
        já podeis Nise casar
        com este moço galhardo.

OTÁVIO: Tão somente a Duardo
        vós poderíeis abonar.
        Moçoilo me parecia,
        um desses que se envaidecem,
        e a quem agora enlouquecem
        a arrogância e a poesia.
        Não são graças de marido
        que fazem Nise tentada;
        mas pela mente endeusada
        que à casa vem atraído.
        Por que se mete uma mulher
        com Petrarca e Garcilaso,
        fazendo de Virgílio e Tasso
        o seu fiar e cozer?
        Ontem vi os seus livrinhos,
        muitos papéis e escritos vários,

achei serem devocionários
e os retirei dos escaninhos:
Histórias de Dois Amantes,
vertida da língua grega,
Rimas, de Lope de Vega,
Galatea, de Cervantes;
Luis de Camões, de Lisboa,
Os pastores de Belém,
Comédias, de dom Guilhén,
e ainda as *Liras*, de Ochoa.
Cem Sonetos, de Liñán,
Obras de Herrera, o divino,
o livro do *Peregrino*
e o *Pícaro*, de Alemán.
Ah, por minha fé e vida,
que os pensei em queimar.

MISENO: Casada e a vereis estar,
ocupada e divertida,
em parir e amamentar.

OTÁVIO: Que santas dedicações!
Se Duardo faz canções,
bem os podemos casar.

MISENO: Se é um poeta sincero,
fará versos por gosto.

OTÁVIO: Mas eu, com muito desgosto,
os de Nise considero.
Temo, e há razão no fundo,
que se isso de fato houver,
um Dom Quixote mulher
também fará rir o mundo.

Cena IV

Entram Liseo, Nise e Turim.

LISEO: Me tratas com tal desdém
que já penso em apelar
para os que consigam dar
o valor que me convém.
Pois repara, Nise bela,
– com Finea foi adiado –,
mas um amor desdenhado
pode achar remédio nela.
Teu permanente desdém,
que julguei ser bem menor,
cresce sempre ao meu redor,
como o amor que me mantém.
Se passou com tua irmã
uma notável mudança
que pode dar esperança
a um sentimento amanhã.
Oh, Nise, trata-me bem,
ou do favor de Finea
farei minha Galatea
evitando esse desdém.

NISE: Liseo, fazer-me intratável
seria considerado
caso tivesse te amado.

LISEO: Um cavalheiro afável,
como eu, se há de estimar
e não indigno de querer.

NISE: O amor se haverá de ter
aonde se possa achar;
como não é eleição,
mas apenas acidente,

> tem-se onde está presente,
> não onde se tem razão.
> O amor não é qualidade,
> mas estrelas que conciliam
> as vontades que se fiam
> em ser uma só vontade.

LISEO: Há um certo contragosto,
e não digo como labéu,
pondo-se a culpa no céu
pela baixeza do gosto.
Aquele que age mal
não pode dizer: "foi minha sorte".

NISE: Não que o céu me reconforte
no curso celestial,
mas Laurêncio é um fidalgo,
um cavalheiro a honrar.

LISEO: Sobre isso,
não me quero manifestar.

NISE: Em seu preito, digas algo.

LISEO: Se Otávio não estivesse tão perto...

OTÁVIO: Oh, Liseo!

LISEO: Meu senhor!

NISE (*à parte*): Pela força não há amor;
é menosprezo, por certo.

Cena V

Entra Célia.

CÉLIA: O mestre que vem dançar
as chamam para a lição.

OTÁVIO: Vem em boa ocasião.
    Que os músicos se vá chamar
    para que Miseno veja
    se Finea não viceja.

Cena VI

LISEO (*à parte*): Desprezado, meu amor,
    hoje voltarás a Finea,
    pois muitas vezes o amor,
    oculto pela vingança,
    faz uma justa mudança,
    indo do desprezo ao favor.

CÉLIA: Os músicos e o mestre vêm.
    Entram todos.

OTÁVIO: Nise e Finea...

NISE: Senhor...

OTÁVIO: Que se repita a harmonia
    do baile do outro dia.

LISEO (*à parte*): Tudo mudará, amor!

Sentam-se Otávio, Miseno e Liseo. Os músicos tocam e cantam, enquanto as duas irmãs bailam.

MÚSICOS: *O Amor, cansado de ver*
    tanto interesse nas damas,
    e estando pobre, infeliz,
    pois nenhuma favor lhe dava,
    passou-se para as Índias,
    e vendeu sua aljava,
    que mais se querem moedas
    que vidas e almas.

*Tratou nas Índias
não de joias e de linhos
mas de ser útil entregador
de cartas e mensagens.
Voltou das Índias
com ouro e prata
e então, bem vestido,
rendeu as mulheres.
Passeou pela corte
com mil colares e fitas;
e as damas o vendo,
desta maneira lhe falam:
— De onde ele vem, de onde?
— Vem do Panamá.
— De onde vem o cavalheiro?
— Vem do Panamá.
— Com colar no chapéu,
vem do Panamá;
— com ouro no pescoço,
vem do Panamá;
— com pulseiras nos braços,
vem do Panamá;
— com ligas franjadas,
vem do Panamá;
— com sapatos de uso novo,
vem do Panamá;
— com baetas à moda turca,
vem do Panamá.
Quão bem parece Amor
com seus colares e galas;
e só se mostrar enamorado
porque é símbolo das graças.
Meninas, velhas e donzelas
vão buscá-lo em sua casa,
mais importunas do que moscas*

vendo o mel que se extravasa.
Sobre ele há enorme querer
e vivos ciúmes se abrasam;
ao redor de sua porta
uma e outra cantam para ele:
– Deixa as avelãs, meu mouro,
que eu as colherei!
O Amor tornou-se rico
– que eu as colherei;
roupa fina e liga de ouro;
– que eu as colherei;
chapéu e sapato de bico curto;
– que eu as colherei
Manga larga e calças cintadas;
– que eu as colherei;
Fala muito, mas pouco dá;
– que eu as colherei;
é velho e diz que é moço;
– que eu as colherei;
e descobriu-se os olhos;
– que eu as colherei;
amor louco e louco amor;
– que eu as colherei.
Deixa as avelãs, mouro,
que eu as colherei.

MISENO: Garbosamente, por certo!
Dai graças ao céu, Otávio,
porque sois um felizardo.

OTÁVIO: Façamos a descoberto
o trato de Nise e Duardo.
Filhas, tenho de vos falar.

FINEA: Vim para vos agradar.

OTÁVIO: Quem acredita em minha sorte?

Cena VII
Saem todos, ficando Liseo e Turim.

LISEO: Ouve, Turim.

TURIM: O que queres?

LISEO: Quero te comunicar
um gosto novo.

TURIM: Se é para dar
sobre o amor pareceres,
procura um letrado maior.

LISEO: Mudei de parecer.

TURIM: Se foi por deixar de querer
a Nise, fizeste o melhor.

LISEO: Junto a Finea, talvez,
hei de vingar a afronta.

TURIM: Ninguém por sábio te aponta
para crer em tua sensatez.

LISEO: De novo quero mudar
o voto de casamento.

TURIM: Era o meu pressentimento.

LISEO: Hoje hei de me vingar.

TURIM: Nunca se há de casar
vingando-se de um desdém,
pois nunca se casou bem
quem casou para vingar.
Se Finea é delicada
e o bom senso adquiriu,
– pois de Nise não sei nada,
tão só o que já se ouviu –
bom será casar-te logo.

LISEO: Miseno, que aqui está,

meu cúmplice não será.

TURIM: Muita prudência te rogo.

LISEO: Ao meu casamento vou!

Sai Liseo.

TURIM: Que o céu teus passos guie
e do erro te desvie,
como o que por Célia estou.
Eu, um homem enamorado,
quando o amor desencaminha!
Que uma ninfa de cozinha
acrescente em seu brasão:
"Aqui faleceu Turim
entre tachos de latão".

Cena VIII

Laurêncio, Pedro e Turim.

LAURÊNCIO: Não se chegará ao fim,
com tamanhos embaraços!
Pedro - Psiu! Sem estardalhaços.

LAURÊNCIO: Oh, Turim!

TURIM: Senhor Laurêncio...

LAURÊNCIO: Estás aí em silêncio...

TURIM: Há muitas obrigações
para pessoa discreta;
e eu muito discreto sou.

LAURÊNCIO: Notícias de Liseo?

TURIM: Foi se casar.

PEDRO: Que segredo!

TURIM: Está tão enamorado
da senhora Finea,
ainda que por vingança de Nise,
que me jurou logo se casar.
E foi pedi-la a Otávio.

LAURÊNCIO: Poderei me dar por insultado?

TURIM: Mas ele vos pôde insultar?

LAURÊNCIO: As palavras foram dadas
para não serem cumpridas?

TURIM: Não.

LAURÊNCIO: Pois de não casar-se deu a sua.

TURIM: Ele não a quebra, casando-se.

LAURÊNCIO: Como?

TURIM: Porque ele não se casa
com quem devia ser,
e sim com outra mulher.

LAURÊNCIO: Como, é outra?

TURIM: Porque ela passou
do não saber ao saber;
e o saber o convenceu.
Pedis outra coisa?

LAURÊNCIO: Não.

TURIM: Então, adeus.

Sai Turim.

Cena IX

Laurêncio e Pedro.

LAURÊNCIO: O que posso fazer?
    Ai, Pedro, o que temi
    e havia suspeitado,
    com a mudança em Finea,
    acaba de ser mostrado
    e já se cumpre aqui.
    Em sua conversão
    pôs toda a afeição.

PEDRO: E no ouro algum desejo.
    Perdão pelo gracejo:
    foi a sabedoria.

Cena X

Entra Finea.

FINEA: Laurêncio me deu razão,
    novas de tanta alegria!
    Foi de meu pai a mercê,
    e se no peito calava,
    ela mesma me avisava
    que é a alma que te vê
    por mil vidros e cristais,
    aonde quer que tu vás,
    pois em meus olhos estás
    em lembranças imortais.
    Todo este grande lugar
    está cheio de espelhos
    juntos, amor, e parelhos
    para te poder mirar.
    Se para ali volto o rosto,
    clara a tua imagem vejo;
    de sol eu dei e está posto

o nome do meu desejo.
Em quantos espelhos mira,
fontes de límpida prata,
teu belo rosto retrata
e sua luz divina expira.

LAURÊNCIO: Ah, Finea, prouvera a Deus
que nunca teu entendimento
alcançara, como chegou,
à mudança que vejo!
Néscio, me tive por seguro
e discretamente suspeito
para requisitar-te um conselho.
Que livros eu esperava
de tuas mãos? Em que pleito
me darias informação?
Inocente te queira
porque uma mulher ovelha
é o velo de seu marido,
e pode trazê-la ao peito.
Todas sabeis ao menos
o que basta para uma casada;
não há mulher tola no mundo,
porque não falar não é defeito.
Fale a dama no gradil,
escreva, diga conceitos
de amor, de enganos e ciúmes
nos coches, nos salões;
mas que saiba a casada
o governo de sua família,
pois o mais discreto falar
não é santo como o silêncio.
Veja o dano que me veio
Ao se transformar o teu engenho,
pois vai pedir-te como mulher,
ai de mim, Liseo.

Desistiu de Nise, tua irmã,
e se casa, enquanto morro!
Por Deus,
que nunca houvesses aprendido.

FINEA: De que me culpas, Laurêncio?
Com pura imaginação
do alto merecimento de tuas qualidades,
aprendi o que dizes que tenho.
Por falares eu soube falar,
vencida por tuas confidências;
por ler em teus papéis,
leio agora livros;
para responder-te, escrevo.
Não tive outro mestre,
senão o amor; o amor me ensinou.
Tu és a ciência que aprendo.
De que te queixas de mim?

LAURÊNCIO: Da minha infelicidade me queixo;
e já que sabes tanto,
senhora, dá-me um remédio.

FINEA: O remédio é fácil.

LAURÊNCIO: Como?

FINEA: Sim, porque meu rude engenho,
que a todos aborrecia,
transformou-se em sensatez.
Liseo me quer bem,
mas voltando a ser tola,
como primeiro me viu,
logo se aborrecerá.

LAURÊNCIO: Saberás fingir-te de boba?

FINEA: Sim, que o fui muito tempo,
e, no lugar onde nascem,
sabem os cegos andar.

Além disso, as mulheres
temos uma natureza
tão pronta para fingir,
com amor ou com medo,
que antes de nascer já fingimos.

LAURÊNCIO: Antes de nascer?

FINEA: Penso
que em tua vida já ouviste.
Escuta.

LAURÊNCIO: Escuto atentamente.

FINEA: Quando estamos no ventre
de nossas mães, damos
a entender aos nossos pais,
para enganar seus desejos,
que somos varões;
e assim verás que, contentes,
acodem a seus caprichos
com amores e requebros;
e esperando o primogênito,
depois de tantos presentes dados,
surge uma fêmea que corta
a esperança do sucesso.
Se assim pensaram,
ser homem e vir mulher,
já antes de nascer fingimos.

LAURÊNCIO: É um raciocínio evidente;
mas eu verei se sabes fazer,
Finea, mudanças tão rápidas
e de tais extremos.

FINEA: Aí vem Liseo.

LAURÊNCIO: Vou me esconder ali.

FINEA: Vá depressa.

LAURÊNCIO: Siga-me, Pedro.

PEDRO: Andas com muitos perigos.

LAURÊNCIO: Como estou, já não os sinto.

Escondem-se.

Cena XI

Entra Liseo com Turim.

LISEO: Acertado, enfim.

TURIM: Estava escrito no céu
    que seria tua esposa.

LISEO: (*à parte*): Aqui está minha primeira dona.
    (*Alto*): Não sabeis, senhora minha,
    que Miseno tratou de casar
    Duardo e Nise,
    e que também quero
    que se façam nossas bodas
    com as deles?

FINEA: Não creio,
    pois Nise me disse
    que está casada com vós,
    em segredo.

LISEO: Comigo?

FINEA: Não sei se era vós
    ou Oliveiros.
    Quem sois vós?

LISEO: Outra mudança?

FINEA: Quem me diz, que não me lembro?
    E se mudança vos parece,
    Não vedes que no céu,
    a cada mês, há novas luas?

LISEO: Valha-me o céu! O que é isso?

TURIM: Volta-lhe o mal passado?

FINEA: Pois, dizei-me: se temos
uma lua nova todo mês,
onde estão? O que foi feito
das velhas de tantos anos?
Vos dais por vencido?

LISEO (*à parte*): Temo que seu mal era loucura.

FINEA: São guardadas para remendos
das que estão minguando.
Vede como sois néscio!

LISEO: Senhora, muito me admiro
de que tão alto engenho
tenhas ontem mostrado.

FINEA: Pois, senhor,
agora chegaste ao ponto;
que a maior sabedoria
é acomodar-se ao tempo.

LISEO: Isso disse o maior sábio.

PEDRO (*à parte*): E isso escuta o maior bobo.

LISEO: Me haveis tirado o gosto.

FINEA: Não toquei em vós;
olhai que deve ter caído.

LISEO (*à parte*): Bela aventura temos!
Peço Finea a Otávio
e quando venho dizer-lhe
que o casamento está acertado,
vejo que voltou ao passado.
(*Alto*): Retornai, senhora, a vós,
considerando que vos quero
para sempre minha dona.

FINEA: Sua dona, seu bobo teimoso!

LISEO: Assim tratais um escravo,
    que é vosso de alma?

FINEA: O que é alma?

LISEO: Alma? O governo do corpo.

FINEA: E como é a alma?

LISEO: Senhora,
    como filósofo posso defini-la,
    não pintá-la.

FINEA: Não é a alma a que no ar
    e por inteiro pintam São Miguel?

LISEO: Também a um anjo pomos
    asas e corpo, e é, enfim,
    um espírito belo.

FINEA: As almas falam?

LISEO: As almas
    atuam pelos instrumentos
    e pelos sentidos e partes
    com que se organiza o corpo.

FINEA: Alma come linguiça?

TURIM (*para Liseo*): Por que te cansas?

LISEO: Só posso pensar
    que seja loucura.

TURIM: Poucas vezes de bobos
    se fazem os loucos, senhor.

LISEO: E de que, então?

TURIM: Dos sensatos;
    porque de causas diversas
    nascem os diferentes efeitos.

LISEO: Ai, Turim, volto para Nise.
    Quero mais o entendimento
    do que todo o carinho.

Senhora, o meu desejo,
que era o de vos dar a alma,
não pôde se concretizar.
Ficai com Deus.

FINEA: Sou medrosa das almas
porque de três que andam pintadas
uma pode ser a do inferno.
Na noite dos defuntos
nem tiro, de puro medo,
a cabeça das cobertas.

TURIM: Ela é louca e pateta,
a pior conjuminância.

LISEO: Preciso dizer a seu pai.

Cena XII

Laurêncio, Pedro e Finea.

LAURÊNCIO: Posso sair?

FINEA: Não lhe disse?

LAURÊNCIO: Foi o melhor remédio
que pudera imaginar.

FINEA: Mas senti muito
voltar a ser boba, mesmo fingindo.
E se fingindo o sinto,
como são os bobos deveras,
como vivem?

LAURÊNCIO: Não sentindo.

PEDRO: Se um bobo pudesse ver
seu entendimento num espelho,
não fugiria de si?
A razão de estarem contentes

é a confiança
de serem sensatos.

FINEA: Fala-me, Laurêncio,
com tua sutileza, porque quero
desquitar-me da tolice.

Cena XIII

Entram Nise e Célia.

NISE: Sempre Finea e Laurêncio
juntos. Sem dúvida se amam.
Menos não é possível.

CÉLIA: Eu suspeito que te enganam.

NISE: Vamos escutá-los daqui.

LAURÊNCIO: O que se pode ou almeja
dizer-te a alma, que vale,
e que de fato se iguale
ao que meu amor deseja?
Ali meus sentidos tens:
escolhe do mais sutil,
presumindo que em abril
por amenos prados vens.
Apanha as diversas flores,
que em minha imaginação
tais desejos são.

NISE: Estes, Célia, são amores
ou presentes de cunhado?

CÉLIA: Presentes devem ser.
Mas não queria ver
cunhado tão abrasado.

FINEA: Ai, Deus, se chegasse o dia
em que visse minha esperança
tal disposição!

LAURÊNCIO: O que não alcança
uma amorosa porfia?

PEDRO: Tua irmã está escutando.

LAURÊNCIO: Céus!

FINEA: Volto a ser boba.

LAURÊNCIO: É importante.

FINEA: Vai-te.

NISE: Espera, volta em teus passos.

LAURÊNCIO: Vens com ciúmes?

NISE: Ciúmes são só suspeitas;
mas traições são verdades.

LAURÊNCIO: Quão breve te persuades
e de enganos te aproveitas!
Querias ter ocasião
para ir-te com Liseo,
a quem já próximo vejo
de tua boda e coração?
Bem fazes e fazes bem.
Mostra-me um argumento
para que este casamento
a mim a culpa me deem.
E se queres casar,
deixa-me enfim.
Sai Laurêncio.

NISE: Então me deixas!
Venho queixar-me e te queixas
e não me deixas falar?

PEDRO: Tem razão meu senhor.
Casa-te e com isso acaba.

Sai Pedro.

Cena XIV

Finea, Nise e Célia.

NISE: Mas o que é isso?

CÉLIA: Que se vá
    Pedro com o mesmo humor,
    logo se vê que o criado
    é ruim como o senhor.

NISE: Sou eu que o deixo irritado,
    e as queixas faço crescer!
    E que linda invenção
    fazer-me repreender.

CÉLIA: Viu Pedro se intrometer,
    tão velhaco e intrujão?

NISE (*para Finea*): Tu estás dissimulando
    este conluio já feito,
    e enches de engano o peito
    com que estás me abrasando.
    Pois foste como sereia
    não só peixe, mas mulher.
    Já não és boba sequer
    e sabes armar a teia.
    Com ele pensas te casar?

FINEA: Nunca fui peixe ou baleia
    e nunca estive no mar.
    Anda, tu é que estás louca!

NISE: E agora isso?

CÉLIA: Voltou à cretinice.

NISE: Deixa de criancice!
    Minha indulgência é tão pouca

>	que a alma te vou arrancar.

FINEA: Não tens em conta o perdão?

NISE: Tenho a de tua traição,
>	mas não a de perdoar.
>	A alma pensas tirar-me,
>	aquela que era minha?
>	Dá-me aquela que eu tinha,
>	e que podia animar-me.

FINEA: Todos me pedem suas almas;
>	um "almário" devo ser.
>	Ladra agora, e não mais proba.
>	Se há lugares sem gente,
>	me escondo como serpente.

NISE: Não te faças de boba.

Cena XV

Chega Otávio com Feniso e Duardo.

OTÁVIO: O que acontece?

FINEA: Pedem-me almas, a mim.
>	Seria eu um purgatório?

NISE: Sim!

FINEA: Sai, se isso te aborrece.

OTÁVIO: Não saberemos a razão
>	de teu desgosto?

FINEA: Nise querer
>	o que não posso ter,
>	sem nenhuma certidão:
>	almas, peixes e sereias
>	ela me alega ter dado.

OTÁVIO: Tornou a ser boba?

NISE: Sim.

OTÁVIO: Eu acho que tu a embobeces.

FINEA: Ela me dá ocasião,
porque me tira o que é meu.

OTÁVIO: Voltou à alucinação!

FENISO: São infelicidades.

DUARDO: Mas não diziam já ter
muito senso?

OTÁVIO: Ai de mim!

NISE: Eu quero falar claramente.

OTÁVIO: Então diz.

NISE: Todo o pesar fica atrás
se mandares firmemente,
pois como pai poderás.
E embora a honra sinta,
peço que não mais consinta
que Laurêncio entre aqui.

OTÁVIO: Por quê?

NISE: Porque ele é a causa
dela não se ter casado,
e de eu molestar a ti.

OTÁVIO: Mas isso é coisa fácil.

NISE: Então terás tua casa em paz.

Cena XVI

Entram Pedro e Laurêncio.

PEDRO: Contente na certa estás!

LAURÊNCIO: Uma invenção maravilhosa!

CÉLIA: Laurêncio vem aí.

OTÁVIO: Laurêncio, quando construí
esta casa, não pretendi
uma academia fazer;
nem quando a Nise educava,
não foi para poeta eleita,
mas para mulher perfeita
que as letras lhe ensinava.
Louvei sempre a opinião
de que uma mulher prudente,
ao saber medianamente,
só realça a discrição.
Não quero mais poesias;
os sonetos se acabaram,
pois já são breves os meus dias.
Algures os podeis falar,
entre gente e homens rasos,
onde não haja Garcilasos
e se pretenda cortejar.
Podeis obter alguns reais
já que com tantos sonetos,
reunidos em libretos,
tereis vossas credenciais.
Aqui já não deveis entrar
com tal achaque ou defeito.

LAURÊNCIO: É justo cumprir o já feito,
se foi a promessa casar.
Deveis fazer a vosso gosto
o que em casa vós quereis,
mas também me concedereis
que se faça o já disposto.

OTÁVIO: Que mulher vos devo eu?

LAURÊNCIO: Finea.

OTÁVIO: Estás louco?

LAURÊNCIO: Há três testemunhas do sim
 que há mais de um mês me deu.

OTÁVIO: Quem são?

LAURÊNCIO: Duardo, Pedro e Feniso.

OTÁVIO: Isso é verdade?

FENISO: Ela, de sua vontade,
 o fez com todo o siso.

DUARDO: Essa é a verdade.

PEDRO: Não bastava
 que meu senhor o dissesse?

OTÁVIO: Que sendo boba eu a desse
 a um homem que a enganava,
 não há de valer. Diz, filha,
 não és bobinha?

FINEA: Quando quero.

OTÁVIO: E quando não?

FINEA: Não.

OTÁVIO: O que espero?
 Mas se não és tolinha,
 estás com Liseo casada,
 e à justiça me vou.

Sai Otávio.

NISE: Vem, Célia, atrás dele, que estou
 com ciúmes e desesperada.

Saem Nise e Célia.

LAURÊNCIO: Ide atrás dele, com efeito,
 para que eu não tenha um susto.

FENISO: Por vossa amizade é justo.

DUARDO: Por Deus, que foi mal feito.

FENISO: Falais como já casado
com Nise?

DUARDO: Penso ser.
Saem Duardo e Feniso.

Cena XVII

Laurêncio, Finea; logo depois, Clara.

LAURÊNCIO: Tudo se pôs a perder;
pois tudo foi revelado.
Que remédio pode haver
se não posso aqui entrar?

FINEA: Não sair.

LAURÊNCIO: Mas onde hei de estar?

FINEA: E não saberia te esconder?

LAURÊNCIO: Onde?

FINEA: Em casa existe um desvão
muito bom para esconder-te.
Clara!

Entra Clara.

CLARA: Minha senhora!

FINEA: Saibas que está em tua mão
minha triste sorte. Em segredo,
conduz Laurêncio ao desvão.

CLARA: E Pedro?

FINEA: Também.

CLARA: Vem, galã, caminha.

LAURÊNCIO: Eu te confesso
que tenho muito medo.

FINEA: De quê?

PEDRO: Clara, quando chegar a hora,
de matar a fome em segredo,
vai e diz à tua senhora
que alguma comida nos dê.

CLARA: Há gente que comerá pior do que tu.

PEDRO: Eu para um desvão? Por acaso sou gato?

Vão-se todos, menos Finea.

Cena XVIII

Finea, sozinha.

FINEA: Por que é um trato impossível
este meu amor público?
Quando se chega a saber
uma vontade particular,
não há coisa mais triste
ou mesmo escandalosa
para uma mulher honrada.
O que se tem em segredo
é este gosto do amor.

Cena XIX

Entra Otávio.

OTÁVIO (*à parte*): Resisto ainda ou concedo,
apesar de me indispor?

FINEA: Não estás mais zangado?

OTÁVIO: Porque me pediram, não por convicção.

FINEA: Pois eu te peço mil vezes perdão.

OTÁVIO: E Laurêncio?

FINEA: Aqui há jurado
не não vir à corte nunca mais.

OTÁVIO: E para onde se foi?

FINEA: Para Toledo.

OTÁVIO: Fez bem.

FINEA: Não tenhas medo;
a Madri não volta jamais.

OTÁVIO: Filha, se ingênua nasceste
e por milagres de amor
deixaste o antigo dissabor,
como o engenho perdeste?

FINEA: Que queres, pai? É certo
que em bobos não se pode confiar.

OTÁVIO: Mas haveremos de remediar.

FINEA: Como, se é tudo incerto?

OTÁVIO: Como te enganam facilmente,
se acaso vier algum,
estarás guardada e nenhum
te verá, por ser prudente.

FINEA: Guardada onde?

OTÁVIO: Em parte secreta.

FINEA: Será bem em um desvão,
onde os gatos estão?
Não é que meu pai me engaveta?

OTÁVIO: Onde te for conveniente,
desde que ninguém te veja.

FINEA: Pois que no desvão então seja.
Se tu mandas, vamos em frente.
E lembra que hás ordenado.

OTÁVIO: Não só uma, mil vezes!

Cena XX
Liseo e Turim se aproximam.

LISEO: Se desejei Nise
— que se diga e repise —,
como a teria olvidado?

FINEA: Aí vêm homens. No desvão,
pai, vou me esconder.

OTÁVIO: Filha, Liseo não importa.

FINEA: Ao desvão, pai. Homens aí vêm.

OTÁVIO: Mas não vês que são de casa?

FINEA: Não erra quem obedece.
Nenhum homem me verá mais,
a não ser que seja meu esposo.

Vai-se Finea.

Cena XXI

LISEO: Soube dos teus desgostos.

OTÁVIO: Sou pai…

LISEO: Mas podes achar remédio para tais coisas.

OTÁVIO: Já os encontrei. Que deixem
minha casa os que a perturbam.

LISEO: Quem, e de que maneira?

OTÁVIO: Laurêncio já se foi para Toledo.

LISEO: Como fizeste bem!

OTÁVIO: E tu crês
viver aqui, sem casar-te?
Porque há o mesmo inconveniente
se aqui continuas.
Hoje, Liseo, faz dois meses
que me deste tuas palavras.

LISEO: Agora, enfim, me agradeces!
Vim para casar com Finea,
forçado por meus parentes,
e a achei uma mulher boba.
Queres que a queira, Otávio?

OTÁVIO: Tens razão. Acabou-se!
Mas é limpa e formosa
e tem tantos dobrões
que poderia dobrar
o mais forte mármore.
Querias quarenta mil ducados
com uma Fênix?
Finea é coxa, é manca?
É cega? E se o fosse,
há erro de natureza
que com ouro não se enfeite?

LISEO: Dá-me Nise.

OTÁVIO: Não há duas horas
que Miseno a prometeu
a Duardo, em meu nome.
E falo então claramente:
até amanhã, a estas horas,
dou-te tempo para que penses.
Lembra-te de que és poeta!

Sai Otávio.

Cena XXII

Liseo e Turim.

LISEO: O que achas?

TURIM: Que te apresses
e que te cases com Finea;
porque se vinte mereces
por suportar uma boba,
dão-te mais outros vinte.
Se deixas de casar,
hão de dizer:
— vejam só que bobagem!

LISEO: Vamos,
que por medo resolvi
não me casar com bobas.

TURIM: Quem se casa com bobas,
me parece, é quem,
sem dinheiro, em tantas
coisas se mete.

Cena XXIII

Entram Finea e Clara.

FINEA: Até agora, os laços estão bem tecidos.
CLARA: Logo, não tenhas medo do que foi pensado.
FINEA: Oh, quanto ao meu amado
devem os meus sentidos.
CLARA: Com que humildade te pões...
no porão!

FINEA: Não te espantes,
que é apropriado aos amantes,
e Laurêncio não faz objeções.

CLARA: Muitos vivem num porão,
depois de ali ter nascido.

FINEA: Os que humildes têm sido,
e no mais baixo estão.

CLARA: No desvão vive um homem
que se tem por mais sábio
do que Platão!

FINEA: Assim o ofendes,
pois divino foi seu nome.

CLARA: No porão, há quem se anime
em desprezar a grandeza.
Um tolo, com sua rudeza,
talvez a subestime.

FINEA: Queres que te diga
como é falta natural
dos bobos não pensar mal
de si mesmos?

CLARA: Como não?

FINEA: A confiança secreta
tanto o sentido lhes rouba
que quando eu era boba
me tive por muito esperta.
E como é semelhante
o saber com a humildade,
eu, que tenho habilidade,
me tenho por ignorante.

CLARA: Num desvão vive bem
um assassino boçal
cuja morte natural
ninguém ou poucos a veem.

Num porão, de mil modos,
e sujeito a mil desgraças
aquele que dá graças
é desgraçado com todos.
Em um porão, uma dama,
satisfazendo quem lhe inquieta,
em uma hora discreta,
perde mil anos de fama.
Ou vive ali quem escreve
versos leigos e sagrados
e quem, por vãos cuidados,
a perigos se atreve.
Finalmente...

FINEA: Espera um pouco,
que meu pai vem aí.

Cena XXIV

Chegam Otávio, Miseno, Duardo e Feniso.

MISENO: Dissestes isso?
OTÁVIO: Sim,
porque me provocou.
Não há de ficar em casa,
por Deus, quem me aborreça.
FENISO: E é justo que se enfureça
com um rapazinho em brasa.
OTÁVIO: Pediu com graça, ademais,
que com Nise o casasse.
Disse-lhe que não pensasse
em tal coisa nunca mais.
Assim 'stou determinado.

MISENO: Vede, aqui está Finea.

OTÁVIO: Filha, escuta...

FINEA: Que eu só vos veja,
   como vós haveis mandado,
   quando estiverdes sozinho.

OTÁVIO: Espera um pouco,
   pois já estás casada.

FINEA: Mencionais
   um casamento onde há homens?

OTÁVIO: Então me tomas por louco?

FINEA: Não, pai, mas há homens aqui,
   e eu me vou ao porão.

OTÁVIO: Estão aqui para o teu bem.

FENISO: Venho para que vos servis de mim.

FINEA: Senhor Jesus! Não sabeis
   o que meu pai ordenou?

MISENO: Ouvi, que tudo se ajustou
   para que vos caseis.

FINEA: Tem graça o que dizeis.
   Mas sendo obediente,
   vou-me para o porão.

MISENO: Mas Feniso não vos merece o coração?

FINEA: Para o desvão, caro parente.

Saem Clara e Finea.

Cena XXV

Duardo, Otávio, Miseno, Feniso.

DUARDO: Como haveis ordenado
 que dos homens se esconda?
OTÁVIO: Não sei o que responda.
 Estou muito intrigado
 com minha fortuna e com ela.
MISENO: Liseo está vindo para aqui.
OTÁVIO: Eu, por mim,
 que posso dizer sem ela?

Cena XXVI

Liseo, Nise, Turim, depois Célia.

LISEO: Já que me afasto de ti,
 só quero que conheças
 o que perco por querer-te.
NISE: Sei que tua pessoa
 merece ser estimada;
 e como meu pai agora
 aceita que sejas meu,
 dou-me toda a ti,
 pois nas ofensas do amor
 a vingança é gloriosa.
LISEO: Ah, Nise, nunca te vissem
 meus olhos, pois ateastes
 maior incêndio em mim
 que Helena em Troia.
 Vim para casar com tua irmã,

mas vendo-te, bela Nise,
minha liberdade arrancaste
da alma preciosa joia.
Nunca mais pôde o ouro,
com suas forças poderosas,
que derrubam montanhas
e atitudes generosas,
rebaixar meus pensamentos
ao brilho que resplandece,
e às vezes cega,
tão altas pessoas.
Nise, condoi-te de mim,
porque já me vou.

TURIM: Tempera agora,
Nise, teus desdéns,
que o amor vai depressa
à casa da ofensa.

NISE: Turim, as lágrimas
de um homem foram no mundo
grande mal para nós.
Não morreram tantas mulheres
pelo fogo, pelo ferro e o veneno
como por vossas lágrimas.

TURIM: Pois olha um homem que chora.
És uma tigresa,
onça ou pantera?
És duende, coruja,
Circe ou Pandora?
Dessas coisas, o que és,
que não conheço tais histórias.

NISE: Não basta dizer
que já me rendi?

Entra Célia.

CÉLIA: Escuta, senhora...

NISE: Célia?

CÉLIA: Sim.

NISE: O que queres,
 já que todos se alvoroçam
 ao ver-te perturbada?

OTÁVIO: Menina, o que é isso?

CÉLIA: Uma coisa
 com que haveis de ter cuidado.

OTÁVIO: Cuidado?

CÉLIA: Há pouco eu vi
 que Clara levava um cesto
 com duas perdizes, dois coelhos,
 pão, toalhas,
 facas, saleiro e vinho.
 A segui e vi que caminhava
 para o porão...

OTÁVIO: Ora, Célia,
 seria para a boba
 da minha filha.

FENISO: Como comem bem as bobas.

OTÁVIO: Deu de ir ao porão
 porque hoje disse à tonta
 que, para que não a enganem,
 se esconda ao ver um homem.

CÉLIA: Seria isso se,
 para saber, não fosse curiosa.
 Subi atrás e fechou a porta...

MISENO: E o que importa?

CÉLIA: E não importa, se no chão,
 como se fosse um tapete
 desses que a primavera

borda em prados férteis,
estendeu toalhas de mesa brancas
para dois homens,
ela e Finea?

OTÁVIO: Homens? E onde está minha honra?
Vistes quem?

CÉLIA: Não pude.

FENISO: Olha bem se não estás presumindo, Célia.

OTÁVIO: Não poderá ser Laurêncio,
que está em Toledo.

DUARDO: Contende a cólera.
Eu e Feniso vamos subir.

OTÁVIO: Que reconheçam
a casa que insultaram!

Sai Otávio.

Cena XXVII.

Feniso, Nise, Duardo, Liseo, Célia.

FENISO: Que não aconteça alguma coisa.

NISE: Não acontecerá, pois meu pai é sensato.

DUARDO: É uma joia divina
o entendimento.

FENISO: Sempre erra,
Duardo, o ignorante.
Disto vos podeis louvar,
Nise, pois em toda a Europa
não há quem vos iguale o engenho.

LISEO: E sua beleza a ele se ajusta.

Cena XXVIII

Volta Otávio, com a espada em punho, trazendo Laurêncio, Finea, Clara e Pedro. Juntam-se aos demais.

OTÁVIO: Mil vidas hei de tirar
    a quem a honra me rouba!
LAURÊNCIO: Detende a espada, Otávio!
    Eu estou com minha esposa.
FENISO: Laurêncio?
LAURÊNCIO: Não vês?
OTÁVIO: Quem poderia ser agora,
    a não ser Laurêncio, minha infâmia?
FINEA: Mas, pai, com o que te enfureces?
OTÁVIO: Infame! Não me disseste
    que a causa da minha desonra
    estava em Toledo?
FINEA: Pai,
    se aquele porão se chama
    Toledo, então disse a verdade.
    É alto, mas não importa;
    que mais altas eram a fortaleza
    e a ponte de Segóvia.
    Não me mandaste esconder?
    Pois a culpa é toda tua.
    Sozinha num porão,
    eu que sou medrosa...
OTÁVIO: Vou lhe cortar a língua!
    Vou rasgar a boca!
MISENO: Esse é um caso sem remédio.
NISE: E a Clara socarrona,
    que levava os coelhinhos?

CÉLIA: Minha senhora mandou-me.

MISENO: Otávio, vós sois sensato;
 já sabeis que tanto faz
 cortar como desatar.

OTÁVIO: E o que me aconselhais escolher?

MISENO: Desatar.

OTÁVIO: Senhor Feniso,
 se a vontade é obra,
 aceitai a vontade.
 Finea se casou
 e Nise, enfim, se conforma
 com Liseo, que me disse
 que a quer e adora.

FENISO: Se foi, senhor, vossa ventura,
 paciência! Que o prêmio gozam
 de suas justas esperanças.

LAURÊNCIO: Tudo corre de vento em popa.
 Darei minha mão a Finea?

OTÁVIO: Dai-lhe, à boba esperta.

LISEO: E eu a Nise?

OTÁVIO: Vós também.

LAURÊNCIO: Bem mereço esta vitória,
 pois se eu lhe dei a razão
 ela me oferece um memorial
 com quarenta mil ducados.

PEDRO: E o Pedro aqui, não come
 algum osso, como cachorro,
 da mesa destas bodas?

FINEA: Tens a Clara, ela é tua.

TURIM: E eu,
 nasci onde os que nascem choram,
 e riem os que morrem?

NISE: Célia, que sempre te foi devota,
 será tua mulher, Turim.

TURIM: Será meu vinho e minha noiva.

FENISO (*para Duardo*): Só nós estamos em falta.
 Aperta cá esta bela mão.

DUARDO: A uma junta distinta a pedi,
 e que ela nossas faltas perdoe;
 que aqui, para os sensatos,
 dá-se fim à *comédia boba*.

TIRSO DE MOLINA

Gabriel Téllez, conhecido literariamente como Tirso de Molina, nasceu em Madri, em 1584, sendo, com bastante probabilidade, filho ilegítimo do duque de Osuna. Bem jovem, foi enviado ao convento dos mercedários (ordem das Mercês), ordenando-se padre em Guadalajara, em 1601, aos dezessete anos. Viajou duas vezes para Santo Domingo, na América Central, em missão religiosa, a primeira delas em 1616, quando lá permaneceu por dois anos. Tornou-se depois um conhecido confessor em Madri antes de viver em Toledo. Ali, por volta de 1620, começou a escrever poemas, contos e peças. Foi como superior do convento que veio a falecer na cidade de Soria, em 1648. Deixou cerca de trezentas comédias, que se imprimiram em cinco *partes* (conjuntos): *Primera Parte* (Sevilla, 1627); *Segunda Parte* (Madrid, 1635); *Tercera Parte* (Tortosa, 1634); *Cuarta Parte* (Madrid, 1635), e *Quinta Parte* (Madrid, 1636). Como dramaturgo religioso, escreveu vários autos sacramentais (*El Colmenero Divino, No le Arriendo la Ganancia, El Laberinto de Creta*), comédias bíblicas (*La Mujer que Manda en Casa, La mejor Espigadera, La Vida y Muerte de Herodes, La Venganza de Tamar*) e peças hagiográficas (como a trilogia *La Santa Juana, La Ninfa del Cielo, La Dama del Olivar*).

O BURLADOR DE SEVILHA E CONVIDADO DE PEDRA

De uma tonalidade diferente é a obra *O Burlador de Sevilha*; de autoria controvertida, inicia o mito literário de Dom Juan. Os estudiosos se esforçaram na busca de fontes ou de antecedentes, na vida real ou na literatura, para o burlador e seu convidado de pedra. Tradições sobre o convidado do além são documentadas por todo o folclore europeu. Quanto à personagem de Dom Juan Tenório, surgiram numerosos modelos históricos que, supostamente, inspiraram a figura do burlador, como dom Miguel de Manãra (menino de pouca idade nas datas da provável redação, 1617-1619), dom Juan Téllez Girón, segundo duque de Osuna, dom Pedro Téllez Girón, terceiro duque de Osuna etc. Tampouco faltam candidatos literários, quase sempre de duvidosa importância, nas fontes do burlador (Cariofilo, da comédia *Eufrosina*, de Ferreira de Vasconcelos; Leucino, do *Infamador*, de Juan de la Cueva; Leonido, da *Fiança Satisfeita*, de Lope de Vega). Seja como for, na tradição do Dom Juan, a obra de Tirso (ou de quem seja o seu autor) constitui sua primeira e mais poderosa aparição, capaz de engendrar uma larguíssima descendência literária, atravessando múltiplos avatares em gêneros e séculos.Em cena, as aventuras de Dom Juan começam no palácio de Nápoles, com a burla à duquesa Isabela, a quem conquista fazendo-se passar pelo duque Otávio. Consegue escapar com a ajuda de seu tio, embaixador na corte de Nápoles. A segunda burla se traslada às praias de Tarragona: aparece a pescadora Tisbea, que recita um monólogo no qual sublinha sua liberdade amorosa e como engana aos homens. Vê entre as ondas Dom Juan, que havia naufragado, recolhe-o e se entrega depois ao ardente cortejo do galã.

Com uma técnica recorrente na peça, deixa em suspenso o episódio de Tisbea para introduzir uma cena entre o rei dom Alfonso de Castela e dom Gonzalo de Ulloa, na qual dom Gonzalo faz um largo elogio de Lisboa, e cuja função é estabelecer um contraste moral entre dois mundos, o de dom Juan e o ideal de Lisboa. Volta-se ao engano de Tisbea e finaliza-se o episódio: dom Juan foge da pescadora após tê-la possuído. O primeiro ato termina com o patético lamento de Tisbea.

O segundo ato se inicia na corte de dom Alfonso, onde chegam as notícias de Nápoles e o fugitivo Otávio; após alguns diálogos amistosos de dom Juan com o marquês De La Mota sobre as prostitutas sevilhanas (que manifesta a índole moral dos dois jovens), dom Juan decide enganar dona Ana de Ulloa, que está de amores com De La Mota e para ele enviou um bilhete marcando um encontro, que, por azar, cai nas mãos de dom Juan. Para enganar a dama, intenta se passar por De La Mota (nova versão da conquista de Nápoles), o comendador Ulloa acode aos gritos de sua filha, ambos lutam e dom Juan o mata. Após os episódios trágicos anteriores, há uma transformação no ambiente rústico de Duas Irmãs, onde o conquistador interrompe as bodas de Patrício e Aminta, dispondo-se a outra aventura, que permanece em suspenso até o terceiro ato.

O último ato se abre com as preocupadas reflexões de Patrício, enciumado do cavalheiro cortesão. O final da burla não se faz esperar: dom Juan convence a camponesa e seu pai de que se casará com ela. De novo em Sevilha, Dom Juan acha em uma igreja o túmulo do comendador e zomba de sua estátua funérea, convidando-a para jantar, sem fazer caso dos repetidos avisos do gracioso Catalinón. A estátua acode à pousada de dom Juan e, por sua vez, o convida a cear em outro dia em sua capela. Intercala-se outra cena em que os diversos ofendidos por dom Juan pedem justiça ao rei, que decide, por fim, castigar o burlador. Mas já é tarde: dom Juan se dirige ao encontro marcado com a estátua e encontra a morte e a condenação, precipitando-se no inferno. O resto funciona a modo de epílogo: Catalinón narra aos presentes os sucessos e o rei dispõe as bodas em uma típica reordenação do caos, não isenta de ambiguidades.

Do ponto de vista temático, o assunto estrutura-se em dois tempos que correspondem aos dois componentes básicos da obra, expressos no duplo título: a) as conquistas enganosas de dom Juan; b) os episódios dos convites e o castigo. O contraste de ritmos serve à variedade e ao dinamismo: ao diálogo amoroso de Tisbea e Dom Juan sucede-se a descrição de Lisboa, e de novo aos gritos desesperados da pescadora; aos motivos dos costumes das rameiras sevilhanas sucede-se o desenlace da burla de dona Ana. O próprio começo do drama marca o tom acelerado da ação, com mudanças constantes de cenários. Esta velocidade responde também ao crescendo das burlas, já que cada uma delas acrescenta circunstâncias agravantes: engana em palácio a dama de um amigo; atraiçoa a hospitalidade de Tisbea que lhe salvou a vida; soma um homicídio ao engano de dona Ana; destrói um casamento recém-efetuado em Duas Irmãs e profana um sacramento. A acumulação e os avisos de Catalinón fazem com que o nível transgressor se eleve.

Poucos personagens do teatro universal conseguiram a popularidade de dom Juan, convertido em mito literário de dilatada descendência. Sobre esse mito, cujo primeiro exemplo é o burlador de Tirso, muito se escreveu e de muitos modos foi interpretado: encarnação de impulsos psíquicos; rebeldia contra a sociedade e contra a lei paterna; personagem edípica, que em cada mulher procura a mãe, vingando-se do pai e da mãe que o abandonou; ou bode expiatório que assegura a coesão social por meio de seu sacrifício.

Para muitos estudiosos do mito, esta capacidade de projetar em suas aventuras desejos secretos, impulsos de dominação e apetites sexuais (signo, ao mesmo tempo, de ânsia de poder e de liberação de instintos reprimidos) explicam boa parte da fascinação que produz.

As dimensões arquetípicas de dom Juan não apagam as diferenças de suas sucessivas encarnações. No caso do dom Juan de Tirso, o aspecto mais chamativo, embora não o mais profundo, é sua atividade erótica. Embora seja verdade que a dom Juan mais lhe excita a conquista do que o sexo, não se pode desvalorizar o elemento erótico, que enorme eficácia teve para a fixação do tipo teatral. Na técnica sedutora de dom Juan vale tudo. Ignora a moral e a consciência, relegando-as a um além, ao *tan largo me lo fiais* (tão generosamente em mim confiais), sua repetida muleta que lhe trará a condenação. Seu prazer sexual vai apegado à vaidade da conquista e do engano: o termo *burla* e derivados constituem um campo semântico central na obra. Tais burlas não se executam apenas contra mulheres: burla-se de Otávio, de De La Mota, da estátua do comendador, do rei, de seu pai... Destrói a honra dos outros e quer construir sua própria fama sobre a capacidade de enganar os demais. A fidalguia que lhe reconhece Catalinón não deixa de ser, como seu valor físico, um rasgo exigido pela convenção teatral do primeiro galã.

Alguns viram dimensões heroicas ou diabólicas em dom Juan. Não o creio. Que dom Juan peca contra a pessoa, a sociedade e a lei, é óbvio. Que sua transgressão constitua uma rebelião teológica e social consciente, de grandeza trágica, parece-me inaceitável. Sua condição de crente (que outra coisa pode ser uma personagem do teatro espanhol do século XVII?) não opera dramaticamente: atua deixando margem a Deus e às suas leis na conduta cotidiana. Não se opõe a Deus; Deus lhe é indiferente. O desafio à estátua, mais que heroísmo, é cegueira mental e moral: sua obsessão em cumprir a palavra dada ao morto é curiosa, visto que não a cumpre para ninguém e procede por temor de ser tachado de covarde.

Em todo caso, a dom Juan, agente do mal e do caos, exige-se um castigo divino exemplar, que corrija a culpável inibição da justiça humana. Pois dom Juan é burlador, entre outras coisas, porque sua posição social de cortesão privado e poderoso senhor o permitem. Sua rebelião social não se vê em parte alguma: não quer destruir um sistema que lhe proporciona privilégios; e se rompe as regras é para abusar, apoiado nesses mesmos privilégios que utiliza sem escrúpulos.

Em suma, se o talhe heroico de dom Juan Tenório (burlador antes do mito) pode ser posto em dúvida, não cabe duvidar de sua estatura e poder dramáticos como personagem teatral de inigualável vigor.

Lançado nos tablados por seu criador (Tirso ou algum outro), o primeiro dom Juan não apenas reclama os méritos de progenitor de tão grande descendência, mas os próprios, de uma perfeita construção dramática em que se insere: longe do tópico de supostas imperfeições e rude improvisação, toda a peça é um exemplo de esplêndida eficácia cênica e poética, pragmaticamente demonstrada por sua vigência posterior.

Pessoas que falam:

Dom Diego Tenório, *velho*
Dom Juan Tenório, *seu filho*
Catalinón, *empregado*
O Rei de Nápoles
Otávio, *duque*
Dom Pedro Tenório, *tio de Diego*
De La Mota, *marquês*
Dom Gonzalo de Ulhoa, *embaixador*
Dom Alfonso XI, *rei de Castela*
Fábio, *criado*
Isabela, *duquesa*
Tisbea, *pescadora*
Belisa, *moradora de Sevilha*
Anfriso, *pescador*
Coridón, *pescador*
Gaseno, *lavrador, pai de Aminta*
Patrício, *lavrador*
Ripio, *criado*
Dona Ana de Ulhoa, *filha de Gonzalo*
Aminta, *lavradora*

Acompanhamento: cantores, guardas, criados, enlutados, músicos, pastores, pescadores

Ato I

Surgem Dom Juan Tenório e Isabel, duquesa

ISABELA: Duque Otávio, assim

poderás sair mais seguro.

JUAN: Duquesa, de novo vos juro
cumprir o doce sim.

ISABELA: Meus prazeres serão verdades,
as promessas e oferecimentos
os presentes e cumprimentos,
as vontades e amizades.

JUAN: Sim, meu bem.

ISABELA: Preciso de uma luz.

JUAN: Mas para quê?

ISABELA: Para que a alma dê fé[1]
do bem que chego a gozar.

JUAN: Apagarei a luz.

ISABELA: Céus, quem és, homem?

JUAN: Quem sou? Um homem sem nome.

ISABELA: Não és o duque?

JUAN: Não.

ISABELA: Aparece então à vista.

JUAN: Para!, duquesa, dá-me tua mão.

ISABELA: Não me detenhas, vilão.
Socorro, soldados, gente!

Aparece o Rei de Nápoles com uma vela em um candeeiro.

REI: O que é isso?

ISABELA: O rei, ó tristeza.

REI: Quem és?

JUAN: Quem há de ser?
Um homem e uma mulher.

---

1. Dar fé, ou seja, confirmar.

REI (*à parte*): Isso requer prudência.
 Os de minha guarda! Prendei este homem.

ISABELA: Ah, honra perdida![2]

Vai-se Isabela. Surgem Dom Pedro Tenório, embaixador de Espanha, e sua guarda.

PEDRO: Vozes em teu quarto, grão senhor?
 Por que causa foi?

REI: Dom Pedro Tenório,
 desta prisão
 vos dou o encargo;
 sede rápido, e não largo[3].
 Vede quem ambos são.
 Segredos deve haver
 e mau sucesso prevejo;
 pois se aqui os vejo
 não resta mais do que ver.

Vai-se o rei.

PEDRO: Prendei-o.

JUAN: Quem há de ousar?
 Bem posso perder a vida,
 mas há de ir tão bem vendida
 que a alguém lhe há de custar.

PEDRO: Matai-o.

JUAN: Quem vos assanha?
 Decidido a morrer estou,

---

2. A obra tem início após uma ação já terminada, a do enlace dos amantes no quarto de Isabela, durante o qual Juan prometeu casar-se. Além disso, Isabela e Juan aproveitaram-se da hospedagem real para o ato ilícito realizado.

3. *Siendo corto, andad vos largo.* Isto é, ser discreto e agir rapidamente.

porque cavaleiro sou
do embaixador de Espanha.
Chegai vós, e sozinho,
para que me possa render.

PEDRO: Afastai-vos;
para aquele quarto vos retirai todos.

Vão-se todos.

PEDRO: Já estamos a sós.
Mostra aqui teu esforço e brio.

JUAN: Ainda que mostre esforço, tio,
não o tenho para vós.

PEDRO: Diz quem és[4].

JUAN: Já o digo. Teu sobrinho.

PEDRO: Ah, coração,
temo alguma traição.
O que é que fizeste, inimigo?
Como te portas dessa sorte?
Diz-me logo o sucedido,
desobediente e atrevido,
que não me acanho dar-te a morte.

JUAN: Tio e senhor,
jovem sou e foste jovem;
conheceste o amor
e os anseios que o movem.
Se me obrigas a dizer a verdade,
ouve-a que a ti direi:
enganei e aproveitei-me
de Isabela, a duquesa.

PEDRO: Nada mais diga.

---

4. Presume-se que Juan mantenha, até o momento, o rosto encoberto por sua capa.

Sim, como a enganaste?
Fala e não desconsidera.

JUAN: O duque Otávio fingi que era.

PEDRO: Cala e que isso baste.
(*À parte*): Estou perdido se o rei sabe.
O que hei de fazer?
A destreza me há de valer
em um negócio tão grave.
És vil. Não bastou fazer sequer,
com ira e crueldade estranha,
tão grande traição à Espanha
com outra nobre mulher,
e em Nápoles também,
justo no palácio real,
com mulher tão especial?
Castigue-te o céu, pelo teu bem.
Teu pai de Castela
a Nápoles te enviou,
ali onde a orla abrigou
a espumosa sentinela
da Itália, esperando
que por haver-te recebido,
pagarias agradecido,
mas sua honra estás ofendendo,
e com mulher tão especial.
Mas nesta ocasião
nos prejudica a delação.
Vê o que queres fazer.

JUAN: Não quero dar-te desculpa,
pois a daria de modo escuso.
Meu sangue é de ti recluso;
com ele pagarei a culpa.
Aos teus pés estou rendido,
e esta é a minha espada, senhor.

PEDRO: Levanta e mostra valor,
 que pela humildade estou vencido.
 Te atreverias a descer
 de tão alto balcão?

JUAN: Sim, me atrevo
 que asas em teu favor levo.

PEDRO: Pois te quero ajudar.
 Vai-te à Sicília ou a Milão,
 onde vivas encoberto.

JUAN: Logo irei.

PEDRO: Certo?

JUAN: Por certo.

PEDRO: Minhas cartas te avisarão
 do que, em tão triste sucesso,
 tu causaste.

JUAN: Por mim não te agaste.
 A minha culpa confesso.

PEDRO: Jovem, o engano te acompanha.
 Desce, pois, pelo balcão.

JUAN: (*à parte*) Com justa pretensão,
 alegre parto para a Espanha.

Sai Juan. Entra o rei.

PEDRO: Executando, senhor,
 tua justiça justa e direta,
 o homem...

REI: Morreu?

PEDRO: escapou
 de nossas lâminas.

REI: De que forma?

PEDRO: Desta forma:
tão logo o ordenaste,
sem dar mais desculpas
apertou a espada entre as mãos,
envolveu o braço com a capa
e, com galharda presteza,
ferindo soldados
e buscando sua defesa,
vendo a morte avizinhar-se
lançou-se desesperado
pelo balcão que dá no pomar.
Teus homens o seguiram
com diligência. Quando saíram
por aquela porta
o acharam agonizando,
como serpente enroscada.
Levantando-se, ao ouvir
dos soldados: morra, morra!,
com o rosto banhado em sangue,
com tão heróica presteza
se foi que fiquei confuso.
A mulher é Isabela,
que para tua admiração nomeio.
Retirada a este aposento
disse que foi o duque Otávio
quem, com engano e cautela,
dela aproveitou-se.

REI: Que dizes?

PEDRO: Digo
o que ela própria confessa.

REI: Ah, pobre honra. Se és a alma
do homem, por que te deixam
na mulher inconstante,

se tens a mesma leveza?
Olá!

Aparece um criado.

CRIADO: Grão senhor?

REI: Traga diante de mim
essa mulher.

PEDRO: A guarda já vem,
grão senhor, com ela.

Aparece a guarda, com Isabela.

ISABELA (*à parte*): Com que olhos verei o rei?

REI: Ide e guardai a porta
deste salão. Diga, mulher,
que veemência, que airada estrela
te incitou, com formosura e soberba,
a profanar os umbrais de meu palácio?

ISABELA: Senhor...

REI: Cala-te, que a língua
não poderá dourar o erro
que cometeste em minha ofensa.
Aquele era o duque Otávio!

ISABELA: Senhor!

REI: Não, não importam as forças,
Guardas, criados, muralhas
e ameias fortes para o Amor,
que a flecha da criança
até os muros penetra.
Dom Pedro Tenório,
leva essa mulher presa
a uma torre, e em segredo

faz com que prendam o duque.
Quero fazer com que cumpra
a palavra, a promessa.

ISABELA: Grão senhor, voltai-me o rosto!

REI: Ofensa em minhas costas feita
é, por justiça e com razão,
castigar e dar-te as costas.

Sai o rei.

PEDRO: Vamos, duquesa.

ISABELA (*à parte*): Minha culpa,
não há desculpa que a vença,
mas não será demasiado o erro
se o duque Otávio corrigi-lo.

Saem todos. Aparecem o duque Otávio e Ripio, seu criado.

RIPIO: Tão cedo, senhor,
te levantas?

OTÁVIO: Não há sossego ou rogo
que possa apagar o fogo
que em minh'alma incendeia o Amor.
Como no fim é ele criança,
não lhe apetece a cama branda
com linho de Holanda
pois nunca se amansa.
Deita-se, mas não sossega.
Quer sempre madrugar
para levantar e jogar
que a isso não se nega.
Os pensamentos de Isabela
mantêm-me, amigo, em calma;

e como vivem na alma,
anda o corpo de sentinela,
guardando, ausente e presente,
o castelo do pudor.

RIPIO: Perdoa-me, mas teu amor
é um amor impertinente.

OTÁVIO: O que dizes, idiota?

RIPIO: Digo que é impertinência amar
como amas. Vai me escutar?

OTÁVIO: Sim, prossegue.

RIPIO: Já sigo.
Isabel quer a ti?

OTÁVIO: Disso, tonto, vais duvidar?

RIPIO: Não, mas quero perguntar.
E tu não a queres?

OTÁVIO: Sim.

RIPIO: Pois não seria tolo, espero,
de linhagem ou tronco conhecido,
se perdesse o meu sentido
entre o quem quer e quem quero?
Se ela a ti não quisesse,
farias bem em lutar,
confessar e adorar,
esperando que se rendesse;
mas se vós vos quereis
com a mesma igualdade,
diz-me, onde a dificuldade,
para que logo vos caseis?

OTÁVIO: Seria coisa rasteira
se fosse a boda
de lacaio ou lavadeira.

RIPIO: Pois é uma qualquer

uma lavadeira mulher,
que vive lavando e esfregando,
seus panos protegendo,
suas roupas estendendo,
limpando e remendando?
Dando, disse, porque ao dar
não há coisa que se iguale;
e se não, a Isabela dá-lhe,
para ver se sabe tomar.

Aparece um criado.

CRIADO: O embaixador de Espanha
lá embaixo se apeia,
e já do saguão pleiteia,
com ira e fúria estranha,
falar-te e, se mal não entendi,
trata-se de prisão.

OTÁVIO: Prisão? Mas por que razão?
Diga-lhe que entre.

Entra Dom Pedro Tenório com guardas.

PEDRO: Quem assim
dorme, descuidadamente,
tem limpa a consciência.

OTÁVIO: Quando vem vossa excelência
honrar-me de modo condizente,
ao seu dispor estarei.
Mas qual a razão da vinda?

PEDRO: Porque aqui enviou-me o rei.

OTÁVIO: Se de mim se acerca
meu senhor nesta ocasião

será por justiça e razão
que por ele a vida perca.
Diga-me, senhor, que sorte
ou que estrela te trouxe
já que o rei de mim lembrou-se?

PEDRO: Foi, duque, vossa má sorte.
Venho como do rei embaixador,
trazendo dele uma missão.

OTÁVIO: Marquês, tenho toda a atenção.
Diga, que assim me faz um favor.

PEDRO: Para vos prender fui enviado.
Não vos alvoroceis.

OTÁVIO: Tu e o rei me prendeis?
E do que fui culpado?

PEDRO: Melhor do que eu, sabeis;
mas, se acaso me engano,
escutai do soberano
as razões que são dos reis.
Quando os negros gigantes
dobravam os funestos dosséis
e do crepúsculo fugiam,
tropeçando uns nos outros,
estando eu com sua alteza,
a tratar de certos negócios,
porque antípodas do sol
são sempre os poderosos,
ouvimos vozes de mulher
cujos ecos menos ásperos
pelas sagradas molduras
repetiam "socorro".
Às vozes e ao ruído,
duque, acudiu o próprio rei,
e achou Isabela nos braços
de um homem poderoso;

mas quem ao céu se atreve,
é, sem dúvida, gigante ou monstro.
Mandou-me o rei que o prendesse
e com ele fiquei a sós.
Quis desarmá-lo,
mas acho que o demônio
tomou-lhe a forma humana,
pois envolto em fumaça e pó
arrojou-se dos balcões
que coroam o palácio
com belos capitéis.
Fez prender a duquesa
e, na presença de todos,
disse ela que era o duque Otávio,
ele que, com mão de esposo,
gozou-lhe o prazer.

OTÁVIO: O que dizes?

PEDRO: Digo
o que do mundo já é notório,
e que tão claro se sabe,
que a Isabela, de mil modos,
presa já o disse ao rei.
Com vós, senhor, ou com outro,
nesta noite em palácio
encontramos todos.

OTÁVIO: Deixa-me e não me digas
a tão grande traição de Isabela.
Mas e se foi por amor e cautela?
Vamos, segue com tais intrigas.
(À *parte*)
Mas se a veneno me obrigas,
que a um firme coração toca,
e assim dizendo me provoca,
à fuinha se assemelha

que concebe pela orelha
e pare pela boca.
Será verdade que Isabela,
minh'alma, esqueceu-se de mim,
para dar-me a morte? Sim.
Os bens soam e os males voam.
E no peito ecoam
juízos que são antolhos,
aflitivos escólios
pelo entendimento entrados
e no íntimo escutados
o que se credita aos olhos.

Senhor marquês, é possível
que Isabela me tenha enganado
e de meu amor tenha zombado?
Parece coisa impossível!
Oh, mulher, lei tão terrível
a da honra a defender.
inda vale minha tutela?
Um homem com Isabela,
à noite no palácio? Como crer?

PEDRO: Como é verdade que nos ventos
existem aves e no mar, peixes,
às vezes, unidos em feixes,
neles estão os quatro elementos;
como no prazer há contentamentos,
a lealdade no bom amigo,
a traição no inimigo,
na noite a obscuridade
e no dia a claridade,
assim é verdade o que digo.

OTÁVIO: Marquês, eu te quero crer,
pois já não há coisa que me espante

se ainda a mulher mais constante
é, com efeito, mulher.
Não me resta senão ver,
pois o tremor me vem ao lábio.

PEDRO: Como sois prudente e sábio,
elegestes o caminho médio.

OTÁVIO: Ausentar-me é o meu remédio.

PEDRO: Pois sede rápido, duque Otávio.

OTÁVIO: Quero ir-me à Espanha
para aos males dar fim.

PEDRO: Pela porta do jardim,
duque, a liberdade se ganha.

OTÁVIO: Ah, veleta estranha!
Ao furor me provoco,
em estranhas províncias toco,
fugindo por cautela.
Adeus, pátria, adeus Isabela.
Ela com outro homem?
E se me equivoco?

Vão-se todos. Aparece Tisbea, pescadora, com uma vara de pesca nas mãos.

TISBEA: Só eu, de quantas o mar
os pés de jasmim e rosa
em suas ribeiras beija
com fugitivas ondas,
estou do amor isenta,
sozinha em minha ventura,
e tirana me reservo
de suas loucas prisões.
Aqui, onde o sol pisa
as ondas sonolentas,
avivando safiras

e que espantadas sombras
sobre a areia miúda,
às vezes aljôfar,
outras vezes átomos,
que assim ao sol adora,
ouço das aves
as queixas amorosas
e os doces combates
da água entre as rochas,
e com a vara de pesca sutil
que do peixinho imprudente
ao débil peso se dobra
e que o mar salgado açoita,
ou ainda com a rede
que em suas moradas fundas
prendem quantos habitam
os aposentos das conchas,
tenho seguramente
que só em liberdade se goza
a alma, pois o amor, áspide,
não ofende com sua peçonha.
Num pequeno esquife
e em companhia de outras
talvez o mar penteie
a espumosa cabeça.
E quanto mais perdidas
querelas de amor se formam,
como gracejo de todas,
por todas sou invejada.
Feliz sou mil vezes,
Amor, pois me perdoas,
e ainda por ser humilde,
não desprezas minha choça.
Obeliscos de palha
coroam meu edifício:

os ninhos; e se não,
há rolinhas e cigarras.
Minha honra conservo em palhas
como fruta saborosa,
e em vidro nelas guardado,
para que não se quebre.
Pelos pescadores de Tarragona,
que com ardor
de piratas se defende
na costa prateada,
sou desdenhada,
por surda a seus suspiros
e terríveis pedidos,
rocha de suas promessas.
Anfriso, a quem o céu,
com mão poderosa,
presenteou em corpo e alma,
dotado de todas as graças,
comedido nas palavras,
liberal nas obras,
sofrido pela indiferença
e modesto nas aflições,
minhas portas de palha,
que a gelada noite ronda,
apesar dos tempos
me remoça nas manhãs,
pois com ramos verdes,
que corta dos olmos,
as palhas amanhecem
enfeixadas com lisonjas
e com doces violas
e flautas delicadas
me consagra músicas.
E contudo não se importa
se do tirano império

vivo do amor senhora,
ele que acha gosto nas penas
e nos infernos a glória.
Todas por ele se morrem
e eu, em todas as horas,
o mato com desdéns,
a própria condição do amor:
querer onde aborrecem,
desprezar onde adoram,
que na alegria morre,
e vive se o envergonham.
Em tão alegre dia,
segura dos elogios,
meus anos juvenis
o amor não os estraga.
Pois em idade tão florida,
amor, não é pouca sorte
não veres, trazidas na rede,
as tuas amorosas.
Mas é um discurso tolo,
que meu trabalho estorva;
que nele não me divirta
em coisa que não me importa.
Quero entregar a vara ao vento
e à boca do peixe a isca.
Mas à água se jogam
dois homens de um barco,
antes que o mar o engula
e um escolho aborde.
Como formoso pavão,
faz das velas cauda
onde os pilotos
todos os olhos ponham.
As ondas vai escavando
e já sua pompa e orgulho

quase se desvanece,
pois a água num costado toma.
Afundou-se e deixou ao vento
a gávea; que ninguém a escolha
para sua morada,
pois só um louco nesta jaula[5] mora.

Ouvem-se gritos de "estou me afogando".

Um homem a outro espera,
que diz que se afoga.
Que brava cortesia,
pois nos ombros o toma.
De Anquises o faz Enéas,
se o mar se fez Troia.
Nadando, as águas
com valentia corta,
e na praia não vejo
quem o ampare e socorra.
Vou chamar: Tirseo,
Anfriso, Alfredo, olá.
Os pescadores me olham,
tomara a Deus que me ouçam.
Mas milagrosamente
os dois à terra chegam:
sem alento o que nada,
com vida quem o estorva.

Catalinón tira dos braços a Dom Juan.

CATALINÓN: Ah, Cananeia abençoada,
e que água salgada!

---

5. No original, *gavia*, gávea, que também significa, tanto em espanhol quanto em português, jaula ou gaiola.

Aqui se pode bem nadar
quem deseja se salvar,
fugindo ao torvelinho
onde a morte se frágua.
Onde Deus juntou tanta água
não juntaria muito vinho?
Água e salgada. Extremada
coisa para quem não pesca.
Se já é ruim a água fresca,
o que será da salgada?
Quem dera vinho, mesmo de corais,
achasse eu por aqui.
Se da água que engoli
hoje escapo, água nunca mais.
Desde hoje a ela renuncio,
e também à devoção;
mesmo à água benta arredio,
não penso vê-la sem aflição.
Ah, senhor, como está frio.
Já estará morto?
Do mar veio este desconforto,
e o meu desvario.
Desgraçado quem primeiro
os pinhos no mar semeou,
e seus rumos navegou
com quebradiço madeiro.
Maldito seja o costureiro
que coseu o mar de linhas e engastes,
traçando o céu e o luzeiro,
mas causando tantos desastres.
Maldito seja Jasão,
e Tífis[6] maldito seja.
Está morto, já nem arqueja.

6. Jasão e Tífis, ambos argonautas. Tífis era o piloto da nau.

Ah, Catalinón, mais provação.
Que hei de fazer?

TISBEA: Homem, o que tens?

CATALINÓN: Por desgraça assustadora,
muitos males, pescadora,
e falta de muitos bens.
Vejo, por entregar-se a mim,
que meu senhor se finda.
Não é uma nova ruim?

TISBEA: Não, pois respira ainda.

CATALINÓN: Por onde, por aqui?

TISBEA: Claro, por onde mais?

CATALINÓN: Bem podia
ser por outra parte.

TISBEA: És tolo demais.

CATALINÓN: Quero beijar-te
a mão clara como dia.

TISBEA: Vá chamar os pescadores
que naquela choça estão.

CATALINÓN: E se chamo, virão?

TISBEA: Virão logo, não o ignores.
Quem é este cavalheiro?

CATALINÓN: É filho daquele senhor,
do camareiro-mor.
Em Sevilha, aonde vai,
e onde o rei se distrai,
conde poderei ser
se à minha amizade corresponder.

TISBEA: E como se chama?

CATALINÓN: Dom Juan Tenório.

TISBEA: Chama minha gente.

CATALINÓN: Já vou.

Sai Catalinón. Tisbea recolhe Dom Juan nos braços.

TISBEA: Mancebo excelente,
    galhardo, nobre e comovente.
    Voltai a vós, cavalheiro.

JUAN: Onde estou?

TISBEA: Não mais no escaler,
    mas nos braços de uma mulher.

JUAN: Vivo em vós, se morro no mar.
    Já perdi todo o receio
    que pudesse me inundar,
    pois do inferno do mar
    ressurjo em vosso claro seio.
    Um espantoso furacão
    deu com meu barco de viés
    para lançar-me a vossos pés,
    que abrigo e porto me dão.
    Em vosso divino oriente
    renasço, e não há que espantar,
    pois vede que de mar a amar
    difere uma letra somente.

TISBEA: Tendes grande alento
    para vencer o alheamento,
    e mais ainda o tormento!
    Na alegria pondes acento,
    pois se é tormento o mar
    e são suas ondas cruéis,
    a força dos cordéis
    penso que vos faz falar.
    Sem dúvida bebestes
    do mar a oração passada;
    por ser de água salgada

com muito sal a oferecestes.
Falais muito quando não falais,
e quando morto viestes
só a aparência trouxestes.
Praza a Deus que não mintais.
Pareceis o cavalo grego
que a meus pés se deságua;
vindes formado de água
e estais impregnado de fogo.
E se molhado abrasais,
quando enxuto, o que fareis?
Muito ardor prometeis,
praza a Deus que não mintais.

JUAN: A Deus, donzela, prouvesse
que na água me afogara
para que prudente acabara
e louco por vós não morresse;
que o mar pudera inundar-me
entre suas ondas de prata,
sob o voo da veloz fragata,
mas não pudesse abrasar-me.
Grande parte do sol mostrais,
já que tendes do sol anuência;
e apenas com a aparência,
sendo de neve abrasais.

TISBEA: Por mais gelado que estais,
tanto fogo em vós tendes
que em mim o acendes,
queira Deus que não mintais.

Aparecem Catalinón, Coridón e Anfriso, pescadores.

CATALINÓN: Já chegam todos aqui.

TISBEA: E teu amo já está vivo.

JUAN: Com vossa presença recebo
    o alento que perdi.

CORIDÓN: O que nos pedes?

TISBEA: Coridón, Anfrisio, amigos...

CORIDÓN: Todos procuramos,
    de vários modos,
    esta feliz ocasião.
    Diz o que queres, Tisbea,
    que por esses lábios de cravo
    não terás ordenado àquele
    que deseja idolatrar-te.
    Só quando, chegado o momento,
    sem excetuar campo ou serra
    sulque o mar, arranque a terra,
    pise o fogo, o ar, o vento.

TISBEA (*à parte*): Oh, que mal pareciam
    ontem essas mesurices
    e hoje não me parecem tolices
    nem seus lábios mentiam.
    Amigos, estava pescando
    sobre este penhasco, e vi
    um barco afundar ali,
    e entre as ondas nadando
    dois homens; compassiva
    gritei, mas ninguém ouviu;
    com aflição enfim surgiu,
    livre da fúria esquiva,
    quase sem vida, na areia,
    sobre os ombros carregado
    um fidalgo já afogado,
    este que aqui se rodeia.
    E envolta em pena e tristeza
    vos chamei por gentileza.

ANFRISO: Pois aqui todos estamos.
Pede para que o façamos.

TISBEA: Que à minha choça os levemos,
onde, por certo agradecidos,
suas vestes consertemos
e sejam bem acolhidos.
A meu pai muito apraz
esta devida piedade.

CATALINÓN: Extremada beldade.

JUAN (*para Catalinón*): Escuta à parte.

CATALINÓN: Estou escutando.

JUAN: Se te perguntam quem sou,
diz que não sabes.

CATALINÓN: Queres advertir-me aqui
do que devo fazer?

JUAN: Estou morrendo
pela formosa pescadora.
E esta noite vou desfrutá-la.

CATALINÓN: Como?

JUAN: Vem e fica quieto.

CORIDÓN: Anfriso, dentro de uma hora
os pescadores vão
cantar e dançar.

ANFRISO: Então, vamos,
que à noite temos de cortar e dividir a lenha.

JUAN: Estou morrendo.

TISBEA: Como, se andais?

JUAN: Ando, mas sofrendo.

TISBEA: Como falais.

JUAN: Ao teu ardor me rendo.

TISBEA: Peço a Deus que não mintais.

Vão-se todos.
Aparecem dom Gonzalo de Ulhoa e o rei dom Alfonso de Castela.

REI: Como se passou na embaixada,
   comendador-mor?

GONZALO: Achei em Lisboa
   o rei Dom João, vosso primo, abastecendo
   trinta navios da armada.

REI: E para onde iam?

GONZALO: Para Goa, me disse, mas eu percebo
   que para outra empresa mais fácil se prepara;
   acho que pretende cercar Ceuta ou Tanger este verão.

REI: Deus o ajude
   e o céu o premie, aumentando sua glória.
   O que é que deliberastes?

GONZALO: Senhor, ele pede Serpa e Mora,
   Olivença e Toro e por isso
   te faz voltar a Villaverde,
   Almendral, Mértola e Herrera,
   entre Castela e Portugal.

REI: Em seguida firmaremos os acordos,
   Gonzalo; mas diz-me primeiro como foi
   o caminho, pois vens cansado
   e também alcançado.

GONZALO: Para vos servir, senhor,
   nunca me canso.

REI: É boa terra, Lisboa?

GONZALO: A maior cidade da Espanha.
   E se ordenais que diga o que vi de célebre,
   estou pronto, em vossa presença, a fazer
   um retrato.

REI: Gostaria de ouvi-lo. Dá-me um assento.

GONZALO: Das entranhas de Espanha,
　　　　　que são as terras de Cuenca,
　　　　　nasce o caudaloso Tejo,
　　　　　que meia Espanha atravessa.
　　　　　E entra no mar oceano
　　　　　nas sagradas ribeiras desta cidade
　　　　　pelas partes do sul; mas antes que perca
　　　　　seu curso e seu nome claro,
　　　　　faz curvas entre duas serras,
　　　　　onde estão, de todo o mundo,
　　　　　barcas, naves e caravelas.
　　　　　Há tantos galeões e lugres
　　　　　que com eles se vai desde a terra
　　　　　para a grande cidade
　　　　　onde Netuno reina.
　　　　　Na parte do poente
　　　　　guardam o porto duas fortalezas,
　　　　　de Cascais e São Jorge,
　　　　　a mais forte da terra.
　　　　　Desta grande cidade
　　　　　está Belém, santo convento,
　　　　　a pouco mais de meia légua,
　　　　　conhecido pela pedra
　　　　　e pelo leão da guarda,
　　　　　onde reis e rainhas,
　　　　　católicos e cristãos,
　　　　　tem suas moradas perpétuas.
　　　　　Logo esta máquina insigne
　　　　　desde Alcântara começa
　　　　　a estender-se uma grande légua
　　　　　ao convento de Lôbregas.
　　　　　No meio está o formoso vale
　　　　　coroado de três encostas
　　　　　que não caberiam num quadro de Apeles
　　　　　se quisesse pintá-las,

porque vistas de longe
parecem pinhas de pérolas
pendentes do céu,
em cuja grandeza imensa
veem-se dez Romas cifradas
em conventos e igrejas,
em edifícios e ruas,
em solares e ordens militares,
nas letras e nas armas,
na justiça tão reta
e numa Misericórdia
que honra suas ribeiras
e pudera honrar a Espanha,
ensinando-a a tê-la.
E o que mais elogio
desta máquina soberba,
é que do mesmo castelo,
em distância de seis léguas,
se veem sessenta lugares
onde o mar chega às suas portas,
um dos quais é o convento de Odivelas,
no qual vi, com meus olhos,
seiscentas e trinta celas,
e entre monjas e beatas,
há mais de mil e duzentas.
Dali até Lisboa,
em distância muito pequena,
há mil, cento e trinta quintas,
que em nossa província bética
se chamam sítios, e todas
com seus hortos e alamedas.
Em meio à cidade
há uma praça soberba,
chamada do Rocio,
grande, bela e bem disposta.

E haverá cem anos, talvez mais,
o mar banhava suas areias,
e agora, dela ao mar,
há trinta mil casas feitas
que, perdendo o mar seu curso,
estendem-se a partes diversas.
Há uma rua a que chamam Nova,
onde se resume o oriente
em grandezas e riquezas,
tanto que o rei me contou
haver nela um mercador
que por não poder contá-lo,
mede o dinheiro em peso.
O terreno onde tem
Portugal sua casa régia
possui infinitos navios,
postos sempre em terra,
carregados de cevada e trigo
da França e da Inglaterra.
Pois o palácio real,
que o Tejo suas mãos beija,
é o edifício de Ulisses,
que basta para a grandeza
de quem toma para a cidade
seu nome em língua latina,
chamando-se Ulissesbona.
São suas armas a esfera
como pedestal de estigmas,
que na sangrenta batalha
ao rei Dom Afonso Henriques
deu imensa majestade.
Tem em seu arsenal
diversas naves e, entre elas,
as naves das conquistas,
tão grandes que, vistas de terra,

julgam os homens
que tocam as estrelas.
E o que desta cidade
vos conto por excelência
é que, estando a gente
comendo à mesa,
veem os sacos de pesca,
junto às suas portas
e bulindo entre as redes,
os peixes que por eles entram.
E sobretudo a chegada,
toda tarde em suas margens,
de mais de mil barcos carregados
de mercadorias diversas
e de sustento ordinário:
pão, azeite, vinho e lenha,
frutas de toda sorte,
água da serra da Estrela,
que pelas ruas, aos gritos,
e postas à cabeça,
as vendem. Mas me canso,
porque é contar estrelas
o querer contar uma parte
de uma cidade inteira.
Cento e trinta mil pessoas
tem, grão senhor;
E para não mais vos cansar,
do rei beijo as mãos.

REI: Mais estimo, dom Gonzalo,
    escutar de tua língua
    essa relação sucinta
    do que haver visto sua grandeza.
    Tens filhos?

GONZALO: Uma filha bela e formosa,
    grão senhor,
    em cujo rosto divino
    esmerou-se a natureza.

REI: Pois a quero casar
    sob minhas mãos.

GONZALO: Como é vosso gosto,
    digo, senhor, que por ela
    o aceito. Mas
    quem é o esposo?

REI: Ainda não se encontra nesta terra.
    É de Sevilha e se chama
    dom Juan Tenório.

GONZALO: As novas
    levarei a dona Ana.
    Dai-me licença, senhor.

REI: Vá em boa hora e voltai,
    Gonzalo, com a resposta.

Vão-se todos. Aparecem dom Juan e Catalinón.

JUAN: Essas duas éguas retém,
    que são de natureza mansa.

CATALINÓN: Embora seja de confiança,
    sou, senhor, homem de bem.
    Que não se diga de mim
    "Catalinón é o homem",
    pois sabes que esse nome
    aqui passa por beleguim.

JUAN: Enquanto os pescadores
    se contentam na festa,
    os animais apresta,

> que só pelos cascos voadores
> na minha artimanha confio.

CATALINÓN: Com Tisbea
> pretendes gozar?

JUAN: Se enganar
> está em meu alvedrio,
> por que perguntas, sabendo
> minha condição?

CATALINÓN: Sei que, quando queres,
> és o castigo das mulheres.

JUAN: Por Tisbea estou morrendo,
> e ela excita o aguilhão.

CATALINÓN: Bom pago
> darás à sua hospedagem.

JUAN: Eneas teve a mesma vantagem
> com a rainha de Cartago.

CATALINÓN: Os que fingem e enganam
> as mulheres desta maneira,
> a morte têm por justiceira.

JUAN: Só os padres te abonam;
> por isso te chamam catolicão.

CATALINÓN: Segue teus pareceres.
> Prefiro ser catolicão
> a enganar as mulheres.
> Aí vem a desafortunada.

JUAN: Vai-te e as éguas retém.

CATALINÓN (*à parte*): Pobre mulher, mais do que bem
> pagaremos a tua pousada.

Vai-se Catalinón e entra Tisbea.

TISBEA: O instante em que sem ti estou,
    fico alheia de mim.

JUAN: Por que finges assim?
    Nenhum crédito te dou.

TISBEA: Por quê?

JUAN: Porque se me amaras,
    à minha alma darias favores.

TISBEA: Mas sou tua.

JUAN: Então, por que negas meus clamores,
    ou em que, senhora, reparas?

TISBEA: Reparo que foi castigo
    o que em achei em ti.

JUAN: Se vivo, meu bem, em ti,
    a qualquer coisa me obrigo.
    Ainda que eu saiba perder
    a teu serviço a vida,
    a daria por bem perdida
    e teu esposo prometo ser.

TISBEA: A ti não sou igual.

JUAN: O amor é rei
    que iguala com justa lei
    a seda com o saial.

TISBEA: Quase te quero crer,
    mas os homens são traidores.

JUAN: É possível, meu bem, que ignores
    como é amoroso meu proceder?
    Com teus cabelos prendes minha alma.

TISBEA: A ti já me concedo,
    sob a mão e o dito ledo
    de esposo.

JUAN: Juro, olhos belos,

que mirando me matas
por ser teu esposo.

TISBEA: Observa,
meu bem, que há Deus e a morte.

JUAN: Como me asseguras!
Olhos belos, enquanto viva
serei teu escravo.
Esta é minha mão e minha fé.

TISBEA: Não serei esquiva ao pagar-te.

JUAN: Já não tenho sossego.

TISBEA: Vem, e a cabana será,
deste amor que me acompanha,
o leito de nosso fogo.
Entre essas plantas te esconde,
até que tenha lugar.

JUAN: Mas por onde tenho de entrar?

TISBEA: Vem e te direi por onde.

JUAN: Meu bem, à minha alma dás glória.

TISBEA: Que essa vontade te obrigue
e, se não, Deus te castigue.

JUAN: À tua confiança faço dedicatória.

Saem. Entram Coridón, Anfriso, Belisa e músicos.

CORIDÓN: Chama Tisbea para este lado
e as moças também convoca,
para que no descampado
o hóspede veja como se toca.

ANFRISO: Tisbea, Lucindo, Atandra!
Não vi coisa mais cruel
do que quem arde no fogaréu
do espírito da salamandra.

Antes que o baile comecemos,
a Tisbea avisemos.

BELISA: Vamos chamá-la.

CORIDÓN: Vamos.

BELISA: Em sua cabana chegamos.

CORIDÓN: Não vês que está ocupada
com os hóspedes afortunados,
e por muitos invejados?

ANFRISO: Tisbea é sempre desejada.

BELISA: Cantai algo enquanto vem,
Porque queremos dançar.

ANFRISO: Como poderá descansar,
com os cuidados que tem?
Cantam os músicos: A pescar sai a menina
estendendo redes;
e em lugar de peixinhos,
as almas prende.

Aparece Tisbea.

TISBEA: Fogo, fogo que me queimo,
e a minha cabana arrasa!
Deem o sinal de fogo, amigos,
que meus olhos já dão água.
Meu pobre edifício fica
como Troia em chamas,
mas depois que faltam Troias
o amor queima cabanas.
Mas se o amor abrasa as penhas
com raiva e força estranha,
não podem de seu rigor
se esquivarem as humildes palhas.
Fogo, meninas, fogo, água e água!

Clemência, amor, que se abrasa a alma.
Ai, choça, vil instrumento
de minha desonra e minha infâmia,
cova de maus ladrões
que meus danos ampara!
Eu que sempre gracejava
tanto dos homens.
As que sempre deles se riem
acabam ridicularizadas.
Enganou-me o cavalheiro,
Sob fé e palavra
De marido, e profanou
Minha honestidade e minha cama.
Gozou-me e, por fim,
eu própria lhe dei asas
com as éguas que criei
e com as quais se escapa.
Segui-o todos, segui-o,
mas não importa que se vá,
que na presença do rei
pedirei vingança.
Fogo, rapazes, fogo, água, água!
Clemência, amor, que se abrasa a alma.

Sai Tisbea.

CORIDÓN: Segue o vil cavalheiro.

ANFRISO: Triste do que sofre e cala,
mas proteja-me o céu, que nele
me vingarei desta ingrata.
Vamos atrás dela,
porque vai desesperada,
e talvez ela vá
em busca de maior desgraça.

CORIDÓN: Este é o fim da soberba;
    sua loucura e confiança
    acabaram nisso.

Ouve-se Tisbea gritando: fogo, fogo!

ANFRISO: Jogou-se ao mar.

CORIDÓN: Para, Tisbea, para.

TISBEA: Fogo, rapazes, fogo, água, água.
    Clemência, amor, que se abrasa a alma.

Ato II

Aparecem o rei e dom Diego Tenório, o velho.

REI: Que me dizes?

DIEGO: Digo a verdade, senhor.
    Por esta carta estou certo do caso,
    que é de teu embaixador e meu irmão.
    Acharam-no em uma sala do rei
    com uma bela dama do palácio.

REI: De que condição?

DIEGO: A duquesa Isabela.

REI: Isabela?

DIEGO: Pelo menos...

REI: Temerário atrevimento! E onde está agora?

DIEGO: Senhor, de vossa alteza
    não encobrirei a verdade.
    Chegou a Sevilha à noite, com um criado.

REI: Já sabeis, Tenório, que o estimo
    e ao rei de Nápoles informarei logo do caso,

casando esse rapaz com Isabela
e dando sossego ao duque Otávio,
que é inocente e padece.
E logo em seguida,
faz com que Juan seja desterrado.

DIEGO: Para onde, meu senhor?

REI: Para meu desgosto,
que seja desterrado de Sevilha
e vá para Lebrija esta noite.
Agradeça apenas
o merecimento de seu pai...
Mas o que diremos, dom Diego
a Gonzalo de Ulloa, sem que erremos?
Prometi-lhe o casamento de sua filha
e não sei como agora remediar.

DIEGO: Pois olhai,
meu grão senhor, o que mandais
que eu faça e esteja bem
para a honra desta senhora,
filha de um homem assim?

REI: Pretendo usar um meio
de absolvê-lo do aborrecimento:
pretendo torná-lo mordomo maior[7].

Aparece um criado.

CRIADO: Um cavalheiro chega a caminho,
senhor, e diz que é o duque Otávio.

REI: O duque Otávio?

CRIADO: Sim, senhor.

REI: Sem dúvida

---

7. *Mayordomo*, chefe de todos os serviçais palacianos e auxiliar mais direto do rei.

>   soube do desatino de dom Juan
>   e vem, incitado pela vingança,
>   a pedir que lhe outorgue o desafio.

DIEGO: Meu grão senhor, em vossas heroicas mãos
> está minha vida, que minha própria vida
> é a vida de um filho desobediente
> já que, embora jovem galhardo e valoroso,
> pelos moços de sua idade é chamado
> o Heitor de Sevilha, porque fez
> muitas e estranhas licenciosidades.
> A razão pode muito. Não permitais
> o desafio, se for possível.

REI: Basta,
> eu entendo, Tenório, honra de pai...
> Que entre o duque.

DIEGO: Senhor, daí-me vossa mão.
> Como poderei pagar tanta afeição?

Entra o duque Otávio.

OTÁVIO: A esses pés, grão senhor, um peregrino,
> mísero e desterrado, oferece o lábio,
> julgando ser mais fácil o destino
> em vossa altiva presença.

REI: Duque Otávio!

OTÁVIO: Venho fugindo do grande desatino
> de uma mulher, da impensada ofensa
> de um cavalheiro, que, por torpe licença
> fez-me vir a vós, a quem me inclino.

REI: Já sei, duque Otávio, de vossa inocência.
> Ao rei escreverei para que vos restitua
> o vosso estado, posto que na ausência
> que tivestes, algum dano vos atribua.

Eu vos casarei em Sevilha, com a anuência,
o perdão e a graça que o rei cultua,
pois ainda que Isabel seja bela,
a que vos dou mais ainda se revela.
Comendador maior de Calatrava
é Gonzalo de Ulhoa, um cavaleiro
a quem o mouro, por temor, elogiava,
pois que o covarde é sempre lisonjeiro.
Tem ele uma filha a quem bastava
o dote da virtude, pouco costumeiro,
e ainda a beleza, que é maravilha,
o sol entre as estrelas de Sevilha.
Quero que seja vossa esposa ciosa.

OTÁVIO: Quando quis esta viagem empreender,
já por isso minha sorte era ditosa,
sabendo de vosso gosto me socorrer.

REI (*a Diego*): Hospedareis ao duque, sem que nada
à sua comodidde falte.

OTÁVIO: Quem espera em vós, senhor,
receberá um prêmio inteiro.
Sois o primeiro Alfonso, sendo o décimo-primeiro.

Vão-se o rei e dom Diego. Aparece Ripio.

RIPIO: O que aconteceu?

OTÁVIO: Dei por bem empregado
o trabalho que me deu,
e o sofrimento passado.
Falei ao rei e ele honrou-me;
o empenho de César me atribuí,
pois vim, vi e venci,
e ele já quase casou-me.
Para não aborrecer ao rei,
submeto-me à sua lei.

RIPIO: Com razão se revela
    generoso em Castela.
    E por fim ofereceu-te mulher?

OTÁVIO: Sim, amigo, e bela mulher.
    De Sevilha, que Sevilha dá,
    se averiguar quiseres,
    que homens briosos há,
    e também formosas mulheres.
    Um manto tapado, um brio,
    onde um puro sol se esconde.
    Se não é em Sevilha, onde?
    O contentamento que prenuncio
    já me consola e tutela
    todo este mal.

Aparecem Catalinón e dom Juan.

CATALINÓN: Senhor, detém-te,
    que ali está o duque inocente,
    Sagitário de Isabela,
    mas Capricórnio melhor se diria.

JUAN: Então, dissimula.

CATALINÓN: Quando o vir, adula.

JUAN: Como Nápoles deixei
    após ter-me enviado chamar
    com tanta pressa meu rei,
    tive, Otávio, de me afastar
    sem de vós me despedir.

OTÁVIO: Por isso, dom Juan amigo,
    confesso que estou contigo
    aqui em Sevilha.

JUAN: Quem pensaria
    duque, que em Sevilha vos achara,

e que aqui vos serviria
como um dia desejara.
Embora Nápoles seja lugar
e cidade excelente,
por Sevilha, certamente,
se a pode deixar.

OTÁVIO: Se em Nápoles te ouvira,
e não aqui onde estou,
o crédito que agora te dou
suspeito que dele me rira.
Mas estando nela a morar,
é, por tudo que avalio,
curto qualquer elogio
que à Sevilha se queira dar.
Mas quem é que ali vem?

JUAN: Quem vem é um marquês:
De la Mota, mas costuma ser descortês.

OTÁVIO: Se minha ajuda quiseres também,
minha espada ao teu lado está.

CATALINÓN (*à parte*): E, se importa, gozará
em teu nome de outra mulher,
de que tenha boa opinião.

OTÁVIO: De todos vós estou satisfeito.

CATALINÓN: Se for de algum proveito,
senhores, de bom coração,
pronto e continuamente
estarei para vos servir.

RIPIO: E onde te encontramos?

CATALINÓN: Ao Passarinhos podeis vir,
um tabernáculo excelente.

Saem Otávio e Ripio e aparecem o marquês De La Mota e seu criado.

MOTA: O dia todo vos estou procurando
e não pude vos falar.
Vós, dom Juan, no lugar,
e vosso amigo penando,
em vossa ausência?

JUAN: Por Deus, amigo, subscrevo
essa mercê que vos devo.

CATALINÓN: (*à parte*) Como não se trata de entregar
mulher ou coisa de estima,
nele bem podeis confiar,
pois quanto a isso é cruel:
se vale da condição e intima.)

JUAN: O que há em Sevilha?

MOTA: Toda a corte está mudada.

JUAN: E as mulheres?

MOTA: Coisa julgada.

JUAN: Inês?

MOTA: Vai-se a Vejeu.

JUAN: Bom lugar para viver
Quem bela dama nasceu.

MOTA: O tempo a desterrou para lá.

JUAN: E lá irá morrer.
Constança?

MOTA: É uma lástima vê-la,
quase calva no último tremês;
de velha a chama o português
e ela entende que é bela.
Neste verão
escapou do mal francês,
com suores abrasadores,
e está tão terna e recente

            que ontem jogou-me um dente
            embrulhado em muitas flores.
JUAN: E Júlia, com sua mania e pejo?
MOTA: Já com seus enfeites luta.
JUAN: E ainda se vende por truta?
MOTA: Já se dá por abadejo.
JUAN: O bairro de Cantarrãs
            tem boa população?
MOTA: A maior parte não.
JUAN: E ali vivem as duas irmãs?
MOTA: E a envergonhada de Tolu,
            cuja mãe, Celestina,
            lhes ensina a doutrina.
JUAN: Ah, velha de Belzebu.
            Como a mais velha está?
MOTA: Branca como é a lua,
            e tem um santo a quem jejua.
JUAN: A vigílias agora se dá?
MOTA: Mulher firme e santa.
JUAN: E a outra, discanta?
MOTA: Tem boas razões
            para evitar novas comoções.
JUAN: À cozinha se tem dado.
            E como vão os galanteios?
MOTA: Não encontro os meios
            e sim um grande cuidado.
JUAN: Como assim?
MOTA: Quero um impossível.
JUAN: Não te corresponde?
MOTA: Sim, me favorece e estima.

JUAN: Quem é?

MOTA: Dona Ana, minha prima,
    que é recém-chegada aqui.

JUAN: E onde havia estado?

MOTA: Em Lisboa,
    com seu pai numa embaixada.

JUAN: É bonita?

MOTA: Demasiada,
    porque em dona Ana de Ulloa
    extremou-se a natureza.

JUAN: Tão bela é a dama?
    Queira Deus que valha a fama.

MOTA: Verás a maior beleza
    que os olhos do rei veem.

JUAN: Casai-vos, se é tão extremada.

MOTA: O rei a tem casada,
    Mas não se sabe com quem.

JUAN: Não te favorece?

MOTA: Sim, e me escreve.

CATALINÓN: (*à parte*) Não prossigas, que te engana
    o grande burlador de Espanha.

JUAN: Quem tece tão satisfeito
    seu amor, teme desdita?
    Clama, solicita,
    escreve-lhe com jeito
    e que o mundo se abrase e queime.

MOTA: Por agora estou esperando
    a última resolução.

JUAN: Pois não percas a ocasião,
    que aqui fico aguardando.

MOTA: Volto já.

CATALINÓN: Senhor quadrado,
  ou senhor redondo, adeus.

CRIADO: Adeus.
  Vão-se o marquês de la Mota e seu criado.

JUAN: Como só os dois,
  amigo, ficamos,
  segue os passos do marquês
  que entrou no palácio.

Sai Catalinón. Uma mulher fala por uma grade.

MULHER: Ei, ei, a quem falo?

JUAN: Chamou?

MULHER: Se sois prudente e cortês,
  e também seu amigo, dá agora
  este papel ao marquês;
  olha que nele consiste
  o sossego de uma senhora.

JUAN: Digo que o darei;
  sou seu amigo e cavalheiro.

MULHER: Assim basta, senhor forasteiro.
  Adeus.

Vai-se a mulher.

JUAN: E a voz se foi.
  Não parece encantamento
  o que agora se passou?
  para mim um papel chegou
  pela estafeta do vento.
  Sem dúvida é da dama
  que o marquês enalteceu,
  e ventura o que me aconteceu.

Sevilha, por sua voz, me chama.
O maior prazer do sedutor
é fazer com que a mulher
abandone o seu pudor
e se lhe entregue como ele a quer.
Saiba Deus que o hei de abrir,
pois já não há sentinela
e sem mais cautela,
dá-me vontade de rir.
Já está aberto o papel
e é sua letra fina
que escreve e assina.
Diz assim: "Meu pai infiel
casou-me em segredo
sem que eu pudesse prever.
Não sei se poderei viver,
já sendo a morte o meu degredo.
Se estimas, como é de razão,
meu amor e minha vontade,
e se teu amor foi verdade,
mostra-o nesta situação.
Para que veja que te estimo,
Vem às onze à minha porta
que a noite nos conforta
e a tua esperança, primo,
satisfarás com teu amor.
Trarás como senha,
para que tudo se avenha,
uma capa de cor.
Meu amor, em ti confio".
Ah, infeliz amante!
Há sucesso semelhante?
Já do artifício me rio.
Vou gozá-la, por Deus,

com todo o logro e a cautela
usados em Nápoles com Isabela.

Aparece Catalinón.

CATALINÓN: O Marquês já vem.

JUAN: Nós dois, esta noite, já temos o que tramar.

CATALINÓN: Uma nova sedução?

JUAN: E grande!

CATALINÓN: Não a aprovo, não.
    Tu pretendes sempre escapar,
    mas o que vive de enganar,
    sem ouvir conselho ou ditado,
    um dia será enganado.

JUAN: Voltas a ser predicador,
    e impertinente?

CATALINÓN: A razão faz o valente.

JUAN: E ao covarde o temor.
    Quem tem de servir,
    vontade não há de ter,
    mas tudo há de fazer,
    sem nada advertir.
    Servindo estás jogando,
    e se queres logo ganhar
    faz o jogo andar,
    que assim estarás ganhando.

CATALINÓN: Também quem mais faz e diz
    perde pela maior parte.

JUAN: Desta vez quero avisar-te,
    para não dizer que não o fiz.

CATALINÓN: Daqui por diante,
    o que mandares farei;

e ao teu lado enfrentarei
um tigre ou elefante.
Que me tenha cuidado um prior,
pois se me mandas que cale
e lhe enfrente, hei de enfrentar-lhe
e sem refutações, meu senhor.

Aparece o marquês De La Mota.

JUAN: Quieto, que vem o marquês.

CATALINÓN: Pois há de ser ele o enganado?

JUAN: Para ti, marquês, me foi dado
um recado muito cortês
por essa grade, sem ver
quem o mandava dali.
Só pela voz reconheci
que se tratava de mulher.
Disse por fim que às doze
vás à casa em segredo,
e ali, tranquilo e sem medo,
tua esperança goze
da posse e do amor.
E que levasses por senha,
que nisso se empenha,
uma capa de cor.

MOTA: O que dizes?

JUAN: Que este recado,
de uma janela me deram.

MOTA: Com isso puseram
sossego em meu cuidado.
Ah, só contigo
renasce minha esperança, amigo.
Beijo teus pés.

JUAN: Considera
   que tua prima não está em mim.
   És tu quem há de ser
   e quem há de gozar,
   e queres me abraçar?

MOTA: Tal é o prazer
   que me deste a mim.
   Ah sol, apressa o passo!

JUAN: O sol já caminha para o ocaso.

MOTA: Vamos, amigo, daqui
   e para a noite nos preparemos.

JUAN: Às doze, já precebi,
   os prazeres serão extremos.

MOTA: Ah, prima da alma, estou salvo
   se minha fé foi premiada

CATALINÓN (*à parte*): Por Cristo, que não seja ela o alvo
   desta insídia tramada.

Vai-se o marquês de la Mota e aparece dom Diego.

DIEGO: Dom Juan!

CATALINÓN: Teu pai te chama.

JUAN: O que manda Vossa Senhoria?

DIEGO: Mais sensato te queria,
   correto e com melhor fama.
   Será que tu procuras
   a todo momento minha morte?

JUAN: Por que falas dessa sorte?

DIEGO: Pelo teu trato e tuas loucuras.
   O rei me há ordenado
   que te afaste da cidade,
   pois devido à tua maldade

está com justa causa indignado.
Embora me hajas encoberto,
já de Sevilha o rei sabe,
e o delito é tão grave
que com dizer-te não acerto.
E no palácio real
a traição a um amigo?
Deus te dê o castigo
que exige um delito igual.
Ainda que possa parecer
Que Deus consente e aguarda,
Teu castigo não tarda
e castigo deve haver
para o que profanais.
Teu juízo pode ser a morte.

JUAN: A morte?
Tão longe me levais?
Daqui até lá há uma longa jornada.

DIEGO: Mas breve te há de parecer.

JUAN: E a que tenho de fazer,
por sua alteza, lhe agrada,
e é longa também?

DIEGO: Até que a injusta afronta
cometida a Otávio e Isabela
esteja satisfeita e pronta,
como o duque ao soberano apela.
Pelo sucedido e o causado,
para Lebrija serás mandado.
Será tua pena e também cautela
para que não mais fizera.

CATALINÓN (*à parte*): Se o caso também soubera
da pobre pescadora,
mais se enojara o bom ancião.

DIEGO: Como não te dobro nem castigo,
    por quanto faço e digo,
    deixo a Deus a punição.

Sai dom Diego.

CATALINÓN: Foi-se o velho entristecido.

JUAN: Suas lágrimas queres copiar?
    É próprio de velhos chorar.
    Como logo terá anoitecido,
    vamos buscar o marquês.

CATALINÓN: Vamos,
    para que possas gozar de tua dama.

JUAN: Vai ser uma peça de fama.

CATALINÓN: Rogo aos céus que saiamos
    dela em paz.

JUAN: Ah, Catalinón, até que enfim!

CATALINÓN: Tu és não só cortejador,
    mas de mulheres devorador,
    pierrot e arlequim.
    Para de ti se guardar,
    quando a notícia vier,
    seja homem ou mulher,
    deve-se apregoar:
    "cuidem-se do jovem senhoril
    que as mulheres engana:
    é o burlador de Espanha".

JUAN: Tu me deste um nome gentil.

Noite. Aparece o marquês de la Mota, com músicos, e entram cantando.

MÚSICOS: *Quem de um bem gozar espera,*
    enquanto espera desespera.

MOTA: *Com meu bem só tive prazer;*
que nunca chegue a amanhecer.

JUAN: O que é isso?

CATALINÓN: Música e feitiço.

MOTA: Parece que fala comigo.
Quem é?

JUAN: Um amigo.

MOTA: É dom Juan?

JUAN: É o marquês?

MOTA: Quem pode ser, senão eu?

JUAN: Quando a capa reconheci,
logo te percebi.

MOTA (*aos músicos*): Cantai, que dom Juan apareceu.

MÚSICOS: *Quem de um bem gozar espera,*
enquanto espera desespera.

JUAN: Para que casa olhais?

MOTA: A de dom Gonzalo de Ulloa.

JUAN: Onde iremos?

MOTA: A Lisboa.

JUAN: Como, se em Sevilha estais?

MOTA: E isso te maravilha?
Não vive com gosto igual
o pior de Portugal
no melhor de Sevilha?

JUAN: Onde vivem?

MOTA: Na rua da Serpe, onde vês
Adão tornado português.
Naquele amargo vale
existem Evas em xale
que, embora aos bocados,
nos tiram os ducados.

CATALINÓN: Ir de noite não queria
    por essa rua sombria;
    pois o que de dia é mel
    à noite já se tornou fel.
    Uma noite, para o meu mal,
    a vi sobre mim vertida,
    e achei que era corrompida
    a cera de Portugal.

JUAN: Enquanto à rua vais
    gostaria de ludibriar alguém.

MOTA: Se quiseres, te indico a refém.

JUAN: Se me permitires,
    verás, senhor marquês,
    como ela não me escapa.

MOTA: Então vai e põe minha capa,
    para melhor fingires.

JUAN: Muito bem, mas é mister
    dizer-me onde ela se instala.

MOTA: Enquanto lá estiver
    finge a minha maneira e fala.
    Vês aquela gelosia?

JUAN: Sim, a vejo.

MOTA: Pois ao chegar,
    digas "Beatriz" e podes entrar.

JUAN: Como é a mulher?

MOTA: Rosada e fria.

CATALINÓN: Será mulher mal vista.

MOTA: Em Gradas vos aguardamos.

JUAN: Adeus, marquês.

CATALINÓN: E aonde vamos?

JUAN: Onde enceno a conquista.

CATALINÓN: De ti nada escapa.

JUAN: Adoro as trocas, e não o duradouro.

CATALINÓN: Jogaste a capa ao touro.

JUAN: Não, o touro me jogou a capa.

Saem dom Juan e Catalinón.

MOTA: A mulher há de pensar que sou eu.

MÚSICO: Um ardil deleitoso e leviano.

MOTA: Isso é acertar por engano.

MÚSICO: Todo este mundo é erro,
pois está feito de abusões.

MOTA: Ponho a alma nas horas
e me entrego a visões
de grandes e maiores favores.
Ah noite, espantosa e fria,
para que a goze generosamente
que venha as doze velozmente,
mas depois não venha o dia.

MÚSICO: Para onde vamos com a dança?

MOTA: Para a rua da Serpe guia.

MÚSICO: E o que cantaremos?

MOTA: Cantai à minha esperança.

MÚSICOS: *Quem de um bem gozar espera,*
enquanto espera desespera.

Saem. Ouve-se Ana.

ANA: Falso! Não és o marquês!
Tu me enganaste.

JUAN: Digo que sou.

ANA: Maldito inimigo. Mentes, mentes!

Aparece o comendador dom Gonzalo, seminu, com espada e escudo.

GONZALO: A voz é de Ana, se não me falha o entendimento.
ANA: Não há quem mate este traidor,
  assassino de meu honor?
GONZALO: Como pode tão grande atrevimento?
  "Assassino de meu honor", diz ela?
  Seu pleito é tão preciso
  que aqui serve de aviso.
ANA: Mata-o.

Aparecem dom Juan e Catalinón, com espadas em mão.

JUAN: Quem está aquí?
GONZALO: A barbacã caída
  da torre deste pudor
  que rompeste, traidor,
  sem respeitar-lhe a vida.
JUAN: Deixa-me passar.
GONZALO: Passar?
  Só pela ponta da espada.
JUAN: Então morrerás.
GONZALO: A mim não importa nada.
JUAN: Olha que te hei de matar.
GONZALO (*em luta*): Morre, traidor.
JUAN: Não terás essa sorte.
CATALINÓN (*à parte*): Se escapo desta,
  não mais aventuras ou festa.
GONZALO: Ai, que encontro a morte.

JUAN: A tua vida tiraste.

GONZALO: Para que mais servia?

JUAN: Fujamos!

GONZALO: O sangue frio
com o furor aumentaste.
Morro e não há bem que aguarde.
Te seguirá o meu furor,
pois és traidor, és traidor,
traidor porque covarde.

O marquês De La Mota e músicos.

MOTA: Logo as doze serão.
e dom Juan se atarda.
Cruel prisão de quem aguarda.

Aparecem dom Juan e Catalinón.

JUAN: És o marquês?

MOTA: És dom Juan?

JUAN: Sim, toma tua capa.

MOTA: E o conluio, bom desporto?

JUAN: Foi funesto.
Um homem morreu em protesto.

CATALINÓN: Senhor, escapa do morto.

MOTA: Tu enganaste, amigo, e o que farei?

CATALINÓN (*à parte*): E também vós fostes enganado.

JUAN: Caro foi o blefe dado.

MOTA: Eu, dom Juan, pagarei,
porque estará a mulher
queixosa de mim.

JUAN: Adeus, marquês.

CATALINÓN: Por minha fé,
    não há dupla que possa
    como nós correr.

JUAN: Fujamos!

CATALINÓN: Senhor, não haverá
    águia que me alcance.

Saem dom Juan e Catalinón.

MOTA (*para os músicos*): Não deveis me acompanhar,
    porque agora quero ir sozinho.

Vão-se os músicos. Ouvem-se vozes.

VOZES: Viu-se tristeza maior,
    e viu-se maior desgraça?

MOTA: Valha-me Deus, ouço vozes
    na praça do alcácer.
    O que pode ser a esta hora?
    Um frio se enraíza em meu peito,
    e daqui tudo parece
    uma Troia que se inflama,
    porque muitas achas
    fazem gigante as chamas.
    Um grande esquadrão de fachos
    de mim se aproxima.
    Tanto fogo emula as estrelas,
    dividindo-se em esquadras.
    Quero saber o motivo.

Aparece dom Diego Tenório e a guarda, com achas.

DIEGO: Quem está aí?

MOTA: Alguém que aguarda saber desse ruído
    o sobressalto e a causa.

DIEGO: Prendam-no!

MOTA: Prender-me?

DIEGO: Volte a espada à bainha
    que a maior valentia
    É não tratar de armas.

MOTA: Como falam assim
    com o marquês de la Mota?

DIEGO: Dai a espada,
    Que o rei vos manda prender.

Aparecem o rei e seu acompanhamento.

REI: Em toda a Espanha
    não há de caber nem tampouco
    em Itália se ali se vai.

DIEGO: Senhor, aqui está o marquês.

MOTA: Grão Senhor, mandai-me prender?

REI: Em minha presença vens?
    Levai-o logo e ponde-lhe
    na cabeça a carapuça.

MOTA: Ah, glórias do amor tiranas,
    sempre a passar ligeiras
    e pesadas de viver.
    Bem disse um sábio que havia,
    entre a boca e a taça, o perigo.
    Mas a ira do rei
    me admira e espanta.
    Não sei por que vou preso.

DIEGO: Quem melhor saberá a causa do que Vossa Senhoria?

MOTA: Eu.

DIEGO: Vamos.

MOTA: Estranha confusão.

REI: Que se fulmine o processo
  do marquês, e amanhã
  lhe cortem a cabeça.
  Ao comendador,
  com toda a solenidade e grandeza
  que se dá às pessos sagradas,
  que seu enterro se faça
  com bronzes e pedras variadas.
  Que um sepulcro com busto
  lhe ofereçam e com lavores
  e letras góticas
  se deem palavras à sua vingança.
  O enterro, o busto e o sepulcro
  quero que às minhas custas se façam.
  Aonde foi dona Ana?

DIEGO: Pediu a proteção
  de minha senhora, a rainha.

REI: Castela há de sentir esta falta,
  e Calatrava há de chorar seu capitão.

Vão-se todos. Aparecem Patrício, casado com Aminta, Gaseno, velho, Belisa e pastores. Músicos. Cantam.

MÚSICOS: *Lindo surge o sol de abril,*
  com seus frutos, primaveril,
  e embora lhe sirva de estela
  Aminta é muito mais bela.

PATRÍCIO: Sobre essa alfombra florida,
  onde em campos de orvalho
  o sol colore com grisalho
  sua luz recém-nascida,

sentemo-nos, pois nos convida
ao descando o sítio formoso.

AMINTA: Cantai ao meu doce esposo
mil favores e mais mil.

MÚSICOS: *Lindo surge o sol de abril,*
com seus frutos, primaveril,
e embora lhe sirva de estela
Aminta é muito mais bela.

GASENO: Muito bem haveis cantado
e não é menos belo que os kiries.

PATRÍCIO: Quando o sol a aurora tiver beijado
e seu rosto nacarado vires,
em púrpura, sairão as rosas
muito embora preguiçosas,
nesta paisagem gentil.

MÚSICOS: *Lindo surge o sol de abril,*
com seus frutos, primaveril,
e embora lhe sirva de estela
Aminta é muito mais bela.

GASENO: Eu, Patrício, já te entreguei
a alma e o ser de Aminta.

PATRÍCIO: Por isso se banha e se pinta
com mais cores o prado.
Se com desejos a ganhei,
por méritos me fiz amado.

MÚSICOS: Que esta mulher e seu marido
vivam juntos anos mil.

CANTAM: *Lindo surge o sol de abril,*
com seus frutos, primaveril,
e embora lhe sirva de estela
Aminta é muito mais bela.

PATRÍCIO: Não sai assim o sol do oriente

como o sol que na alba brilha
pois não há sol como o nascente,
em sua fonte ou filha,
a este sol luzente
que eclipsa o do arrebol;
e assim cantai ao meu sol
motetes de mil em mil.

MÚSICOS: *Lindo surge o sol de abril,*
com seus frutos, primaveril,
e embora lhe sirva de estela
Aminta é muito mais bela.

AMINTA: Patrício, eu te agradeço;
lisonjeiro e falso estás,
mas se teu ardor me dás,
ser lua para ti mereço.
Tu és o sol por quem cresço,
depois de sair minguante,
para que a aurora te cante
em tonalidade sutil.

MÚSICOS: *Lindo surge o sol de abril,*
com seus frutos, primaveril,
e embora lhe sirva de estela
Aminta é muito mais bela.

Aparece Catalinón, a caminho.

CATALINÓN: Senhores, o casório
hóspedes há de ter.
GASENO: Para todos há de ser
o prazer notório.
Quem vem?
CATALINÓN: Dom Juan Tenório.
GASENO: O velho?

CATALINÓN: Esse não é dom Juan.

BELISA: Será então o filho galã.

PATRÍCIO: O tenho por mau agouro;
o galã e o ouro
disturbam e causam afã.
Mas quem notícia lhes deu
de minhas bodas?

CATALINÓN: Um peregrino
no caminho de Lebrija.

PATRÍCIO: Imagino
que o demônio o enviou,
o fez saber ou instigou.
Mas que venham às bodas
as pessoas do mundo todas.
Ainda assim, um galã como tal,
aqui nas bodas é mau sinal.

GASENO: Venha são Cosme e Damião,
venha o papa e o pai João,
dom Afonso e cortejo pleno
que em mim, Gaseno,
ânimo e valor verão.
Em casa há muito pão,
Nilos cheios de vinho,
Babilônias de toucinho,
um bando de galinhas,
de pombos e passarinhas.
Venha tão grande cavalheiro
para ser aqui em Duas Irmãs
honra destas velhas cãs.

BELISA: Eis o filho do camareiro.

PATRÍCIO: Não é nada alvissareiro,
Pois sei que lhe vão dar
Junto à minha esposa um lugar.

Ainda não a tive e já o céu
me condena a um labéu.
Amor é sofrer e calar.

Aparece dom Juan.

JUAN: Andando ao acaso fiquei sabendo que havia bodas no lugar,
e delas pensei aproveitar,
se a vós não vos ofendo.

GASENO: Vossa Senhoria vem agora
engrandecê-las e honrá-las.

PATRÍCIO (*à parte*): Sou eu quem deve festejá-las,
e digo que vindes em má hora.

GASENO: Não dais lugar ao cavalheiro?

JUAN: Com vossa licença, sento-me aqui.

Senta-se junto à noiva.

PATRÍCIO: Se vos sentais diante de mim, senhor,
sereis desse modo o noivo.

JUAN: Se eu fosse o noivo,
não seria mais sedutor.

GASENO: O que é um noivo!

JUAN: De meu error
e ignorância, sinto-me envergonhado.

Catalinón e dom Juan falam à parte.

CATALINÓN: Marido desventurado!

JUAN: Já está confundido.

CATALINÓN: Não o ignoro,

      e nem por isso choro.
      É um touro combalido.
      Não darei por sua mulher
      nem por sua honra um centavo.
      (À *parte*) Infeliz de ti que por um avo
      te puseste na mão de Lúficer.

JUAN: É possível que venha a ser,
      Senhora, tão venturoso?
      Tenho ciúmes do esposo.

AMINTA: Pareceis-me lisonjeiro.

PATRÍCIO: Bem dizia ser agoureiro
      no casamento um poderoso.

JUAN: Tens mão bonita e delicada
      para a esposa de um vilão.

CATALINÓN (*à parte*): Se no jogo lhe dás a mão,
      tua boda será manchada.

PATRÍCIO (*à parte*): O ciúme é dura cutilada.

GASENO: Eia, vamos almoçar,
      para que possa descansar
      sua senhoria.

Dom Juan toma a mão de Aminta.

JUAN: Por que a escondeis?

AMINTA: Porque é minha!

GASENO: Vamos.

BELISA: Voltem a cantar.

À parte, falam Juan e Catalinón.

JUAN: O que dizes?

CATALINÓN: Eu? Temo

ser morto por esses vilões.

JUAN: Não te impressione com sermões.
Entre eles me abraso e nada temo.

CATALINÓN: Sempre feres até o extremo.
Com esta serão quatro.

JUAN: Vem, continuemos o teatro.

GASENO: Cantai.

PATRÍCIO (*à parte*): Estou morrendo.

MÚSICOS: *Lindo surge o sol de abril,*
com seus frutos, primaveril,
e embora lhe sirva de estela
Aminta é muito mais bela.

Ato 3

Aparece Patrício, pensativo.

PATRÍCIO: Ciúme, relógio abusado,
que a toda hora dais
aflições com que matais,
embora esteja quebrado;
ciúme, viver e desprezar,
com que ignorância fazeis
pois tudo o que sabeis
é sempre desconfiar.
Deixai de me atormentar,
pois é coisa sabida
que quando o amor dá vida
a morte me quereis dar.
O que quereis, cavalheiro,
por que me atormentar assim?
Bem disse eu primeiro
que sois presságio ruim.

Não é bom ter sentado
para cear com minha mulher
sem me ter deixado
pôr a mão no prato sequer.
Pois cada vez que queria
minha mão a desviava,
dizendo enquanto a tomava:
"grosseria, grosseria".
Não se afastou de seu lado
até o almoço acabar,
e já se podia pensar
ser eu o padrinho, ele o casado.
E se dizer-lhe queria
algo a Aminta, resmungava,
e dela me afastava
dizendo: "grosseria, grosseria".
Quando cheguei a queixar-me
alguns já me respondiam,
e mesmo rindo diziam:
"não tens do que te queixar.
Não é coisa de importância
e nada deves temer;
na corte isso deve ser
usual e de elegância".
Bom uso, trato exagerado?
Mas não se usava em Sodoma
que outro com a noiva coma,
e jejue o casado.
E o grande velhaco,
quando eu comer queria,
mostrava-me a comida e dizia:
"não queres provar um naco?"
E quase no mesmo instante,
afastava o alimento.
Isto foi burla aviltante,

mas não um casamento.
Não consigo admitir
nem entre os cristãos ficar.
E acabando de cear,
vão-se também a dormir?
Aí vem, e não resisto;
quero aqui me esconder,
mas já não pode ser,
pois com certeza fui visto.

Aparece dom Juan.

JUAN: Patrício.

PATRÍCIO: Sua senhoria,
    o que manda?

JUAN: Fazer-te saber...

PATRÍCIO (*à parte*): O que há de ser?
    A desgraça se desfia.

JUAN: ... que há muitos dias, Patrício,
    dei minha alma a Aminta
    e dela gozei...

PATRÍCIO: Foi vossa?

JUAN: Sim.

PATRÍCIO: Manifesto e claro indício,
    mais do que outro qualquer;
    se eu bem não a quisera,
    à sua volta não estivera.
    Mas, enfim, é mulher.

JUAN: Enfim, Aminta, enciumada,
    ou talvez desesperada,
    por ver-se esquecida
    e esposa desvalida,
    esta carta me escreveu,

pedindo-me para voltar
e eu lhe prometi gozar
o que a alma prometeu.
Tudo se passou desta sorte
e por isso te peço, sem rodeio,
que faça da tua vida um meio
de impedir a sua morte.

PATRÍCIO: Se tu me afastar propões,
farei o que tu quiseres,
pois a honra e as mulheres
são os males das opiniões.
Para elas, os boatos ladinos
são mais nocivos do que bom;
são como badaladas de sinos
que só se percebem pelo som.
Assim, é coisa averiguada
que a fama se põe a perder
quando a mulher, por seu querer,
faz mal soar a badalada.
Podes gozá-la por mil anos,
que eu quero resistir,
desenganar-me e partir,
e não viver com enganos.

Vai-se Patrício.

JUAN: Pela honra o venci
porque sempre o aldeão
dá à sua honra atenção
e sempre olha por si.
E por tantas variedades,
é bom que se entenda e creia
que a honra se foi à aldeia,
fugindo das cidades.
Mas antes de cumprir o drama,

o pretendo reparar;
com seu pai vou falar
para autorizar a trama.
Já que soube negociar,
e a quero esta noite;
depois de com o pai falar,
em sua cama terei meu pernoite.
Estrelas que me iluminais,
dai-me neste engano a sorte,
se a recompensa na morte
tão generosamente a guardais.

Sai dom Juan. Aparecem Aminta e Belisa.

BELISA: Olha que teu esposo virá.
         Começa a tirar a roupa, Aminta.

AMINTA: Desse casamento infeliz,
         não sei o que sentir, Belisa.
         Todo o dia Patrício ficou
         banhado em melancolia,
         em confusão e ciúmes.
         Olha que infelicidade!
         Me diz: que cavaleiro é esse
         que me priva de meu esposo?
         O despudor na Espanha
         se fez cavalaria.
         Já não tenho opinião,
         estou confusa.
         Se não fosse o cavaleiro,
         que minha alegria me tira.

BELISA: Não te inquietes, que acho que vem.
         É um casado vigoroso.

AMINTA: Queira Deus, Belisa.

BELIZA: Faz com que esqueça as dores nos teus braços.

AMINTA: Praza aos céus que meus suspiros
 sirvam de elogios
 e minhas lágrimas de carinhos.

(Saem Aminta e Belisa. Aparecem dom Juan, Catalinón e Gaseno.)

JUAN: Gaseno, que Deus esteja contigo.

GASENO: Queria vos acompanhar
 para dar os parabéns à minha filha
 por esta ventura.

JUAN: Teremos tempo amanhã.

GASENO: Dizei bem. Minha alma
 vos ofereço em minha filha.

JUAN: Minha esposa, deves dizer.

Sai Gaseno.

JUAN: Encilha os cavalos, Catalinón.

CATALINÓN: Para quando?

JUAN: Para a primeira claridade,
 que abandonada, amanhã,
 há de sair do engano.

CATALINÓN: Lá em Lebrija, senhor,
 outra boda nos aguarda.
 Por tua vida, te despacha logo com essa.

JUAN: De todas, a burla mais bem escolhida foi essa.

CATALINÓN: Queria que nos saíssemos bem de todas.

JUAN: Se meu pai é o dono da justiça
 e priva do rei, o que temes?

CATALINÓN: Dos que privam
 Deus costuma fazer vingança,
 se os delitos não são castigados.
 E também costumam perder no jogo

os que só ajudam.
Eu tenho sido o teu ajudante,
e como ajudante não queria
que um raio me pegasse
e me transformasse em carne-de-sol.

JUAN: Vai e sela, que amanhã
hei de dormir em Sevilha.

CATALINÓN: Em Sevilha?

JUAN: Sim.

CATALINÓN: Que dizes?
Veja o que fizeste
e olha que mesmo
a maior vida é curta,
e depois da morte há um império.

JUAN: Se em mim confias,
que venham os enganos.

CATALINÓN: Mas senhor!

JUAN: Vai-te que já me amofinas
com teus temores estranhos.

CATALINÓN (*à parte*): Força ao turco, ao cita,
ao persa e ao líbio,
ao galego, ao troglodita,
ao alemão e ao japonês,
ao alfaiate com a agulhinha
de ouro na mão,
sempre imitando
a menina branca[8].

---

8. Refere-se, provavelmente, a um romance anônimo e conhecido na época (que se inicia com: *Estando la blanca niña bordando em su bastidor*), ou a uma canção, igualmente anônima e famosa, na qual se diz: *¡Ay! un galán de esta villa, ¡ay!, un galán de esta casa, ¡ay!, de lejos que venía, ¡ay!, de lejos que llegaba. ¡Ay!, diga lo que él quería. ¡Ay!, diga lo que él buscaba. ¡Ay!, busco a la blanca niña, ¡ay!, busco a la niña blanca, que tiene voz delgadina, que tiene la voz de plata; cabello de oro tejía, cabello de oro trenzada.*

(Sai Catalinón.)

JUAN: A noite, em negro silêncio,
se estende e as plêiades,
entre raízes de estrelas,
o polo mais alto pisam.
Quero pôr em obra minha conquista
e o amor guia esta inclinação
a que nenhum homem resiste.
Quero chegar à cama.
Aminta!

Aparece Aminta, que parece ensonada.

AMINTA: Quem chama por Aminta?
É o meu Patrício?

JUAN: Não sou teu Patrício.

AMINTA: Então, quem?

JUAN: Olha, Aminta, quem sou.

AMINTA: Ai de mim, estou perdida.
Em meus aposentos a essa hora?

JUAN: Essa é a minha virtude.

AMINTA: Sai ou gritarei.
Não excedas a cortesia
que se deve ao meu Patrício.
Veja que há duas Emílias romanas
e também duas irmãs
e uma Lucrécia vingativas.

JUAN: Escuta minhas palavras
e esconde no coração
o rubor das faces.

AMINTA: Vai-te que virá meu esposo.

JUAN: Sou eu. Do que te admiras?

AMINTA: Desde quando?

JUAN: Desde agora.

AMINTA: Quem cuidou disso?

JUAN: Meu destino.

AMINTA: E quem nos casou?

JUAN: Teus olhos.

AMINTA: Com que poder?

JUAN: Da visão.

AMINTA: Patrício sabe?

JUAN: Sim, que te esquece.

AMINTA: Que me esquece?

JUAN: Sim, que eu te adoro.

AMINTA: Como?

JUAN: Com meus braços.

AMINTA: Afasta.

JUAN: Como posso, se é verdade que morro?

AMINTA: Que grande mentira!

JUAN: Aminta, escuta e saberás
se quer que te diga a verdade,
pois as mulheres são de fato amigas.
Eu sou nobre e cavalheiro,
cabeça da família
dos antigos Tenórios,
conquistadores de Sevilha.
Meu pai, depois do rei,
é reverenciado, estimado,
e na corte dele depende
a morte e a vida.
Correndo o caminho ao acaso
cheguei a ver-te,
e o amor guia as coisas de tal sorte

que ele mesmo delas se olvida.
Te vi, adorei, abrasei-me,
tanto o teu amor me obriga
a que contigo case.
Veja que a ação é necessária.
E ainda que murmure o reino,
ainda que o rei me contradiga,
e muito embora meu pai, aborrecido,
o impeça com ameaças,
teu esposo hei de ser.
Patrício desistiu
e aqui teu pai me envia
para dar-te a mão.
O que dizes?

AMINTA: Não sei o que dizer,
pois tuas verdades
se encobrem com mentiras.
Porque se estou casada,
como é sabido,
com Patrício, o matrimônio
não se absolve, embora ele desista.

JUAN: Não sendo consumado,
por engano ou por malícia,
pode ser anulado.

AMINTA: É verdade.
Mas não queria, ó Deus,
que me deixasses enganada,
quando meu esposo me deixa.

JUAN: Agora, bem, dá-me essa mão
e com ela
confirma essa vontade.

AMINTA: Que não me enganas?

JUAN: Seria meu o engano.

AMINTA: Pois jura que cumprirás
 a palavra prometida.

JUAN: Juro a esta mão, senhora,
 inferno de neve fria,
 cumprir-te com a palavra.

AMINTA: Jura a Deus que te maldiga,
 se não a cumprires.

JUAN: Se acaso
 a palavra e minha fé
 te faltarem, rogo a Deus
 que a traição e a aleivosia
 façam morrer um homem morto.
 (*À parte:*)
 Que o vivo Deus não permita.

AMINTA: Então, com esse juramento
 sou tua esposa.

JUAN: Minha alma,
 entre os braços, te ofereço.

AMINTA: São tuas a alma e a vida.

JUAN: Ai, Aminta de meus olhos!
 Amanhã, sobre palmilhas
 de prata lisa, estrelada
 com cravos de ouro de Tíbar,
 porás teus formosos pés
 e prenderás gargantilhas
 em teu colo de alabastro;
 e nos dedos trarás aneis
 cujos engastes pareçam
 estrelas de ametistas;
 e nas orelhas porás
 finas pérolas transparentes.

AMINTA: À tua vontade, esposo,
 a minha se inclina,

a partir de hoje. Sou tua.

JUAN (*à parte*): Conheces mal
o burlador de Sevilha.

Saem dom Juan e Aminta. Aparecem Isabela e Fábio, em caminho.

ISABELA: Que me roubasse o que tenho,
a prenda que estimava e mais queria!
Ó rigoroso empenho,
e máscara do dia.
Noite enfim tenebrosa,
antípoda do sol que o sonho esposa.

FÁBIO: De que serve, Isabela,
o amor nos olhos e na alma,
se o amor é todo cautela
e no campo do desdém se espalma?
Ele, que se ri agora,
em breve desventuras chora.
O mar está alterado
e perigo de temporal se corre;
o abrigo desta torre
pelas galeras foi tomado.

ISABELA: Onde aportamos?

FÁBIO: Em Tarragona chegamos.
Dentro de pouco tempo
daremos em Valência, cidade bela,
do sol agradável passatempo,
que gosta divertir-se nela.
E depois, em Sevilha,
verás a oitava marvilha.
Se Otávio perdeste, senhora,
terás dom Juan, galante notório,
filho de casa antiga, não de agora,
da nobre família Tenório.

O rei com ele te casa,
sendo seu pai o preferido da casa.

ISABELA: Não nasce minha tristeza
de ser sua esposa, que o mundo
conhece bem sua nobreza.
O agravo profundo
foi a virtude perdida
que hei de chorar pela vida.

FÁBIO: Ali uma pescadora
suspira e se lamenta,
mansamente chora,
e vem com fisionomia macilenta.
Enquanto procuro sua gente,
vos lamentareis frente a frente.

Sai Fábio e entra Tisbea.

TISBEA: Robusto mar de Espanha,
ondas de fogo, fugitivas ondas,
Troia e artimanha
que o fogo por mares e ondas
em seus abismos é frágua
que o mar forma por chamas de água.
Maldita seja a nau
que em teu amargo cristal achou caminho,
ânsia de Medeia e coval.
Teu cânhamo e primeiro linho,
cruzado pelo vento,
dos enganos é tela e instrumento.

ISABELA: Por que te queixas do mar,
tão ternamente, bela pescadora?

TISBEA: A ele devo me lamentar.
Ditosa sois vós, que dele agora
não estais sofrendo.

ISABELA: Também dele me arrependo.
De onde sois?

TISBEA: Daquelas simples casas
que vedes pelos ventos feridas,
e queimadas pelas brasas,
que lhes deixaram caídas.
Suas palhas me deram
um coração de fortíssimo diamante,
mas os fatos o fizeram,
a esse monstro tão arrogante,
abrandar-se, de sorte
que ao sol a cera é hoje mais forte.
Sois vós como Europa famosa,
que os touros vieram roubar?

ISABELA: A Sevilha vou-me casar,
por promessa insidiosa.

TISBEA: Se minha nódoa a lástima vos provoca
e se a injúria do mar vos toca,
levai-me em vossa companhia,
para serviços de humilde escrava,
pois eu bem queria,
se a dor não se agrava,
pedir ao rei justiça
de um engano cruel e da cobiça.
Da água retirado
veio a esta terra dom Juan Tenório,
quase morto, afogado;
amparei-lhe como hóspede notório
e o hóspede, perigoso e vil,
foi a víbora que aos meus pés dormiu.
Com promessa de esposo,
que pelas costas se ria,
eis-me rendida ao enganoso.
Maldita a mulher que em homem confia!

Foi-se enfim após a trapaça
e é justo que a vingança se faça.

ISABELA: Cala, mulher maldita!
Vai-te daqui, que me matas.
Mas se a dor te incita,
dá-me notícias exatas.

TISBEA: A fúria me asfixia!

ISABELA: Maldita a mulher que em homem confia.
Mas o céu que bendigo
ao ver essas cabanas me traiu
e me consolo contigo.
Com tão grave paixão ressurgiu
a vingança que se anuvia.
Maldita a mulher que em homem confia.

Vão-se Isabela e Tisbea. Aparecem dom Juan e Catalinón, frente a uma igreja.

CATALINÓN: Em maus lençóis estás.

JUAN: Como?

CATALINÓN: Otávio já está informado
do que na Itália se passou,
e de La Mota, magoado,
justas queixas formulou,
dizendo que o recado
que lhe deste da prima
foi fingido e simulado,
e com sua capa lastima
a traição que lhe fez difamado.
Dizem que vem Isabela
e serás seu marido.

JUAN (*estapeia Catalinón*): Deixa de trela!

CATALINÓN: Que tapa ardido!

JUAN: Falador! Quem te revela
    tanto disparate junto?

CATALINÓN: Disparate?

JUAN: Disparate!

CATALINÓN: São verdades.

JUAN: Não é isso que pergunto.
    Há alguém que me mate?
    Já sou por acaso defunto?
    Não tenho mãos também?
    Onde encontro pousada?

CATALINÓN: Na rua ou na estrada.

JUAN: Assim está tudo bem.

Entram na igreja.

CATALINÓN: A igreja é terra sagrada.

JUAN: Diga que nela me deem a morte.
    Ao noivo Patrício viste?

CATALINÓN: Também o vi, ansioso e triste.

JUAN: Aminta ainda se crê consorte,
    e não percebeu o chiste.

CATALINÓN: Tão bem enganada está
    que se chama dona Aminta.

JUAN: Muito engraçada a burla há de ser.

CATALINÓN: Graciosa e sucinta.
    Mas depressa irá sofrer.

Descobrem o túmulo de dom Gonzalo de Ulhoa.

JUAN: Que sepulcro é este?

CATALINÓN: Aqui dom Gonzalo está enterrado.

JUAN: A este em combate matei.
 Um grande túmulo lhe foi dado.

CATALINÓN: Assim ordenou o rei.
 O que diz o letreiro?

JUAN: "Aqui aguarda do Senhor,
 o mais leal cavaleiro,
 a vingança de um traidor".
 E haveis de vos vingar,
 bom velho barbas de pedra?

CATALINÓN: Não se pode cortar
 que em duras pedras medra.

JUAN: Esta noite ao jantar
 vos aguardo em minha pousada.
 Ali um desafio faremos,
 se a vingança vos agrada,
 ainda que lutar não podemos,
 pois é de pedra vossa espada.

CATALINÓN: Anoiteceu, senhor.
 Vamos nos recolher.

JUAN: Grande é a vingança do credor.
 Se cumpri-la hás de fazer,
 já me previno do estupor.
 Se a morte com vingança aguardais,
 a esperança é bom que percais,
 pois vossa ira e vingança
 generosamente me confiais.

Saem dom Juan e Catalinón. Em casa de Juan, os criados põem a mesa.

CRIADO 1: Quero deixar preparada a mesa
 em que dom Juan virá jantar.

CRIADO 2: Que fleuma sabe demonstrar,
 mas já tarda sua companhia.

Como sempre, não me contenta:
a bebida esquenta
e a comida esfria.
Mas por que dom Juan ordena
esta desordem?

Aparecem dom Juan e Catalinón.

JUAN: Fechaste?

CATALINÓN: Fechei como mandaste.

JUAN: Tragam-me a ceia.

CRIADO 2: Já está aqui.

JUAN: Catalinón, senta-te.

CATALINÓN: Sou amigo
  para comer no mesmo espaço?

JUAN: Digo para sentares.

CATALINÓN: Com razão o farei.

JUAN: Senta-te.

Fora, ouve-se uma pancada.

CATALINÓN: Que golpe é esse?

JUAN: Alguém que chamaram, imagino.
  Veja quem é.

CRIADO 1: Vou voando.

CATALINÓN: E se for a justiça, senhor?

JUAN: Que seja, não tenhas medo.

Volta o criado, fugindo.

JUAN: Quem é? Por que estás tremendo?

CATALINÓN: Testemunha um mau sinal.

JUAN: À cólera não resisto.
    Responde, diz o que foi visto!
    Assombrou-te um demônio mau?
    Vai e olha aquela porta.

CATALINÓN: Eu?

JUAN (*empurra e bate em Catalinón*): Quem mais? Vai, acaba!

CATALINÓN: À minha avó acharam morta
    como cacho dependurado
    e desde então se tem falado
    de sua triste alma penada.
    E tanto golpe não me agrada!

JUAN: Acaba com isso!

CATALINÓN: Senhor, sabes que sou um borrão.

JUAN: É teu compromisso!

CATALINÓN: Péssima ocasião.

JUAN: Não vais?

CATALINÓN: Quem tem as chaves da porta?

CRIADO 2: Só está fechada com a aldrava.

JUAN: O que tens? Por que não vais?

CATALINÓN: Catalinón morre hoje.
    E se as enganadas vêm vingar-se dos dois?

Vai até a porta e volta correndo. Cai e se levanta.

JUAN: O que é isso?

CATALINÓN: Valha-me Deus que me pegam
    e me matam!

JUAN: Quem te pega, quem te mata?

CATALINÓN: Quem me agarra, quem me arrebata?
    Senhor, eu vi ali
    quando fui…

Cheguei e fiquei cego
quando o vi, juro por Deus!
Disse: quem sois vós?
Respondi e vi...

JUAN: Quem?

CATALINÓN: Não sei!

JUAN: Como o vinho descontrola!
Dá-me a vela, mariola,
e verei quem chama.

Dom Juan toma a vela e chega à porta. Sai-lhe ao encontro dom Gonzalo, na forma como estava no sepulcro e dom Juan se afasta perturbado, empunhando a espada com a outra mão. Dom Gonzalo o segue.

JUAN: Quem vem?

GONZALO: Sou eu.

JUAN: Quem sois?

GONZALO: O cavaleiro honrado
e para jantar convidado.

JUAN: Ceia haverá para os dois
E se mais vêm contigo
para todos haverá
que a mesa pronta está.
Sentai-vos.

CATALINÓN: Deus esteja comigo.
São Panúncio e santo Antão.
Os mortos comem, mesmo assim?
Por sinais diz que sim.

JUAN: Senta-te, Catalinón.

CATALINÓN: Não senhor, dou-me por jantado.

JUAN: Sentes desconforto?
Mas que medo tens de um morto?

CATALINÓN: Ceia com teu convidado
    que eu me dou por ceado.

JUAN: Hei de me aborrecer?

CATALINÓN: Senhor, eu cheiro mal.

JUAN: Chega, até quando terei de me conter?

CATALINÓN: Acho que estou morto,
    eu e todo o arraial.

Os criados tremem.

JUAN: E vós, o que fazeis? Que estúpido tremor!

CATALINÓN: Nunca quis comer com tal credor.
    Um convidado de pedra?

JUAN: Não há o que temer.
    Se é pedra, o que te vai fazer?

CATALINÓN: Um enorme dano.

JUAN: Falai-lhe com cortesia.

CATALINÓN: Estais bem? É boa terra
    a outra vida? É plana ou serra?
    Também se faz poesia?

CRIADO 1: A tudo diz sim com a cabeça.

CATALINÓN: Há muitas tabernas?
    Se não há, vale a pena morar?

JUAN: Dá-nos o jantar!

CATALINÓN: Senhor morto, lá se bebe
    como se deve?

Dom Gonzalo faz que sim.

CATALINÓN: Bom país e terra leve!

JUAN: Se quereis que cantem,
    cantarão.

Dom Gonzalo faz que sim.

CRIADO 1: Disse sim.

JUAN: Então cantai.

CATALINÓN: O senhor morto tem bom gosto.

CRIADO 1: É nobre, por certo, e amigo da alegria.

CANTAM: *Se meu amor aguardais,*
senhora, que a reconforte,
o galardão na morte
generosamente me confiais.

CATALINÓN: É sem súvida um homem ameno
o senhor morto, ou deve ser
homem de pouco comer.
Mas me agito de modo obsceno.

Dom Gonzalo bebe.

CATALINÓN: Bebem pouco por lá.
Então bebo pelos dois.
Um brinde ao homem de pedra,
que menos medo terei depois.

CANTAM: *Se esse prazo me convida*
para que vos possa gozar,
larga vida tenho a passar
e deixai passar a vida.
Se meu amor aguardais,
senhora, que a reconforte,
o galardão na morte
generosamente me confiais.

CATALINÓN: De qual, entre tantas mulheres
que enganaste, eles falam?

JUAN: De todas me rio, segundo a ocasião.
　　　Em Nápoles, de Isabela...

CATALINÓN: Dessa, senhor, ainda não,
　　　porque contigo se casa
　　　por força e por razão.
　　　Enganaste a pescadora
　　　que do mar te retirou,
　　　pagando-lhe a hospedagem
　　　com muito rigor.
　　　Enganaste dona Ana...

JUAN: Chega!
　　　Há alguém aqui que pagou
　　　por ela e aguarda vingar-se.

CATALINÓN: És homem de muito valor.
　　　Ele é de pedra, tu de carne.
　　　Não é boa a solução.

Gonzalo faz sinais para que retirem a mesa e fiquem sós.

JUAN: Retirai a mesa.
　　　Ele faz sinal para que nós dois
　　　fiquemos e os demais se vão.

CATALINÓN: Por Deus, não fiques,
　　　porque há morto que mata
　　　com um tapa um gigante.

JUAN: Saí todos.
　　　Vai-te e que venha!

Vão-se os demais.

JUAN: A porta já está fechada
　　　e estou aguardando.

O que queres,
sombra, fantasma ou visão?
Se andas amargurado
ou se buscas alguma satisfação
para teu remédio, diz,
que minha palavra te dou
de fazer o que ordenares.
Estás gozando de Deus?
És alma condenada
ou da região eterna?
Dei-te a morte em pecado?
Fala, que te aguardo!

GONZALO: Cumprirás uma palavra,
como cavalheiro?

JUAN: Tenho honra
e cumpro as palavras,
pois sou cavalheiro.

GONZALO: Então, dá-me tua mão
e não temas.

JUAN: Eu, medo?
Se fosse o inferno
te daria a mão.

GONZALO: Sob tal palavra e por esta mão
amanhã, às dez, para cear,
estou te esperando.

JUAN: Esperava uma empresa maior.
Amanhã serei teu hóspede.
Aonde devo ir?

GONZALO: À capela.

JUAN: Irei só?

GONZALO: Não, os dois.
  E cumpre-me a palavra,
  como eu a cumpri.

JUAN: Digo que a cumprirei
  e que sou Tenório.

GONZALO: E eu Ulhoa.

JUAN: Irei sem falta.

GONZALO: Acredito. Adeus.

Dirige-se à porta.

JUAN: Espera que irei te iluminando.

GONZALO: Não ilumines que estou em graça.

Gonzalo sai pouco a pouco, encarando dom Juan, até desaparecer.

JUAN: Valha-me Deus. Todo o corpo
  está banhado em suor
  e nas entranhas
  gela-me o coração.
  Quando a mão me tomou
  apertou-a de um modo
  que o inferno parecia.
  Jamais senti tal calor!
  Um hálito tão frio respirava
  e lhe transmitia a voz
  que infernal respiração parecia.
  Mas são todas ideias
  de simples imaginação.
  O medo, e temer os mortos,
  é o mais vil dos temores.
  Se não se teme um corpo nobre,
  vivo, com potência e razão,

se com a alma não se aflige,
quem teme os mortos?
Amanhã irei à capela,
onde sou convidado,
para que Sevilha se admire
e se espante de meu valor.

Sai Juan. Surgem o rei, dom Diego Tenório e acompanhamento.

REI: Chegou, enfim, Isabela?

DIEGO: Desgostosa.

REI: Não aceitou bem o casamento?

DIEGO: Sente, senhor, seu nome difamado.

REI: Tem outra causa este tormento.

DIEGO: Está alojada no Convento das Descalças.

REI: Que saia logo do convento,
para que no palácio, junto à rainha,
tenha melhor acolhimento.

DIEGO: Se há de ser com Juan o casório,
manda, senhor, que ele venha à tua presença.

REI: Que venha ver-me e que seja notório
o prazer que concedo a esta avença.
Será conde desde hoje Juan Tenório,
para que a possua em recompensa;
se Isabela a um duque já corresponde,
e a um duque perdeu, que ganhe um conde.

DIEGO: Pela mercê, nós todos teus pés beijamos.

REI: Mereceis meu favor tão dignamente
que, se aqui os serviços ponderamos,
permaneço atrás com o favor presente.
Parece-me, dom Diego, que hoje comemoramos
as bodas de dona Ana conjuntamente.

DIEGO: Com Otávio?

REI: Não é bem que o duque Otávio seja
    o restaurador do agravo que se deseja.
    Dona Ana e a rainha fizeram-me um pedido,
    o de perdoar ao marquês, porque dona Ana,
    já que o pai lhe morreu, quer um marido.
    Irás com pouca gente e, sem ruído,
    logo lhe falar, com permissão soberana,
    e para satisfação de ambos que se suprima
    e se perdoe o agravo de sua prima.

DIEGO: Já vi o que tanto desejava.

REI: Esta noite hão de ser, podeis dizer-lhe,
    os matrimônios.

DIEGO: Tudo está bem se bem terminado;
    será fácil ao marquês lhe persuadir,
    pois de sua prima estava apaixonado.

REI: Também a Otávio podeis prevenir.
    Com as mulheres o duque é infeliz;
    são-lhe todas de opinião, ainda que sutis.
    Disseram-me que com dom Juan
    está muito irritado.

DIEGO: Não me espanto, se é sabido
    que a ele cabe o delito averiguado,
    e a causa de tanto dano sofrido.
    Aí vem o duque.

REI: Não sai do meu lado
    que estás informado do ocorrido.

Aparece o duque Otávio.

OTÁVIO: Que os pés me permitis beijar de vossa alteza.

REI: Levanta-te, duque, por tua nobreza.
    O que pedes?

OTÁVIO: Venho vos pedir,
 prostrado a vossos pés,
 uma mercê, coisa justa,
 digna de ser-me outorgada.

REI: Se ela é justa, duque,
 digo que te prometo
 concedê-la. Pede.

OTÁVIO: Já sabeis, senhor,
 por cartas de vosso embaixador,
 e o mundo, pela língua da fama.
 Sabeis que dom Juan Tenório,
 com espanhola arrogância,
 uma noite, em Nápoles,
 para mim uma noite tão má,
 com meu nome profanou
 o sagrado de uma dama.

REI: Não vás adiante.
 Já sei de tua desgraça.
 De fato, o que pedes?

OTÁVIO: Licença para no campo
 demonstrar que é traidor.

DIEGO: Isso não. Seu sangue claro
 é honrado.

REI: Dom Diego!

DIEGO: Senhor...

OTÁVIO: Quem és,
 que na presença do rei
 falas dessa maneira?

DIEGO: Sou quem cala,
 porque manda-me o rei.
 Se não, com esta espada
 te responderia.

OTÁVIO: És velho.

DIEGO: Fui moço na Itália,
   apesar de ti.
   Lá conheceram minha espada
   em Nápoles e em Milão.

OTÁVIO: Tens o sangue frio.
   Para mim não vale o "fui",
   e sim o "sou".

Dom Diego puxa a espada.

DIEGO: Pois fui e sou.

REI: Basta, que assim está bem.
   Cala-te dom Diego,
   que pouco respeito se guarda
   à minha pessoa. E tu, duque,
   depois que as bodas se fizerem
   com mais sossego me falarás.
   Dom Juan é fidalgo de minha câmara,
   criatura minha,
   e ramo de meu tronco.
   Olhai por ele.

OTÁVIO: Eu o farei, senhor,
   Como mandas.

REI: Venha comigo, dom Diego.

DIEGO: Ah, filho, quão mal me pagas
   o amor que tive.
   Duque...

OTÁVIO: Grão senhor...

REI: Amanhã se farão tuas bodas.

OTÁVIO: Que se façam, pois vós mandais.

Saem o rei e dom Diego. Aparecem Gaseno e Aminta.

GASENO: Este senhor nos dirá
    onde se encontra Juan Tenório.
    Senhor, por aqui está
    Um dom Juan, a quem notório
    seu nome se fez?

OTÁVIO: Dom Juan Tenório, direis.

GASENO: Sim, senhor, esse dom Juan.

OTÁVIO: Está aqui. O que quereis?

AMINTA: É meu esposo, o galã.

OTÁVIO: Como?

AMINTA: Não o sabeis,
    sendo vós da fortaleza?

OTÁVIO: Ele não me disse nada.

GASENO: É possível?

OTÁVIO: Sim, com certeza.

GASENO: Dona Aminta é muito honrada
    e por isso devem os dois se casar.
    É cristã velha e consumada,
    de certa posse e sensatez,
    e sua virtude bem pode se ajustar
    com a de um conde ou marquês.
    Dom Juan casou-se com ela
    e tirou-lhe Patrício.

AMINTA: Diga-lhe que era donzela
    antes deste suplício.

GASENO: Deixemos de lado a querela.

OTÁVIO (*à parte*):
    Isso é aventura de dom Juan,
    e para minha vingança
    o que dizem me afiança.

(*Alto*): O que pedis, enfim?

GASENO: Que ao agravo se ponha fim:
que se realize o casamento
ou levo a queixa ao rei.

OTÁVIO: Digo que é justo o intento.

GASENO: Por clara razão e justa lei.

OTÁVIO: (*à parte*)
Na medida de meu pensamento,
chegou a ocasião.
(*Alto*): No castelo há bodas, e mais de uma teremos.

AMINTA: Mas não são as minhas.

OTÁVIO: Para que nos acertemos,
há de se fazer uma encenação.
Venham, que vos vestireis
com roupas de cortesão
e num quarto do rei entrareis.

AMINTA: E por vossa mão,
a dom Juan me levareis.

OTÁVIO (*à parte*): É uma forma de astúcia e cautela.

GASENO: E veremos como ele se revela.

OTÁVIO (*à parte*): Ambos me vingam de Dom Juan
a da afronta a Isabela.

Vão-se todos. Aparecem dom Juan e Catalinón.

CATALINÓN: Como o rei te recebeu?

JUAN: Com mais amor do que meu pai.

CATALINÓN: Viste Isabela?

JUAN: Também.

CATALINÓN: E como veio?

JUAN: Como um anjo.

CATALINÓN: Recebeu-te bem?

JUAN: O rosto banhado de leite e sangue,
 como a rosa que de manhã
 desperta a débil folha.

CATALINÓN: E enfim, esta noite, serão as bodas?

JUAN: Sem falta.

CATALINÓN: Coisas já passadas, senhor,
 senão não as tiveste enganado.
 Mas a tomas por esposa
 com cargas bem grandes.

JUAN: Não diga! Já começas a ser tonto?

CATALINÓN: Poderás te casar amanhã,
 que hoje é mau dia.

JUAN: Que dia é hoje?

CATALINÓN: Terça.

JUAN: Embusteiros e loucos
 acabam em disparates.
 Chamo de mau dia,
 aziago e detestável,
 só o que estou sem dinheiro.
 Os demais são para brincar.

CATALINÓN: Vamos, se vais te vestir,
 que te aguardam e já é tarde.

JUAN: Temos outro negócio a fazer,
 embora nos aguardem.

CATALINÓN: Qual?

JUAN: Cear com o morto.

CATALINÓN: Contra-senso dos disparates.

JUAN: Não vês que dei minha palavra?

CATALINÓN: E quando a quebras,
 o que importa?

Vai pedir-te uma palavra
o homem de jaspe?

JUAN: Poderá me chamar de infame.

CATALINÓN: A igreja já está fechada.

JUAN: Chama.

CATALINÓN: Que adianta chamar?
Quem vem abrir, se os sacristãos
já dormem?

JUAN: Chama por esse postigo.

CATALINÓN: Está aberto.

JUAN: Pois entra.

CATALINÓN: Aqui vai um frade
com hissope e com estola!

JUAN: Segue-me e cala.

CATALINÓN: Calar-me?

JUAN: Sim.

CATALINÓN: Me calo,
mas Deus me livre
destes convites.

Entram por uma porta e saem por outra.

CATALINÓN: Que escura está a igreja,
senhor, parece tão grande.
Proteja-me, senhor,
porque me agarram a capa.

Aparece dom Gonzalo.

JUAN: Quem está aí?

GONZALO: Sou eu.

CATALINÓN: Eu morro.

GONZALO: Morto estou e o morto sou.
Não te assombres.
Pensei que não cumpririas a palavra,
pois costumas enganar a todos.

JUAN: Me tomas por covarde?

GONZALO: Sim, pois aquela noite fugiste,
quando me mataste.

JUAN: Fugi para não ser conhecido,
mas já me tens diante de ti.
Diz logo o que queres.

GONZALO: Convidar-te para cear.

CATALINÓN: Não é necessária a ceia,
que só terá comida fria,
porque não existe cozinha.

JUAN: Jantemos.

GONZALO: Para jantar,
é preciso abrir essa tumba.

JUAN: Se assim importa,
levantarei os pilares.

GONZALO: És valente.

JUAN: Tenho brio
E o coração nas carnes.

CATALINÓN: Que mesa é essa?
Não há quem a lave?

GONZALO: Senta-te.

JUAN: Onde?

CATALINÓN: Com cadeiras chegam dois pagens negros.

Aparecem dois enlutados com cadeiras.

CATALINÓN: Também aqui se usam lutos
 e paninhos de Flandres?

GONZALO: Eia. Vais irritar-me?
 Não repliques.

CATALINÓN: Não replico. Deus me livre disso.
 Que prato é este, senhor?

GONZALO: De escorpiões e víboras.

CATALINÓN: Prato delicado para quem tem muita fome.
 É bom o vinho, senhor?

GONZALO: Prova-o.

CATALINÓN: Tem mel e vinagre o vinho.

GONZALO: Vem de nossos lagares.
 (*Para Juan*) Tu não comes?

JUAN: Comerei se me disseres,
 víbora por víbora, quanto o inferno tem.

GONZALO: Também quero que cantem para ti.

Ouve-se cantar: "Saibam os que de Deus / julgam os castigos grandes / que não há momento que não chegue / nem dívida que não se pague".

CATALINÓN: Isso é mau. Viva Cristo,
 Pois entendi que este canto
 conosco fala.

JUAN: De gelo o peito me abrasa.

Cantam: "Enquanto no mundo se viva / não é justo ninguém dizer / que por muito me confiais / sendo tão breve o pagamento".

CATALINÓN: De que é este guisadinho?

GONZALO: De unhas.

CATALINÓN: Será de unhas de costureiro,
se de unhas for.

JUAN: Já jantei. Faz com que a ceia termine.

GONZALO: Dá-me essa mão. Não temas.

JUAN: Eu, temor? (*dá-lhe a mão*).
Que me abraso! Não me queimes com teu fogo!

GONZALO: É pouco para o fogo que procuraste.
As maravilhas de Deus, dom Juan,
não são investigáveis.
E assim se quer que tuas culpas
em mãos de um morto sejam pagas.
Se deste modo pagas
pelas mulheres que enganaste,
esta é a justiça de Deus.
Quem o mal faz, por ele deve pagar.

JUAN: Queimo! Não me apertes!
Hei de matar-te com a adaga.
(*Dá golpes no ar*)
Canso-me em vão.
Tua filha não ofendi,
pois soube dos meus enganos antes.

GONZALO: Não importa, mas nela puseste
tua intenção.

JUAN: Deixa que chame
quem me confesse e absolva.

GONZALO: Não há tempo nem lugar.
Muito tarde concordas.

JUAN: Eu queimo, me abraso!
Estou morrendo!

Cai morto dom Juan.

CATALINÓN: Não há quem escape
e aqui tenho também de morrer
por acompanhar-te.
GONZALO: Esta é a justiça de Deus.
Quem o mal faz, por ele deve pagar.

Desaba o túmulo com dom Juan e dom Gonzalo, ruidosamente, e aparece Catalinón, arrastando-se.

CATALINÓN: Valha-me Deus! O que é isso?
Toda a capela arde,
e fiquei com o morto,
para que o vele e guarde.
Arrastando-me como possa
irei avisar seu pai.
São Jorge, Agnus Dei,
deixai-me seguir em paz.

Vai-se Catalinón. Aparecem o rei, dom Diego e acompanhamento.

DIEGO: O marquês espera, senhor,
beijar vossos pés reais.
REI: Entra logo e avisa o conde,
para que não espere.

Surgem Patrício e Gaseno.

PATRÍCIO: Onde, senhor, se permitem
desenvolturas tão grandes,
para que teus criados se envergonhem
de homens miseráveis?
REI: O que dizes?
PATRÍCIO: Dom Juan Tenório,

mentiroso e detestável,
tirou-me minha mulher
na noite do casamento,
antes que se consumasse.
E testemunhas tenho comigo.

Aparecem Tisbea, Isabela e acompanhamento.

TISBEA: Se vossa alteza, senhor,
de dom Juan não fizer justiça,
hei de queixar-me,
a Deus e aos homens,
enquanto for viva.
Derrotado e jogado pelo mar,
dei-lhe vida e hospedagem,
e pagou-me esta amizade
com mentiras e enganos,
se dizendo meu marido.

REI: O que dizes?

ISABELA: Diz verdades.

Aparecem Aminta e o duque Otávio.

AMINTA: Onde está meu esposo?

REI: Quem é?

AMINTA: Pois ainda não sabeis?
O senhor dom Juan Tenório,
com quem venho casar-me,
pois me deve a honra.
E sendo nobre, não há de negar-me.
Mandai que nos casemos.

Aparece o marquês De La Mota.

MOTA: Pois é tempo, grão senhor,
    que à luz verdades se tragam.
    Sabereis que dom Juan Tenório
    teve a culpa que me imputastes,
    pois como amigo pôde cruelmente
    enganar-me, e tenho disso testemunhas.

REI: Há desvergonha tão grande?

DIEGO: Como prêmio de meus serviços,
    faz com que lhe prendam
    e pague por suas culpas,
    para que raios não me caiam,
    sendo meu filho tão mau.

REI: Tudo isso fazem em minha corte?

Aparece Catalinón.

CATALINÓN: Senhor, escutai,
    ouvi o mais notável acontecimento
    que no mundo sucedeu.
    Dom Juan, fazendo burla
    uma tarde do comendador,
    depois de haver-lhe tirado
    duas prendas mais valiosas,
    sobre seu túmulo
    o convidou para jantar.
    Que nunca o convidasse!
    O vulto de dom Gonzalo foi
    e de volta o convidou.
    E agora, para que não vos canse,
    acabando de cear,
    entre mil presságios graves,
    tomou-lhe a mão e apertou-a
    até tirar-lhe a vida, dizendo:
    "quem o mal faz, por ele deve pagar".

REI: O que dizes?

CATALINÓN: O que é verdade.
E antes que morresse,
disse que a dona Ana
não devia honra,
porque o ouviram antes do engano.

MOTA: Pelas novas,
quero dar-te mil alvíssaras.

REI: Justo castigo do céu.
E agora é bom que todos se casem,
pois a causa é morta,
vida de tantos desastres.

OTÁVIO: E como Isabela é já viúva,
quero casar-me com ela.

MOTA: E eu com minha prima.

PATRÍCIO: E nós com nossas mulheres,
para que se acabe o "convidado de pedra".

REI: E que o sepulcro se traslade
a São Francisco, em Madri,
para mais longa memória.

DOM GIL DAS CALÇAS VERDES

O início expõe um esquema bastante reiterado no teatro áureo: os 250 primeiros versos constituem a exposição em um diálogo interrogatório entre o criado e sua ama. Quintana pergunta a dona Juana sobre sua viagem de Valadoli a Madri e seu disfarce varonil. A dama revela que vem em busca de dom Martín, o qual, depois de tê-la e não cumprir sua promessa de casamento, escapou da corte com o falso nome de dom Gil de Albornoz para se casar com dona Inês. Dona Juana tem intenções de atrapalhar as bodas e recuperar seu noivo, para o que se disfarça de homem e se passa a chamar dom Gil, máscara com a qual enredará de tal maneira a dom Martín, fazendo-se enamorar de sua prometida e causando outras múltiplas confusões, que o pobre fugitivo não tem outro remédio senão entregar sua mão definitivamente.

Aspecto fundamental na comédia é o disfarce de dona Juana-dom Gil, que com suas calças verdes desempenha uma ficção, atua representando uma personagem em uma série de níveis de teatralização, como lembra Nadine Ly.

No processo deste enredo, dona Juana, no papel de dom Gil, faz dona Inês enamorar-se dela (pois assim Inês rechaçará dom Martín, deixando-o livre para a própria Juana) e também se faz enamorar por dona Clara. Para complicar as coisas, dona Juana representa um novo papel, o de dona Elvira, vizinha de dona Inês. Os níveis de invenção e os desvios no labirinto total se multiplicam. Obrigada por suas próprias invenções a levar adiante numerosos fios de engano, dona Juana alcançará em algumas cenas uma maestria, em seu metamorfismo proteico, dificilmente igualável: em certo momento da ação, dona Juana encarna com alternâncias imediatas a si mesma (quando fala com Quintana), dona Elvira (quando fala com Inês), dom Gil das calças verdes (quando fala com Clara) etc. A superposição de máscaras e o recital de habilidades teatrais de dona Juana não pode ir além. Como lhe diz Quintana:

> Apostaria que te trocas
> de homem para mulher
> vinte vezes ao dia.

Ao que serve de resposta outra reflexão de Juana:

> Já sou homem e mulher,
> dom Gil e dona Elvira.
> Mas se amo, o que não serei?

Personagens

Dona Juana
Dom Diego
Dom Martim
Dom Antônio
Dona Inês
Célio
Dom Pedro, *velho*
Fábio
Dona Clara
Décio
Dom Juan Valdivieso, *escudeiro*
Quintana, *criado*
Aguilar, *pajem*
Caramanchel, *lacaio*
Um policial
Osório

Músicos

Ato I

Entrada de Madri, na ponte Segóvia.

Cena I

Aparecem dona Juana, vestida de homem, com calças verdes, e Quintana, seu criado.

QUINTANA: Já que à vista de Madri,
      sobre a ponte segoviana
      esquecemos, dona Juana,

os campos de Valadoli,
e deixamos para trás
as pontes e carroças de Esgueva,
com tudo o que por ali se leva
e mantém sempre vivaz
de Valadoli a nobreza,
que retira da superfície
e afugenta a imundície
dando qualidade à limpeza;
já que nos trazem teus pesares
a esta ponte eminente,
vê a humilde corrente
do pequeno Manzanares,
que por areias e escolhos,
corre como deve correr
e nesta ponte vem a ser
lágrimas de tantos olhos.
Não saberemos a razão
desse traje e dessa farsa?
Que perigo te disfarça
de senhorita em varão?

DONA JUANA: Por agora não, Quintana.

QUINTANA: Há cinco dias que vou
e mudo ao teu lado estou.
Segunda-feira passada,
em Valadoli, quiseste
provar minha lealdade.
Deixaste aquela cidade
e a essa corte vieste,
ficando a casa sozinha
com o senhor que te adora,
sem que eu possa até agora
saber o que se avizinha.
Fiz um juramento primeiro

                    – não examinar o que tens,
                    por que, aonde e como vens;
                    assim, tolo camareiro,
                    calo e sigo atrás de ti,
                    fazendo mais conjecturas
                    que um matemático às escuras.
                    Se fielmente te segui,
                    aclara essa confusão:
                    aonde me levas por fim?
                    Se te acompanhando eu vim,
                    foi por tua decisão,
                    de sorte que, temeroso,
                    de que sozinha viesses
                    e em risco a honra pusesses,
                    pensei ser mais proveitoso
                    e mais justo vir contigo,
                    para tua honra guardar,
                    ao invés de consolar
                    teu amoroso pai e amigo.
                    Vamos, tem compaixão de mim,
                    que em suspenso minha alma está
                    até tudo saber.

DONA JUANA: Será para admirar-te. Ouve.

QUINTANA: Diz, por favor.

DONA JUANA: Dois meses se passaram
           da Páscoa, quando em abril
           estavam os campos esplêndidos,
           como flanelas e cetins,
           quando na ponte,
           onde se vai toda Valadoli,
           ia eu como todos os demais.
           Já não sei se me voltei,
           ao menos com a alma,
           que desde então não mais se reduziu,

quando junto à Vitória
um belo Adônis vi,
que a mil Vênus oferecia amores
e a mil Martes provocava ciúmes.
Meu coração vacilou,
porque o amor é carceireiro
das almas, e tremi
como se a justiça visse.
Tropecei não só com os pés
mas com os olhos ao sair da ponte,
sentindo-me cair
no último degrau.
Mas apareceu-me, sem as luvas,
uma suave mão de marfim
amparando-me...
Quão bem me senti, ai de mim!
E disse-me: "Senhora,
ficai de pé, que não se deve
imitar ao querubim soberbo,
um anjo caído".
Uma luva levou-me como prenda,
e se devo dizer a verdade,
dentro da luva
ofereci-lhe minha alma.
Em toda aquela tarde curta
– curta para mim,
pois embora as de abril sejam longas,
meu amor não as julgou assim –,
a alma bebeu pelos olhos,
sem poder resistir
ao veneno que brindava
seu talhe airoso e gentil.
Recostou-se o sol de inveja
até ele despedir-se de mim,
no estribo de um coche,

quando soube fingir
amores, ciúmes, firmezas,
suspirar, temer,
sentir ausências,
desdém, mudanças
e outros embustes mil,
com que enganou-me a alma.
Hoje sou Troia, e Cítia[9] já fui.
Entrei em casa estouvada.
Se já amaste, julgas por ti
a que desvelos cheguei:
não dormi, não sosseguei;
pareceu-me que,
esquecido de sair, o sol
não se importava de luzir.
Levantei-me com olheiras,
mal enxergando abrir
o balcão, de onde logo
meu adorado ingrato vi.
Aprestou-se desde então
para assaltar e abater
minha descuidada liberdade.
Deu de servir-me sempre.
Cartas li de dia,
músicas à noite ouvi,
recebi joias e já sabes
o que se segue ao receber.
Para que cansar-te com isso?
Em dois meses, dom Martim
de Guzmán — que assim se chama
quem me obriga a andar assim
— aplainou as dificuldades,
tão árduas de resistir

9. Juana dá a entender que, tendo sido livre e nômade, como as tribos da Cítia, encontrava-se então enganada e aprisionada, como o foi Troia.

em quem ama
de amor invencível,
mas todo ele ardil.
Deu-me a palavra de esposo;
mas foi palavra, afinal,
tão pródiga em promessas
quanto avara de cumprimento.
Chegou aos ouvidos de seu pai
o nosso amor
– ouviu falar de minha infelicidade
– e embora saiba que nasci,
se não tão rica, ao menos nobre,
o ouro, que é sangue vil
e qualifica interesses,
uma portinha soube abrir
para sua cobiça,
sendo ele velho, e eu, infeliz!
Lhe ofereceram um casamento
com certa dona Inês,
que com setenta mil ducados
se faz adorar e aplaudir.
Seu velho pai escreveu
ao pai de dom Martim,
pedindo-lhe como genro;
não se atreveu a dar
claramente o sim, sabendo
que era forçoso evitar
a minha desonra.
Deu ouvidos então
a uma artimanha:
preparou uma posta
e fez meu esposo partir
para esta corte dos enganos.
Agora, Quintana, já está em Madri.
Disse-lhe ainda que mudasse

O nome de dom Martim
para dom Gil,
evitando inconvenientes;
porque se a meu pedido
a justiça aqui viesse,
ficaria surpreendida com
a artimanha.
Escreveu ainda a dom Pedro
Mendoza y Velastegui,
pai de minha rival,
fazendo-lhe sentir
o pesar com que,
por leviandade juvenil,
se impedia seu filho concluir
um casamento tão feliz.
Por já estar casado
com dona Juana Solís,
que embora nobre não era rica,
enviava em seu lugar
a dom Gil de não sei o quê,
ilustre estirpe de Valadoli.
Veio com esse embuste,
mas a suspeita, guia
sagaz dos pensamentos,
e Argos, em mim cauteloso,
adivinhou minhas desgraças,
sabendo descobrir
o ouro que nos diamantes
servem para abrir
todos os segredos.
Soube de todo o caso, enfim,
e da distância que há
entre o prometer e o cumprir.
Tirei forças da fraqueza,
deixei o temor feminil,

deu-me alento a afronta
e do estratagema adquiri
a sensata determinação;
porque poucas vezes vi
não vencer a diligência
uma fortuna infeliz.
Disfarcei-me, como vês,
e, confiando em ti,
ao destino me jogo
e ao porto penso ir.
Há dois dias, quando muito,
que meu amante está em Madri,
que assim meu amor mediu
suas jornadas.
Sendo assim, quem duvida
não ter visto dom Pedro,
o pretendido sogro,
sem antes se prevenir
com belas roupas para namorar
e planos com que mentir?
Eu, que hei de ser estorvo
deste cego frenesi,
hei de manter o olho
neste ingrato dom Martim,
fazendo-o malograr quando agir.
Para que não me conheça
– e não o fará, vestida assim –,
falta ainda que te afastes,
para que não me descubram por ti.
Vallecas fica a uma légua:
prepara-te para partir;
qualquer coisa,
de próspera ou de infeliz,
com os que vêm aqui vender
o pão, te poderei escrever.

QUINTANA: Tornaste verdadeiras
   as fábulas de Merlin.
   Como não quero te aconselhar,
   Deus te faça realizar
   todas as tuas esperanças.

DONA JUANA: Adeus.

QUINTANA: Vais escrever?

DONA JUANA: Sim.

Cena II

Aparece Caramanchel, lacaio.

CARAMANCHEL: Se não sirvo para fiador,
   taberneiro, vem até aqui,
   que na ponte espero por ti.

DONA JUANA: Olá! O que é isso?

CARAMANCHEL: Ouve, meu senhor,
   mais que um *olá*, venha também
   outra coisa que nos faz bem;
   que se diga: *vem almoçar*.

DONA JUANA: Como agora te chamo,
   com isso podes contar.

CARAMANCHEL: Perdoe-me então vossa mercê.

DONA JUANA: Procuras um amo?

CARAMANCHEL: Sim, procuro um amo;
   mas se do céu eles chovessem
   e as moscas amos se tornassem;
   se os amos se apregoassem,
   e nas ruas se oferecessem,

se deles aqui fosse abarrotado
e cego eu os pisasse,
em nenhum talvez tropeçasse,
por ser tão desgraçado.

DONA JUANA: Muitos assim hás tido?

CARAMANCHEL: Não só muitos, mas enormes[10],
como Lazarillo de Tormes.
Um ano servi de comprido
a um médico bem barbado,
beiçudo e esquisitão;
se metia em gorgorão,
sempre bem engomado;
falaz de pouca ciência,
quase nunca me pagava
o salário que me dava,
pois sem qualquer consciência
ganhava a sua mercê.
Fugindo de tal azar,
me acolhi com Cafiamar.

DONA JUANA: Ganhava mal? E por quê?

CARAMANCHEL: Por mil causas: a primeira
porque com quatro aforismos,
dois textos, três silogismos,
curava uma rua inteira.
Não há ciência tão provida
de estudos, livros e galenos,
nem gente que estude menos
ao se importar com a vida.
Mas com hão de estudar,
se não param todo o dia?
Já direi o que fazia
e podeis imaginar.

---

10. *Enorme*, como no original, significa aqui atroz, perverso, tanto em espanhol quanto em português.

Muito cedo, de ordinário,
comia um gordo toucinho,
pondo no receituário
uma aguardente ou um vinho.
No trabalho visitava
rua abaixo, rua acima,
a ralé que pululava
e que em Madri se anima.
Regressávamos às onze
e considere o senhor
se podia o meu doutor,
mesmo se fosse de bronze,
cansado de abrir goelas,
Hipócrates revolver
e nos livros poder ler
a cura de tais mazelas.
Logo engolia seu prato,
condimentado e cozido,
e depois de ter comido,
passava às cartas no ato.
Por volta das três tornava
à mesma visitação
– ele, Cosme, eu, Damião –;
e quando em casa chegava,
de noite, então acudia
ao estudo, desejoso
– mas nem sempre escrupuloso
– de usar no outro dia,
a buscar nos escritores,
relendo seus avicenas;
sentava-se e, apenas
folheava dois autores,
a cozinheira Maria
lhe gritava: "Leonor,
vai avisar ao doutor

que a caçarola se esfria".
E ele: "Em uma hora
não me peçam pra jantar,
que preciso estudar.
E diz à tua senhora
que o filhinho da condessa
contraiu difteria
e a amiga viscondessa
tem tifo e pneumonia;
é bom ou será veneno
sangrá-la, se está prenhada?
A Dioscorides agrada,
e o condena Galeno".
Mas a empregada se inflama
e entrando a ver seu doutor,
dizia: "Acabai, senhor;
já tiveste certa fama,
e mais do que eu sabeis
que quase nada ganhais;
vós apenas vos cansais
e logo vos consumireis.
Mandai ao diabo os galenos,
se hão de provocar dano.
Que importa ao fim de um ano
vinte mortos, mais ou menos"?
Com aqueles incentivos
o doutor se levantava
e os textos mortos fechava
para vasculhar nos vivos.
Ceava como um abade
ou como mulher glutona:
mostrava toda a vontade,
desde a primeira azeitona.
Ia depois descansar,
bem-humorado e repleto,

e voltava a visitar,
sem ler um texto completo.
Subia a ver o paciente,
recitava estrofes feitas,
escrevia duas receitas,
das que ordinariamente
todos dão sem estudar;
assim fazendo enganava,
e quase sempre empregava
um modo estranho de falar:
"o que lhe tem aflorado
senhora, a Vossa Senhoria,
são flatos e hipocondria;
sinto o pulmão opilado
e para desarraigar
as fleumas vítreas que têm,
certamente vos convém,
para curar o hepático
e naturalmente obrar,
carregar no fisiopático".
Davam-lhe um trocado então
e, assombrados de escutá-lo,
não paravam de adulá-lo
até fazê-lo Salomão.
E juro que tendo vindo
quatro enfermos a purgar,
vi-o um dia copiar
– não pense que estou mentindo
– dum antigo cartapácio
quatro laxantes acidulados,
fossem ou não recomendados,
para levar ao palácio.
Já preparada a poção,
a quem havia de purgar,
se punha então a falar:

"Que Deus te faça cagão".
Pelo que vi e passei,
esse modo de ganhar
não me podia enganar.
Foi por isso que o deixei.

DONA JUANA: És honesto, e não covarde.

CARAMANCHEL: Me fiz contratar mais tarde
por um douto advogado,
que era da bolsa encarregado.
E enquanto os pleiteantes
aguardavam que opinasse
e viesse o desenlace,
passava horas torturantes
a pentear seu bigode,
dar-lhe pontas e frisar,
dizendo: "só assim se pode
um parecer assinar".
Larguei seus bigodes formosos,
pois para engordar aguazis,
usava os direitos civis
para assuntos criminosos.
Servi a um padre grandão,
sem cumprir um mês inteiro,
de lacaio e despenseiro,
frei de muita opinião.
Tinha um bonete espichado,
rosto grave e volumoso,
pescoço um pouco inclinado
e como um burro teimoso;
homem, enfim, que nos mandava
a pão e água jejuar
só para economizar
a refeição que nos dava;
mas ele comia um capão,

sem ferir a consciência,
porque tinha a anuência
da igreja e seu perdão.
Sem nunca perder o tom,
nos olhava cabeceando
e dizia aos céus olhando:
"Vejam como Deus é bom!"
Fui embora ao perceber
um santo que, como filisteus,
nunca se lembrava de Deus
depois de muito comer.
Me pus atrás de um careca
que sobre um rocim andava
e se dois reais me dava
de pagamento o munheca,
se a menor falta fazia,
por irremissível lei,
esquecendo o Agnus Dei,
qui tollis ração, dizia.
Tirava-me de ordinário
a ração, mas o cavalo
me fornecia um regalo
e aumentava o meu salário
vendendo sem redenção
a cevada que eu furtava;
a comida eu compensava,
dando ao cavalo a ração.
Trabalhei prum idiota,
de certa dona marido,
que por qualquer lorota
lhe pagava agradecido.
Se houvesse de contar
os amos a quem servi,
menos peixes há no mar,
e mais do que já comi,

vos deixaria cansado.
Basta saber que reclamo,
mas não tenho qualquer amo,
embora necessitado.

DONA JUANA: Se te fazes de cronista
de dezenas de senhores
com seus diversos humores,
põe-me agora em tua lista,
porque hoje te recebo
a meu serviço.

CARAMANCHEL: Essa é uma nova linguagem!
Quem viu lacaio com pajem?

DONA JUANA: Sou dono, caro mancebo,
de minha própria fazenda
e nunca em vida fui pagem.
Venho aqui com a pretensão
de um hábito ou encomenda.
Como em Segóvia deixei
um outro moço, preciso
de alguém que aqui me sirva.

CARAMANCHEL: Entro moço mas aviso
que só velho sairei.

DONA JUANA: Já me sinto afeiçoado
ao teu humor.

CARAMANCHEL: Nenhum amo houve,
do número que me coube,
nem poeta nem castrado;
será a última estada,
se me tendes por criado:
vos sirvo por empreitada,
sem deixar de ser fiel.

DONA JUANA: E te chamas...

CARAMANCHEL: Caramanchel,
   pois nasci num caramanchão.

DONA JUANA: Aprecio esta maneira
   de ser airoso e sutil.

CARAMANCHEL: E vós, que nome vos dão?

DONA JUANA: Dom Gil.

CARAMANCHEL: E o que mais?

DONA JUANA: Dom Gil e nada mais.

CARAMANCHEL: Tivestes capado o nome,
   e se isso se repara,
   pois falta barba na cara,
   como falta sobrenome.

DONA JUANA: Agora importa encobrir
   meu sobrenome. Que pousada
   conheces, limpa e honrada?

CARAMANCHEL: Há uma e vou conseguir,
   muito fresca e curiosa,
   entre tantas de Madri.

DONA JUANA: E tem ama?

CARAMANCHEL: Bem moça.

DONA JUANA: Melindrosa?

CARAMANCHEL: Alegre, jeitosa.

DONA JUANA: Em que rua?

CARAMANCHEL: Das Urosas.

DONA JUANA: Vamos.
   (*À parte*): Preciso também saber
   de dom Pedro o paradeiro.
   E possa Madri receber
   este novo forasteiro.

CARAMANCHEL (*à parte*): Que bonito
   este imberbe donzel!

DONA JUANA: Não vens, Caramanchel?

CARAMANCHEL: Vamos, senhor dom Gilito.

Cena III

Sala em casa de dom Pedro. Aparecem Dom Pedro, velho, que lê uma carta, dom Martim e Osório.

DOM PEDRO (*lê*): "Digo, em conclusão, que dom Martim, se fosse tão cordato como é jovem, faria feliz a minha velhice, transformando a nossa amizade em parentesco. Deu sua palavra a uma moça desta cidade, nobre e formosa, mas pobre; e já vedes, nos tempos presentes, o que acontece com a beleza sem posses. Terminou o negócio como costuma acontecer com os de sua espécie: ele a arrepender-se e ela a buscar justiça. Pensai o que poderá sentir quem perde vosso parente, vossa nobreza e morgadio, com tal prenda que é a minha senhora dona Inês; mas já que minha sorte impede tal ventura, a tereis, e não pequena, já que o senhor Gil de Albornoz, que leva esta carta, encontra-se em estado de casar-se e desejoso de que seja com o que de melhor lhe ofereci de vossa filha. Seu sangue, sua sensatez, idade e morgadio (pois brevemente herdará dez mil ducados de renda) podem fazer esquecer o favor que vos devo e deixar-me invejoso. A mercê que lhe fizerdes a receberei como se fosse a dom Martim, que vos beija as mãos. Daí-me boas e muitas novas de vossa saúde e vontade, e que o céu os aumente. Valadoli, julho, etc. *Dom Andrés de Guzmán.*

DOM PEDRO: Sede, senhor, bem-vindo onde habito
para alegrar esta casa vossa;
e para comprovar o escrito,
há o valor que vosso talhe mostra.

Inês teria dado alegrias
se trazendo seu sangue enfim
o juntasse às prendas de Martim,
entretendo meus futuros dias.
Há muitos anos que ambos temos
mútua amizade já convertida
em amor natural, e que fizemos
impossível de ser esquecida.
Há muito também que não nos vemos
por cuja causa e serena vida
quisera eu reunir as prendas,
juntando as almas e as fazendas.
Mas se dom Martim, inadvertido,
torna impossível o casamento,
em seu lugar me chega um pedido
de dom Gil, neste exato momento.
Não digo que melhora de marido,
pois seria um mau atrevimento
e uma afronta a meu querido amigo;
mas provável, mesmo se não o digo.

DOM MARTIM: De tal modo vos vejo começar
a fazer-me mercês que, temeroso,
senhor dom Pedro, de poder pagar,
mesmo em palavras e ser generoso
como vós sois, e assim também chegar
em obras e expressões vitorioso,
agradeço calando e mudo mostro
que já não me tenho, porque sou vosso.
Na corte há parentes que podem
falar de mim e vos dar notícia,
pois são solícitos e logo acodem,
que nisto a sorte me foi propícia.
Embora vos informeis, a esperança,
que me serve com variados meios,
abreviará novas e rodeios.

Meu pai, que em Valadoli quisera
me dar esposa confome o seu gosto,
ainda para um acordo me espera;
e se sabe, para seu desgosto,
que me esquivo da ordem que me dera,
há de sentir e estará disposto,
se não morrer, por certo a me estorvar
a que em segredo vós podeis me dar.

DOM PEDRO: Não o tenho por pouco, caro amigo,
e crédito e estima que não sobre;
basta sua firma e já não o obrigo
a mais garantias que alguém me cobre.
O negócio já está feito comigo,
e ainda que o fidalgo fosse pobre,
mesmo assim dona Inês seria desse,
por quem dom Andrés intercedesse.

DOM MARTIM (*à parte, para Osório*): A farsa, Osório, parece excelente.

OSÓRIO (*à parte, para Martim*): Fala do casamento, antes que venha dona Juana a prejudicá-lo.

DOM MARTIM (*à parte, para Osório*): Brevemente,
para que melhor efeito tenha.

DOM PEDRO: Não quero que se encontrem de repente
Inês e dom Gil, sem que se mantenha
a prudência e não cause tal espanto
que mude o prazer em amargo pranto.
Se pretendeis vê-la, irá esta tarde
ao jardim do duque convidada,
e sem saber quem sois, fareis alarde
de vosso desejo e vontade.

DOM MARTIM: Oh, prenda amada!
Caminhe o sol para que outro aguarde,
e detendo o sol em sua jornada,

faça imóvel sua luz, e assim seja
eterno o dia que seus olhos veja.

DOM PEDRO: Se não tendes pousada requerida,
e eu merecer alguém tão honrado,
será um grande prazer.

DOM MARTIM: Bem perto já está comprometida,
segundo notícia que me foi dada,
a casa de meu primo; embora a vida,
aqui tão venturosa e ornamentada,
mais atraente seja.

DOM PEDRO: No jardim o espero.

DOM MARTIM: Que o céu vos proteja.

Vão-se.

Cena IV

Aparecem dona Inês e dom Juan Valdivieso e, no final da cena, dom Pedro.

DONA INÊS: Se te pões a suspeitar,
te fazes muito tacanho.

DOM JUAN: Queres depressa acabar.

DONA INÊS: Estás devagar e estranho.

DOM JUAN: Não há uma dor no pesar?
Não te vás, por minha vida,
ao jardim; é meu alerta.

DONA INÊS: Se minha prima convida...

DOM JUAN: Onde não há vontade certa,
não falta excusa fingida.

DONA INÊS: Por que o medo te segue
e não queres que eu vá?

DOM JUAN: Parece
    que o temor que me persegue
    só ao revés obedece,
    sem que meu amor o negue.
    Mas, enfim, te determinas
    de ir?

DONA INÊS: Vai tu também,
    e verás quanto imaginas
    errado e não muito bem.

DOM JUAN: Se minha vontade dominas,
    é forçoso obedecer-te.

DONA INÊS: O zelo e a hesitação
    são um só, e o curioso
    duvida da salvação.
    Mas Juan, do escrupuloso.

Retorna dom Pedro e se põe à porta, escutando.

DONA INÊS: Somente tu hás de ser
    meu esposo. Venha à tarde.

DOM PEDRO (*à parte*): Seu esposo? Como?

DOM JUAN: Vou com temor. Adeus.

DONA INÊS: Deus para mim te guarde.

Sai dom Juan.

Cena v

Dom Pedro e dona Inês.

DOM PEDRO: Inês!

DONA INÊS: Senhor, vais querer
    dizer-me que ponha o manto?
    Me aguardando está
    minha prima.

DOM PEDRO: Muito me espanto
    de que dês tua palavra já
    de casar-te, enquanto
    vou adiando assim ver-te.
    Tens idade e ganas
    para querer ou atrever-te
    a dar palavras levianas
    e apressares minha morte?
    Que fazia aqui dom Juan?

DONA INÊS: Não alteres o humor e o rosto.
    Minha palavra empenhei
    pressupondo ser teu gosto;
    assim nada perdes, bem sei,
    se ser genro ele pretenda,
    pois tem estirpe e valor
    como ilustra sua fazenda.

DOM PEDRO: Há homem superior,
    se queres apenas renda.
    Não te pensava estar atenta
    tão depressa a este caso,
    mas com muita ânsia intenta
    teu gosto cumprir o prazo.
    O que direi te atormenta,
    mas serei bom conselheiro.
    Em ver-te tem insistido
    um esplêndido cavalheiro,
    muito rico e bem-nascido,
    de Valadoli. Primeiro,
    queiras ou não, o verás.
    Dez mil ducados de rendas

       é o que tem e espera mais.
       E dei-lhe, quero que entendas,
       o mesmo sim que a Juan lhe dás.

DONA INÊS: Faltam homens em Madri,
       com cujos bens e apoio
       me faças casar aqui?
       Não é mar Madri, e arroio
       deste mar Valadoli?
       Por um arroio intercedes
       e largas o grande mar,
       ou só meu afeto impedes
       para que não possa amar
       se a outro senhor me cedes?
       Se a ambição e o ardil
       a tua velhice infama,
       olha que é defeito vil.
       Como este homem se chama?

DOM PEDRO: Dom Gil.

DONA INÊS: Dom Gil?
       Isso é nome ou mexerico?
       Gil, Jesus, que nome!
       Dá-lhe um cajado e um pelico.

DOM PEDRO: Não repares em nome
       se o dono é nobre e rico.
       Tu o verás e é certo
       que nesta mesma noite
       dele estarás mais perto.

DONA INÊS (*irônica*): Oh, sim, como estarei!

DOM PEDRO: Tua prima aguarda no coche.

DONA INÊS (*à parte*): Já não irei
       com gosto, pelo que entendi.
       Me deem um manto.

DOM PEDRO: No jardim ele há de estar,
    que assim lhe pedi.

DONA INÊS (*à parte*):
    Com Gil me querem casar?
    Ai de mim!

Cena VI

O jardim do duque. Aparece dona Juana, vestida de homem.

DONA JUANA: Soube que a este jardim
    Inês virá com sua prima
    para ver o ingrato Martim.
    Tive sorte em descobrir cedo
    seus amores e enredo.
    Mas não irão conseguir
    se minha dor reverter
    o que o destino quer urdir.
    Em casa de Inês há quem
    sempre me avise ligeiro,
    pelo favor do dinheiro.

Cena VII

Aparece Caramanchel.

CARAMANCHEL (*sem ver dona Juana*): Disse meu amo hermafrodita
    que aqui me esperava; e, por Deus, penso
    que é alguém familiar que, em traje de homem,
    veio tirar-me o juízo,
    em sendo assim, informo ao Santo Ofício.

DONA JUANA: Caramanchel!

CARAMANCHEL: Senhor, *bene venuto*!
 O que há de bom ou de mal no Prado?

DONA JUANA: Venho ver uma dama,
 por quem bebo os ventos.

CARAMANCHEL: Bebeis ventos? Mal negócio!
 Barato é o licor, mas não o consórcio!
 E a quereis bem?

DONA JUANA: Eu a adoro.

CARAMANCHEL: Bom!
 Não vos fará, ao menos, muito dano,
 pois no jogo do amor, mesmo com pressa,
 nunca acharás um lance vencedor
 se as cartas não cumprirem a promessa.

Ouve-se música.

CARAMANCHEL: Mas que música é esta?

DONA JUANA: Serão os que vêm
 com minha dama,
 anjo convidado ao paraíso.
 Retira-te, e verás o que não se adivinha.

CARAMANCHEL (*à parte*): Há coisa igual? Um frango com cosquinha.

Cena VIII

Entram músicos, cantando, além de dom Juan, dona Inês e dona Clara. Dona Juana, Caramanchel.

MÚSICOS: *Álamos do Prado*
 e fontes do duque,
 despertai a menina

p'ra que ela me escute;
e dizei que compare
com suas arenas,
seu desdém e sua graça
meu amor e minhas penas;
que vossos riachos
saltem e corram,
despertai a menina
p'ra que ela me escute.

DONA CLARA: Belo jardim!

DONA INÊS: Os cachos
que formam esses dosséis
e se espalham como anéis
por entre folhas em penachos
aqui nos darão sombra e frescor,
se agora nos reunimos.

DOM JUAN: Se Baco alimenta o amor
entre seus frutos opimos,
não ficarei arredio.

DONA INÊS: Senta-te aqui, prima Clara,
e nesta fonte repara
como o cristal puro e frio
beijos oferece à sede.

DOM JUAN: Enfim, quiseste vir
a este jardim.

DONA INÊS: Para desmentir,
e que por fim quede
a prova de minha firmeza.

DONA JUANA (*à parte, para Caramanchel*): Não é uma bela mulher?

CARAMANCHEL (*à parte para sua ama*):
O dinheiro a remoça;
e mais do que a vossa,
é dela a beleza.

DONA JUANA (*à parte, para Caramanchel*):
   Pois por ela estou perdido
   e quero lhe falar.

CARAMANCHEL (*à parte para sua ama*):   Faça-o então!

DONA JUANA: Beijando vossa mão,
   peço a ambas licença,
   por ser um forasteiro,
   de juntar-me ao recreio,
   como à vossa presença.

DONA CLARA: Se faltásseis, pior seria.

DONA INÊS: De onde vem Vossa Mercê?

DONA JUANA: Nasci em Valadoli.

DONA INÊS: Sois meticuloso, estrangeiro?

DONA JUANA: Quando se dá a ocasião.

DONA INÊS: Dom Juan,
   cedei lugar ao cavalheiro.

DOM JUAN (*à parte*):   Se meu lugar lhe dou,
   mostro-lhe cortesia,
   mas com ciúmes estou.

DONA INÊS (*à parte*):   Que elegante e airoso talhe.
   Que belo rosto!

DOM JUAN (*à parte*):   Ai de mim!
   Com o olhar nele posto,
   observa cada detalhe.

DONA INÊS: Sendo de Valadoli,
   por sorte conhecerá
   dom Gil, também de lá,
   que veio agora a Madri?

DONA JUANA: Dom Gil de quê?

DONA INÊS: Que sei eu?
   Pode haver mais de um dom Gil
   em todo o mundo?

DONA JUANA: Tão vil
 é seu nome?

DONA INÊS: Quem acreditou
 que um *dom* fosse *guardião*
 de um Gil talvez pastor,
 que se faz compositor
 de vilancico e canção?

CARAMANCHEL: O nome é digno de estima
 e de pagar em dinheiro.

DONA JUANA: Quieto, grosseiro.

CARAMANCHEL: Gil é meu amo e legitima
 todo sobrenome e bordão,
 e nele se arrematam mil,
 como senhor*il*, varon*il*,
 o que causa admiração
 ao mundo por tão sutil.
 Há mesmo em Valadoli,
 e sabe quem esteve ali,
 a Porta de Teresa Gil.

DONA JUANA: E eu me chamo também
 dom Gil, ao vosso serviço.

DONA INÊS: Vós, dom Gil?

DONA JUANA: Se ao sê-lo mostra isso
 algo que não está bem,
 ou que não apreciais,
 poderei desconfirmar.
 Já não penso me chamar
 dom Gil, se não aprovais.

DOM JUAN: Cavalheiro,
 não importa às que aqui estão
 se vos chamais Gil ou Beltrão.
 Sede cortês, e não grosseiro.

DONA JUANA: Perdoai se vos ofendi,
   se por gosto de uma dama...

DONA INÊS: Deixa, dom Juan.

DOM JUAN: Se dom Gil se chama,
   o que importa aqui?

DONA INÊS (*à parte*): Certamente ele é quem vem
   a ser meu senhor; e é tal
   que não me parece mal.
   Belíssimo rosto tem.

DONA JUANA: Sinto tê-los desgostado.

DOM JUAN: Também errei
   se o limite ultrapassei;
   já não me sinto afrontado.

DONA CLARA: Que a música em paz vos ponha.
   Levantam-se todos.

DONA INÊS (*para dom Juan*): Que tal dançar?

DOM JUAN (*à parte*): Este dom Gil vai me dar
   o que fazer; mas disponha
   o fado como quiser,
   que dona Inês será minha,
   mesmo que se chegue à rinha
   ou venha o que vier.

DONA INÊS: Não vens dançar?

DOM JUAN: Não danço.

DONA INÊS: E o senhor dom Gil?

DONA JUANA: Não quero aborrecer o cavalheiro.

DOM JUAN: Meu aborrecimento já se acabou.
   Podeis dançar.

DONA INÊS: Vinde então comigo.

DOM JUAN (*à parte*): O que nos obriga o ser cortês!

DONA CLARA (*à parte*): É um anjo de polidez

o rapaz; qual sombra sigo
seu talhe airoso e gentil.
(*Alto*): Quero dançar com vocês.

DONA INÊS (*à parte*):
Ah, esse dom Gil bendigo,
que é um brinco dom Gil.
Dançam as damas e dom Gil.

(*Músicos tocam e cantam*):

Ao moinho do amor
vai alegre a menina,
moer suas esperanças;
queira Deus que volte em paz.
Na roda dos ciúmes
o amor sova seu pão
e moi a farinha,
a farinha branca.
Seu pensamento é um rio
em que uns vêm e outros vão
e tão logo chegou à margem
assim ouviu cantar:
burburinho fazem as águas
quando veem meu bem passar;
cantam, brincam e bolem
entre conchas de coral;
os pássaros deixam os ninhos
e entre os ramos das folhagens
voam, saltam, cruzam e bicam.
Os bois da suspeita
vão a beber no rio,
e, lá onde se confirmam,
poucas esperanças deixam;
e vendo que por falta d'água

parado ficou o moinho,
deste modo lhe pergunta
a menina que começa a amar:
— moinho, por que não móis?
— porque me bebem a água os bois.
Viu o amor, enfarinhado,
a moer a liberdade
das almas que apoquenta,
e assim cantou ao chegar:
— és moleiro, amor,
porque sois moedor;
— se sou, te afasta,
ou da farinha te dou a cor.
Termina o baile.

DONA INÊS (*para dona Juana*): Dom Gil de tantos donaires,
a cada passo e volta
que haveis dado,
mil voltas minh'alma
deu a vosso favor.
Sei que viestes
para ser meu senhor.
Perdoai-me se, ingrata,
antes de vê-lo recusei
o bem que meu amor aguarda.
Estou deveras enamorada!

DONA CLARA (*à parte*):
Perdida e apaixonada
estou pelos encantos de dom Gil.

DONA JUANA (*para dona Inês*): Não quero só com palavras
pagar tudo o que vos devo.
Aquele cavalheiro vos guarda
e me olha receoso.
Devo ir-me.

DONA INÊS: São ciúmes?

DONA JUANA: Não é nada.

DONA INÊS: Sabeis a minha casa?

DONA JUANA: E muito bem.

DONA INÊS: E não ireis honrar minha casa,
   que sendo senhor vos obedece?

DONA JUANA: Vou ao menos rondá-la esta noite.

DONA INÊS: A velarei,
   como Argos, em todas as janelas.

DONA JUANA: Adeus.

DONA CLARA (*à parte*):
   Já se vai. Ai de mim!

DONA INÊS: Não deixeis de ir.

DONA JUANA: Não deixarei.

Saem Dona Juana e Caramanchel.

Cena IX

DONA INÊS: Dom Juan, que melancolia é essa?

DOM JUAN: Isso é dar à alma
   os desenganos que a curem
   e atrapalhem tua inconstância.
   Ah, Inês, enfim vejo certo.

DONA INÊS: Meu pai está vindo.
   Termina, ou esquece
   os teus pesares.

DOM JUAN: Vou-me, tirana,
   mas tu me pagarás.
   Sai dom Juan.

DONA INÊS: Ai que me juro, Clara!

Mais quero o pé de dom Gil
do que a mão de um monarca.

Cena x

Aparecem dom Martim e dom Pedro.

DOM PEDRO: Inês!

DONA INÊS: Pai dos meus olhos,
dom Gil não é um homem, mas a graça,
o sal, o donaire e o prazer
que o amor nos céus guarda.
Eu o vi e o quero,
já o adoro, e minha alma
se enfastia com as demoras
que martirizam meus desejos.

DOM PEDRO (*à parte para dom Martim*): Dom Gil? Quando o viu Inês?

DOM MARTIM: Se não foi ao sair de casa,
para vir a este jardim,
não sei quando.

DOM PEDRO: Isso basta.
Foram milagres de dom Gil
com sua presença admirável.
Negociaste por tua conta;
pois chega e lhe dá as graças.

DOM MARTIM: Senhora, não sei a quem pedir
os méritos, obras e palavras
para enaltecer a sorte
que a tanto bem me conduz.
É possível que só o ver-me
na rua já vos fosse motivo
de tanto bem? É possível

querer-me, cara prenda?
Dai-me...

DONA INÊS: O que é isso? Estais louco?
Eu por vós enamorada?
Eu por vós? Quando o vi em minha vida?
Existe confusão tão engraçada?

DOM PEDRO: Inês, perdeste o juízo?

DOM MARTIM (*à parte*): O que é isso, céus?

DOM PEDRO: Não acabas de dizer
que viste dom Gil?

DONA INÊS: Sim, e daí...

DOM PEDRO: Não elogias sua figura?

DONA INÊS: Digo que é um anjo.

DOM PEDRO: Não lhe disseste sim e a palavra de esposa?

DONA INÊS: E o que concluis disso?
Já me tiras do sério.

DOM PEDRO: Que tens aqui presente dom Gil.

DONA INÊS: Quem?

DOM PEDRO: O mesmo que elogiavas.

DOM MARTIM: Eu sou dom Gil, minha Inês.

DONA INÊS: Vós, dom Gil?

DOM MARTIM: Eu.

DONA INÊS: Mas que bobagem!

DOM PEDRO: Por minha vida, é o mesmo.

DONA INÊS: Dom Gil cheio de barbas?
O dom Gil que adoro
é um brinco de esmeraldas.

DOM PEDRO: Ela está louca, sem dúvida.

DOM MARTIM: Valadoli é a minha pátria.

DONA INÊS: O meu dom Gil também.

DOM PEDRO: Filha, olha que te enganas.

DOM MARTIM: Em toda Valadoli não há,
dona Inês, outro dom Gil,
a não ser eu.

DOM PEDRO: Que sinais ele tem? Vejamos.

DONA INÊS: Um rosto de ouro,
as palavras doces
e calças inteiramente verdes,
que são mais céus do que calças.
Agora, vai-te daqui.

DOM PEDRO: Dom Gil de quê se chama?

DONA INÊS: Dom Gil das Calças Verdes.
Assim o chamo e basta.

DOM PEDRO: Ela perdeu o juízo.
Por que será, dona Clara?

DONA CLARA: Porque a dom Gil tenho por senhor.

DONA INÊS: Tu?

DONA CLARA: Sim, por certo. E indo para casa,
farei com que meu pai
me case com ele.

DONA INÊS: Antes disso,
te farei arrancar a alma.

DOM MARTIM: Existe um tal dom Gil?

DOM PEDRO: Tua leviandade há de me obrigar...

DONA INÊS: Dom Gil será meu esposo. Por que insistes?

DOM MARTIM: Eu sou dom Gil, minha Inês.
Que eu satisfaça tuas esperanças.

DONA INÊS: Dom Gil das Calças Verdes
foi o que eu disse.

DOM PEDRO: Amor de calças...
Quem já viu isso?

DOM MARTIM: Visto calças verdes
    se assim vos agrada.

DOM PEDRO: Vem, louca!

DONA INÊS: Ai, dom Gil de minh'alma!

Ato II

Cena I

Sala em casa de dona Juana. Entram Quintana e dona Juana, vestida de mulher.

QUINTANA: Não sei a quem te comparar:
    eras Pedro, ou como quiseres,
    mas como as mulheres
    tu as soubeste enredar?

DONA JUANA: Foi isso, Quintana, por fim,
    o que fiz, e bem sucedido.
    Inês perdeu o sentido
    de sua liberdade por mim.
    Dom Martim anda buscando
    o dom Gil que de seu amor
    é agora o competidor.
    Mas ando com tal recato
    que, sentindo minha ausência,
    desatinado já entende
    que sou feiticeiro ou duende.
    O velho perde a paciência
    porque a tal de dona Inês
    nem a seus rogos obedece
    nem a dom Martim apetece.
    E de tal modo é a embriaguez
    por este amor despertado

       que, como não volto a vê-la,
       o afeto desesperado
       queima como um calor de estrela.
       E como de mim não sabe,
       em casa não há criado
       com quem chorando não acabe.

QUINTANA: Se te perdes, é certo,
       vai apregoar aos quatro ventos.

DONA JUANA: Aos que me procuram
       dá como senha as calças verdes.
       E um dom Juan que a tinha,
       louco por ver seu desdém
       para matar-me também
       me procura.

QUINTANA: Senhora minha,
       é com cuidado que se anda
       e não em má tentação!
       Age com toda discrição
       ou perderás a demanda.

DONA JUANA: Com isso não me iludo.
       Dona Clara, que é
       prima de Inês até,
       também me quer, contudo.
       À sua mãe convenceu,
       se bem viva a quiser,
       fazê-la minha mulher.

QUINTANA: Terá um marido notável.

DONA JUANA: Está sempre a procurar,
       com ardis e emboscadas,
       por locandas e pousadas,
       sem cansar de perguntar
       por dom Gil das verdes calças,
       que é de Valadoli.

QUINTANA: Deixaste em toda Madri
 o gênio das trilhas falsas.

DONA JUANA: O criado que arranjei
 lá na ponte que tu viste
 está confuso e triste
 desde o dia que o deixei.
 Desde ontem está aqui
 e não pôde descobrir-me;
 enquanto não deixo de rir-me
 ao ver tanto frenesi.
 Me procura e se estrebucha,
 com afinco e lepidez,
 para dizer a dona Inês
 que me esconde alguma bruxa.
 E como não me encontrou,
 certamente afirmará
 que dom Juan me matou.

QUINTANA: Leve-o à justiça.

DONA JUANA: Não o levo, pois é fiel,
 serviçal de bom humor
 e me tem estranho amor.

QUINTANA: E se chama?

DONA JUANA: Caramanchel.

QUINTANA: Mas agora, com que fim
 voltaste a ser mulher?

DONA JUANA: Enganos,
 todos novos e estranhos
 para dom Martim.
 Nesta casa de aluguer
 ficarei de imediato.

QUINTANA: O que não sairá barato.
 Por que esta casa em Madri
 com móveis e utensílio?

>   Não há risco de desgraça
>   na mudança de domicílio?

DONA JUANA: Saberás o que se passa:
>   a parede e meia daqui
>   vive dona Inês, a dama
>   de dom Martim, que me ama.
>   Esta manhã já a vi,
>   e deu-me o parabém
>   pela nova vizinhança,
>   e demonstrou confiança
>   ao afirmar querer bem
>   certo homem de que sou
>   parecida ou vivo retrato.
>   Por isso minha presença
>   aflige menos a ausência
>   de seu procedimento ingrato.
>   Sendo agora sua vizinha,
>   saberei o que se passa
>   com Martim, o almofdinha,
>   e havendo alguma ameaça
>   facilmente desfarei
>   o que se tramar de dano.

QUINTANA: És o retrato do engano.

DONA JUANA: E meu remédio serei.

QUINTANA: Enfim, vieste a ter
>   duas casas.

DONA JUANA: Com meu escudeiro
>   e lacaio.

QUINTANA: E o dinheiro?

DONA JUANA: Tenho joias para vender,
>   ou empenhar.

QUINTANA: E se se acabam?

DONA JUANA: Dona Inês contribuirá,
pois não ama quem não dá.

QUINTANA: Em outros tempos não davam.
Mas volto para Vallecas
até acabarem as patranhas,
que aqui há muitas lorotas.

DONA JUANA: Quer dizer, minhas façanhas.

QUINTANA: Apostaria que te trocas
de homem para mulher
vinte vezes ao dia.

DONA JUANA: Uma certa estrepolia
é o que serve e se requer.
Mas sabes que é bem pensado
e farás, antes que partas?
Que com um maço de cartas
finjas agora ter chegado
de Valadoli em busca
de meu amante.

QUINTANA: E com que fim?

DONA JUANA: Suspeita já dom Martim
que quem seu amor ofusca
é o meu atrevimento,
e que mudando o vestido
sou o tal dom Gil fingido.
Para que este pensamento
se perca ou não tenha palma,
vou simular que lhe escrevo,
e por ele vivo sem alma.
Lhe dirás que me deixaste
em um convento encerrada,
provavelmente emprenhada,
temendo que a dor me devaste.
Se da prenhez meu pai sabe

>   ou farei mal à sua velhice
>   ou terei castigo grave.
>   Com isso, se bem adivinho,
>   não dirá que sou dom Gil
>   e não me será hostil.

QUINTANA: Logo me ponho a caminho.

DONA JUANA: Antes, vou escrever.

QUINTANA: Que ela seja bem escrita.

DONA JUANA: Vem, que espero visita.

QUINTANA: Visita?

DONA JUANA: De dona Inês.

Saem.

Cena II

Aparecem dona Inês, com manto, e dom Juan.

DONA INÊS: Dom Juan, onde não há amor,
    exigir ciúmes é loucura.

DOM JUAN: Então não há amor?

DONA INÊS: A formosura
>   do mundo é tanto maior
>   quanto for a natureza
>   mais variada; e assim quero
>   ser mutável, porque espero
>   ter assim mais beleza.

DOM JUAN: Se o que é mais variável
>   é mais belo, então no fundo
>   és a mais bela do mundo,
>   por seres a mais mutável.

> Por um rapaz me desprecias,
> antes de saber quem é?
> Um menino, um garnisé!

DONA INÊS: Esquece tuas azedias
e olha, dom Juan, que estou
em casa alheia.

DOM JUAN: Inconstante!
Não terás o teu amante,
Matar dom Gil eu vou.

DONA INÊS: Que dom Gil?

DOM JUAN: O rapazinho,
ingrata, por quem te perdes.

DONA INÊS: O dom Gil das calças verdes
não é quem perturba a paz.
E não o encontrei depois
daquela tarde fugaz.
É outro dom Gil quem te priva.

DOM JUAN: Há dois?

DONA INÊS: Sim, dom Juan, um dom Gil
que chamar-se assim fingiu
e que aqui veio viver,
distrair-se e conviver,
e a todos enganou.
O que em casa hás encontrado
é um dom Gil muito barbado
com quem pouco me dou.
Com ele meu pai pretende
casar-me mesmo à força,
mas é preciso que eu torça
a inclinação que me prende.
Se matar dom Gil te atreves,
este de nome Albornoz,
mesmo que seja feroz

         com amor e ânimo leves
         terás meu prêmio e penhora.

DOM JUAN: Dom Gil de Albornoz se chama?

DONA INÊS: Assim diz a fama,
         e na casa do conde mora,
         este que é nosso vizinho.

DOM JUAN: Tão perto?

DONA INÊS: Para tê-lo próximo a mim.

DOM JUAN: E te aborreces?

DONA INÊS: Sim.

DOM JUAN: Se minha fé pode comprar
         com sua morte o teu amor,
         para mim a láurea perene,
         te faço um voto solene:
         soarão sinos em seu louvor.

Sai.

Cena III

Dona Inês.

DONA INÊS: Oxalá eu tenha sorte
         e assegure assim a vida
         por quem me sinto perdida.
         O outro Gil, com sua morte,
         me fará então liberta
         desta sina e do tormento
         do odioso casamento,
         que meu pai lhe fez oferta
         com avareza maldita.

Cena IV

Dona Juana, Valdivieso, velho escudeiro, e dona Inês.

DONA JUANA: Oh, senhora dona Inês!
    não sendo apenas cortês,
    muito estimo esta visita.
    Antes de tudo, entretanto,
    não há quem lhe tire o manto?

VALDIVIESO (*para Juana*): Quem terá de fazer?
    Que mulheres recebeu
    ou senhoritas de fama?
    Haverá aqui outra dama
    mais do que eu?

DONA JUANA: Pena não terem vindo
    Esperança nem Vega.
    Jesus, o que se passa,
    ao se mudar de casa
    e tudo o que se carrega!
    Mas tira-lhe o manto,
    Valdivieso.

Tira-lhe o manto e se vai.

Cena V

Dona Juana e dona Inês.

DONA INÊS: Dona Elvira,
    teu aspecto me admira
    e de tua graça me espanto.

DONA JUANA: Me agradas embora seja
    em nome alheio o que vês.

Pareço-te alguém, Inês,
que teu talante deseja.
Serei como a velha lei
que tem graça em virtude
da nova.

DONA INÊS: Juventude
tens bastante e disso sei;
embora não possa negar
meu amor, porque pareces
a quem adoro, mereces
de ti só se enamorar
um Adônis, um Narciso
e o próprio sol se quiser.

DONA JUANA: Pois eu sei quem não me quer,
embora me quisesse em juízo.

DONA INÊS: Por Deus, que desfaçatez
causar-te tais aflições.

DONA JUANA: Trouxeste-me, dona Inês,
amargas recordações.
Mas mudemos a conversa,
pois refrescas a memória
de uma relação adversa.

DONA INÊS: Se a história
a melancolia sabe tirar,
e a amizade não amesquinha,
tua desgraça podes contar,
pois já te contei a minha.

DONA JUANA: Não, por teus olhos,
que cansam esses amores,
sobretudo os alheios.

DONA INÊS: Ora, vamos, amiga.

DONA JUANA: Então queres que te diga?
Pois escuta-me e não chores.

Em Burgos nasci
de um nobre de Castela,
dom Rodrigo Cisneiro,
e lhe herdei as desgraças.
Nasci amante (que má-sorte!),
pois desde o berço amei
a dom Miguel de Ribera,
tão gentil quanto cruel.
No princípio correspondeu-me
porque o desejo é moeda
que vem caudalosa,
mas que não tarda a romper.
Nosso amor chegou ao ponto,
muito acostumado, que é pagar
à vista uma promessa fiada.
Deu-me a palavra de esposo...
Dá-se mal a simplória, amém,
que não aprende com as palavras
quando tantas rasgadas já viu.
Talvez já cansado,
partiu para Valadoli.
Estando órfã,
soube e pus-me atrás dele,
mas enganou-me com excusas
de doença, e já sabes, dona Inês,
que o amor que anda excusado
de doença morre também.
Dava-lhe casa e comida
um primo de dom Miguel,
que era jovem e galhardo,
rico, discreto e cortês.
Chamava-se dom Gil de Albornoz,
amigo, mas não fiel,
de um dom Martim de Guzmán.
Sucedeu que a dom Martim

e a seu pai, dom Andrés,
escreveram desta corte
– penso que foi teu pai –,
pedindo para esposo
de uma formosa dona Inês
que, se mal não imagino,
sem dúvida, deves ser.
Mas havia dado dom Martim
a uma dona Juana
sua palavra de marido;
e não ousando rompê-la,
ofereceu este casamento
a dom Gil; e o interesse
por teu dote apetitoso
deu-lhe asas aos pés.
O velho entregou-lhe
uma carta de recomendação
e quis que ele partisse
de imediato para esta corte,
que é uma nova imagem de Babel.
Comunicou sua intenção
ao amigo dom Miguel,
meu ingrato prometido,
enaltecendo até os céus
os bens, a beleza e o ser
de sua prentendida dama.
Foi como atear fogo
ao seu apetite e acender a cobiça.
Enamorando-se de ti
pelo que ouviu dizer
e pelo teu dote, fez-se
comerciante do amor.
Atropelando amizades,
obrigações, parentesco e a fé
de dom Gil, roubou-lhe as cartas

e o nome, e assim disfarçado
veio a esta corte,
penso que há um mês.
Vendendo-se por dom Gil
pediu-te como mulher.
E eu, que sigo com sombra
seus passos, atrás dele vim,
semeando queixas pelos caminhos
que virei a colher,
cheias de desenganos,
que é o que se segue
à corrente do bem-querer.
Sabendo dom Gil da ofensa,
E quis seguir-lhe também.
Nós dois nos encontramos
e juntos viemos a esta corte,
a cerca de nove ou dez dias,
onde aguardo a sentença
de meu amor, se quiseres ser a juíza.
Mas como vim com dom Gil,
e a ocasião sempre foi
a amiga das novidades,
a estranha semelhança
de nós dois pôde inflamar
certos descuidos,
mirando-se ele em mim,
e eu mirando-me nele.
Enamorou-se de verdade...

DONA INÊS: De quem?

DONA JUANA: De mim.

DONA INÊS: Dom Gil de Albornoz?

DONA JUANA: Dom Gil, a quem imitei
no porte e na face,
de sorte que o mesmo pincel

fez duas cópias e originais
prodigiosos desta vez.

DONA INÊS: Aquele que usa calças verdes?

DONA JUANA: E tão verdes quanto ele,
pois está no abril da formosura
e tem a graça de Aranjuez.

DONA INÊS: Tu o queres bem, porque o elogias.

DONA JUANA: Bem o quisera, amiga,
se bem não houvesse querido
a quem mal soube querer.
Tenho noivo, embora volúvel;
e sou constante, embora mulher.
Nobreza e valor me ilustram,
alívio e não ciúmes tenho.
Como enganado foi dom Gil,
e vendo que dom Miguel
tem o sim de teu pai,
e sem ti o pode ter,
aluguei esta casa
de onde perto saberei
o fim de tantas desditas
que vês em minha história.

DONA INÊS: Dom Miguel de Ribera
veio a ser dom Gil,
e sendo teu querido prometido
quer que eu o sim lhe dê?

DONA JUANA: Assim é.

DONA INÊS: O dom Gil,
certo e verdadeiro,
foi aquele das calças verdes?
Triste de mim! Que hei de fazer
se ele serve a ti, cara Elvira,
e por isso não me vê?

E não lhe bastam dois olhos
para chorar teu desdém.

DONA JUANA: Como desprezas dom Miguel,
eu também desdenharei dom Gil.

DONA INÊS: E duvidas disso?
Homem que tem mulher
como pode ser meu marido?
Quanto a isso, não temas.

DONA JUANA: Pois vem,
Que quero escrever a dom Gil,
em tua presença, uma carta,
que meu escudeiro levará,
e nela o fim estará escrito.

DONA INÊS: Ai, Elvira dos meus olhos!
Quero ser tua escrava.

DONA JUANA (*à parte*): A boba já caiu na armadilha.
Já sou homem e mulher,
dom Gil e dona Elvira.
Mas se amo, o que não serei?

Saem.

Cena VI

Rua. Quintana e dom Martim.

DOM MARTIM: Tu a acabaste deixando
em um convento, Quintana?

QUINTANA: Sim, a tua dona Juana,
em San Quirce e se queixando,
a suspirar porque está
com indícios de gravidez.

DOM MARTIM: Como?

QUINTANA: Sofre de muita acidez,

e no estômago se dá
uns enjoos terríveis.
A saia já se levanta,
pesa o passo e não se adianta,
com desejos impossíveis.
Cometerás um vitupério,
ou quem sabe muito mais,
se consolá-la não vais
onde está no monastério.

DOM MARTIM: Quintana, eu jurava
que desde Valadoli
tinha vindo a Madri
para perseguir-me.

QUINTANA: Isso não.
Não fazes bem em não tê-la
numa opinião mais honrada.

DOM MARTIM: Não poderia disfarçada
seguir-me?

QUINTANA: Se queres mesmo revê-la,
esta é a hora em que reza
com as irmãs suas iguais
os salmos penitenciais.
Nesta carta se afirma e pesa
a certeza do que te digo.

DOM MARTIM: Sim, Quintana, entendi.
As queixas que diz aqui
muito vão fazer comigo.
Vim a Madri solicitar,
e espero que o rei me confirme,
mas a deixei sem despedir-me
porque temia prolongar,
se a visse, minha partida.
Mas se chego a saber
que está em perigo sua vida

        e que meu amor colhe o fruto
        que sua beleza me oferece,
        qualquer atraso me parece,
        a previsão de meu luto.
        Partirei esta semana,
        sem falta, conclua ou não
        aquilo para que vim.

QUINTANA: Vou-me senão se desengana.
        Parto amanhã e lhe adianto
        as boas novas deste sim.

DOM MARTIM: Bem farás.
        Hoje ficas onde estás
        que escreverei no entretanto.
        Tens onde ficar hospedado?
        Eu te levaria comigo,
        mas o meu trabalho, amigo,
        uma vez já começado,
        talvez seja confundido.

QUINTANA: Estou na pensão Florir.

DOM MARTIM: Muito bem.

QUINTANA: Se ao palácio tens de ir,
        podes dar-me as cartas ali.

DOM MARTIM: Assim nos convém.
        (*À parte*): Ele não pode descobrir
        que fingi ser dom Gil,
        pois desvendará todo o ardil
        e as engrenagens que fiz.

QUINTANA: Devo agora me retirar.

DOM MARTIM: Adeus.

QUINTANA (*à parte*): Onde, céus, vai parar
        esse enredo infeliz?

Sai Quintana.

Cena VII

Aparece dom Martim.

DOM MARTIM: Basta que pai já sou,
    basta a gravidez de Juana.
    Se sua aflição é leviana,
    a mesma paga lhe dou.
    Com um filho... é bem mal feito
    agir de modo sorrateiro,
    indigno de um cavalheiro.
    Mas demos remédio e jeito,
    voltando à minha terra.

Cena VIII

Aparece Dom Juan.

DOM JUAN: Senhor dom Gil de Albornoz,
    se, como é corrente a voz,
    o vosso peito um valor encerra
    para brilhar com a espada,
    como agis com as mulheres,
    usando ideia falsa e errada,
    eu, que sou interessado,
    bem quisera que saíssemos
    para longe ou talvez no Prado
    sem que de nós dois diante
    tivéssemos tanta gente
    e vos mostrásseis valente
    como vos mostrais amante.

DOM MARTIM: A cólera abrasada
    cortai-a, se vos importa,

pois para quem não a corta,
corta com força minha espada.
Eu que mais fleuma tenho,
não contendo sem razão.
Sei que a tendes afeição,
e eu, que para casar venho,
me deixa incerto essa dama,
e podeis achar que vos ama.
Sei que nós dois a pretendemos;
se acaso lhe der o *sim*
e o *não* couber a mim,
por certo não brigaremos.

DOM JUAN: Ela me disse que é forçoso
fazer o gosto de seu pai;
mas lhe seria desgostoso
se o casamento assim lhe sai.
Por esta sem-razão,
ou nos havemos de matar
ou não vos haveis de casar,
abandonando a pretensão.

DOM MARTIM: Disse dona Inês que deve
ao seu pai obedecer?
E minha esposa admite ser?

DOM JUAN: Que sua inclinação releve
a caduca vontade
do pai.

DOM MARTIM: E por ventura,
não seria loucura
perder a oportunidade?
Se com o que procuro
não é torpe imprudência
submeter à contingência
o que já tenho seguro?
Bem melhor se encaminha

se, depois de convencida,
caso não lhe tire a vida,
vós me tireis a minha.
Como perder mulher tão bela
e se tendo convertido
em felizardo marido
eu a deixasse donzela!
Não, senhor, me permita pois
que goze a beleza de Inês
e após transcorrido um mês
decidimos em luta os dois.

DOM JUAN: Fazeis de mim pouco caso,
ou tendes pouco valor;
mas de vosso tolo amor
saberei cortar bem raso,
já que a vossa tibieza
se vale deste lugar.

Vai-se.

Cena IX

Aparece dom Martim.

DOM MARTIM: Não foi má minha frieza
frente à ira de seu olhar.
Se Inês está resolvida
a se tornar minha mulher,
Joana dará acolhida
à reviravolta que vier.
Se a Valadoli meu pudor
queria levar-me embora,
Inês, sua beleza e favor
excusam minha escolha agora.

Cena X

Aparece Osório.

OSÓRIO: Graças a Deus que te vejo.

DOM MARTIM: Osório, sejas bem-vindo.
    Há cartas?

OSÓRIO: Estão sempre surgindo.

DOM MARTIM: De meu pai?

OSÓRIO: No correio,
    em meio à lista,
    achei este pacote para ti.
    Osório dá-lhe o embrulho.

DOM MARTIM (*abrindo-o*): Entrega de dinheiro à vista.

OSÓRIO: Alguma dúvida?

DOM MARTIM: Este sobrescrito
    diz: "a dom Gil de Albornoz".

OSÓRIO: É o que corre em alta voz.

DOM MARTIM: Na carta está escrito:
    "a meu filho dom Martim".
    E essa outra... (*lê*):
    "A Augustin Solozor,
    mercador".

OSÓRIO: Saúde a este Solozor,
    se ele nos dá dinheiro.

DOM MARTIM: Isso, Osório, é coisa rara.

OSÓRIO: Onde vive?

DOM MARTIM: À Porta de Guadalajara.

OSÓRIO: Estou feliz por ser carteiro,
    se assim acaba meu jejum,
    pois já estou sem nenhum.

DOM MARTIM: Abro a minha primeiro.

OSÓRIO: Está bem.

DOM MARTIM: Diz assim: "Filho, estarei preocupado até saber o fim de nossos planos, mas os princípios, segundo me avisas, já prometem bom sucesso. Para que o consigas, te remeto este pagamento de mil escudos e essa carta para Augustin Solozor, meu correspondente. Nela digo que são para dom Gil de Albornoz, um parente meu: não vá cobrá-lo pessoalmente, porque te conhece, e sim Osório, dizendo ser mordomo do mencionado dom Gil. Dona Juana de Solis não se encontra em casa desde o dia em que partiste; se lá estão confusos, eu também não o ando menos, temendo que te haja seguido e atrapalhe o que nos vai tão bem. Abrevie os acontecimentos e, ao casar, me avise para que eu me ponha a caminho e tenha fim este enredo. Deus te guarde como desejo. Valadoli, agosto, etc, teu pai".

OSÓRIO: Não vês que dona Juana
não está em casa?

DOM MARTIM: Há pouco chegou Quintana
e sei onde bateu asa.
Trouxe-me uma carta e nela
soube que está encerrada,
grávida e enciumada.

OSÓRIO (*à parte*): Vai parir e continuar donzela.

DOM MARTIM: Fugiu sem o pai avisar,
temerosa e afligida
com minha brusca partida,
e sem um recado deixar.
Nada mais a intranquiliza,
por somente eu ser a razão
de toda pena e confusão,
segundo meu pai me avisa.
Me resta entretê-la agora,

escrevendo com polidez,
e após me casar com Inês,
já que minha ausência chora,
lhe direi que assuma o estado
de religiosa.

OSÓRIO: Se está em San Quirce,
já tem meio caminho andado.

Cena XI

Aparece Aguilar.

AGUILAR: É o senhor dom Gil?

DOM MARTIM: E vosso amigo sou.

AGUILAR: Dom Pedro vos quer chamar
e uma boa nova vos dou,
pois pretende vos desposar
com sua bela sucessora.

DOM MARTIM: Como alvíssaras vou-lhe dar
este colar de Potosi.
Embora de pouco valor,
é confissão de devedor...

Vai pôr as cartas no bolso interno do casaco e elas caem no chão.

AGUILAR: Para mal de olhos, é bonito.

DOM MARTIM: Vamos, e irás cobrar
esses escudos, Osório;
se é hoje meu casório,
os vou todos gastar
em joias para minha rosa.

OSÓRIO (*para Martim*): Para sua beleza, é pouco.
Mas bem empregados.

MARTIM (*para Osório*): Ai, Osório, estou louco
       por minha Inês formosa.

Cena XII

Aparecem dona Juana, vestida de homem, e Caramanchel.

CARAMANCHEL: Não hei de estar mais um instante
       com vós, dom Gil o invisível,
       pois é uma coisa terrível
       escafeder-se do ajudante.

DONA JUANA: Se te perdes...

CARAMANCHEL: Um pregoeiro se cansou
       de tanto que em vão gritou:
       "quem viu dom Gil das calças verdes,
       perdido de ontem pra cá?
       Diga que darão recompensa
       caso ele seja encontrado,
       e venha à nossa presença".
       Paguei de rezas um real,
       despesa de boa medida,
       e a santa Rita um missal,
       a santa de causa perdida.
       Não quero mais tentação,
       pois me deixas suspeitar
       que és duende e queres brincar
       e me assusto com a inquisição.
       Paga-me e adeus.

DONA JUANA: Eu estive
       todo esse tempo escondido
       numa casa que o céu tem sido
       porque nos braços eu tive
       a melhor mulher de Madri.

CARAMANCHEL: Estás brincando?
 Tu com uma mulher?
DONA JUANA: Eu.
CARAMANCHEL: Tens dentes para comê-la?
 Por acaso é dona Inês,
 a dama da horta,
 apaixonadamente
 por tuas calças morta?
DONA JUANA: Não, outra talvez,
 e mais bela,
 vizinha à casa dela.
CARAMANCHEL: Gosta de brincar?
DONA JUANA: É travessa.
CARAMANCHEL: Dá?
DONA JUANA: O que tem.
CARAMANCHEL: E recebe?
DONA JUANA: O que dão.
CARAMANCHEL: Então retira a bolsa,
 um ímã para as damas.
 Se chama…
DONA JUANA: Elvira se chama.
CARAMANCHEL: Então se vira.
DONA JUANA: Vem, vais me levar um papel.

Caramanchel repara nas cartas que dom Martim deixou cair e as pega.

CARAMANCHEL: Há um maço de cartas aqui.
 E olha que são para ti.
DONA JUANA: Para mim, Caramanchel?
CARAMANCHEL: O sobrescrito rasgado
 diz: "para dom Gil de Albornoz".

DONA JUANA: Mostra... Ó céus!

CARAMANCHEL: Teu rosto está alterado.

DONA JUANA: Há duas fechadas e uma aberta.

CARAMANCHEL: Olha para quem.

DONA JUANA: Há males que vem para bem
e fazem a ventura certa.
(*Lendo*): "A dom Pedro de Mendoza
e Velastegui. Então não vês,
é o pai de dona Inês.

CARAMANCHEL: Algum namorado da moça
quer te fazer de carteiro
e vai querer que o cases.

DONA JUANA: E encontrará,
a propósito, um terceiro.

CARAMANCHEL: Olha esse outro sobrescrito.

DONA JUANA: Diz: "a Augustin Solozor,
mercador".

CARAMANCHEL: Conheço a família e o dito.
É homem de muito dinheiro,
e quase ninguém se compara
com ele em Guadalajara.

DONA JUANA: É indício alvissareiro.
Outra está aberta para mim.

CARAMANCHEL: Pois olha.

DONA JUANA (*à parte*): Quem duvida que é
o pacote de dom Andrés
para dom Martim?

Lê para si.

CARAMANCHEL: Há quem roube as cartas na corte?
É um delito muito grave!

Se as notícias se sabe
expondo-se a toda sorte,
quem as deixará de ver?
Não sei se alguém as roubou
ou o maço por erro achou.
Uma das coisas deve ser.

DONA JUANA (*à parte*): Estou feliz ao extremo!
Com essas cartas me brindo
que em minhas mãos tenham vindo,
pois agora já não temo
um mau sucesso.

CARAMANCHEL: De quem são?

DONA JUANA: De um tio meu de Segóvia.

CARAMANCHEL: Querendo Inês, coisa óbvia.

DONA JUANA: Acertaste a intenção.
Um pagamento me envia
para que joias lhe dê,
gastando até mil escudos.

CARAMANCHEL: Minha suspeita é profecia.
E com Augustin Solozor
te irás entreter?

DONA JUANA: Nessa aqui lhe escreve
para que o dinheiro me dê.

CARAMANCHEL: Recebe o dinheiro
que está em teu poder
e de ti não me irei jamais.

DONA JUANA (*à parte*): Vou buscar a Quintana
que comigo se irmana
nesta manhã feliz.
E minha vingança já traça
uma nova ameaça:
tendo Quintana o dinheiro,
faço o lance derradeiro.

CARAMANCHEL: Para não mais me perder,
    me encaixo em tuas calças
    como se as fosse coser.

DONA JUANA: Hoje vão saber quem é dom Gil.

Saem.

Cena XIII

Dona Inês e dom Pedro, seu pai.

DONA INÊS: Digo, senhor, que estás enganado
    e que o dom Gil que me ofereces
    não é o dom Gil assim chamado.

DOM PEDRO: Por que mentindo te envaideces?
    Por ele dom Andrés não me escreveu?
    Certo é que com dom Gil te aborreces.

DONA INÊS: Seu nome é Miguel de Cisneiro
    e com dona Elvira já casado;
    é de Burgos e alcoviteiro.
    A própria Elvira se entristece
    e em sua busca para aqui veio,
    ela que com dom Gil se parece.
    Mora daqui a dois passos e meio,
    e podes com ela informar-te
    de todo esta farsa e rodeio.

DOM PEDRO: Cuidado, que deves enganar-te,
    porque não é falsa aquela firma
    nem a natureza engana a arte.

DONA INÊS: Se a carta confirma tua opinião,
    repara que o dom Gil verdadeiro,
    a quem amo de todo coração,
    é um galhardo e jovem cavalheiro,
    que de verde estava vestido

quando no jardim o vi primeiro,
e das *calças verdes* vem o apelido.
Este sim, de mim afeiçoado,
foi por dom Andrés persuadido
a ver-me e fazer-se casado.
Fê-lo vir com recomendação,
a mesma que te há enganado.
Dom Miguel era seu amigo então
e, estando para cá de partida,
pretendeu meus bens e minha mão,
deixando a amizade esquecida.
Sem se importar que estava casado
com dama tão bela e querida,
aproveitou-se de estar dom Gil
em sua residência instalado
e roubou-lhe, num gesto mesquinho,
as cartas, vindo à corte disfarçado.
Adiantou-se ao amigo no caminho,
fingindo ser dom Gil primeiro,
dando início a esse torvelinho.
Só depois chegou o verdadeiro,
a quem encontrei no jardim
e meu amor inflamou inteiro.
Ao engano não pôs fim,
achando segura a mentira,
até que me encontrou Elvira,
e me revelou a artimanha,
a farsa do dom Gil postiço,
que baseia sua façanha
em terreno movediço.
Vê o quanto perdes casar-me
com quem pode fazer isso.

DOM PEDRO: Existe semelhante embuste?

DONA INÊS: Importa que disso te recordes.

DOM PEDRO: Então verei o dom Gil das calças verdes,
 custe o que custe.

DONA INÊS: Dona Elvira me disse que o enviaria
 para falar-te e ver-me nesta tarde.

DOM PEDRO: E já não se atrasa?

DONA INÊS: Ainda não findou o dia.
 Mas ei-lo que vem sem alarde,
 e reacende a minha alegria.
 Aparece dona Juana, de homem.

DONA JUANA: Venho vos dar satisfação,
 senhora, de minha tardança,
 e pedir o vosso perdão
 não do que fosse mudança,
 mas apenas da dilação.
 Manteve-me ocupado
 estes dias o cuidado
 em que me pôs um traidor,
 que para lograr vosso amor
 até meu nome foi usurpado.
 Não foi falta de vontade,
 pois desde que vos encontrei
 vos dei minha liberdade.

DONA INÊS: Que não é assim já sei;
 Mas seja ou não verdade,
 conhecei, senhor dom Gil,
 meu pai que vos deseja ver
 e, apesar de confusões mil,
 vos persuadir a não crer
 nos enredos de um homem vil.

DONA JUANA: Tive muita sorte, senhor,
 de aqui vos haver achado,
 se não me houvesse assegurado
 de certas cartas e favor

de dom Andrés de Guzmán,
que me foram então furtadas
para que minhas esperanças
se vissem todas malogradas.
Se me abonam essas linhas,
(*mostra-lhe as cartas*)
e me dá crédito seu papel,
não aceiteis as ladainhas
do fingido dom Miguel,
e vos guardai de ações mesquinhas.

DOM PEDRO: Senhor, estou satisfeito
do que dizeis e afirma
vosso generoso peito.
Esta letra e esta firma
foram a causa de agravo
que agora reconstituis.
Façamos um novo alinhavo
(*olha as cartas mais uma vez*)
e vejamos o que diz.
(*Lê para si*)

DONA INÊS (*à parte para dona Juana*):
Como está o vosso querer?

DONA JUANA: Vós que lhe tendes a fiança
a resposta podeis dizer.

DONA INÊS: Dizem que nossa vizinhança
desde ontem vos atrai.

DONA JUANA: Desde ontem? Desde que vira
a alma que de vós se extrai
e em vossa ausência suspira.

DONA INÊS: Em minha ausência?

DONA JUANA: E não?

DONA INÊS: Seguro? E não a de dona Elvira?

DOM PEDRO: Dom Andrés me recomenda
dar à vossa boda conclusão,
e me pede também que entenda
a grande satisfação
com vosso sangue e vossa renda.
Esse dom Miguel Cisneiro
é um gentil enredador,
enquanto vós, um cavalheiro.
Sede desta casa senhor.

DONA JUANA: Vos ter como pai mereço,
tão grande é vossa sensatez.

DOM PEDRO (*abraçando-a*): Meus braços vos ofereço,
e com eles dona Inês.

DONA INÊS: E minha sorte ao céu agradeço.

DONA JUANA (*abraçando Inês*): Deste modo satisfaço
os ciúmes que tendes da vizinha.

DONA INÊS: E eu me desfaço
das suspeitas que meu amor tinha.

DONA JUANA: Dou-vos um novo abraço.

Cena XV

Aparece Quintana.

QUINTANA: Dom Gil, meu senhor, aqui está?

DONA JUANA (*à parte, para Quintana*):
Quintana! Conseguiste os escudos já?

QUINTANA (*para Juana*): Em ouro puro e dobrado.

DONA JUANA: À noite virei para cá,
pois uma ocorrência forçosa,
Inês, me leva a me apartar
de vossa presença formosa.

DOM PEDRO: Não há por que dilatar
o casamento, que é coisa
que corre perigo.

DONA JUANA: Pois
esta noite estou resolvido
a casar-me.

DOM PEDRO: Então Inês será vossa.

DONA JUANA: Me haveis devolvido
a alma ao corpo.

DONA INÊS: E a mim a alegria retempera.

DONA JUANA: Logo estarei de volta.

QUINTANA (*à parte*): Sutil quimera!

DONA JUANA: Adeus, que ao palácio me vou.

QUINTANA (*à parte, para Juana*):
Vamos, Juana, Elvira e Gil.

DONA JUANA (*à parte, para Quintana*):
Três em uma sou.

Saem os dois.

Cena XVI

Dom Pedro e dona Inês.

DOM PEDRO: Que rapaz e que discreto
dom Gil! Um grande amor
me inspirou, e dileto.
Se me volta o burlador
à casa, verá como lhe espeto
e aos seus embustes.

Cena XVII

Ao fundo, aparecem dom Martim e Osório.

DOM MARTIM: Aonde?
    Como as fui perder?
    Se sabes, responde.

OSÓRIO: Como posso saber?
    Junto à casa do Conde?

DOM MARTIM: Já olhaste, pelo que sei,
    tudo o que está por aí...

OSÓRIO: De tal modo que não deixei
    um só átomo até aqui.

DOM MARTIM: Há alguém mais desditado?
    Cartas e escudos perdidos!

OSÓRIO: Faz de conta que jogaste,
    deixando joias e vestidos.

DOM MARTIM: Não os procuraste
    bem?

OSÓRIO: Com todos os meus sentidos.

DOM MARTIM: Pois volta, que poderá ser
    que os ache.

OSÓRIO: Bela esperança!

DOM MARTIM: Então diga ao usurário
    que não faça o pagamento.

OSÓRIO: Esse é um bom comentário.

DOM MARTIM: Vir a perder
    as cartas, que desgraça,
    um homem como eu!

OSÓRIO: Aqui está a tua dama.

DOM MARTIM: Hoje se vinga,
    menosprezando-me a mim.

OSÓRIO: Roga a Deus
   que já não a tenham pago.

Sai Osório.

Cena XVIII

Dona Inês, dom Martim, dom Pedro.

DOM MARTIM: Oh, senhores!
   (*À parte*): Preciso dissimular
   meu pesar.

DOM PEDRO: É digno de um cavalheiro,
   dom Miguel, enredar
   com disfarces de embusteiro?
   Por que vos fingir ser dom Gil,
   se sois na verdade Miguel,
   e com manha ou astúcias mil
   fazer-se ladrão de papel?
   Quereis por meio tão vil
   usurpar de vosso amigo
   o nome, a opinião e a dama?

DOM MARTIM: O que dizeis?

DOM PEDRO: Digo o que digo,
   e vos guardai que desta trama
   não vos faça dar o castigo.
   Se de fato vos chamais
   de dom Miguel de Cisneiro,
   por que o nome trocais?

DOM MARTIM: Eu? Me tomais por trapaceiro?

DOM PEDRO: Quão bem dissimulais!

DOM MARTIM: Eu, dom Miguel?

DONA INÊS: Que sois de Burgos já sabemos.

DOM MARTIM: Solene mentira.

DONA INÊS: Dissimulais em extremos.
Sede fiel a dona Elvira,
ou à justiça tudo diremos.

DOM MARTIM: Pois me haveis colhido
ambos de bom humor,
mesmo tendo perdido
juízo e dinheiro, senhor.
Quem é o autor cruel
deste inominável ardil?

DOM PEDRO: Sabei, senhor dom Miguel,
que o verdadeiro dom Gil
foi-se agora e vos precede;
dele tenho a satisfação
que vosso crédito não cede.

DOM MARTIM: Que dom Gil, maldição?

DOM PEDRO: Dom Gil, o verde.

DONA INÊS: Mas branco em minha afeição.

DOM PEDRO: Ide a Burgos, entretanto,
para vê-lo casar também;
e não mostrai cara de espanto.

DOM MARTIM: Vai-te com o demônio, amém,
com dom Gil e seu encanto.
Por Deus, que algum traidor
veio aqui vos enganar.
Ouvi...

DONA INÊS: Devagar, senhor,
que o faremos castigar
como arquienganador.

Vão-se os dois.

Cena XIX

Aparece dom Martim.

DOM MARTIM: Há confusão semelhante?
    Que este dom Gil me persiga,
    invisível a cada instante,
    e que por mais que lhe siga,
    nunca o encontre por diante.
    Estou tão desesperado
    que para topar-me com ele
    daria tudo já alcançado.
    Eu em Burgos, eu dom Miguel!

Cena XX

Aparece Osório.

OSÓRIO: O golpe foi bem aplicado!

DOM MARTIM: Falaste com o mercador?

OSÓRIO: Não adiantou fazer isso.
    Um dom Gil, ou Lúcifer,
    arrecadou todo o valor.
    Deve ser algum feitiço.

DOM MARTIM: Dom Gil?

OSÓRIO: Assina como Albornoz,
    em documento pago.
    E Solozor é porta-voz.

DOM MARTIM: Este dom Gil é meu estrago.

OSÓRIO: De verde anda vestido
    para que te recordes
    do que por ele hás perdido.

DOM MARTIM: Este dom Gil das calças verdes
ainda vai me tirar o sentido.
Ninguém me fará crer
que não se disfarçou
para obrigar-me a perder,
e como um diabo me roubou
as cartas do mercador.

OSÓRIO: E imagina enredos mil
como se fosse bruxaria
de um inimigo sutil.

DOM MARTIM: Santa Virgem Maria!
Que vá ao diabo esse dom Gil.

Ato III

Cena I

Sala em casa de dom Martim. Aparecem dom Martim e Quintana.

DOM MARTIM: Não digas mais: basta e sobra
saber com tristeza, Quintana,
que morreu minha Juana.
Uma justa vingança cobra
o céu por minha crueldade,
por meu duro esquecimento.
O homicídio sou eu que ostento,
não a sua enfermidade.

QUINTANA: Deixa-me contar-te, em suma,
como aconteceu sua morte.

DOM MARTIM: Voa o mal com pés de pluma;
com chumbo anda o bem, mas sem norte.

QUINTANA: Cheguei não pouco contente
com tua carta ao convento
certo da cura da doente,
de sua alegria e alento.
Encontrei-a pela manhã
dizendo-lhe que em breves dias
em sua presença estarias,
e que sua suspeita era vã.
Três vezes leu tua carta
e quando ia escolher
um mimo e me oferecer
– como nozes, casca farta,
muito barulho e pouco fruto
– disseram-lhe que seu pai
pretendia, e vejo o que vai,
converter seu gozo em luto,
para conservar seu pudor.
Reuniram-se em par
o prazer e o pesar,
a esperança e o temor.
Estando grávida e pesada,
foi-lhe o susto tão repentino
que deu à luz, em desatino,
a uma criança mal-formada.
Ela então, soltando um grito,
exclamou *Adeus, dom Mar...*
Foi seu derradeiro dito,
e o nome não pôde acabar.

DOM MARTIM: Não diga mais nada.

QUINTANA: Nem querendo poderia,
porque minha pena é tanta
que tenho a alma na garganta
e mais um pouco choraria.

DOM MARTIM: Agora, não tendo remédio,

ousais, receio incontido,
tirar da alma o olvido
e deter o assédio?
Agora chora e suspira
minha pena, meu pesar?

QUINTANA (*à parte*): Não sei aonde vai parar
tanta soma de mentira.

DOM MARTIM: Será possível, talvez,
que o espírito inocente
de dona Juana é quem sente
que eu queira a dona Inês;
e por castigo e vingança
deste mal que cometi
se finge dom Gil e aqui
luta contra minha esperança.
Pois o me perseguir tanto,
o não ter parte ou lugar
que não me cause pesar,
que mais é senão encanto,
que outra coisa pode ser?
O não deixar casa ou rua
em que não se imiscua,
sem nunca deixar-se ver,
e por meu nome chamar,
não é tudo conjuntura
de que sua alma procura
me punir e ainda assombrar?

QUINTANA (*à parte*): Acha que dona Joana
é alma que vive em pena
e por isso lhe atazana.
Vamos insistir na cena
e mais ainda reforçar
mesmo que isso o maltrate.
Julgava ser um disparate

tudo que te ouvi contar,
desde o dia em que se finou
minha senhora, e que seria
sonho com que a fantasia
este pesar representou.
Mas se te ouço dizer
que a alma de minha senhora
te persegue a toda hora,
então começo a entender
um comentário já corrente.

DOM MARTIM: E o que é que dizem?

QUINTANA: Temo que te escandalizem.
Em casa já não há gente
com coragem e tão ousada
que durma sem companhia,
a não ser eu, desde o dia
em que morreu a malsinada;
porque ela lhes aparece
com roupa verde e varonil,
dizendo ser um tal dom Gil,
em cuja roupa padece,
porque tu, com este nome,
andas aqui disfarçado
sem remorso e desabusado.
A seu pai, em traje de homem,
em uma noite se mostrou,
e triste a ele dizia
que te perseguir devia.
O bom velho bem que mandou
dizer cem missas por ela.
Mas dizem por todo lado
que não deixou de aparecer.

DOM MARTIM: Sou eu o culpado
de toda essa querela.

QUINTANA: E é verdade, senhor Martim,
 que aqui te chamam dom Gil?

DOM MARTIM: Meu esquecimento,
 e ingrato convencimento,
 me induziram a chamar-me assim.
 Vim a esta corte casar-me
 e, ofendendo sua beleza,
 quis de dona Inês a riqueza.
 Mas ela acabou por me dar
 um merecido castigo.
 Meu pai em Gil me quis mudar
 e tem culpa, junto comigo,
 sua ambição e interesse.

QUINTANA: Sem dúvida, o caso é esse.
 A alma de dona Juana
 é a que por Valadoli
 provoca sustos e medos
 e dispõe os enredos
 que te assombram em Madri.
 Mas te pensaste em casar
 com dona Inês?

DOM MARTIM: Se dona Juana morreu
 e meu pai resolveu,
 por ambição intentar
 esse triste casamento,
 não concluí-lo seria,
 para meu pai, covardia.

QUINTANA: Como cumprires o intento
 se uma alma do purgatório
 com dona Inês conspira
 e a esperança te tira
 de realizar o casório?

DOM MARTIM: São com missas e orações
 que os espíritos se amansam,

ou que, por fim, descansam.
Para esses cultos e ações
irei à igreja da Vitória
pedir que se digam mil.

QUINTANA (*à parte*): Muitas missas, dom Gil,
te levam vivo à glória.

Saem ambos.

Cena II

Sala em casa de dom Pedro. Dona Inês e Caramanchel.

DONA INÊS: Onde está vosso senhor?

CARAMANCHEL: E eu sei? Se tivesse antolhos
e o olhasse com mais olhos,
mesmo assim não o veria,
porque da vista me escapa.
Eu bem que procuro e chamo,
mas nunca me quer meu amo.
É como se andasse à socapa,
sempre cheio de segredos.
Ontem não estava ausente,
mas me fugiu entre os dedos,
como dinheiro, de repente.
Sei apenas que o bobalhão
anda atrás de vossa vizinha,
dessa outra senhorinha
que o laçou pelo galão.

DONA INÊS: Atrás da vizinha corre
dom Gil?

CARAMANCHEL: Dessa mesma Elvira.
Sei que ela o inspira

e, de tal modo, que morre,
senhora, por seus pedaços.

DONA INÊS: Tens certeza?

CARAMANCHEL: Sei que passou,
já que me contou,
toda esta noite em seus braços.

DONA INÊS: Esta noite?

CARAMANCHEL: Claro, sem enganos.
Esta e outras mil.
É bem lampeiro dom Gil,
verde na roupa e nos anos.

DONA INÊS: És um falador
e mentis, porque essa dama
é mulher de boa fama
como também de valor.

CARAMANCHEL: Se é verdade ou se é mentira,
digo porque dele ouvi,
e por esta carta aqui
que trago para dona Elvira.
(*Mostra-lhe a carta*)
Como a casa está fechada,
e enquanto não volte a ela
pagem, escudeiro ou donzela
— pois não deve haver criada
que não saiba o que extravasa
— e a carta lhe possa dar,
meu amo vim procurar
se aqui estava em vossa casa.

DONA INÊS: Isso é de dom Gil?

CARAMANCHEL: Sim.

DONA INÊS: E por força há de ser
de amores?

CARAMANCHEL: Algo podereis ler,
 de seus teores.
 Eu que sempre pequei
 por ser intrometido
 as razões já olhei
 de todo o ocorrido.
 Aqui não diz: *Inês... eu venho...*
 desejo... me dá desgosto?
 Não diz aqui: *belo rosto...*
 E ali: *à noite o prazer tenho...*
 E aquela parte: *esta tarde...*
 amor... senhora que vou;
 E naquele lado: *vosso sou.*
 Depois: *que o céu vos guarde.*

DONA INÊS: Ao menos tirarei
 (*arranca-lhe a carta da mão*)
 a limpo o falso trato
 de um traidor ou ingrato.

CARAMANCHEL: Isso não eu permitirei,
 que comigo briga dom Gil.

DONA INÊS: Caguete! Se eu agora gritar,
 uns bons coices vão lhe dar.

CARAMANCHEL: Criados burros, já se viu.

DONA INÊS (*abre e lê a carta*): "Não acho alegria e gosto
 se ao meu lado não a tenho;
 se ver Inês parece que venho
 não é desejo, é desgosto.
 De rever-lhe o belo rosto
 a vontade em mim arde
 e ainda mais meu amor.
 Mas se ainda esta tarde
 a Inês faço um favor,
 na verdade vosso sou,
 e que o céu vos guarde."

Que precioso papel!
Com seu dono se parece
e tão infame que apetece
as sobras de dom Miguel.
Dona Inês lhe dá desgosto!
Valha-me Deus, já enfastio?
Sou manjar ruim e frio
antes que me provem o gosto?
E tão bom o de dona Elvira
que seu apetite provoca?

CARAMANCHEL: Não é mel para sua boca.
Et caetera.

DONA INÊS: O ódio e o fel
que tenho é tal, que faria
de mim um exemplo cruel,
se aqui vier à revelia.

Cena III

Um criado, Aguilar, dona Inês, Caramanchel.

AGUILAR: Minha senhora, dona Clara,
está aqui vem ver-te.
Sai o criado.

DONA INÊS: Ela também é pretendente
deste cansativo galã.
(*à parte*): A dom Juan,
que tanto ciúme sente,
hei de pedir que o mate,
e dou-lhe a mão, que estou farta!
(*Alto*): Levai a ela vossa carta,
(*joga-lhe a carta*)
a essa dama que é o remate

de seu apetite e torpeza.
Não sendo Lucrécia casta,
para um homem tão vil basta
prato que serviu outra mesa.

Sai.

CARAMANCHEL: Anos ruins! A pimenta
    que leva dona Inês
    não a comerá um inglês.
    Sinto-me o autor da tormenta,
    por ter sido muito indiscreto;
    mas purguei-me a seu serviço,
    porque gente de meu ofício
    é como um purgante secreto.

Cena IV

Dona Juana, de homem, e Quintana.

QUINTANA: Vai dizer missas sem fim,
    achando que és alma penada.
DONA JUANA: E não é assim?
QUINTANA: Mas não esquece dona Inês,
    e não a deixa abandonada.
DONA JUANA: Ai de mim!
    Já escrevi a meu pai
    como se estivesse a morrer
    pelas mãos de quem me trai,
    pois dom Martim quis se ver
    livre de mim e procurou,
    louco, matar-me apunhalada.
    Em Alcorcon me abandonou,

e fez de Inês sua nova amada.
Foi por insana afeição
que esta vergonha praticou.
Disse-lhe que se tem fingido
ser um tal dom Gil de Albornoz
porque com este apelido
encobre a morte atroz
de seu antigo amor fingido;
e que isso é castigo imposto
à filha desobediente
que contra sua honra e gosto,
uma vez da casa ausente,
dá ao pai tamanho desgosto.
Mas se ainda mereço amor,
e se morrendo se alcança
com essa morte seu favor,
que satisfaça sua vingança
e aplaque sua dor.

QUINTANA: Mas para que tanto ardil?

DONA JUANA: É para que desta sorte
saia de Valadoli
e reclame minha morte
a dom Martim em Madri.
Hei de perseguir em segredo,
Quintana, a este enganador,
com este ou mais um enredo
até que cure seu amor
por minha indústria ou com seu medo.

QUINTANA: Deus me livre ter-te
por inimiga.

DONA JUANA: A mulher, desta sorte,
se vinga das afrontas.

QUINTANA: Vou então prestar-lhe contas
com mais novas de tua morte.

Sai Quintana.

Cena v

Aparece dona Clara.

DONA CLARA: Senhor dom Gil, não desfruto,
　　ciente de vossa cortesia,
　　e tão necessário atributo,
　　de um dia... Digo um dia?
　　Não, uma hora, um minuto?
　　Também casa tenho eu,
　　como dona Inês; também
　　patrimônio o céu me deu,
　　e também quero-lhe bem,
　　tal como ela.
DONA JUANA: A mim?
DONA CLARA: Por que não?
DONA JUANA: Ao conhecer tal ventura,
　　crede, bela dona Clara,
　　que para vos ter segura -
　　pois mais de um se declara -,
　　seria ladro da formosura.
　　Mas como sei e me imagino
　　o pouco que ao mundo importo,
　　não quero ou me determino,
　　pois assim me reconforto,
　　sem cometer desatino.
　　Desde que vos encontrei
　　no jardim, meu coração,
　　como a salamandra, vos dei,
　　levando-vos uma porção
　　da alma que vos entreguei.

>   Mas não sei onde vós morais,
>   que homem por vós se abrasa
>   nem que hábitos aceitais.

DONA CLARA: Não? Pois sabei que minha casa
>   está na praça São Luis.
>   A mim me querem mais de mil.
>   Mas a quem meu gosto alcança,
>   por ser o prêmio mais gentil,
>   é verde como a esperança
>   e tem por nome dom Gil.

DONA JUANA: Esta mão hei de beijar,
>   (*beija-lhe a mão*)
>   e num simples beijo vai
>   a graça de vos estimar.

Cena VI

Aparece dona Inês.

DONA INÊS (*para si*): Como me chamou meu pai,
>   me foi preciso deixar
>   minha prima de imediato.
>   Mas não é que agora vejo
>   dom Gil, o falso e ingrato,
>   para mim tão malfazejo
>   e meu oposto retrato?
>   A mão de Clara leva à boca!
>   Ora se não é um encanto
>   que um homem de barba pouca
>   tenha coragem para tanto.
>   A fúria me deixa louca!
>   Vou observá-los e ouvir, sim,
>   o que se passa entre os dois.

DONA CLARA: Vós morreis por mim?
  Que grande mentira!

DONA JUANA: Não me acreditais, pois?
  E me tratais assim?
  Desde que vos encontrei,
  formosa dona Clara,
  em perigo não achei
  sequer uma manhã clara
  nem de noite calma gozei;
  porque na opressiva ausência
  dessa luz de formosura,
  a quem o sol faz reverência,
  a noite é pesada e escura.

DONA CLARA: Não o mostra a frequência
  com que Inês vos recreia
  a vossa desfaçatez.

DONA JUANA: Eu, a dona Inês, meu bem?

DONA CLARA: Quem a porta vos franqueia?

DONA JUANA: Deus, que essa dona Inês
  a meus olhos é fria e feia.
  Se Francisca se chamara
  todos os efes teria.

DONA INÊS (*à parte*): Que impostor de bela cara!

DONA JUANA (*à parte*): Mas se dona Inês me ouvira!

DONA INÊS (*à parte*): E nele vai crer dona Clara!

DONA CLARA: Mas se não amais minha prima,
  por que vindes tanto aqui?

DONA JUANA: É o sinal que vos estima
  a franquia que ofereci
  e em vossos olhos se anima.
  Não sabendo de vossa casa,
  vinha a esta já conhecida

onde vós, amor que me abrasa,
tendes permanente acolhida.

DONA CLARA: Que modo de se excusar.

DONA JUANA: Se excusar?

DONA CLARA: Pois não podias perguntar
por minha casa a dona Inês?

DONA JUANA: Daria ciúmes, talvez.

DONA CLARA: Não quero apurar a verdade;
que vos tenho amor, confesso.
Mas vossa asperidade
sempre se mostra em excesso.
Se tens amor de fato e são,
deixai de ser duvidoso:
me conceda vossa mão.

DONA JUANA: Vos dou minhas mãos esposo;
e as vossas beijo com afeição.

DONA INÊS (*à parte*): O que fazer neste momento?

DONA CLARA: Minha prima me espera; adeus.
Ide ver-me hoje...

DONA JUANA: É meu único intento.

DONA CLARA: ... para que ambos tracemos
os planos do casamento.

Sai dona Clara.

DONA JUANA: Já que dei para enganar,
sair-me bem é o que espero.
Com Inês preciso falar.

Cena VII

Aparece dona Inês.

DONA INÊS: Enganador e insincero,
   pluma ao vento e rolha ao mar...
   Não basta enganar Elvira?
   Em honras não se repara?
   Só o que tendes em mira
   é trair a mim e a Clara,
   com disfarces e mentira?
   A três mulheres engana
   o amor que fingis possuir?
   Se conseguis a façanha
   de três damas usufruir,
   serás o grão turco de Espanha.
   Contenta-te, ingrato, infiel,
   com dona Elvira, a que é resto
   ou resíduo de dom Miguel;
   e o mesmo sinal funesto
   que deitas sobre papel
   e sofro por haver lido,
   a ti venha a ser dobrado,
   por seres mal advertido,
   fruto por outro deflorado,
   traje por outro rompido.

DONA JUANA: O que dizes, meu bem?

DONA INÊS: Teu bem?
   Dona Elvira, em cujos braços
   teus sonhos à noite vêm,
   que te carregue com laços;
   e um raio te parta, amém!

DONA JUANA (*à parte*): Caramanchel lhe mostrou
   a carta que a mim escrevi.

Para que experimente em si
as tristezas que me causou.
(*Alto*): Elvira te causa suspeita?
No que dizes, repara.

DONA INÊS: Não é lesa ou mal afeita.
Diga isso a dona Clara
pois a trazes satisfeita
com amor e compromisso.

DONA JUANA: Isso te causou ciúmes?
Então nos viste, foi isso?
E brotaram os queixumes.
Mas foram apenas embustes.
Devolve-me esses sóis, eia,
que tua luz é meu quinhão.

DONA INÊS: A ela não disseste então:
"Deus, que essa dona Inês
a meus olhos é fria e feia"!?

DONA JUANA: Mas tu crês que não diria
se enganar dona Clara
bem sabes que queria?

DONA INÊS: "Se Francisca se chamara
todos os efes teria".
Pois se tenho tantos, mira,
que com esse dom Miguel
que por meus dotes suspira,
casando-me sem labéu
castigarei a dona Elvira.
Dom Miguel é um principal,
e sua discrição, enfim,
já deu evidente sinal
que se amasse mulher ruim
certamente agiria mal.
Eu o escolho por marido
e com meu pai vou falar;

agora é o meu preferido
e nada mais vai mudar.

DONA JUANA (*à parte*): Isso vai muito mal.
(*Alto*): Com remédio tão atroz
castigas a brincadeira?
Ouve, escuta.

DONA INÊS: Se aos criados dou voz,
te jogarão da cumeeira,
e te chutarão os ilhós.

DONA JUANA: Por Deus, que por mais cruel
que sejas, hás de escutar
minha desculpa, e que sou fiel.

DONA INÊS: Não há quem se atreva a matar
a este infame? Ah, dom Miguel!

DONA JUANA: Dom Miguel está aqui?

DONA INÊS: Te socorres
de alguma nova patranha?
Está sim, e de medo morres.
(*Em altos brados*): Eis dom Gil, o que engana
de três em três as mulheres.
Vinga-me, dom Miguel,
e tua esposa serei.

DONA JUANA: Ouve, mira...

DONA INÊS: Morra dom Gil cruel!

DONA JUANA: ... que eu sou Elvira,
e vá ao diabo dom Miguel.

DONA INÊS: Quem?

DONA JUANA: Dona Elvira. Pela voz
e pela cara não me conheces?

DONA INÊS: Não és dom Gil de Albornoz?

DONA JUANA: Não sou dom Gil nem que quisesses.

DONA INÊS: Há uma trama mais atroz?
 Tu, dona Elvira? Mais engano.
 Tu és dom Gil.

DONA JUANA: O modo de estar vestida
 e o aspecto fizeram o dano.
 Se não estás persuadida,
 te revelo todo o plano.

DONA INÊS: Mas que proveito atravessa
 essa tua fantasia?

DONA JUANA: Ser dom Gil só me interessa
 porque somos, em parceria,
 as duas patas para a travessa.

DONA INÊS: Em conclusão: hei de dar-te
 crédito, sendo enganador?

DONA JUANA: Para experimentar-te
 e ver se tens amor
 a dom Miguel, pude com arte
 disfarçar-me e vir aqui,
 pois uma suspeita cruel
 me dava receios de ti.
 Crendo que amavas dom Miguel,
 de punho próprio escrevi
 o papel que aquele criado
 te mostrou, como se pudera
 ter sido por dom Gil dado.
 E lhe disse que te dera
 de modo dissimulado,
 e reparasse no ciúme
 ou se roubar-me procuravas
 dom Miguel de todo impune.

DONA INÊS: Estranhas maquinações!

DONA JUANA: Bravas!

DONA INÊS: Então escrevestes a carta?

DONA JUANA: E a dom Gil o traje emprestado
    pois por ti está perdido
    de amores e cuidado.

DONA INÊS: De amores e zelos se entenda?

DONA JUANA: Como soube do acontecido,
    não lhe apetece outra prenda.

DONA INÊS: Estou confusa e duvido.

DONA JUANA: Plano engenhoso!

DONA INÊS: Bom,
    mas não te vejo, criatura,
    como verdadeira mulher.

DONA JUANA: E como te sentir segura?

DONA INÊS: Quero uma certeza qualquer.
    Deves te vestir com teus trajes
    e com eles podemos ver
    como de fato reajes.
    Não, põe um vestido dos meus,
    que te cai bem e se alinha,
    pois as calças me fazem crer
    que és homem e não vizinha.

DONA JUANA: Acho que irá bem.

DONA INÊS (*à parte*): Mulher varonil!
    Sempre que nela repara,
    meu amor diz que é dom Gil:
    a voz, a presença, a cara.

Cena VIII

Aparecem Caramanchel e dom Juan.

DOM JUAN: Serves a dom Gil de Albornoz?

CARAMANCHEL: Sirvo
    a quem não vejo há quinze dias,
    desde que como seu pão.
    Duas ou três vezes lhe falei, desde então.
    Vê que tipo de dono eu tenho.
    Dizem que, além de mim,
    possui outros pagens e lacaios.
    Pelo que eu saiba,
    só a mim e a uma roupa verde,
    que pelas calças lhe dá o apelido,
    parece ter neste mundo.
    É verdade que sempre me pagou,
    desde que o sirvo e até hoje.
    Entre rações e quitações, deu-me cem reais.
    Mas eu quisera servir a um amo
    Que me saudasse a todo instante:
    "Olá, Caramanchel, me limpe os sapatos;
    sabes como dormiu dona Grimalda?
    Vá ao marquês e lhe peça emprestado o alazão;
    pergunte ao Valdés que comédia
    será representada amanhã".
    E outras coisas com que se gasta
    o nome de um lacaio.
    Mas eu tenho um amo a miúças,
    ou outras coisas com que se gasta
    um cavalinho de pau que não manda,
    não dorme, não come e sempre anda.

DOM JUAN: Deve estar enamorado.

CARAMANCHEL: E muito.

DOM JUAN: De dona Inês, a dama que aqui vive?

CARAMANCHEL: Ela o quer bem, mas o que importa
    se aqui vive, a meia parede, um anjo?
    Embora não a tenha visto, pelo que diz
    é tão formosa quanto eu, o que já basta.

DOM JUAN: És muito bonito, realmente.

CARAMANCHEL: É da minha casta.
Trago-lhe esta carta, mas as duas
vivem nas mesmas condições,
de sorte que dona Elvira ou dona Urraca
jamais param em casa
nem há quem responda.
Mesmo sendo de noite,
já tendo dado as onze,
não há quem venha,
que tenha pena de mim
e a carta retenha.

DOM JUAN: E dona Inês ama a dom Gil?

CARAMANCHEL: Tanto que,
abrindo a carta e conhecendo
o que ele dizia a dona Elvira,
se pôs como louca.

DOM JUAN: Como eu, de ciúmes.
Queira Deus que, ainda que me custe
a vida e os bens, tenho de tirá-la
de todos os Giles que me perseguem.
E vou em busca do teu.

CARAMANCHEL: Bravo Aquiles!

DOM JUAN: Extinguirei todos os dons Giles.

Cena IX

Dona Juana, de mulher, dona Inês, Caramanchel.

DONA INÊS: Já experimento como dano
essas quimeras tão doces,
pois se dom Gil mesmo fosses,
adoraria o teu engano.

Nunca vi tanta semelhança
em minha vida, dona Elvira.
Em ti seu retrato mira
minha entretida esperança.

DONA JUANA: Sei que ele há de rondar
esta noite, e que te adora.

DONA INÊS: Ai, dona Elvira, já é hora.

CARAMANCHEL (*à parte*): Dona Elvira ouvi falar.
É ela, sim, desta vez,
e com dona Inês está.
O diabo a trouxe para cá.
Mas estando com dona Inês
Não posso lhe dar o papel
Que meu senhor lhe escreveu
E que dona Inês já leu.
Irmão Caramanchel,
de óleo me estás embebendo.

DONA INÊS: Olá, o que queres aqui?

CARAMANCHEL: Sois vós, dona Elvira?

DONA JUANA: Sim.

CARAMANCHEL: Jesus! O que estou vendo?
Dom Gil de saias e touca?
Não vos levo mais a mochila.
De dia Gil, de noite Gila?
Quieto, puto! Cala a boca.

DONA JUANA: O que dizes? Estás louco?

CARAMANCHEL: Que digo? Que sois dom Gil,
como um barril é um barril.

DONA JUANA: Eu, dom Gil?

CARAMANCHEL: Sim, juro por Deus.

DONA INÊS: Pensas que somente a mim
a tua presença engana?

CARAMANCHEL: Lambadas se dão em Espanha
  por coisa bem mais chinfrim.
  Macho e fêmea com linhagem?

DONA INÊS: Esta dama
  é dona Elvira.

CARAMANCHEL: Ora amo, ora ama;
  não, não fico e peço a conta.
  Não quero senhor com saia,
  com calças, homem e mulher.
  Se também assim me dispuser,
  serei lacaio e lacaia.
  Não quero amo hermafrodita,
  pois comer carne e pescado
  não faz bem nem está aprovado.
  Depois da visita, adeus.

DONA JUANA: Mas por que todo esse espanto?
  Imaginas que teu senhor
  sem causa me tem amor?
  Por me assemelhar tanto
  dá a mim sua esperança.
  Diz-lhe, dona Inês.

DONA INÊS: O amor pode ser, talvez,
  o fruto da semelhança.

CARAMANCHEL: Tanta, entre homem e mulher?
  Quereis me tapear, senhora?

DONA JUANA: E se antes de uma hora
  conosco dom Gil estiver?
  Aí então, o que dirás?

CARAMANCHEL: Que só grasnei como um ganso.

DONA JUANA: Tu verás e, humilde e manso,
  com ele mesmo falarás,
  sabendo a verdade.

CARAMANCHEL: Dentro de uma hora?

DONA JUANA: É boa ocasião para vê-lo.

CARAMANCHEL: Esperarei com todo o zelo.

DONA JUANA: Mas vá esperá-lo na rua.
E subamos nós duas,
para aguardá-lo à gelosia.

CARAMANCHEL: E eu servir de vigia.
Ah, isto é para vós.
(*Entrega-lhe uma carta*)
Mas por dona Inês demorei.

DONA JUANA: Já é minha amiga.

CARAMANCHEL (*à parte*): É dom Gil, ainda que diga,
pelo contrário, o próprio rei.

Vão-se todos.

Cena X

Rua. Aparece Dom Juan.

DOM JUAN: Com determinação venho
de acabar com estes dom Giles.
E tu, coração, não vaciles
com as esperanças que tenho.
São dois. Quem duvida que um
virá sua dama rondar?
Ou me haverá de matar,
ou não há de ficar nenhum.

Cena XI

Aparece Caramanchel.

CARAMANCHEL (*à parte*): Vou esperar esse dom Gil,
    a ver se por aqui passeia;
    Mas a dúvida me rodeia
    porque, não estando senil,
    nem vendo poderia crer.

Cena XII

No balcão, dona Inês e dona Juana, de mulher.

DONA INÊS: Deus meu, quanto calor!

DONA JUANA: O tempo arde e arde o amor.

DONA INÊS: Vem nos ver o meu dom Gil?

DONA JUANA: Não duvides do esperado.
    (*À parte*): Para poder me afastar
    logo me virá chamar
    Valdivieso, outro empregado.
    E aí, de homem vestida,
    dom Gil voltarei a ser.

DOM JUAN (*à parte*): Como prêmio ao meu padecer,
    ouço falar Inês querida,
    se não me engana essa voz
    que na gelosia está.

DONA INÊS: Pressinto alguém. Será
    o nosso dom Gil de Albornoz?

DONA JUANA: Fala e não se iluda.

CARAMANCHEL (*à parte*): Aí vem um passante.
    Terei enfim um flagrante?

DOM JUAN (*à parte*): Chega e fala, língua muda.
    Ó de cima!

DONA INÊS: Sois dom Gil?

DOM JUAN (*à parte e sob a capa*): Vamos morder a isca. Direi
    que sim.
    (*Alto*): Sou dom Gil e, por minha fé,
    que em vós busco o sol de abril
    e vendo-vos que aí surgia,
    meu calor pude temperar.

DONA INÊS: Isso é como me chamar,
    mui gentilmente, de fria.

CARAMANCHEL (*à parte*): Este dom Gil é mais grave;
    O que sirvo tem voz aguda.
    Só se ele fez a muda
    de ontem para cá...

DOM JUAN: Que revele e destrave
    o céu o que eu disse.

DONA INÊS: Que ao mesmo tempo, enfim,
    sou quem vos abraso e gelo.

DOM JUAN: Queima o amor e o receio é flagelo...

DONA JUANA (*à parte*): Sem dúvida é dom Martim.
    Mas assim falando perdes,
    ingrato, o tempo sem mim!

DONA INÊS (*à parte*): Não parece ele.
    (*Alto*): Sois, dizei por fim,
    dom Gil das calças verdes?

DOM JUAN: Não me reconheceis?

CARAMANCHEL (*à parte*): Também não sei quem sois.

DONA INÊS: É que me pretendem dois...

DOM JUAN: Sim, mas vós, a qual quereis?

DONA INÊS: A vós, embora no falar
    novas dúvidas tenhais dado.

DOM JUAN: Falo baixo e encapuzado,
 porque é público o lugar.

Cena XIII

Aparecem dom Martim, vestido de verde, e Osório. Os demais.

DOM MARTIM (*para Osório*): Se é verdade que esteja,
 como dizem, morta Juana,
 e que penada a paz almeja,
 segundo afirma Quintana,
 que eu não tenha dona Inês.
 Se outro amante disfarçado,
 e de maneira soez,
 meu nome tem usurpado,
 deixo a inveja neste ato.
 Põe-se dona Inês à procura
 de alguém com melhor figura?

OSÓRIO: Não, por certo.

DOM MARTIM: Ou alguém mais sensato?
 Tu sabes quão celebrado
 em Valadoli tenho sido.
 Por alguém mais bem nascido?
 Sou um Guzmán afortunado.
 Por mais bens ainda? Oito mil
 ducados tenho de renda,
 e não há nobre que se venda
 por um interesse tão vil.
 Não sei se este traje é fino
 ou se o verde me cai bem;
 mas vou andar assim também.

OSÓRIO: Esse é um nobre desatino.

DOM MARTIM: Que dizes?

OSÓRIO: Que o juízo perdes.

DOM MARTIM: Perca-o ou não, hei de andar
 como ele e me hão de chamar
 dom Gil das Calças Verdes.
 Vai-te para casa
 que falarei com dom Pedro.

OSÓRIO: Lá te aguardo.

Sai.

Cena XIV

Dona Juana, dona Inês, dom Martim, dom Juan e Caramanchel.

DONA INÊS (*a dom Juan*): Dom Gil, discreto e galhardo,
 pouco amais, mas muito vos quero.

DOM MARTIM (*à parte*): Dom Gil? Este a quem se saúda
 é quem combate o meu amor.
 E se for Juana, o temor
 de uma alma que pena muda
 meu valor em covardia.
 Não se deve mexer a fundo
 com coisas do outro mundo,
 que é herética valentia.

DONA INÊS: Mais um parece que vem.

DOM JUAN: Verei com quem se lida.

DONA INÊS: Para quê?

DOM JUAN: Não vede, minha querida,
 que nos olha e se detém?
 Direi que passe adiante;
 enquanto isso, esperai.
 Fidalgo...

DOM MARTIM: Quem é?

DOM JUAN: Passai.

DOM MARTIM: Para onde, se sendo amante
   aqui tenho minhas prendas?

DOM JUAN (*à parte*): Dom Gil,
   que a Inês abandonou;
   mas a voz o denunciou.

CARAMANCHEL (*à parte*): Ah, um aguazil
   viria a propósito agora,
   com sua espada ao flanco.

DOM JUAN: Dom Gil, de verde ou de branco,
   nesse instante chega a hora
   tão desejada por mim
   e por vós tão recusada.

DOM MARTIM (*à parte*): Céus, me conheceu de mirada.
   E quem encapuzado assim
   sabe quem sou, não é mortal.
   Meu sentimento não me engana:
   é a alma de dona Juana.

DOM JUAN: De vosso amor dê sinal,
   dom Gil, pois é de homens vis
   ser covarde com uma dama.

CARAMANCHEL (*à parte*): Dom Gil esse outro se chama?
   Aos pares andam os dons Gis.
   Mas não é o meu Gil tampouco;
   é mais bruto e menos gentil.

DOM JUAN: Sacai a espada, dom Gil.

CARAMANCHEL (*à parte*): Ou são dois, ou estou louco.

DONA INÊS: Outro dom Gil parece haver.

DONA JUANA: Quem sabe dom Miguel.

DONA INÊS: Sem dúvida deve de ser.

DONA JUANA (*à parte*): Meu nome se usa a granel?
 Mas não sei do recém-chegado.

DOM JUAN: Sacai a espada de uma vez
 ou vos terei por camponês.

DOM MARTIM: Nunco saco minha espada
 para ofender a defuntos,
 nem jamais com almas brigo;
 só me embato com inimigo
 se tiver corpo e alma juntos.

DOM JUAN: Isso quer dizer que estou morto,
 e me assombro com medo de vós?

DOM MARTIM: Se já te encontras no céu
 e ao senhor cantas hosana
 por que tamanho escarcéu,
 o que buscais, dona Juana?
 Se desejas a rendenção,
 há missas para vos salvar.
 Confesso minha ingratridão
 e se pudesses retornar,
 com meu amor pagaria
 o bom senso que não havia.

DOM JUAN: Que é isso? Eu, dona Juana?
 Eu defunto, alma em pena?

DONA JUANA (*à parte*): Assim me divirto, que cena!

CARAMANCHEL: Alminhas? Santa Susana!
 São Pelágio, santa Elena!

DONA INÊS: Dona Elvira, o que será isto?

DONA JUANA: Algum louco, está visto.

CARAMANCHEL (*à parte*): Ave Maria, graça plena,
 como é que eu me arrumo?

DOM JUAN: Sacai a espada, dom Gil,
 ou serei bastante incivil.

CARAMANCHEL (*à parte*): Antes me virasse em fumo,
saindo pela chaminé.

DOM MARTIM: Alma inocente,
de um amor ardente
que tiveste com fé,
quem sabe já não baste
meu castigo e teu rigor.
Se para frustrar meu amor
um outro corpo tomaste,
e chamando-te em Madri
dom Gil, pretendes meu ultraje;
se com esse nome e traje
andas por Valadoli,
pobre espírito e sopro,
sem estares farto
de teu próprio luto,
saído de um mau parto
e de um malogrado fruto,
não aumentes meus desvelos.
Oh, alma, cessa a porfia,
já que eu não sabia
haver em teu mundo zelos.
Por mais planos que dês,
estejas viva, estejas morta,
abrirei qualquer porta
para casar-me com Inês.

Sai.

Cena XV.

Dona Juana, dona Inês, dom Juan, Caramanchel.

DOM JUAN: Graças a Deus foi-se embora,
escapando da questão,

com a mais estranha invenção
já se ouvida até agora!

CARAMANCHEL (*à parte*): Então és, Caramanchel,
pagem de alma? Só me faltava!
Por isso não o encontrava,
mesmo sendo tabaréu.
Mil vezes Jesus!

DONA JUANA: Agora, minha cara amiga,
preciso ver um outro assunto.
Meu escudeiro vai junto
e espero que se prossiga
a conversa começada,
pois dom Gil ali está.

DONA INÊS: Não queres que também vá
contigo outra criada?

DONA JUANA: Para quê, se a um passo estou
de casa?

DONA INÊS: Leva um manto, por precaução.

DONA JUANA: Obrigada, mas não preciso.
Vou de corpo, de alma não.

Sai dona Juana.

DOM JUAN: Devo voltar ao meu posto
para ver se o dom Gil menor
também faz ronda de amor.

DONA INÊS: Em perigo ficastes exposto,
dom Gil, com tal atrevimento.

DOM JUAN: Amor que não é atrevido
não é amor, é fingido.
Mas sinto que há movimento.

Cena XVI

Aparece dona Clara, vestida de homem. Dom Juan, dona Inês, Caramanchel.

DONA CLARA: São os ciúmes que me fazem
    vestir-me assim feito homem.
    Com isso, meus temores somem
    e minhas vontades se aprazem.
    Para ver se dom Gil ronda
    a casa de Inês e me engana,
    cometi esta façanha;
    que ele por mim responda.

DOM JUAN: Aguardai, saberei quem é.

Dom Juan se afasta.

DONA CLARA (*à parte*): Alguém está à janela.
    É Inês, só pode ser ela.
    Se está por dom Gil esperando,
    eis o momento de fingir;
    assim posso descobrir
    o que está me obcecando.
    (*Alto*) Ei, do balcão, se merece
    lhe falar, bela senhora,
    este dom Gil que vos adora
    e a alma vos oferece,
    o das calças verdes sou,
    verdes como minha esperança.

CARAMANCHEL (*à parte*): Outro dom Gil na dança?
    De onde este brotou?

DONA INÊS (*à parte*): Este é meu dom Gil querido
    que pela fala delicada

reconheço. Enganada
por dom Juan devo ter sido.
Foi ele, claro que sim,
aquele que me tem falado.

DOM JUAN (*à parte*): O dom Gil idolatrado
é este.

DONA INÊS (*à parte*): Triste de mim!
Temo que o há de matar
dom Juan, que é atrevido.

Dom Juan aproxima-se de dona Clara.

DOM JUAN: Folgo que tenhais vindo
justo agora a este lugar,
senhor dom Gil, para levar
a paga que bem mereceis.

DONA CLARA: Quem sois que vos intrometeis?

DOM JUAN: Quem vos há de matar.

DONA CLARA: Matar?

DOM JUAN: Sim, dom Gil me chamo,
e vós haveis sugerido
ser dom Miguel meu apelido.
A dona Inês sirvo e amo.

DONA CLARA (*à parte*): O diabo nos trouxe aqui;
e aqui nos matam, dona Clara.

Cena XVII

Dona Juana, de homem, Quintana, os demais.

DONA JUANA (*falando com o criado*): Vejamos em que ponto para
toda a artimanha, e se está

dona Inês ainda à janela;
se estiver, vou lhe falar.

QUINTANA: Sabe que acaba de chegar
teu pai a Madri. Te acautela.

DONA JUANA: Persuadido que dom Martim
matou-me em Alcorcón,
veio tomar satisfação.

QUINTANA: Esteja certa que sim.

DONA JUANA: Tem gente na rua.

QUINTANA: Espera,
vou sondar, depois vês.

DONA CLARA: Sois dom Gil?

DOM JUAN: Sim, e dona Inês,
minha dama.

DONA CLARA: Bela quimera!

DONA JUANA: Senhores, pode-se passar?

DOM JUAN: Quem pergunta?

DONA JUANA: Dom Gil.

CARAMANCHEL (*à parte*): Já são quatro e serão mil.
É infernal este lugar.

DOM JUAN: Dois dons Gis existem aqui.

DONA JUANA: Pois comigo serão três.

DONA INÊS: Outro dom Gil? Que insensatez!
Como saber quem escolhi?

DOM JUAN: O verde sou eu.

DONA CLARA (*à parte*): Torno em ciúme o medo,
pois dom Gil me engana em segredo.
Se dona Inês escolheu,
só me resta me vingar.
(*Alto*) O dom Gil das calças verdes
sou eu só.

QUINTANA (*para Juana*): O nome perdes;
   com ele, já se viu,
   saem três a namorar.

DONA JUANA: Eu sou dom Gil,
   o verde e o pardo.

DONA INÊS: Vejo como alegria ou fardo?

DOM JUAN: Sou eu quem guarda a passagem.
   Ide ou vos matarei.

DONA JUANA: Que fleugma, que confiança!

QUINTANA: Pois vereis como se amansa.

CARAMANCHEL: Morram os dons Gis!

Lutam e Quintana fere a dom Juan.

DOM JUAN: Oh, céus, me sinto morto.

DONA JUANA: Para que vos lembrais
   da presunção. Ademais,
   dizei a Inês que vos feriu
   o verdadeiro dom Gil.

Vão-se dom Juan, dona Juana e Quintana.

DONA CLARA: (*à parte*): Eu me vou desesperada
   de ciúmes... Mas não me deu
   sua palavra? Farei eu
   que a cumpra.

Sai dona Clara.

DONA INÊS: Bem vingada
   de dom Juan dom Gil me deixa.
   Mais ainda o quero agora.

Sai dona Inês.

CARAMANCHEL: Cheio de Gis vou embora,
    que de quatro não falta queixa.
    E esta alma enamorada,
    que para si me alugou,
    do purgatório tirou
    toda essa gilzada.
    Nesta manhã serena
    já me vou, só e perdido.
    Jesus, que tenho sido
    lacaio de alma em pena.

Sai.

Cena XVII

O prado de São Jerônimo.

DOM MARTIM: Ruas desta corte, imitadoras
    da confusa Babel, recheadas
    de mentiras, do rico aduladoras,
    com o pobre severas, desbocadas;
    casas de má-fé, em todas as horas
    de males e de vícios habitadas.
    Quem dos céus o desastre me instiga,
    pois nunca falta um Gil que me persiga?
    Árvores deste prado, em cujos braços
    o vento agita as dormidas folhas,
    de cujos ramos se penderam laços,
    talvez minhas tristezas acolhas.
    Fontes risonhas que cobris de abraços
    ao campo, sem que em troca nada colhas,
    por saberes falar, que a água diga
    que nunca falta um Gil que me persiga.

Que delitos me imputam, que parece
ser contrária minha própria sombra?
A dona Inês adoro; isto merece
o castigo invisível que me assombra?
Que dom Gil meus desejos desvanece?
Por que, destino, como eu se nomeia?
Por que me acompanha? É para que diga
que nunca falta um Gil que me persiga?
Se quero a dona Inês, logo um dom Gil
também a pretende e ela me evita;
se me escrevem, eis que surge um ardil,
e com ele a ilusão se incita;
se uma ordem me enviam, quando chego
vejo que dom Gil recebeu a dita.
Não sei aonde vou ou a quem siga,
pois nunca falta um Gil que me persiga.

Cena XIX

Aparecem Quintana, dom Diego, o velho, e um aguazil.

QUINTANA (*falando com dom Diego*): Este é o dom Gil fingido,
a quem conhecem em sua terra
por dom Martim de Guzmán,
e que matou a dona Juana,
minha senhora.

DOM DIEGO: Ah se pudesse
tingir as longas cãs
em seu sangue suspeito,
pois não é nobre quem ofende!
Senhor aguazil, prendeio-o.

AGUAZIL: Dai-me, cavalheiro, as armas.

DOM MARTIM: Eu?

AGUAZIL: Sim.

DOM MARTIM: A quem?

AGUAZIL: À justiça.

DOM MARTIM (*entrega-as*): O que é isso? Novas artimanhas?
Com que acusação me prendeis?

DOM DIEGO: Ignoras, traidor, a causa,
depois de haver matado
tua esposa malograda?

DOM MARTIM: Que esposa? Que malogro?
Dei-lhe a palavra de esposo,
mas logo vim a esta corte
e me disseram que estava grávida.
Se morreu ao parir uma filha,
estando recolhida em San Quirce,
tenho eu culpa disso?

QUINTANA: A verdade que sei clara,
dom Martim, é que haveis dado
punhaladas sem motivo
em vossa inocente esposa.
E de Alcorcón, onde jaz sepultada,
pede aos céus contra vós,
tal como Abel, a justa vingança.

DOM MARTIM: Traidor, que Deus...

AGUAZIL: O que é isso?

DOM MARTIM: Se estivesse com a espada,
te arrancaria o coração
e a língua mentirosa.

DOM DIEGO: Que importa, tiranete,
se negas o que esta carta
confirma de tuas traições?

DOM MARTIM (*lê para si*): A letra é de dona Juana.

DOM DIEGO: Olha o que ela diz.

DOM MARTIM: Jesus, Jesus! Punhaladas
em minha esposa em Alcorcón?
E eu estive em Alcorcón?

DOM DIEGO: Basta de desculpas aparentes.

AGUAZIL: Logo dareis a prova,
senhor, de vossa inocência,
mas na cadeia.

DOM MARTIM: Se estava em San Quirce,
como mostram estas palavras
de sua mão e assinatura,
digam-me, como pude
matá-la em Alcorcón?

DOM DIEGO: Porque falsificas letras,
do mesmo modo que nomes.

Cena XX

Aparecem dom Antônio e Célio. Os demais.

DOM ANTÔNIO (*à parte, para Célio*): Esse é dom Gil. Com as calças
verdes o reconheceis.

CÉLIO (*à parte, para dom Antônio*): Vejo que assim o chamam.
(*Para dom Martim*): A palavra que deste
a minha prima, dona Clara,
senhor dom Gil,
viemos pedir, por justiça,
que a cumpra,
já que por amor a enganas.

DOM DIEGO: Essa é, sem dúvida, a dama
por quem matou sua esposa.

DOM MARTIM (*ao aguazil*): Podeis devolver-me a adaga?
Acabarei com a vida,
porque as desgraças não acabam.

DOM ANTÔNIO: Dona Clara vos quer vivo,
    pois como esposo vos ama.

DOM MARTIM: Que dona Clara?
    Não sou eu!

DOM ANTÔNIO: Bela desculpa!
    Não sois dom Gil?

DOM MARTIM: Nesta corte assim me chamam,
    mas não o das calças verdes.

DOM ANTÔNIO: E não são verdes essas calças?

CÉLIO: Ou perdes a vida,
    ou cumpres a palavra.

DOM DIEGO: Que a tire o verdugo,
    em menos de um mês na praça,
    suspendendo na forca
    sua cabeça mentirosa.

CÉLIO: Como?

AGUAZIL: Matou sua mulher.

CÉLIO: Que traidor!

DOM MARTIM: Ah, que chegue
    a pôr fim em meu sofrimento
    a morte que me ameaça.

Cena XXI

Fábio e Décio. Os demais.

FÁBIO (*falando com Décio*): Aquele é quem feriu dom Juan
    na pendenga passada.
    Com ele está um aguazil.

DÉCIO: A situação é delicada.
    (*Ao aguazil*)

Senhor, ponde na cadeia,
a este fidalgo.

DOM MARTIM: Existem mais desgraças?

AGUAZIL: Para lá já vai.
Mas por que os dois
me mandam prendê-lo?

FÁBIO: Feriu a dom Juan de Toledo,
ontem à noite, junto à casa
de dom Pedro de Mendoza.

DOM MARTIM: Eu, a dom Juan?

QUINTANA: Olhem como a coisa piora!

DOM MARTIM: Que dom Juan, meu Deus. Que noite,
que casa, que estocadas?
Que perseguição é essa?
Vejam, senhores, que a alma
da defunta dona Juana
é a quem todos enreda.

DOM DIEGO: Então a haveis matado?

AGUAZIL: Para o cárcere!

QUINTANA: Esperai,
Que de um coche
Descem umas damas
E vêm depressa
explicar essa maranha.

Cena XXII

Dona Juana, de homem, dom Pedro, dona Inês, dona Clara, de mulher e dom Juan, com ataduras no braço. Os demais.

DONA JUANA: Pai dos meus olhos!

DOM DIEGO: Como? Quem sois?

DONA JUANA: Juana, tua filha.

DOM DIEGO: Estás viva?

DONA JUANA: Viva.

DOM DIEGO: Esta carta não é tua?

DONA JUANA: Mandei-a para que viesses
    a esta corte, onde estava
    dom Martim, feito dom Gil,
    querendo tornar-se esposo
    de dona Inês, a quem
    informei desta longa história
    para remediar todas as desgraças.
    Fui o fingido dom Gil,
    célebre por minhas calças,
    e temido pelas penas de minha alma.
    (*A dom Martim*)
    Por pertenceres a minha alma,
    dá-me tua mão.

DOM MARTIM: Confuso a beijo,
    Prenda minha,
    E agradecido por ver
    Que cessaram por tua causa
    Todas as minhas perseguições.
    A morte já bebia,
    e Quintana estava contra mim.

DONA JUANA: Veio por minha honra.

DOM MARTIM (*a dom Diego*): Perdoai minha ingratidão, senhor.

DOM DIEGO: Um pai vos enlaça ao colo,
    quem antes era inimigo
    e vossa morte desejava.

DOM PEDRO: Já sabemos dos acontecidos
    e das confusas maranhas

de dom Gil, de Juana e dona Elvira.
O ferimento de dom Juan
não foi nada.

DOM JUAN: Já antes,
ao ver que dona Inês
me faz finezas,
recuperei a saúde.

DONA INÊS: Sois dono de mim e de minha casa.

DOM PEDRO: E dom Antônio há de ser
da formosa dona Clara.

DONA CLARA: Enganou-me, como a todos,
o dom Gil das calças verdes.

DOM ANTÔNIO: Eu encontrei a sorte,
pois premiais minha esperança.

DOM DIEGO: Já sois meu filho, dom Martim.

DOM MARTIM: Falta meu pai
para celebrarmos as bodas.

Cena XXIII

Aparece Caramanchel, cheio de velas no chapéu, vestido com estampas de santos, com um hissope na mão e um caldeiro pequeno pendurado ao pescoço.

CARAMANCHEL: Há quem reze pela alma
de meu patrão, que penando
se encontra dentro das calças?

DONA JUANA: Estás louco, Caramanchel?

CARAMANCHEL: Te esconjuro pelas chagas
do hospital dos tumores.
Vade retro!

DONA JUANA: Tolo, sou o teu dom Gil.
Estou vivo, de corpo e alma.

Não vês que trato com todos
   e que ninguém se espanta?

CARAMANCHEL: E sois homem ou mulher?

DONA JUANA: Sou mulher.

CARAMANCHEL: Só isso bastava
   para enredar trinta mundos.

Aparece Osório.

OSÓRIO: Dom Martim, agora acaba
   de chegar vosso pai.

DOM PEDRO: De chegar, mas não em minha casa?

OSÓRIO: Nela vos esperando.

DOM PEDRO: Vamos, pois, para que se façam
   as bodas de todos os três.

DONA JUANA: E assim acaba a história
   Dom Gil das calças verdes.

CARAMANCHEL: E sua comédia de calças.

CALDERÓN DE LA BARCA

Pedro Calderón de la Barca (1600-1681) nasceu em Madri, sendo o terceiro dos cinco filhos do casal Diego Calderón e Ana Maria de Henao. Seu pai possuía um cargo relativamente importante na corte, o de secretário do Conselho da Fazenda, e sua mãe provinha de uma família nobre alemã. Em 1608 foi enviado ao Colégio Imperial dos Jesuítas, onde entrou em contato com as letras clássicas, mas tendo como objetivo seguir a carreira eclesiástica, segundo o desejo do pai e a possibilidade de assumir uma capelania hereditária, deixada por sua avó. As relações com o pai sempre foram tensas ou inamistosas, o que, segundo alguns, pode ser entrevisto na mais famosa de suas peças, *A Vida é Sonho*. Posteriormente, estudou nas universidades de Alcalá de Henares e, após a morte do pai, em 1615, na de Salamanca, onde se formou em direitos canônico e civil, sem, no entanto, ordenar-se. Em 1620 retornou a Madri, fez-se militar e viveu na corte uma vida livre e não isenta de tribulações. Entrou para o serviço do duque de Frias e com ele viajou para Flandres e Itália, entre 1623 e 1625.

Sua primeira comédia, *Amor, Honra e Poder*, estreou em Madri em 1623, quando da visita do príncipe de Gales. As peças seguintes,

O Príncipe Constante e *A Dama Duende*, lhe valeram o apreço do rei Felipe IV, e a encomenda de novas comédias para o velho Alcázar e o então recém-construído Palácio do Bom Retiro. Além disso, passou a escrever para os *corrales* da Cruz e do Príncipe, convertendo-se em personalidade bastante popular. Em 1636 o rei o nomeou cavaleiro da Ordem de Santiago, quando só então veio a ser publicada a primeira *Parte* (coleção) de suas obras.

Dois anos mais tarde retomou a carreira militar, participando do cerco de Fuenterrabía e da Guerra da Catalunha, da qual se retira em 1642. Em 1651 ordenou-se sacerdote e, em 1663, foi nomeado capelão de honra do rei. Fixou-se então novamente na corte, passando a dirigir a representação de autos.

A VIDA É SONHO

Essa é, sem dúvida, a mais famosa comédia de Calderón e um dos pináculos do teatro universal. O assunto e o desenvolvimento da ação são muito conhecidos e provêm de numerosas fontes e motivos tradicionais e cotidianos na literatura e na oratória sagrada do Século de Ouro: o príncipe Segismundo está encarcerado, sem que saiba quem é nem por que carece de liberdade, vigiado e educado por Clotaldo, que, logo saberemos, é pai de Rosaura. O primeiro monólogo, uma das passagens mais famosas do teatro espanhol, expressa essa carência, quando se compara com todas as demais criaturas da natureza:

> Que lei, justiça ou razão
> sabe ao homem negar
> um privilégio exemplar
> ou exceção tão desigual
> que Deus ofertou a um cristal,
> a um peixe, a uma fera e a uma ave?

Ao cárcere chegam Rosaura e Clarim. Rosaura, dama que foi possuída e abandonada por Astolfo, vem da Polônia com a intenção de recuperar sua honra.

Em uma cena posterior, o rei Basílio explica à sua corte (e ao público) as razões da prisão de Segismundo: segundo um horóscopo elaborado pelo próprio Basílio, sábio astrólogo, o príncipe está destinado a ser um tirano destruidor de seu povo. No conflito destino-liberdade, Basílio pretende fazer uma prova, levando Segismundo adormecido ao palácio, onde lhe revelarão sua identidade e o tratarão como a um príncipe: se Segismundo reagir como um tirano, o devolverão novamente dormindo à prisão. A experiência é levada a cabo e Segismundo reage com violência: regressa à torre e, ao despertar de sua letargia, reflete sobre a experiência vivida, que não sabe determinar se foi sonho ou realidade.

Decidindo-se pelo bem, enfim, única realidade válida na vigília ou no sonho, vê-se libertado por uma rebelião dos súditos, que não desejam um príncipe estrangeiro, e põe em ação sua liberdade e autodomínio, perdoa seu pai vencido e se dispõe a ser um rei justo. O domínio de suas paixões ele também o demonstra ao renunciar à bela Rosaura, vinda da Polônia em busca de Astolfo, que a desonrou e lhe deve casamento, de quem se havia enamorado, para que se restaurem a honra e a ordem.

A estrutura da "comédia" é sumamente cuidada. Diversos trabalhos eruditos revelaram o papel da ação secundária, que se costumava considerar facilmente memorável (a de Rosaura), na evolução e reflexão de Segismundo. Todos os detalhes estão relacionados de maneira férrea e o encadeamento das ações não deixa fios soltos.

Os grandes temas da obra multiplicam as perspectivas e as dimensões das ações e dos personagens. O calderonista Francisco Ruiz Ramón assinala três grandes temas: destino-liberdade, a vida como sonho e o autodomínio. Esses temas centrais subordinam os outros, como a educação dos príncipes, o modelo de governante, o poder ou a justiça.

A dialética sonho-vida, marcada no título, remete, como já se disse, a motivos tradicionais: nesse sentido, não parece tão importante a dimensão "filosófica" da obra, que pouco tem de original, como a articulação propriamente dramática: a Segismundo, por falta de experiência de mundo exterior, torna-se difícil discernir, no experimento a que lhe submete Basílio, o limite entre o sonho e a vida, entre o onírico e a realidade. Nessa indeterminação de fronteiras só encontra um pretexto indiscutível: fazer o bem, porque nem em sonhos se perde o fazer o bem, um bem não exatamente moral ou religioso, mas orientado na direção da fama heroica. Um segundo plano permite generalizar a lição de fugacidade e fragilidade da vida (e também do público), cuja condição instável a assimila a um sonho. Mas a soberba e a violência do rei Basílio acabarão por provocar sua queda e por ensiná-lo que também para ele a vida é sonho.

Em Basílio, não menos que em Segismundo, expõe-se o tema do destino e do livre arbítrio. A suposta sabedoria do rei ignora em sua soberba que o destino do mundo pode sofrer influências dos astros, mas nunca determiná-lo: a experiência que faz com seu filho não é legítima, não cumpre as condições exigíveis, já que privou o jovem de toda relação e trato humanos. Condenado a viver entre as feras, reage como fera, não em cumprimenro ao seu horóscopo (como crê Basílio), e sim pelas carências que o tratamento recebido provocou. Como, em seu filho, anulou-se todo o exercício da liberdade, não lhe é possível nem legítimo julgar o resultado do experimento, o qual teria exigido um processo de educação completamente distinto. A definição da liberdade humana será precisamente a capacidade de reflexão de Segismundo e o domínio que demonstra da violência, engendrada em parte pelo mesmo abuso do poder paterno.

Basílio, pai e rei, figura duplamente "paterna", é para seu filho um tirano: "tirano do meu alvedrio", como o chama Sugismundo no palácio. Parte da crítica considera que, no último ato, Segismundo assimila os métodos de seu pai (especialmente ao condenar o soldado traidor), ao aceitar um "prudentismo político", o mesmo sistema que havia denunciado previamente. Não vejo como muito clara essa conclusão. Segismundo não aceita o jogo para conservar seu poder: uma vez que seus partidários venceram, podia ter oprimido o pai e castigado Clotaldo; podia ter ficado com Rosaura. O que há no desenlace é uma renúncia consciente de impulsos passionais que são indignos da figura de um rei – e de novo é preciso acudir à ideia do monarca no século de ouro. Há uma vitória do livre arbítrio sobre os apetites e sobre os horóscopos.

Mas toda a riqueza temática e "filosófica" de *A Vida é Sonho* não nos deve fazer esquecer que, antes de tudo, se trata de uma peça dramática cujo texto poético é uma "máquina formidável" (como afirma Evangelina Rodríguez Cuadros); retórica abundante de sonoridades suntuosas, de imagens inesquecíveis, de prodigiosa música verbal. Sistema dos quatros elementos, símbolos do labirinto, da prisão, a águia caudalosa que evoca o desejo de Segismundo, os gigantes, vulcões, obscuridades e escarpas, aliados a uma materialização cénica, tudo isso faz de *A Vida é Sonho* uma das mais perfeitas criações do teatro universal, como *teatro* e como *poesia dramática*.

Personagens que nela falam

Rosaura, *dama*
Segismundo, *príncipe*
Clotaldo, *velho*
Estrela, *infanta*
Soldados
Clarim, *bobo*
Basílio, *rei*
Astolfo, *príncipe*

Guardas
Músicos
Criados

Jornada I

Aparece, no alto de um monte, Rosaura, em traje masculino de viagem e, ao representar os primeiros versos, vai descendo.

ROSAURA: Hipogrifo violento,
    que parelho correste com o vento,
    de onde raio sem chama,
    pássaro sem matiz, peixe sem escama
    e bruto sem natural instinto
    ao confuso labirinto
    nessas desnudas penhas te desembocas,
    te arrastas e te despenhas?
    Fica neste monte
    onde tenham os brutos seu Faetonte,
    que eu, sem mais caminho
    que o que me dão as leis do destino,
    cega e desesperada

descerei da cabeça emaranhada
deste monte eminente
que ao sol enruga a sua frente.
Mal, Polônia, recebes
o estrangeiro, pois com sangue escreves
sua entrada em tuas arenas
e apenas chega, quando chega, com penas.
Bem minha sorte o diz;
mas onde achou piedade um infeliz?

Aparece Clarim.

CLARIM: Diz dois e não me deixes
lá na pousada quando te queixes;
pois se fomos dois atrevidos
da nossa pátria saídos
a provar aventuras,
dois que, entre desditas e loucuras,
aqui havemos chegado;
dois que ao monte temos rodado,
não é razão para que eu sinta
também a mágoa que em ti não está extinta?

ROSAURA: Eu não te quis dar parte
de meus males, Clarim, para não tirar-te,
chorando teu cuidado,
o direito de seres consolado.
Que tanto gosto havia
em queixar-se, um filósofo dizia,
que, a troco de queixar-se,
haviam as desditas de encontrar-se.

CLARIM: O filósofo era
um bode bêbado; oh, quem lhe dera
mais de mil bofetadas!
Queixava-se depois de muito bem dadas...
Mas que faremos, senhora,

a pé, sós e perdidos nesta hora
em um deserto monte,
quando parte o sol a outro horizonte?

ROSAURA: Quem viu sucessos tão estranhos!
Mas se a vista não sofre dos enganos
que faz a fantasia,
na medrosa luz que ainda é dia
me parece que vejo
um edifício.

CLARIM: Ou mente meu desejo,
ou se apagam os sinais.

ROSAURA: Rústico nasce entre fragais
um palácio tão breve
que o sol a olhar mal se atreve.
De tão rude artifício
é a arquitetura deste edifício
que parece à sua planta,
que uma pedra a outra suplanta,
e que o sol toca com seu lume,
um penhasco rolado desde o cume.

CLARIM: Vamo-nos acercar
e não apenas, senhora, olhar;
é melhor que a gente
que nele habita, generosamente,
nos admita.

ROSAURA: A entrada
– diria boca funesta – franqueada
está, e ali do centro
nasce a noite, pois gerada de dentro.

Soam ruídos de correntes.

CLARIM: O que escuto arrepia o cabelo.

ROSAURA: Um vulto sou de fogo e gelo.

CLARIM: Há ranger de cadeado.
Matem-me se não é galé condenado;
o medo bem me diz.

Segismundo, dentro.

SEGISMUNDO: Miserável de mim, infeliz.

ROSAURA: Que triste voz escuto,
com novas penas de tormentoso luto!

CLARIM: Eu com novos temores.

ROSAURA: Clarim...

CLARIM: Senhora...

ROSAURA: Fujamos dos rigores
desta encantada torre.

CLARIM: Eu ainda não tenho
ânimo de fugir, quando a isso venho.

ROSAURA: Que breve luz é aquela
caduca exalação, pálida estrela,
que em trêmulos desmaios,
pulsando ardores e latejando raios,
faz mais tenebrosa
a escura habitação duvidosa?
Sim, pois com seu bruxulear
posso mesmo de longe determinar
uma prisão escura,
que é de um vivo cadáver a sepultura;
e, para meu maior assombro,
em traje de fera jaz um homem ou seu escombro,
de grilhões carregado
e só dessa luz acompanhado.
Fugir não devemos;
daqui suas desditas escutemos,
saibamos o que diz.

Vê-se Segismundo com uma cadeia e à luz, vestido com peles.

SEGISMUNDO: Miserável de mim, e ai infeliz!
Apurar, céus, pretendo,
já que me tratais assim
que delito cometi, enfim,
contra vós outros, nascendo;
e embora nascido, já entendo
o delito cometido.
Bastante motivo há tido
vossa justiça e rigor.
Pois o delito maior
do homem é ter nascido.
Só quisera saber,
para apurar meu cuidado,
e deixando aos céus assinalado
o delito de nascer,
com que mais os pude ofender
para me castigarem mais.
Não nasceram os demais?
Pois se os demais nasceram,
que privilégio tiveram
que eu não gozei jamais?
Nasce a ave com galas,
que lhe dão beleza suma,
apenas é flor de pluma
ou ramalhete com alas
quando as etéreas salas
corta com velocidade,
negando-se à piedade
do ninho que deixa em calma.
E tendo eu mais alma,
tenho menos liberdade?
Nasce a fera e com a pele
em que desenham manchas belas

apenas signos é de estrelas,
graças ao douto pincel
quando, atrevida e cruel,
a humana necessidade
lhe ensina a ter crueldade,
monstro de seu labirinto.
E eu, bem mais distinto,
tenho menos liberdade?
Nasce o peixe que não respira,
aborto de ovas e lamas,
e apenas baixel de escamas
sobre as ondas se mira,
quando para todas as partes gira,
medindo a imensidade
de tanta capacidade
que lhe dá o centro frio.
E eu, com mais alvedrio,
tenho menos liberdade?
Nasce o arroio, essa cobra
que entre as flores se desata
e apenas serpe de prata,
entre as flores se dobra;
quando o músico celebra em obra
das flores a suavidade,
que lhe dão a majestade,
no campo aberto de sua ermida.
E tendo eu mais vida,
tenho menos liberdade?
Em chegando a esta paixão,
um vulcão, um Etna feito,
quisera sacar do peito
pedaços do coração.
Que lei, justiça ou razão
sabe ao homem negar
um privilégio exemplar

ou exceção tão desigual
que Deus ofertou a um cristal,
a um peixe, a uma fera e a uma ave?

ROSAURA: Temor e piedade em mim
suas razões me causaram

SEGISMUNDO: Minhas queixas agora ecoaram?
És Clotaldo?

CLARIM (*à parte*): Diz que sim.

ROSAURA: Não é senão um triste volantim
que nessas abóbadas frias
ouviu tuas melancolias.

SEGISMUNDO: Pois a morte te darei
para que não saibas que sei
que sabes minhas fraquezas e espias.
Somente por teres ouvido,
entre meus fortes braços
te farei eu em pedaços.

CLARIM: Sou surdo, ou estou prestes,
e não posso escutar-te.

ROSAURA: Se nasceste
humano, basta prostrar-me
a teus pés para livrar-me.

SEGISMUNDO: Tua voz pôde enternecer-me,
a presença suspender-me
e teu respeito turbar-me.
Quem és? Embora eu aqui
pouco saiba do mundo,
neste berço e sepulcro imundo
nesta torre vivi.
E desde que nasci,
se isto é nascer, só tenho por certo
este rústico deserto
onde miserável vivo,

sendo um esqueleto vivo,
ou um animal morto.
E, se não vi nem falei
senão a um homem somente,
que aqui minhas mágoas sente,
por quem as notícias sei,
de terra, de céu e de porto.
Por mais que alguém se espante
e me tome por monstro repugnante,
entre assombros e quimeras,
aqui sou homem das feras,
e uma fera dos homens vigilante.
E mesmo em tormentos graves
tenho a política estudado,
sido por feras ensinado,
e aconselhado pelas aves.
E desses astros suaves
as rotas já posso descrever.
Só tu conseguiste suster
a paixão das minhas ofensas
dar a meus olhos recompensas
e meu ouvido surpreender.
Em cada vez que te vejo
admiro os olhos angelicais
e quando te olho mais,
mais te olhar desejo.
Olhos hidrópicos de sobejo
os meus olhos devem ser,
pois quando a morte é beber,
bebem demais; e desta sorte,
vendo que o ver me dá morte,
estou morrendo por ver.
Mas veja-te eu e desapareça
que não sei, rendido já,
se o ver-te morte me dá

ou se por não ver-te feneça.
Mas que a morte aconteça
em ira, raiva ou dor forte,
se a morte fora desta sorte,
seu rigor foi ponderado,
pois dar vida a um desgraçado,
a um desgraçado é dar morte.

ROSAURA: Com o assombro de olhar-te,
com a admiração de ouvir-te,
não sei o que possa exprimir-te
nem o que possa perguntar-te.
Só direi que a esta parte
o céu me trouxe hoje guiado
para deixar-me consolado,
se consolo pode ser
a um desgraçado ver
outro mais ainda desgraçado.
Contam de um sábio que um dia
tão pobre e mísero estava
que apenas se sustentava
de umas ervas que comia.
Haverá outro, para si dizia,
mais pobre e triste do que eu?
E quando o rosto volveu
achou a resposta, vendo
que ia outro sábio colhendo
o que por inútil deu.
Queixoso da fortuna,
eu neste mundo vivia,
e quando a mim me dizia:
outra pessoa haverá que reúna
outra sorte mais importuna?,
piedoso hás respondido;
pois voltando ao meu sentido
descubro que as minhas penas

podem dar-te alegrias terrenas
quando as tenha recolhido.
Mas se acaso as minhas penas
podem aliviar-te em parte,
ouve-as atento e toma
as que delas me sobrarem.
Eu sou...

CLOTALDO (*dentro*): Guardas desta torre,
que dormidos ou covardes
destes passo a duas pessoas
que violaram o cárcere...

ROSAURA: De nova confusão padeço.

SEGISMUNDO: É Clotaldo, o meu alcaide.
Não têm fim meus aborrecimentos?

CLOTALDO (*dentro*): Acudi, e vigilantes,
sem que se possam defender,
prendei-os ou matai-os.

TODOS (*dentro*): Traição!

CLARIM: Guardas desta torre,
que entrar aqui nos deixastes,
se nos permitis escolher,
prender-nos é mais fácil.

Surgem Clotaldo, com escopeta, e soldados, todos com rostos cobertos.

CLOTALDO: Todos vós cobri o rosto,
que é diligência importante
enquanto estamos aqui.
Que de nós ninguém saiba.

CLARIM: Mascaradinhos, hein?

CLOTALDO: Vós outros, que ignorantes
deste sítio vedado,
o limite e o término passastes

contra o decreto do rei,
que manda que ninguém ouse
observar o prodígio
que nestes penhascos jaz.
Rendei as armas e vidas
ou esta pistola, áspide
metálica, cuspirá
o veneno penetrante
de duas balas, cujo fogo
fará escândalo nos ares!

SEGISMUNDO: Antes, tirano dono,
que os ofendas e os agraves
meu corpo estará despojado
destes laços miseráveis;
pois neles, juro por Deus,
tenho de despedaçar-me,
com mãos, com os dentes,
em meio aos penhascos,
antes que suas mortes consinta
e que chore seus ultrajes.

CLOTALDO: Se sabes que teus infortúnios,
Segismundo, são tão grandes,
que antes de nascer morreste,
por lei do céu;
se sabes que estas prisões são,
para tuas fúrias arrogantes,
um freio que as detenha
e uma rédea que as segure,
por que blasonas?
Fechai a porta deste estreito cárcere;
escondei-o nele.

Fecham a porta.

SEGISMUNDO (*dentro*): Ah, céus,
> que bem me fazeis em tirar-me
> a liberdade. Pois seria
> contra vós, gigantes,
> que para vedar o sol,
> este cristal cintilante,
> sobre argamassa de pedra
> poria montes de jaspe.

CLOTALDO: Talvez para que não os ponhas
> hoje padeças tantos males.

ROSAURA: Tendo visto que a soberbia
> ofendeu-te tanto, ignorante
> fora não pedir-te, humilde,
> a vida, que a teus pés está.
> Mova-te em mim a piedade;
> será dureza notável
> não achar favor em ti,
> nem orgulho nem humildades.

CLARIM: E se humildade e soberba
> não te obrigam, personagens
> que moveram e removeram
> mil autos sacramentais,
> eu, nem humilde nem soberbo,
> entre as duas metades
> entrevado, te peço:
> que nos dê remédio e ampares.

CLOTALDO: Olá!

SOLDADOS: Senhor...

CLOTALDO: Dos dois,
> tirai-lhes as armas
> e vendai-lhes os olhos
> para que não vejam
> como nem de onde saem.

ROSAURA: Minha espada é esta, que a ti
somente se há de entregar,
porque, enfim, de todos és
o principal, e não sabe
render-se a um valor menor.

CLARIM: A minha é tal que se pode dar
ao pior; tomai-a vós.

ROSAURA: E se hei de morrer, deixar-te
quero, por tal piedade,
uma prenda que se possa estimar
pelo dono que um dia a cingiu.
Que a guardes te encarrego,
embora não saiba que segredo alcance.
Sei que esta dourada espada
encerra mistérios grandes,
pois só nela confiado
venho à Polônia vingar-me
de um agravo.

CLOTALDO (*à parte*): Santo céu!
O que é isso? Já são mais graves
meus males e confusões,
minhas ânsias e pesares.
Quem a deu a ti?

ROSAURA: Uma mulher.

CLOTALDO: Como se chama?

ROSAURA: Não dizer seu nome
é necessário.

CLOTALDO: Do que
agora inferes, ou sabes,
que há um segredo nesta espada?

ROSAURA: Quem ma deu, disse: "Parte
para a Polônia e solicita,
com engenho, estudo ou arte,

que te vejam essa espada
os nobres e os principais;
que sei que um deles
te favorece e ampara".
Mas se por acaso está morto,
não quis então nomeá-lo.

CLOTALDO (*à parte*): Valha-me o céu! Que escuto?
Ainda não sei explicar-me
se tais sucessos são
ilusões ou verdades.
Esta espada foi a que deixei
para a formosa Violante
como sinal de que quem a cingisse
e trouxesse havia de encontrar-me
amoroso como um filho
e piedoso como pai.
Que farei, ai de mim!,
em semelhante confusão,
se quem a traz por favor
para sua morte a traz,
porque sentenciado à morte
chega a meus pés? Que notável
confusão! Que triste fado!
Que sorte tão inconstante!
Este é meu filho, e os sinais
bem condizem com os sinais
do coração, que por vê-lo
chamam em meu peito e nele batem
as asas e, não podendo
quebrar as grades, faz
como aquele que estando preso,
e ouvindo ruídos na rua
assoma à janela;
e assim como não sabe
o que se passa, e ouve o ruído,

aos olhos vai assomar-se,
que são as janelas do peito
por onde em lágrimas saem.
Que hei de fazer? Deus me valha!
Que hei de fazer? Pois levá-lo
ao rei é levá-lo, oh tristeza,
a morrer, já que ocultá-lo
do rei não posso, conforme
a lei da homenagem.
De uma parte o amor próprio,
e a lealdade de outra parte
me dominam. Mas do que duvido?
A lealdade ao rei não está antes
do que a vida e a honra?
Pois que ela viva e os demais faltem.
Além do que, se agora atendo
ao que disse, que a vingar-se
veio de agravo, o homem
agravado é infame.
Não é meu filho, não é,
nem possui meu nobre sangue.
Mas se já ocorreu
um perigo de quem ninguém
se livrou, porque a honra
é de matéria tão frágil
que com uma ação se quebra,
ou se mancha com o vento,
que mais pode fazer, o que mais,
ele que é nobre de sua parte,
e que à custa de tantos riscos
veio buscá-la?
É meu filho, meu sangue tem,
pois tem grande valor.
E assim, entre uma e outra dúvida,
o modo mais importante

é ir-me ao rei e dizer-lhe
que é meu filho, e que o mate.
Quem sabe a mesma piedade
de minha honra poderá obrigá-lo?
E se o mereço vivo,
o ajudarei a vingar-se
de seu agravo. Mas se o rei,
constante em seus rigores,
lhe der a morte, morrerá
sem saber que sou seu pai.
(*Alto*) Vinde comigo, estrangeiros.
Não temais, não, que vos falte
companhia no infortúnio;
pois em dúvidas semelhantes,
de viver ou morrer,
não sei quais são as maiores.

Saem. Aparecem, de um lado, Astolfo e soldados e, de outro, Estrela com suas damas. Música.

ASTOLFO: Bem se veem que os excelentes
raios, que foram cometas,
misturam salvas diferentes
as caixas e as trombetas,
os pássaros e as torrentes;
sendo com música igual
e com maravilha suma
ao teu olhar celestial;
umas, clarim de pluma,
e outras, aves de metal;
e assim vos saúdam, senhora,
tal como à rainha as balas,
os pássaros como a Aurora,
as trombetas como a Palas
e as flores como a Flora;

pois sois, enganando o dia,
que já a noite desterra,
uma Aurora na alegria,
Flora em paz, Palas em guerra,
rainha que minh'alma serviria.

ESTRELA: Se a voz se há de medir
com as ações humanas,
fizestes mal ao proferir
finezas tão palacianas,
com que vos pode desmentir
todo esse marcial troféu
contra o qual atrevida luto;
não condizem, estou certa,
as lisonjas que de vós escuto
com o rigor que aqui se acoberta.
Percebei que é baixa ação,
que só a uma fera toca,
mãe de engano e traição,
o adular com a boca
e matar com a intenção.

ASTOLFO: Mal informada estais,
Estrela, pois da fé
de minhas finezas duvidais.
Suplico que me escutais
para ver se assim não é.
Morreu Eustórgio Terceiro,
rei da Polônia, e se mantém
Basílio, por seu herdeiro,
e duas filhas de quem
eu e vós proviemos, eu primeiro.
Não vos quero cansar
com o que aqui não tem lugar.
Clorilene, vossa mãe, senhora,
que em melhor império agora,

em um dossel de luzes deve estar,
foi a mais velha, de quem filha sois;
e foi a segunda,
mãe e tia de nós dois,
a galharda Recisunda
que também a paz de Deus circunda.
Casou em Moscou, de quem
eu nasci. Voltar agora
ao outro princípio faz bem.
Basílio, que já, senhora,
rende-se ao tempo que tem,
e aos estudos mais inclinado
do que a mulheres dado,
enviuvou sem filho
deixando-nos o sarilho
de aspirar a esse Estado.
Vós alegais que haveis sido
a filha da irmã maior,
mas eu, varão crescido,
embora de irmã menor,
vos devo ser preferido.
A intenção que a ambos guia
a nosso tio contamos;
nos respondeu que queria
compor-nos e conciliamos
este lugar e este dia.
Com essa intenção saí
de Moscou e de sua terra;
com ela cheguei até aqui,
e em vez de paz, a guerra
é o que pretendeis ou senti.
Oh, queira Amor, sábio deus,
que o vulgo, astrólogo certo,
nos conceda os favores seus
e prepare este concerto

em que sejam o cetro e o mando teus.
Pois quer meu alvedrio
vos seja dada em honor
a coroa de nosso tio,
seus triunfos ao vosso valor,
e seu império, ao amor que vos confio.

ESTRELA: A tão cortês bizarria
meu peito não endossa,
pois a imperial monarquia,
só para fazê-la vossa,
que fosse minha se alegraria;
ainda que não satisfeito
meu amor de que sois ingrato,
se enquanto dizeis, suspeito,
que o desminta este retrato
que trazeis em vosso peito.

ASTOLFO: Satisfazer-vos intento,
mas ensejo agora não há,
pois um sonoro instrumento
nos avisa que ali chega já
o rei com seu parlamento.

Tocam e aparecem o rei Basílio, velho, e seu acompanhamento.

ESTRELA: Sábio Tales...

ASTOLFO: Douto Euclides...

ESTRELA: que entre signos...

ASTOLFO: que entre estrelas...

ESTRELA: hoje governas...

ASTOLFO: hoje resides...

ESTRELA: e seus caminhos...

ASTOLFO: seus rastros...

ESTRELA: descreves...

ASTOLFO: graduas e medes...
ESTRELA: deixa que por humildes laços...
ASTOLFO: deixa que em ternos abraços
ESTRELA: hera desse tronco seja...
ASTOLFO: rendido a teus pés me veja.
BASÍLIO: Sobrinhos, dai-me os braços,
    e crede, já que leais
    ao meu preceito amoroso,
    vinde com afetos tais
    que a ninguém deixe queixoso
    para que ambos fiquem iguais.
    E assim quando me confesso
    rendido ao peso em excesso,
    só vos peço na ocasião
    silêncio, pois que admiração
    há de pedi-la o sucesso.
    Já sabeis, estai atentos,
    amados sobrinhos meus,
    corte ilustre da Polônia,
    vassalos, parentes e amigos,
    já sabeis que eu no mundo
    por minha ciência mereci
    o epíteto de douto;
    pois contra o tempo e o olvido,
    os pincéis de Timantes,
    os mármores de Lísipo
    no âmbito da Terra
    me aclamam O Grande Basílio.
    Já sabeis que são as ciências
    o que mais estudo e estimo,
    matemáticas sutis
    a quem o tempo dedico,
    por quem a fama ultrapasso
    a jurisdição e o ofício

de ensinar mais a cada dia;
pois quando em minhas tábuas
presentes vejo as novidades
dos séculos vindouros,
ganho do tempo as graças
de contar o que disse.
Esses círculos de neve,
esses dosséis de vidro
que o sol ilumina com raios
sobre a lua repartidos;
esses orbes de diamantes,
esses globos cristalinos
que as estrelas adornam
e onde campeiam os signos
são o maior estudo
de meus anos, são os livros
onde em papel de diamante,
em cadernos de safira
escreve o céu, com linhas de ouro,
em caracteres distintos,
todos os nossos sucessos,
os adversos e os benignos.
Isso leio tão veloz
que com meu espírito sigo
seus rápidos movimentos
por rumos e caminhos.
Prouvera ao céu, em primeiro,
que meu gênio houvesse sido
de suas margens o comentário
e de suas folhas o registro;
teria sido minha vida
o primeiro desperdício
de seus furores, e neles
minha tragédia houvera sido.
Porque aos infelizes

o punhal é permitido
e a quem o saber perverte
é homicida de si mesmo!
Eu o digo, embora melhor
o digam os meus sucessos,
para cuja admiração
outra vez silêncio vos peço.
De Clorilena, minha mulher,
tive um infortunado filho,
em cujo parto os céus
se esgotaram de prodígios,
antes que à formosa luz
lhe desse o sepulcro vivo
de um ventre, pois o nascer
e o morrer são parecidos.
Sua mãe, infinitas vezes,
entre ideias e delírios
do sonho, viu que rompia
suas entranhas, atrevido,
um monstro em forma humana;
e em meio ao sangue tingido
lhe dava a morte, nascendo
víbora humana deste signo.
Chegou de seu parto o dia
e o presságio foi cumprido
– porque tarde ou nunca são
mentirosos os ímpios :
nasceu em tal horóscopo
que o sol, em seu sangue tinto,
entrava com toda a sanha
tendo a lua por desafio;
estando cercada a Terra,
os dois faróis divinos
pela luz inteira lutavam,
sem um braço partido.

Foi o maior, o mais horrendo
eclipse que o sol padeceu
desde que com sangue
chorou a morte de Cristo;
assim foi porque, inundada
a Terra de incêndios vivos,
presumiu que padecia
de um último paroxismo.
Os céus escureceram,
tremeram os edifícios,
choveram pedras de nuvens,
correram em sangue os rios.
Neste mísero ou mortal
planeta e signo
Segismundo nasceu,
dando cruéis indícios
ao dar morte à sua mãe,
e com furor dizer:
"Homem sou, pois já começo
a pagar mal os benefícios".
Eu, acudindo aos meus estudos,
neles e em tudo viso
que Segismundo seria
o homem mais atrevido,
o príncipe mais cruel
e o monarca mais ímpio
que ao reino viria
por ser parcial e dividido,
escola de traição
e academia de vícios;
e ele, por seu furor levado,
entre assombros e delitos,
haveria de pôr-me os pés
e eu, a seus pés rendido,
haveria de ver

– com que tristeza o digo! –
como tapete de seus pés
o branco dos meus cabelos.
Quem não dá crédito ao dano,
mais ainda ao dano previsto
em seu estudo, onde faz
o amor-próprio o seu ofício?
Dando crédito eu aos fados
que adivinhos me apontavam os danos
em fatais vaticínios,
determinei encerrar
a fera que havia nascido,
para ver se o sábio possuía
sobre as estrelas algum domínio.
Publicou-se que o infante
nasceu morto e, prevenido,
fiz erguer uma torre
entre os penhascos e riscos
desses montes, onde apenas
a luz encontrou caminho,
por defender a entrada
seus rústicos obeliscos.
As graves penas e as leis,
publicamente editadas,
declararam que ninguém
entrasse no vedado sítio
devido às causas que vos contei.
Ali vive Segismundo,
mísero, pobre e cativo,
e ali apenas Clotaldo
lhe falou, tratou e viu.
Este lhe ensinou as ciências
e na lei católica lhe instruiu,
sendo o único
de suas misérias testemunha.

Aqui há três coisas: uma
que eu a vós e à Polônia
tanto estimo
que vos quero libertar
da opressão e serviço
de um rei tirano, pois,
não sendo senhor benigno,
à sua pátria e a seu império
poria em tanto perigo.
A outra, é considerar
que se de meu sangue retiro
o direito que lhe deram
os foros humano e divino,
não existe a caridade cristã;
pois nenhuma lei disse
que por reservar a outro
o ser tirano e atrevido,
possa eu sê-lo, supondo
ser tirano meu filho,
e para que os delitos ele não faça,
venha eu a fazê-los.
É a última e terceira
o ver quanto erro foi
dar crédito facilmente
aos acontecimentos previstos;
pois embora sua tendência
lhe dite os princípios,
talvez não o vençam
porque o fado mais esquivo,
a inclinação mais violenta,
o planeta mais ímpio,
sobre a vontade inclinam,
mas não forçam o alvedrio.
E assim, entre uma e outra causa,
vacilante e discursivo,

previne um tal remédio
a suspensão dos sentidos.
Eu o porei amanhã, a Segismundo,
sem que saiba que é meu filho,
e vosso rei,
em meu dossel e trono
e enfim, em meu lugar,
de onde vos governe e vos mande
e de onde, todos obrigados,
obediência lhe jureis;
com isso consigo
três coisas, com que respondo
às outras três que disse.
A primeira é que sendo
prudente, cordato e benigno
desmentindo em tudo o fado,
que dele tantas coisas disse,
desfrutareis, ao natural,
do vosso príncipe, que foi
cortesão de montanhas
e das feras vizinho.
A segunda é que se ele,
soberbo, ousado, atrevido
e cruel, com brida solta,
correr o campo de seus vícios,
terei então piedoso
com minha obrigação cumprido;
e logo o farei despossuído
como rei invicto,
fazendo-lhe voltar ao cárcere,
não por crueldade, mas castigo.
A terceira é que sendo
o príncipe como vos digo,
e por vos amar, vassalos,
vos darei reis mais dignos

da coroa e do cetro,
e que serão meus sobrinhos;
juntando em um o direito
dos dois, e correspondidos
na fé do matrimônio
terão o que merecerem.
Isto como rei vos ordeno,
isto como pais vos peço,
isto como sábio vos rogo,
isto como velho vos digo.
E se o Sêneca espanhol,
que era humilde escravo, disse
de sua república ser rei,
como escravo vos suplico.

ASTOLFO: Se a mim responder me toca,
como quem, com efeito, é aqui
o mais interessado,
em nome de todos digo
que Segismundo apareça,
pois lhe basta ser teu filho.

TODOS: Dá nosso príncipe,
que já por rei o pedimos.

BASÍLIO: Vassalos, essa fineza
vos agradeço e estimo.
Acompanhai a seus quartos
os dois atlantes meus,
que amanhã o vereis.

TODOS: Viva o grande rei Basílio!

Saem todos. Antes que se vá o rei, entram Clotaldo, Rosaura e Clarim.

CLOTALDO (*detendo o rei*): Poderei falar-te?

BASÍLIO: Ah, Clotaldo,
sejas bem vindo!

CLOTALDO: Embora vivendo a teus pés,
  por força de assim ter sido,
  desta vez rompe, senhor,
  por fado triste e esquivo,
  o privilégio à lei
  e o costume ao estilo.

BASÍLIO: Que tens?

CLOTALDO: Uma desdita,
  senhor, ocorreu-me,
  quando poderia contê-la
  para maior alegria.

BASÍLIO: Prossegue.

CLOTALDO: Este belo jovem,
  ousado ou inadvertido,
  entrou na torre, senhor,
  onde o príncipe viu
  e é...

BASÍLIO: Não te aflijas, Clotaldo.
  Se fosse outro dia
  confesso que o sentiria;
  mas já o segredo disse
  e não importa que ele não saiba,
  considerando-se que eu o diga.
  Vê-me depois porque tenho
  muitas coisas a observar
  e muitas que façais por mim;
  haveis de ser, vos aviso,
  instrumentos do maior
  episódio que o mundo já viu;
  e a esses presos, porque enfim
  não presumais que do castigo
  descuido, eu os perdoo.

Sai.

CLOTALDO: Viva, grão senhor, mil séculos.
    (À *parte*): O céu melhorou a sorte.
    já não direi que é meu filho,
    pois já o posso excusar.
    Estrangeiros peregrinos,
    estais livres.

ROSAURA: Teus pés beijo,
    mil vezes.

CLARIM: E eu vos certifico
    que uma letra a mais ou a menos
    não percebem dois amigos.

ROSAURA: A vida, senhor, me deste;
    assim, por tua conta vivo,
    e eternamente serei
    tua escrava.

CLOTALDO: Não foi vida o que te dei,
    porque um homem bem nascido,
    se está afrontado, não vive;
    e julgando que vieste
    para vingar-te de um agravo,
    conforme tu mesmo disseste,
    não te dei vida,
    que tu não a trouxeste,
    pois vida infame não é vida.

ROSAURA: (*à parte*): – Bem o animo com isto.
    (*Alto*): Confesso que não a tenho,
    ainda que de ti a receba;
    mas com minha vingança
    deixarei minha honra tão limpa
    que logo possa minha vida,
    atropelando os perigos,
    parecer uma dádiva tua.

CLOTALDO: Toma o aço polido
    que trouxeste, pois sei
    que ele basta, de sangue tingido,
    para de teu inimigo vingar-te;
    pois o aço que foi meu
    — digo nesse instante
    que o tive em meu poder —
    saberá vingar-te.

ROSAURA: Em teu nome,
    pela segunda vez o cinjo
    e com ele juro minha vingança,
    ainda que seja meu inimigo
    aquele mais poderoso.

CLOTALDO: Antes pudesse
    ganhar-me por descobri-lo,
    do que deter-me o passo
    por ajudar teu inimigo.

ROSAURA (*à parte*): Oh, se soubesses quem é!
    (*Alto*): Para que não penses que estimo
    tão pouco essa confiança,
    sabe que o adversário foi
    ninguém menos que Astolfo,
    duque de Moscou.

CLOTALDO (*à parte*): Mal resisto à dor,
    porque é mais grave
    do que imaginado, é visto.
    (*Alto*): Apuremos mais o caso.
    Se moscovita nasceste,
    ele, que é seu senhor natural,
    mal injuriar-te pôde.
    Retorna à tua pátria, pois,
    e deixa o ardente brio
    em que te precipitas.

ROSAURA: Eu sei que,
    embora meu príncipe tenha sido,
    pôde ofender-me.

CLOTALDO: Não pôde,
    ainda que pusesse, e atrevido,
    tocar a mão em teu rosto.

ROSAURA (*à parte*): Oh, céus!
    (*Alto*): Foi maior o meu agravo.

CLOTALDO: Diz já, pois que não podes
    dizer mais do que imagino.

ROSAURA: Diria, mas não sei
    com que respeito te olho,
    com que afeto te venero,
    com que estima te acompanho,
    que não me atrevo a dizer-te
    que esta veste exterior
    é um enigma, pois não é
    de quem parece. Julga-te avisado
    de que não sou o que pareço
    e que se Astolfo veio casar-se
    com Estrela, poderá
    injuriar-me. Tudo te disse.

Saem Rosaura e Clarim.

CLOTALDO: Escuta, espera, detém-te!
    Que confuso labirinto
    é este, onde a razão
    não pode achar o fio?
    Minha honra ofendida,
    poderoso é o inimigo,
    eu vassalo, e ela mulher.
    Que o céu descubra o caminho,
    embora eu não saiba se possa

sendo tão confuso o abismo,
sendo o céu um presságio
e o mundo todo um prodígio.

Jornada II

Surgem Basílio e Clotaldo.

CLOTALDO: Tudo, como mandaste,
 foi realizado.
BASÍLIO: Conta,
 Clotaldo, como se passou.
CLOTALDO: Foi, senhor, desta maneira.
 Com a bebida aprazível
 que mandaste fazer,
 de muitas confecções mesclando
 a virtude de algumas ervas,
 cujo poder tirano
 e força secreta
 ao discurso humano
 priva, rouba e afasta,
 que deixa vivo o cadáver
 de um homem, e cuja coação
 de adormecer lhe retira
 os sentidos e a potência...
 – Não há como discutir
 que isto seja possível,
 pois tantas vezes, senhor,
 nos disse a experiência,
 e é certo, que de segredos
 naturais está repleta
 a medicina, e não há
 animal, planta nem pedra

que não tenha qualidade
determinada; e se chega
a examinar mil venenos,
mostra a humana malícia
que eles dão a morte; mas
quando modera sua violência,
se há venenos que matam,
há venenos que adormentam.
Deixando de parte duvidar
se é possível que assim ocorra,
pois já fica provado
com razões e evidências... –
Com efeito, levando a bebida
que o ópio, a dormideira
e o velenho compuseram,
baixei ao cárcere estreito
de Segismundo; com ele
falei por um momento
das letras humanas que lhe ensinou
a muda natureza,
das montanhas e dos céus
em cuja divina escola
a retórica aprendeu
das aves e dos animais.
Para levantar-lhe mais
o espírito à empresa
que solicitas, tomei
como assunto a presteza
de uma águia real que,
desprezando a esfera do vento,
passava a ser,
nas regiões supremas do fogo,
um raio de pluma
ou desprendido cometa.
Enalteci o voo altivo,

dizendo: "Enfim, és a rainha
das aves, e por isso, entre todas,
é justo que te prefiras".
Não teve ele mais necessidade
quando, tocando a matéria
da majestade, discorre
com ambição e sobranceria:
pois, com efeito, o sangue
lhe incita, move e alenta
a grandes coisas; e disse:
"Que na república inquieta
das aves também haja
quem lhes jure obediência!
Ao proferir tal discurso
minhas angústias me consolam;
pois, ao menos, se estou
sujeito, o estou por força,
já que, voluntariamente,
a outro homem não me renderia".
Vendo-o enfurecido
com o assunto de sua dor,
brindei-lhe com a poção,
e apenas passou da taça
ao peito o licor,
correndo por membros e veias,
tomou-lhe um suor frio
de modo que, se não soubesse
que era morte fingida,
de sua vida duvidara.
Nisto chegaram
as gentes a quem confias
o valor desta experiência,
e pondo-o em uma carruagem
até teu quarto o levaram,
onde está disposta

a majestade e a grandeza
de que são dignas sua pessoa.
Ali em sua cama o recostam,
onde, tão logo a letargia
haja perdido a força,
como a ti mesmo o servirão,
que assim tu ordenas.
E se por haver-te obedecido
mereça eu uma recompensa,
somente te peço
– perdoa minha inadvertência –
que me digas qual é teu intento
trazendo desta maneira
Segismundo ao palácio.

BASÍLIO: Muito justa é essa
dúvida que tens, e quero
somente a ti satisfazê-la.
A Segismundo, meu filho,
a influência de seu astro
– tu o sabes – o ameaça
com infortúnios e tragédias.
Quero examinar se o céu
– que não é possível que minta,
e nos tendo dado
de seu rigor tantas mostras
em sua cruel condição –
ou se mitiga ou se modera
ao menos, e vencido
pelo valor ou pela prudência,
se desdiga; porque o homem
predomina sobre as estrelas.
Isto quero examinar
trazendo-o onde saiba
que é meu filho e onde faça
de seu talento a prova.

Se magnânimo vencer,
reinará; mas se mostra
ser cruel e tirano,
o devolverei à cadeia.
Agora perguntarás:
por que, para essa experiência,
importei-me com trazê-lo
dormindo desta maneira?
Pois quero satisfazer-te,
dando-te a tudo a resposta.
Se ele soubesse que hoje
é meu filho, e amanhã se visse
uma segunda vez reduzido
à sua prisão e miséria,
certo é que de sua condição
mais ainda se afligiria;
pois sabendo quem é,
que consolo haveria de ter?
E assim quis deixar
aberta ao dano esta porta,
de dizer que foi sonhando
o que viu. E com isto se chega
a examinar duas coisas:
primeiro, sua condição,
pois desperto procede
enquanto imagina e pensa.
Segundo, o consolo,
pois ainda que agora se veja
obedecido, e depois
à sua prisão regresse,
poderá entender que sonhou,
e agirá bem quando o entenda.
Porque no mundo, Clotaldo,
todos os que vivem, sonham.

CLOTALDO: Razões não me faltaram
para provar que não acertas.
Mas já há remédio
E, segundo todos os sinais,
parece que despertou
e que de nós se acerca.

BASÍLIO: Eu me quero retirar.
Tu, como aio, vá até ele
e, de tantas confusões
que seu discurso cercam,
extrai-lhe a verdade.

CLOTALDO: Dás-me licença enfim
para que a diga?

BASÍLIO: Sim;
poderá ser que sabendo,
e conhecendo o perigo,
mais facilmente se vença.

Vai-se e aparece Clarim.

CLARIM (*à parte*): À custa de pauladas
daquele lanceiro ruivo,
de barba e libré vermelhas,
consegui chegar aqui
para ver o que se passa.
Pois não há janela mais aberta
do que aquela que,
sem pedir licenças a um ministro,
um homem traz consigo,
pois para todos os divertimentos,
livre e despojado,
manifesta seu despudor.

CLOTALDO (*à parte*): Este é Clarim, o criado
daquela, ó céus, daquela

> que, tratando de adversidades,
> veio à Polônia por minha desonra.
> Clarim, o que há de novo?

CLARIM: Há, senhor,
> que a tua grande clemência,
> disposta a vingar os agravos
> de Rosaura, a aconselha
> a retomar seus próprios trajes.

CLOTALDO: E o faz bem, para que não pareça
> leviandade.

CLARIM: Acontece que,
> mudando seu nome
> e tomando com prudência
> seu nome de sobrinha,
> hoje tanta honra acumula
> que já vive no palácio
> como dama da singular Estrela.

CLOTALDO: Faz bem que de uma vez
> tenha sua reputação em meu nome.

CLARIM: Há também que está esperando
> que venham o tempo e a ocasião
> em que voltes por sua honra.

CLOTALDO: Essa é uma segura prevenção.
> No fim, o tempo há de ser
> quem cuidará dessas diligências.

CLARIM: E acontece que está acomodada,
> servida como rainha,
> por tua sobrinha ser.
> Mas que vivendo com ela
> estou morrendo de fome
> e ninguém de mim se recorda,
> sem ver que sou Clarim,
> e que se esse clarim tocar,

poderá dizer o que se passa
ao rei, a Astolfo e a Estrela;
porque clarim e criado
são duas coisas que se dão
muito mal com segredos.
Mas pode ser que se me deixa
o silêncio que ainda trago,
que de mim se cante esta letra:
clarim que rompe o dia
não soa melhor a melodia.

CLOTALDO: Tua queixa está bem fundada;
eu a satisfarei,
desde que sirvas a mim.

CLARIM: Pois Segismundo já chega.

Aparecem músicos cantando e criados, vestindo Segismundo, que sai com ares de assombrado.

SEGISMUNDO: Valha-me o céu que faceio!
Valha-me o céu que miro!
Com pouco espanto o admiro,
com muitas dúvidas o creio.
Eu em palácios suntuosos?
Eu entre telas e brocados?
Eu cercado de criados,
tão luzentes e briosos?
Eu despertar após dormir
em leito tão excelente,
e em meio a tanta gente
que me ajuda a vestir?
Dizer que sonho é engano;
bem sei que desperto estou.
Eu Segismundo não sou?
Dai-me, céus, o desengano.

Dizei-me: o que pode ser
isso que à minha fantasia
sucedeu, enquanto dormia,
e que aqui cheguei a ver?
Mas seja lá o que for,
quem há de discutir?
Quero deixar-me servir,
estando-lhe ao inteiro dispor.

CRIADO 2: Que melancólico está!

CRIADO 1: A quem isso sucedeu,
de não saber o que se deu?

CLARIM: A mim.

CRIADO 2 (*para 1*): Fala com ele já.

CRIADO 1: Devem de novo cantar?

SEGISMUNDO: Não,
não quero que cantem mais.

CRIADO 2: Como estais tão perplexo,
quis vos divertir.

SEGISMUNDO: Não tenho que divertir
com suas vozes meus pesares;
só as músicas militares
gostei de ouvir.

CLOTALDO: Vossa Alteza e grão senhor,
dai-me vossa mão a beijar;
serei o primeiro a demonstrar
obediência e fervor.

SEGISMUNDO (*à parte*): É Clotaldo; pois como assim?
Quem na prisão me maltrata,
com tal respeito me trata.
O que acontece aqui e a mim?

CLOTALDO: Com a grande confusão
que este novo estado te dá,

mil dúvidas padecerá
a fala serena da razão.
Mas quero livrar-te, como parteiro,
de todas elas, se assim puder ser,
porque hás de saber
que és um príncipe herdeiro.
Se havias por muito estado
retirado e escondido,
foi por ter obedecido
à inclemência do fado,
que tantas tragédias consente
quando ele, insolente,
cruza teu soberano horizonte
e coroa tua augusta fronte.
Mas confiando em tua atenção,
que vencerás as estrelas,
porque é possível vencê-las,
como magnífico varão,
ao palácio te hão trazido
das torres em que vivias,
enquanto de um sonho sofrias
com o espírito rendido.
Teu pai, o rei meu senhor,
virá ver-te e dele saberás,
Segismundo, de tudo o mais.

SEGISMUNDO: Pois vil e infame traidor,
que mais tenho de saber,
depois de saber quem sou,
para mostrar que hoje se iniciou,
minha altivez e meu poder?
Como da pátria perdeste o respeito,
por traição me ocultaste,
se a mim me negaste,
contra a razão e o direito,
meu natural estado?

CLOTALDO: Ah, triste é meu fado.

SEGISMUNDO: Traidor foste da lei,
    lisonjeiro com o rei,
    e comigo cruel foste.
    E assim a lei, o rei e eu,
    entre desgraças tão forras
    te condenam a que morras
    por minhas mãos...

CRIADO 2: Senhor...

SEGISMUNDO: Não,
    em nada me estorvem, e não se protela
    a diligência, agora ou após.
    Se ele se puser diante de vós,
    lançai-o incontinente pela janela.

CRIADO 1: Foge, Clotaldo.

CLOTALDO: Ai de ti,
    que soberbia vais mostrando,
    sem saber que estás sonhando!

CRIADO 2: Reparai...

SEGISMUNDO: Afasta-te daqui.
    Criado 2 - ...que ao seu rei obedeceu.

SEGISMUNDO: Se não é justa a lei,
    que não se obedeça ao rei,
    e seu príncipe era eu.

CRIADO 2: Ele não pôde averiguar
    se era bem ou mal feito.

SEGISMUNDO: Que não entendeis, suspeito,
    pois que me fazeis replicar.

CLARIM: Disse o príncipe muito bem,
    e vós fizestes muito mal.

CRIADO 1: Quem vos deu licença para tal?

CLARIM: Eu a tomei.

SEGISMUNDO: Quem és tu? Diga.

CLARIM: Um intrometido.
  E neste ofício sou chefe,
  porque o maior mequetrefe
  alguma vez já conhecido.

SEGISMUNDO: Só tu nestes novos mundos
  de fato me agradou.

CLARIM: Senhor,
  sou um grande agradador
  de todos os Segismundos.

Aparece Astolfo.

ASTOLFO: Feliz mil vezes o dia,
  Ó, príncipe, em que vos mostrais
  sol da Polônia e cumulais
  de esplendor e alegria
  todos esses horizontes,
  com tão divino arrebol,
  pois saís como o sol
  por cima dos montes.
  Saí, pois, embora tão tarde
  se coroe vosso fronte,
  que de seu reino muito se conte
  e que só tarde morra.

SEGISMUNDO: Deus vos guarde.

ASTOLFO: O não me haver conhecido
  só por desculpa vos dou
  o não honrar-me mais. Eu sou
  Astolfo, duque nascido
  de Moscou, vosso primo recém-chegado.
  Que haja igualdade entre nós.

SEGISMUNDO: Se digo que Deus vos guarde a vós

já não é bastante o agrado?
Mas já que fazendo alarde
de quem sois, disto vos queixais,
outra vez não digo mais,
direi a Deus que não vos guarde.

CRIADO 2 (*a Astolfo*): Vossa Alteza considere
que crescido no monte
a todos desafronte.
(*A Segismundo*) Astolfo, senhor, prefere...

SEGISMUNDO: Cansou-me como chegou
a falar-me; e o primeiro
que fez foi pôr o sombreiro.

CRIADO 2: É um nobre, por direito.

SEGISMUNDO: Maior ainda eu sou.

CRIADO 2: Com tudo isso, entre os dois
deve haver maior respeito
que entre os demais.

SEGISMUNDO: E quem sois
para dizer o que afirmais?

Aparece Estrela.

ESTRELA: Vossa Alteza, senhor, seja
muitas vezes bem-vindo
ao trono que, sempre convindo,
vos recebe e deseja;
onde, apesar dos passados enganos,
viva augusto e eminente,
onde sua vida se assente
por séculos e não por anos.

SEGISMUNDO (*para Clarim*): Diz-me tu agora, quem é
esta beldade soberana?
Quem é esta deusa humana,

a cujo divino pé
curva-se o crepúsculo dos céus?
Quem é esta mulher radiosa?

CLARIM: É Estrela, senhor, tua prima virtuosa.

SEGISMUNDO: O mais encantador dos troféus.
Se são naturais os parabéns
pelo bem que hoje conquisto,
só por vos haver visto
vos admito os parabéns.
E assim, por chegar-me a ver
o bem que não mereço,
os parabéns agradeço.
Podeis aparecer
Estrela, e dar alegria
ao mais luzente farol.
Que deixais fazer o sol,
se vos levantais todo dia?
Deixai-me beijar vossa mão,
em cuja copa de neve,
a aurora se alimenta e bebe.

ESTRELA: Sede mais galante e cortesão.

ASTOLFO (*à parte*): Se lhe toma a mão,
Estou perdido.

CRIADO 2 (*à parte*): O pesar sei
de Astolfo,
e o estorvarei.
(*Para Segismundo*): Observai, senhor, que não
é justo atrever-se assim,
e estando Astolfo...

SEGISMUNDO: Não digo
que não vos metais comigo?

CRIADO 2: Digo o que justo.

SEGISMUNDO: A mim,
    tudo isso me causa enfado.
    Nada me parece bem disposto,
    Se não é do meu gosto.

CRIADO 2: Pois eu, senhor, tenho escutado,
    e de vós, que é justo e faz bem
    servir e obedecer.

SEGISMUNDO: Também ouviste dizer
    que de um balcão, e de quem
    me cansei, saberei jogar.

CRIADO 2: Com homens como eu
    não se pode fazer isso.

SEGISMUNDO: Não?
    Por Deus que o hei de provar!

Agarra-o pelos braços e sai. Saem atrás deles, e tornam a voltar.

ASTOLFO: O que é isto que chego a ver?

ESTRELA: Venham todos ajudar.

Sai.

SEGISMUNDO (*de volta*): Caiu do balcão no mar.
    Como não podia ser?

ASTOLFO: Medi com mais espaço
    vossas ações severas,
    pois há distância entre homens e feras,
    entre o monte e a regra do paço.

Vai-se Astolfo e aparece Basílio.

BASÍLIO: O que foi isso?

SEGISMUNDO: Nada de intrincado.
A um homem bem irritante
joguei daquele mirante.

CLARIM: Que é o rei, ficai avisado.

BASÍLIO: Uma vida, e tão depressa,
já custa teu primeiro dia?

SEGISMUNDO: Disse-me ele que não podia
e cumpri minha promessa.

BASÍLIO: Pesa-me muito que em teu mando
príncipe, tu cometas esse ato
pois queria achar-te sensato,
sobre o fado triunfando,
e com tanto rigor te veja
que na primeira ação
a que te entregas então
um grave homicídio seja.
Com que amor poderei
dar-te agora meus braços,
se de seus soberbos laços
instruídos estão, bem sei,
a dar a morte por interesse?
Quem viu o desnudo punhal,
capaz de uma ferida mortal,
e de verdade não o temesse?
Quem viu o lugar onde
a outro homem deram a morte
e não sinta que o mais forte
ao seu natural responde?
Assim, os teus braços vejo
ser da morte o instrumento,
e vendo este lugar sangrento
de teus braços me protejo.
Embora em amorosos laços
teu peito pensei abraçar,

>   prefiro não te tocar
>   pois tenho medo de teus braços.
>
> SEGISMUNDO: Sem eles poderei estar,
>   como tenho ficado até aqui,
>   tendo um pai que mal conheci
>   e de tanto rigor sabe usar;
>   que numa condição ingrata
>   de seu lado me desvia,
>   como animal me cria,
>   como monstro me trata
>   e talvez minha morte prefira;
>   então pouca importância respeita
>   se meus braços não aceita
>   e se o que há de humano me retira.
>
> BASÍLIO: Ao céu e a Deus aprouvera
>   que dar-te tudo isso não chegara,
>   pois nem tua voz escutara
>   nem teu atrevimento quisera.
>
> SEGISMUNDO: Se não me houveras dado
>   não me queixara assim;
>   mas uma vez dado, sim,
>   por me haver retirado;
>   pois embora a ação de dar
>   seja nobre, como sois,
>   é baixeza primeiro ofertar
>   para retirar depois.
>
> BASÍLIO: Bem me agradeces ver-te
>   de um preso na enxovia
>   ser um príncipe já?
>
> SEGISMUNDO: Por isso eu devia
>   ou tenho de agradecer-te?
>   Tirano da minha vontade,
>   se velho e caduco estás,
>   ao morrer o que me dás?

O que é meu por legitimidade?
És meu pai e meu rei;
logo, toda esta grandeza
concede-me a própria natureza
por seus direitos e lei.
Ainda que esteja nesse estado
obrigar-me a ti não subscrevo
mas pedir-te contas devo
do tempo que me hás tirado,
a liberdade, a honra e o amor.

BASÍLIO: És bárbaro e atrevido;
o céu cumpriu sua sentença,
sendo verdade a crença
de que és soberbo, presumido.
E ainda que saibas quem és,
e desenganado estejas
que neste lugar te vejas
curvarem-se todos aos teus pés,
ouve bem o que alerto:
que sejas humilde e brando,
pois talvez estejas sonhando
embora te sintas desperto.

Vai-se.

SEGISMUNDO: Que talvez sonhando esteja,
embora acordado me veja?
Sonho, não, pois toco e constato
o que fui e o que sou de fato.
Mesmo que agora te arrependas,
pouco remédio terás;
sei quem sou e não poderás,
embora suspires e pretendas,
tirar-me o que é provado,
a coroa de que sou herdeiro.

E se me viste primeiro
nas prisões jogado,
foi porque ignorei quem era.
Mas já informado estou
de quem seja, e sei que sou
um composto de homem e fera.

Aparece Rosaura.

ROSAURA: Venho seguindo Estrela
mas evitando Astolfo ao entretê-la.
Pois Clotaldo deseja
que ele não saiba e não me veja.
Assim conservo honra e brio
e em Clotaldo confio,
pois lhe devo, agradecida,
o amparo da honra e a vida.

CLARIM (*a Segismundo*): O que mais te agradou
de tudo o que viu ou admirou?

SEGISMUNDO: A nenhum espanto fui induzido,
pois de tudo estava prevenido.
Mas se houvera um qualquer,
seria a formosura da mulher.
Encarcerado lia,
nos livros que possuía,
que o que a Deus maior estudo deve
era o homem, por ser um mundo breve.
Mas a mulher o maior receio
por ser um ardente anseio;
e mais beleza encerra
da que vai do céu à terra,
como a que agora admiro.

ROSAURA: O príncipe está aqui; eu me retiro.

SEGISMUNDO: Ouve, mulher, detém-te.
>Não juntes o ocaso e o oriente,
fugindo ao primeiro passo,
pois juntando ambos no mesmo laço,
a luz e a sombra fria,
será, sem dúvida, a síncope do dia.
(*À parte*): Mas o que é que vejo?

ROSAURA (*à parte*): O mesmo que estou vendo, duvido e creio.

SEGISMUNDO (*à parte*): Já vi outra vez essa beleza.

ROSAURA (*à parte*): Toda essa pompa, essa grandeza,
já vi reduzida a uma estreita prisão.

SEGISMUNDO (*à parte*): Achaste a vida, meu coração.
(*Alto*): Mulher, este nome ainda arredio
é, para o homem, o melhor elogio.
Quem és, que mesmo sem te olhar
a mim deves reverenciar?
Com sorte e fé te conquisto,
porque acredito já ter-te visto.
Quem és bela donzela?

ROSAURA (*à parte*): Importa dissimular.
(*Alto*): Sou de Estrela
uma bem triste dama.

SEGISMUNDO: Tal não digas. Diz do sol, de cuja chama
aquela estrela depende,
visto que de teus raios o brilho descende.
Eu vi no reino dos odores
que presidia entre as flores
a divindade da rosa,
imperatriz a mais formosa.
Vi entre as pedras finas,
na douta academia das minas,
preferir-se o diamante
e ser ele o imperador mais brilhante.

Eu, nessas belas monarquias,
de inquietas estrelas guias,
vi no lugar primeiro,
por rei das estrelas, o luzeiro.
Nessas esferas que arrastam planetas,
em cujas cortes há luas e cometas,
vi que o sol as presidia
como o maior oráculo do dia.
E se entre estrelas e flores
entre pedras, signos e cores
se prefere a mais bela,
como serviste tu a ela,
sendo em tudo mais formosa,
sol, luzeiro, diamante e rosa?

Aparece Clotaldo.

CLOTALDO (*à parte*): Fazer Segismundo voltar é o que desejo,
porque enfim o criei. Mas o que vejo?

ROSAURA: Como teu favor reverencio,
por isso mesmo silencio.
Quando tão torpe a razão se instala,
melhor fala, senhor, quem melhor cala.

SEGISMUNDO: Não vás te ausentar, espera.
Como queres deixar-me se desespera
no escuro meu sentido?

ROSAURA: Peço a Vossa Alteza o consentimento devido.

SEGISMUNDO: Ir-te com tal atrevimento
não é pedir, é tomar o consentimento.

ROSAURA: Pois se tu não o dás, ajo como posseiro.

SEGISMUNDO: Farás com que de cortês eu passe a grosseiro,
porque qualquer resistência
é um cruel veneno à minha paciência.

ROSAURA: Pois quando esse veneno
de fúria, de rigor e de sanha pleno
a paciência vencer,
meu respeito não poderá conter.

SEGISMUNDO: Apenas para ver se posso, se a tudo precedo,
farás com que tua formosura perca o medo,
já que sou muito inclinado
a vencer o impossível. Hoje foi jogado
deste balcão um homem que dizia
que fazer não se podia;
e assim, para ver se posso, cara donzela,
jogarei tua honra pela janela.

CLOTALDO (*à parte*): Muito vai determinando.
Que farei, céus, quando,
depois de um louco desejo
minha honra de novo em risco vejo?

ROSAURA: Não em vão se previa
para esse reino a tua tirania;
além de escândalos fortes,
traições, delitos e mortes.
Mas o que há de fazer um homem
que de humano só tem o nome,
atrevido, inumano,
cruel, soberbo e tirano,
nascido entre feras?

SEGISMUNDO: Se tu essa afronta não disseras,
cortês eu me mostraria,
pensando que assim te convenceria;
mas se o sou falando deste modo,
hás de dizê-lo, porque me incomodo.
Deixai-nos a sós e que se feche a porta.

Vai-se Clarim.

ROSAURA (*à parte*): Estou morta.
    (*Alto*): Observa...

SEGISMUNDO: Sou tirano
    e pretendes tomar-me por leviano?

CLOTALDO (*à parte*): Que estocada forte!
    Vou enfrentá-lo, mesmo com a morte.
    (*Alto*): Senhor, ouve para que a razão readquira.

SEGISMUNDO: Pela segunda vez me provocaste a ira,
    velho caduco e louco.
    Meu rancor e meu rigor tens por pouco?
    Como chegaste até aqui?

CLOTALDO: Pelo acento da voz que ouvi,
    para dizer-te que sejas
    mais pacífico, se reinar desejas;
    e não para ver-te cruel e medonho,
    pois talvez seja apenas sonho.

SEGISMUNDO: A raiva me provocas,
    quando a luz do desengano tocas.
    Verei, dando-te a morte,
    se é sonho ou verdade.

Tenta sacar a adaga e Clotaldo o segura e se ajoelha.

CLOTALDO: Assim, desta sorte,
    espero salvar minha vida.

SEGISMUNDO: Tira da adaga a mão atrevida.

CLOTALDO: Até que alguém venha,
    e tua cólera detenha,
    não hei de soltar-te.

ROSAURA: Ai, céus!

SEGISMUNDO: Solta, digo,
    caduco, louco e inimigo,

pois assim se enrediça
   a morte que te darei por justiça.

Lutam.

ROSAURA: Acudi, todos, e depressa,
   que matam a Clotaldo.

Aparece Astolfo, quando Clotaldo cai a seu pés, e se põe entre ambos.

ASTOLFO: Mas o que é isso,
   príncipe generoso?
   Assim se mancha um aço tão brioso
   em veia gelada?
   Volta à bainha tua espada acerada.

SEGISMUNDO: Não sem vê-la tingida
   deste sangue infame.

ASTOLFO: Por sua vida
   cingiu-me aos pés tombado;
   e de algo há de servir o ter chegado.

SEGISMUNDO: Que morras, pois nesta conta
   também saberei vingar com tua morte
   aquela passada afronta.

ASTOLFO: Minha vida defendo
   e a majestade não ofendo.

Sacam as espadas e aparecem o rei Basílio e Estrela.

CLOTALDO: Não o ofendas, senhor.

BASÍLIO: O que são essas espadas?

ESTRELA (*à parte*): É Astolfo. Oh, aflição desvairada!

BASÍLIO: Mas o que se passou?

ASTOLFO: Nada, desde que Vossa Majestade chegou.

Embainham as espadas.

SEGISMUNDO: Muito, senhor, embora tenhas aparecido.
　　　　Eu queria matar o velho presumido.
BASÍLIO: Não tens respeito pelas cãs?
CLOTALDO: Sendo as minhas, não têm importância.
SEGISMUNDO: Ações vãs
　　　　querer que eu tenha respeito pelas cãs,
　　　　pois mesmo que elas, por desvalia,
　　　　se arrastassem aos meus pés algum dia,
　　　　não estaria eu vingado
　　　　pelo modo como fui criado.

Sai.

BASÍLIO: Antes que algo aconteça,
　　　　voltará a dormir e que lhe pareça
　　　　que todo esse passado,
　　　　vivido no mundo real, o tenha sonhado.

Vão-se o rei e Clotaldo. Ficam Estrela e Astolfo.

ASTOLFO: Poucas vezes o fado,
　　　　que anuncia a má sorte, mente,
　　　　pois é tão certo nos males
　　　　quanto duvidoso é nos bens!
　　　　Que bom astrólogo seria
　　　　se sempre anunciasse casos cruéis,
　　　　pois não há dúvida
　　　　de que eles sempre seriam a verdade.
　　　　A experiência, Estrela, se comprova
　　　　em Segismundo e em mim,
　　　　pois em ambos

deu mostras diferentes.
Com ele previu dureza,
soberbia, infortúnio e mortes,
e em tudo disse a verdade,
já que tudo, enfim, sucede.
Mas em mim – que ao ver, senhora,
esses raios excelentes,
de quem o sol foi uma sombra
e o céu uma breve ameaça –
profetizou venturas,
conquistas, aplausos e benesses,
disse mal e disse bem,
pois só é justo que acerte
quando ameaça com favores
e executa com desdéns.

ESTRELA: Não duvido que essas finezas
sejam verdades evidentes;
mas serão para outra dama,
cujo retrato pendente
trouxeste ao peito
quando chegaste a ver-me;
e assim sendo, essas expressões
só ela as merece.
Atenta para que ela te pague,
pois não são bons papéis,
no conselho do amor,
as finezas e as promessas
que se fizeram a serviço
de outras damas e outros reis.

Aparece Rosaura nos bastidores.

ROSAURA (*à parte*): Graças a Deus chegaram
ao término minhas angústias cruéis,
pois quem isto vê, nada teme.

ASTOLFO: Farei com que saia do peito
o retrato, e nele entre
a imagem de tua formosura.
Onde Estrela entra não tem lugar
nem a sombra nem o sol.
Vou trazê-lo.
(À *parte*): Perdoa-me este agravo,
formosa Rosaura,
porque ausentes
não se guardam mais
os homens e as mulheres.

Sai.

ROSAURA (*à parte*): Não lhe pude escutar,
temerosa que me visse.

ESTRELA: Astrea!

ROSAURA: Minha senhora.

ESTRELA: Folgo em saber que foste tu
quem aqui chegou,
porque só a ti
confio um segredo.

ROSAURA: São honras, senhora,
a quem lhe obedece.

ESTRELA: No pouco tempo, Astrea,
que te conheço,
tens as chaves da minha vontade.
Por isso, e por seres quem és,
me atrevo a confiar- te
aquilo que em mim, muitas vezes,
mantive reservado.

ROSAURA: Tua escrava sou.

ESTRELA: Para dizer brevemente,

meu primo Astolfo
– bastaria que meu primo dissesse,
porque há coisas que se dizem
só com pensá-las –
há de casar-se comigo,
se é que a fortuna quer
que com um só infortúnio
tantos outros se desconte.
Pesou-me que no primeiro dia
trouxesse ao peito, pendente,
o retrato de uma dama.
Falei-lhe cortesmente;
é galante e, como me quer bem,
foi buscá-lo e há de trazê-lo.
Muito me embaraça
que chegue a dá-lo a mim.
Fica aqui e, quando vier,
lhe dirás que o entregue a ti.
Mais não te digo.
Como és bela e discreta,
bem saberás o que é o amor.

Sai.

ROSAURA: Oxalá não o soubesse!
Valha-me o céu. Quem seria
tão atenta e prudente
que hoje soubesse aconselhar
em tão dura ocasião?
Haverá pessoa no mundo
a quem o céu inclemente
com mais infortúnio combata
e de mais pesares cerque?
Que farei entre tantas confusões,
quando parece impossível

encontrar razão que me alivie
ou alívio que me console?
Desde a primeira desgraça
não há sucesso ou acidente
que outra desgraça não seja;
uma a outra se sucede,
herdeiras de si mesmas.
Como a fênix,
uma de outra nasce,
vivendo da que morre;
e sempre de suas cinzas
o túmulo está quente.
Eram covardes,
dizia um sábio, por lhe parecer
que nunca andavam sós;
eu digo que são valentes,
pois sempre vão adiante
e nunca dão as costas.
Quem as leva consigo,
a tudo poderá atrever-se,
pois em nenhuma ocasião
haverá medo de que lhe deixem.
Digo eu, pois tantas
em minha vida sucedem,
que nunca me vi sem elas
nem elas se cansam de ver-me
ferida pela fortuna
e nos braços da morte.
Ai de mim. Que devo fazer
na presente ocasião?
Se digo quem sou,
Clotaldo, a quem minha vida
deve este amparo e honra,
pode ofender-se comigo;
pois me disse que, em silêncio,

a honra e o remédio espere.
Se não hei de dizer
quem sou a Astolfo,
e chega ele a ver-me,
como hei de dissimular?
Pois ainda que intentem fingir
a voz, a língua e os olhos,
a alma lhe dirá que mentem.
O que farei?
Por que estudo o que farei,
se é evidente que,
por mais que me previna,
que estude e pense,
chegando o momento
há de fazer o que quer a dor?
Porque nenhum império
sobre suas penas se impõe.
E se a determinar
o que há de fazer
a alma não se atreve,
chegue hoje a dor a seu término,
chegue a pena a seu extremo
e saia das dúvidas
e dos enganos de uma vez.
Até então,
valei-me, céus, valei-me.

Aparece Astolfo com o retrato.

ASTOLFO: Este é o retrato, senhora;
    mas, oh Deus!

ROSAURA: O que surpreende Vossa Alteza,
    do que se admira?

ASTOLFO: De ouvir-te, Rosaura, e ver-te.

ROSAURA: Eu, Rosaura?
 Está enganada Vossa Alteza,
 se me tem por outra dama.
 Sou Astrea e minha humildade
 não merece que tanta turbação lhe custe.

ASTOLFO: Basta, Rosaura, de enganos,
 porque a alma nunca mente;
 e ainda que ela como Astrea te veja,
 é como Rosaura que te quer.

ROSAURA: Não entendi Vossa Alteza
 e por isso não vos sei responder.
 Só o que vos direi
 é que Estrela: que Vênus poderia ser –
 mandou-me aqui vos esperar
 e de sua parte dizer
 que aquele retrato me entregue,
 pois nisso está empenhada,
 e que eu mesma o leve.
 Estrela o quer assim,
 pois mesmo as coisas mais leves,
 que sejam para minha tristeza,
 é Estrela quem as quer.

ASTOLFO: Embora faças muito esforço,
 Rosaura, dissimulas muito mal.
 Diz aos olhos
 que sua música se harmonize
 com a voz; pois é forçoso
 que desdiga e destoe
 tão desafinado instrumento.
 É preciso ajustar e medir
 a falsidade de quem diz
 com a verdade de quem sente.

ROSAURA: Digo que apenas espero
 pelo retrato.

ASTOLFO: Já que queres
    levar até o fim o engano,
    a ele quero responder-te.
    Diga, Astrea, à infanta,
    que a estimo, de modo que,
    pedindo-me um retrato,
    pouca fineza pareço fazer-lhe;
    e assim,
    porque a estimo e lhe tenho apreço,
    envio-lhe o original;
    e tu podes levá-lo,
    pois já levas contigo
    o que a ti mesmo levas.

ROSAURA: Quando um homem se dispõe,
    arrostado e valente,
    a realizar o que lhe cabe,
    ainda que por trato
    a ele entreguem algo de maior valor,
    sem ele imprudente
    e vergonhosamente retorna.
    Venho por um retrato
    e embora leve um original,
    que vale mais,
    voltarei humilhada;
    e assim, dê-me
    Vossa Alteza esse retrato,
    que sem ele não hei de voltar.

ASTOLFO: E como hás de levar,
    se não o dou?

ROSAURA (*procura arrancar-lhe o retrato*): Deste modo.
    Largo-o, ingrato.

ASTOLFO: É em vão.

ROSAURA: Por Deus, que não há de ver-se
    em mãos de outra mulher.

ASTOLFO: Estás terrível.

ROSAURA: E tu cometes aleivosia.

ASTOLFO: Já basta, minha Rosaura.

ROSAURA: Eu tua, vilão? Mentes.

Aparece Estrela.

ESTRELA: Astrea, Astolfo, o que é isso?

ASTOLFO: Estrela!

ROSAURA (*à parte*): Para cobrar meu retrato,
 que o amor me dê o necessário engenho.
 (*Alto*): Se queres saber o que é,
 senhora, te direi.

ASTOLFO: Que pretendes?

ROSAURA: Mandaste-me que esperasse
 Astolfo aqui, e lhe pedisse
 um retrato de tua parte.
 Estando só, e vindo
 de um pensamento outros,
 vendo-te falar de retratos
 de memória lembrei-me
 de que tinha na manga
 um que era meu.
 Quis vê-lo,
 porque uma pessoa a sós
 com loucuras se diverte.
 Mas caiu-me da mão.
 Astolfo, que veio
 entregar-te o de outra dama,
 o recolheu, e tão rebelde está
 em dar aquele que pedes
 que, em vez de dar um,
 quer o outro levar.

E o meu não pude obter
com rogos e persuasão;
então colérica e impaciente
dele o quis tirar.
Aquele que tem em mãos
é o meu; verás
como comigo se parece.

ESTRELA: Solta, Astolfo, o retrato (*pega-o*).

ASTOLFO: Senhora...

ESTRELA: Os matizes
não são cruéis à verdade.

ROSAURA: Não é o meu?

ESTRELA: Não há dúvida.

ROSAURA: Diga agora que te entregue o outro.

ESTRELA: Toma o teu retrato e vai-te.

ROSAURA (*à parte*): Cobrei o meu retrato.
Venha agora o que vier.

Sai Rosaura.

ESTRELA: Dai-me agora o retrato que te pedi.
Mesmo que não pense
mais ver-te e falar-te,
não quero que fique
em teu poder,
mesmo o tendo
tão nesciamente pedido.

ASTOLFO: (*à parte*): Como posso
sair de ocasião tão crítica?
(*Alto*): Ainda que queira, formosa Estrela,
servir-te e obedecer-te,
não poderei dar-te o retrato
que me pedes, porque...

ESTRELA: És um amante vilão e grosseiro.
Não quero mais que o entregues,
pois tampouco quero,
por tê-lo pedido e recuperado,
que te lembres de mim.

Sai.

ASTOLFO: Olha, escuta, considera!
Valha-me Deus por Rosaura!
Onde, como ou de que modo
vieste à Polônia
para perder-me e perder-te?

Sai. Vê-se Segismundo como a princípio, preso, dormindo no chão. Aparecem Clotaldo, Clarim e os dois criados.

CLOTALDO: Aqui o haveis de deixar,
pois hoje a soberba acaba
onde começou.

CRIADO 1: Ponho de novo a aldrava,
como antes devia estar.

CLARIM: Não acabes por despertar,
Segismundo, que a dor é forte,
quando mudada a sorte,
e sendo tua glória fingida,
uma sombra de vida
e uma chama de morte.

CLOTALDO: A quem sabe assim discorrer,
é bom que se mantenha
num lugar em que se tenha
muito tempo para debater.
Isto é o que haveis de fazer
quando no quarto te encerrar.

CLARIM: Por que a mim?

CLOTALDO: Terás de ficar
 guardado em prisão à chave,
 pois este Clarim segredos sabe
 e aqui não os pode tocar.

CLARIM: Eu quero por acaso
 matar meu pai? Não.
 Ou atirei pelo balcão
 um Ícaro em voo tão raso?
 Morro de manhã e ressuscito no ocaso?
 Sonho ou durmo? Me prendem com que fim?

CLOTALDO: És Clarim.

CLARIM: Pois então digo que serei
 corneta e me calarei,
 por ser instrumento ruim.

Levam-no. Aparece Basílio, embuçado.

BASÍLIO: Clotaldo?

CLOTALDO: Senhor, vem assim
 Vossa Majestade?

BASÍLIO: É a tola curiosidade
 de ver o que se passa aqui.
 E a Segismundo, a quem restituí,
 e mesmo assim fui traído.

CLOTALDO: Veja-o ali reduzido
 ao seu miserável estado.

BASÍLIO: Ah, príncipe infortunado,
 e em triste lugar nascido!
 Está prestes a acordar
 porque o vigor se perdeu
 da poção que bebeu.

CLOTALDO: Inquieto já está.
    E falando.

BASÍLIO: O que sonhará?

SEGISMUNDO (*em sonho*): É príncipe piedoso
    quem castiga o tirano.
    Morra Clotaldo, por desumano,
    e curve-se meu pai ardiloso.

CLOTALDO: De morte me ameaça.

BASÍLIO: A mim afronta com veemência.

CLOTALDO: Minha vida não terá clemência.

BASÍLIO: Render-me é o que sua vontade traça.

SEGISMUNDO: Saia à grande praça
    do teatro do mundo
    este valor sem segundo:
    para que se possa vingar,
    vejam sobre o pai triunfar
    o príncipe Segismundo.
    (*Acordando*): Mas onde estou?

BASÍLIO (*para Clotaldo*): A mim não há de ver.
    Já sabes o que fazer.
    (*À parte*): Dali escuto sua censura.

SEGISMUNDO: Sou eu, por ventura?
    Quem preso, aferrolhado,
    chego a ver-me em tal estado?
    Não sois meu sepulcro, masmorra?
    Sim, e não há quem me socorra.
    Que coisas sonhei alucinado!

CLOTALDO: (*à parte*): Cabe-me dissimular
    convincentemente agora.
    (*Alto*): De acordar já é hora?

SEGISMUNDO: Sim, já é hora de despertar.

CLOTALDO: Dormiste todo o dia?

>   Desde que eu segui,
>   com tarda vista e simpatia
>   a águia que voou, ficaste aqui,
>   como te deixei?

SEGISMUNDO: Nem mesmo agora despertei;
>   pois, segundo entendo,
>   durmo e em sonho me rendo,
>   sem estar enganado.
>   Porque se foi sonhado
>   o que vi palpável e certo,
>   o que vejo é incerto;
>   e não é demais que, rendido,
>   veja estando adormecido,
>   e sonhe estando desperto.

CLOTALDO: Diga-me o que sonhaste, enfim.

SEGISMUNDO: Supondo ter sido quimera,
>   não direi o que o sonho era;
>   mas o que vi, Clotaldo, sim.
>   Despertei e me vi assim,
>   sobre um leito que pudera,
>   com matizes e cores,
>   ser o leito de todas as flores
>   que teceu a primavera.
>   Ali mil nobres rendidos
>   a meus pés se puseram
>   e o nome de príncipe me deram,
>   com fausto, joias e vestidos.
>   A calma dos meus sentidos
>   tu trocaste em alegria,
>   dizendo a sorte que havia:
>   embora fosse desta maneira,
>   era príncipe de família herdeira.

CLOTALDO: Boas novas teria.

SEGISMUNDO: Não muito boas; por traidor,

com peito atrevido e forte,
por duas vezes dava-te a morte.

CLOTALDO: Para mim tanto rigor?

SEGISMUNDO: De todos era senhor
e de todos me vingava.
Só a uma mulher amava
e era verdade, creio eu.
Tudo desapareceu,
só isso não se acaba.

Vai-se o rei.

CLOTALDO (*à parte*): Enternecido se foi o rei
por tê-lo escutado.
(*Alto*): Como havíamos falado
daquela águia, teu sonho
foi grandioso e risonho;
mas em sonhos pode-se também
igualmente honrar a quem
criou-te com tanto cuidado,
pois mesmo em sonhos é dado
não deixar de fazer o bem.

Sai.

SEGISMUNDO: É verdade. Pois reprimamos
esta fera condição,
esta fúria e ambição
se alguma vez a sonhamos.
E assim faremos, pois estamos
em mundo tão singular,
que o viver é apenas sonhar.
E a experiência, sem recato ou vergonha,
ensina que o homem que vive sonha

o que é, até despertar.
Sonha o rei que é rei e vive
com este engano mandando,
dispondo e governando;
e o aplauso com que convive
escreve no vento, sem que se esquive,
e em cinzas o converte na morte
– desdita de notável porte –.
Mas há quem intente reinar
vendo que há de despertar
no sono da morte!
Sonha o rico em sua riqueza,
que tantos cuidados lhe oferece;
sonha o pobre que padece
de sua miséria e pobreza;
sonha quem crescer começa,
sonha o que trabalha e pretende,
sonha quem oprime e ofende;
no mundo, em conclusão,
todos sonham o que são,
mas ninguém de fato entende.
Eu sonho que estou aqui,
nestas prisões encarcerado,
e sonhei que em outro estado
mais lisonjeiro me vi.
Que é a vida? Um frenesi.
Que é a vida? Uma ilusão,
uma sombra ou ficção.
O mais firme bem é bisonho;
toda a vida é sonho
e os sonhos, sonhos são.

Jornada III

Aparece Clarim.

CLARIM: Em uma torre encantada,
pelo que sei, vivo preso.
O que me farão por aquilo que ignoro,
se me mataram pelo que já sei?
É como um homem com tanta fome
que viesse a morrer, vivendo!
Lástima tenho de mim.
Todos dirão: "acredito"
e bem se pode crer;
pois para mim este silêncio
não se conforma com o nome
Clarim, e não me posso calar.
Quem aqui me faz companhia,
se estou certo ao dizer,
são aranhas e ratos.
Olhem que doces pintassilgos!
Tenho a cabeça triste
com os sonhos desta noite,
cheia de segredos já conhecidos,
de trombetas e enganos,
de procissões, de cruzes,
e de flagelantes; destes,
alguns sobem, outros descem,
uns desmaiam vendo
o sangue que outros levam.
Mas eu, dizendo a verdade,
por não comer desmaio;
nesta prisão me vejo
e aqui todos os dias
leio o filósofo Nicomedes
e à noite sobre o concílio de Niceia.

Se chamam de santo calar,
como no calendário gregoriano,
São Segredo me fiz,
pois jejuo e não folgo;
embora seja merecido
o castigo que padeço,
pois me calei, sendo criado,
que é o maior dos sacrilégios.

Ruído de gente e se ouve:

SOLDADO 1: Essa é a torre em que ele está.
Jogai a porta ao chão
e entrai todos.

CLARIM: Viva Deus!
É certo que procuram por mim,
pois dizem que estou aqui.
O que querem?

Aparecem os soldados.

SOLDADO 1: Entrai.

SOLDADO 2: Está aqui.

CLARIM: Não, aqui.

TODOS: Senhor...

CLARIM: Estão bêbados?

SOLDADO 2: Tu és nosso príncipe;
Não admitimos ou queremos
a não ser o senhor natural,
e não príncipe estrangeiro.
A todos nos dai os pés.

TODOS: Viva o nosso grande príncipe.

CLARIM (*à parte*): Viva Deus, que é verdade!
É costume neste reino
prender alguém a cada dia
e fazer-lhe príncipe, e logo depois
mandá-lo de volta à torre?
Sim, pois a cada dia o vejo.
Preciso desempenhar meu papel.

SOLDADOS: Dai-nos teus pés.

CLARIM: Não posso,
porque tenho precisão deles
e seria um defeito
ser príncipe "despezado".

SOLDADO 2: Ao teu próprio pai
dissemos todos que só a ti
conhecemos por príncipe,
e não o de Moscou.

CLARIM: Perderam o respeito
ao meu pai?
Sois todos iguais.

SOLDADO 1: Foi por lealdade.

CLARIM: Se foi por lealdade, vos perdoo.

SOLDADO 2: Sai para restaurar teu império.
Viva Segismundo!

TODOS: Viva!

CLARIM (*à parte*): Segismundo dizem? Bem.
Chamam de Segismundo a todos
os príncipes coagidos.

Aparece Segismundo.

SEGISMUNDO: Quem aqui chama a Segismundo?

CLARIM (*à parte*): Sou um príncipe oco e frustrado!

SOLDADO 2: Quem é Segismundo?

SEGISMUNDO: Eu.

SOLDADO 2: Como tu, atrevido e ignorante,
te passavas por Segismundo?

CLARIM: Eu, Segismundo? Nego.
Vós é que me haveis
"segismundado".
Logo, são vossas somente
a ignorância e o atrevimento.

SOLDADO 1: Grande príncipe Segismundo,
os símbolos que trazemos
são os teus, mas é por fé
que te aclamamos nosso senhor.
Teu pai, o grande rei Basílio,
temeroso de que os céus
cumpram uma promessa,
que diz que há de ver-se a teus pés,
por ti vencido; pretende
retirar-te a ação e o direito
e dá-los a Astolfo,
duque de Moscou.
Para isso juntou sua corte
e o vulgo, já sabendo
que tem um rei natural,
não quer que um estrangeiro
lhe venha mandar. E assim,
desprezando nobremente
a inclemência do fado,
buscou-te onde preso vives
para que, valido de tuas armas
e saindo desta torre para restaurar
tua coroa imperial e cetro,
os retire de um tirano.
Sai, pois, que neste deserto

           um exército numeroso
           de bandidos e de plebeus
           te aclama. A liberdade te espera;
           ouve seus acordes.

VOZES: Viva Segismundo, viva!

SEGISMUNDO: Outra vez? (*à parte*): que é isto, ó céus?
           (*Alto*): Quereis que eu sonhe grandezas
           que hão de se desfazer com o tempo?
           Outra vez quereis que veja,
           entre sombras e bosquejos,
           a majestade e a pompa
           desvanecida ao vento?
           Outra vez quereis que toque
           o desengano ou o risco
           do poder humano,
           que nasce humilde e vive atento?
           Pois não há de ser, não há de ser.
           Mirai-me outra vez,
           sujeito à minha fortuna.
           Porque sei que toda esta vida é sonho,
           coisas idas, sombras que vós fingis
           hoje para meus sentimentos mortos,
           corpos e vozes que, na verdade,
           não tendes;
           não quero majestades fingidas
           e pompas não quero.
           Ilusões fantásticas
           que ao sopro mais ligeiro
           da brisa hão de se desfazer,
           como a florida amendoeira,
           que por madrugar suas flores,
           sem aviso ou conselho,
           ao primeiro sopro se apagam,
           murchando e apagando,

de seus rosados botões,
a beleza, a luz e o ornamento.
Já os conheço, já os conheço
e sei que se passa o mesmo
com quem quer que durma.
Para mim não há fingimentos;
desenganado já,
bem sei que a vida é sonho.

SOLDADO 2: Se pensas que te enganamos,
volta os olhos para esse monte soberbo
e vê a gente que neles aguarda
para obedecer-te.

SEGISMUNDO: Já outra vez o vi,
tão clara e distintamente
como agora o vejo;
e foi sonho.

SOLDADO 1: Grandes coisas, grão senhor,
sempre trouxeram anúncios;
e assim seria,
se os sonhaste primeiro.

SEGISMUNDO: Dizes bem, foi anúncio;
e caso seja certo,
pois que a vida é tão curta,
sonhemos, alma,
sonhemos outra vez;
mas há de ser
com atenção e o conselho
de que temos de despertar
do gosto em seu melhor tempo;
tendo isso por sabido,
será o desengano menor;
pois é ridicularizar o dano
adiantar-lhe a opinião.
E assim prevenido

de que quando seja certo
todo poder é emprestado,
e há de voltar a seu dono,
atrevamo-nos a tudo.
Vassalos, eu vos agradeço
a lealdade; em mim tereis
quem vos liberte, ousado e destro,
da escravidão estrangeira.
Soai o toque das armas, que logo
vereis meu imenso valor.
Contra meu pai pretendo
tomar as armas e arrancar
as verdades dos céus;
logo hei de vê-lo a meus pés.
(À parte): Mas se antes disso desperto,
não seria bom não dizê-lo,
supondo que não hei de fazê-lo?

TODOS: Viva Segismundo, viva!

Aparece Clotaldo.

CLOTALDO: Que alvoroço é este, céus?

SEGISMUNDO: Clotaldo.

CLOTALDO: Senhor...
(À parte): Em mim provará
sua crueldade.

CLARIM (à parte): Aposto que
o despenha do monte.

CLOTALDO: A teus pés me chego,
sabendo que vou morrer.

SEGISMUNDO: Levanta,
levanta, pai, do chão,
pois hás de ser norte e guia

a quem confie meus acertos;
já sei que minha criação
à tua lealdade devo.
Abraça-me.

CLOTALDO: Que dizes?

SEGISMUNDO: Que estou sonhando
e quero agir bem, pois não se perde
agir bem, mesmo em sonho.

CLOTALDO: Se o agir bem, senhor,
já é o teu brasão, é certo
que não te ofendes que eu
solicite a mesma coisa.
Queres a teu pai fazer a guerra.
Não posso aconselhar-te
contra meu rei, nem valer-te.
A teus pés estou posto;
dá-me a morte.

SEGISMUNDO: Vilão, traidor e ingrato.
(*À parte*): Mas, céus,
convém me reprimir,
pois ainda não sei se estou desperto.
(*Alto*): Clotaldo, teu valor
invejo e agradeço.
Vai servir ao rei,
que em campo nos veremos.
Quanto a vós, soai o toque das armas.

CLOTALDO: Mil vezes beijo teus pés.

Sai.

SEGISMUNDO: A reinar, meu destino, vamos;
se durmo, não me despertes;
se é verdade, não me adormeças.

Mas seja verdade ou sonho,
agir bem é o que importa.
Se for verdade, por ser-lo;
se não, para ganhar amigos
quando então despertarmos.

Vão-se e tocam os clarins.
Aparecem o rei Basílio e Astolfo.

BASÍLIO: Quem, Astolfo, poderá reter prudente
a fúria de um cavalo desbocado?
Quem deterá de um rio a corrente
que vai ao mar soberbo e despenhado?
Quem num penhasco se põe valente,
no cimo de um monte desagarrado?
Tudo foi facilmente detido,
mas não o vulgo, soberbo e atrevido.
Dos bandos o rumor foi emitido,
pois se ouve ressoar, no mais profundo
dos montes, o eco repetido:
uns, "Astolfo", e outros, "Segismundo".
O dossel do juramento, reduzido
a segundas intenções, ao horror iracundo,
é o teatro funesto no qual, importuna,
representa tragédias a fortuna.

ASTOLFO: Que se suspenda, senhor, a alegria,
cesse o aplauso, o gosto e o esmero
que tua mão feliz me prometia;
se a Polônia (em que mandar espero)
à minha obediência é arredia,
é porque a mereço primeiro.
Dai-me um cavalo, pois de plena valentia
desço como raio à porfia.

Vai-se.

BASÍLIO: Pouco remédio tem o infalível,
   e muito risco o previsível tem;
   se há de ser, a defesa é impossível,
   e quem mais a evita, não a detém.
   Dura lei e acontecimento terrível!
   Quem pensa que foge ao risco, ao risco vem;
   com o que guardava me perdi,
   e eu mesmo minha pátria destruí.

Aparece Estrela.

ESTRELA: Se tua presença, senhor, não trata
   de enfrentar o tumulto sucedido,
   que com duas facções se dilata,
   pelas ruas e praças dividido,
   verás que teu reino em sangue se desata
   e nadar de púrpura tingido,
   pois de todo modo e tristemente
   vê-se a angústia e a tragédia à frente.
   Tanta é a ruína de teu império, tanta
   a dura força do rigor sangrento
   que, visto, admira, e ouvido, espanta.
   O sol se turva e se embaraça o vento;
   cada pedra uma pirâmide levanta
   e cada flor constrói um monumento;
   cada edifício é um sepulcro altivo
   e cada soldado, um esqueleto vivo.

Aparece Clotaldo.

CLOTALDO: Graças a Deus que a teus pés chego vivo.
BASÍLIO: Clotaldo, o que sabes de Segismundo?

CLOTALDO: Que o vulgo, monstro cego e convulsivo,
          penetrou na torre e de seu profundo
          retirou seu príncipe que, logo impulsivo,
          vendo-se rei em outro segundo,
          mostrou-se valente, dizendo com seriedade
          que há arrancar do céu toda a verdade.

BASÍLIO: Dai-me um cavalo porque eu, em pessoa,
          quero vencer o que o filho ingrato desatou,
          e já na defesa de minha coroa,
          vencer com a espada o que a ciência errou.

Vai-se.

ESTRELA: Pois eu ao lado do sol serei Belona,
          e junto ao teu porei um nome que não blasona.
          Hei de voar com estendidas alas,
          e competir com a armada deusa Palas.

Vai-se e tocam os clarins.
Aparece Rosaura e detém Clotaldo.

ROSAURA: Embora o valor que se encerra
          em teu peito e espadim
          deem vozes, ouve a mim,
          pois bem sei que tudo é guerra.
          Bem sabes que eu cheguei
          pobre, humilde e desditada
          à Polônia, e amparada
          em teu valor, em ti achei
          piedade. Deste-me por modelo
          que disfarçada vivesse
          em palácio, e pretendesse,
          dissimulando meu zelo,
          guardar-me de Astolfo. Enfim,
          ele me viu, e tanto atropela

minha honra que a Estrela
falou de noite no jardim.
Dele tomei o cadeado
e nele poderás entrar
para dar fim ao meu cuidado.
Aqui altivo, ousado e forte,
recobrar a honra poderás,
pois já resolvido estás
a vingar-me com sua morte.

CLOTALDO: Verdade é que me inclinei,
desde quando te vi,
a fazer, Rosaura, por ti,
– foi teu pranto testemunha –
o quanto minha vida pudesse.
O primeiro que intentei
foi tirar-te aquele traje,
porque se Astolfo nele te visse
julgaria leviandade,
ou louca temeridade
que faz da honra ultraje.
Naquele tempo pensava
como cobrar poderia
tua honra que perdida estava,
tanto tua honra me prendia.
Dar morte a Astolfo previra,
por um caduco desvario!
Mas não sendo rei em que confio,
não me assombra nem me admira.
Dar-lhe a morte pensei quando
Segismundo pretendeu
dá-la a mim e ele intercedeu,
seu perigo atropelando;
em minha defesa principia
dar mostras de sua vontade,
e mais do que temeridade,

foi além da valentia.
Como agora, de modo solerte,
tendo a alma agradecida,
a quem me deu a vida
teria eu de dar a morte?
E assim, entre os dois partido,
o efeito e o cuidado,
vendo que a ti foi dado
e dele a mim oferecido,
não sei a que parte recorrer,
não sei a que parte ajudar;
se a ti obriguei-me a dar,
com ele estou por receber.
E assim, na ação que se oferece,
nada a mim o amor satisfaz,
porque sou pessoa que faz
e também que padece.

ROSAURA: Não tenho de precaver
a um varão singular
quanto é nobre a ação de dar
sendo baixeza o receber.
A este princípio assentado
não hás de estar agradecido
supondo que se a ele foi dado
dar-te a vida atrevido
e tu a mim, é coisa caprichosa
que ele forçou tua nobreza
a que fizesse uma baixeza
e eu uma ação generosa.
Logo, continuas dele ofendido
tanto quanto a mim obrigado;
e suspeito que a mim hás dado
o que dele hás recebido.
Por isso deves acudir
à minha honra em perigo,

pois ela só está comigo
se com ela não se transigir.

CLOTALDO: Embora a nobreza se perceba
da parte de quem a dá,
o agradecê-la sempre está
da parte de quem a receba.
E como eu soube oferecer,
já tenho com nome honroso,
o nome de generoso.
Deixa-me o de agradecido,
porque o posso obter,
já que tanto honra, é sabido,
o dar como o receber.

ROSAURA: De ti recebi a vida
e tu mesmo o disseste,
quando a vida me deste,
que a que estava ofendida
não era vida. Logo, digo
que nada de ti foi recebido,
pois foi morte e não vida
a que tua mão me deu.
E se deves ser em primeiro
mais liberal que agradecido,
como de ti foi ouvido,
espero que sejas parteiro,
já que dar engrandece mais;
sê antes liberal e cavaleiro
e agradecido serás ademais.

CLOTALDO: Vencido por teu argumento,
antes liberal serei.
Eu, Rosaura, te darei
meus bens para viveres em convento;
pois está bem pensado
o meio que solicito:

fugindo de um delito,
te recolhes a um sagrado.
Se já tão dividido
a desgraça o reino sente,
não hei de ser quem as aumente,
nobre tendo nascido.
Com o remédio escolhido,
e sendo ao rei leal,
sou contigo liberal
e de Astolfo agradecido.
Assim deves escolher,
que a nenhum dos dois se trai,
e mais não poderia fazer,
mesmo se fosse teu pai.

ROSAURA: Se tu foras meu pai agora,
dessa injúria sofreria;
mas não sendo, não contagia.

CLOTALDO: E o que esperas fazer, senhora?

ROSAURA: Matar o duque.

CLOTALDO: Uma dama
que o pai não conheceu
tem valor que eduque?

ROSAURA: Sim.

CLOTALDO: Quem te dá alento?

ROSAURA: Minha fama.

CLOTALDO: Saiba que a Astolfo hás de ver...

ROSAURA: Toda minha honra o melindra.

CLOTALDO: ... teu rei e esposo de Estrela.

ROSAURA: Por Deus que não há de ser.

CLOTALDO: É loucura.

ROSAURA: Bem vejo.

CLOTALDO: Pois vence-a.

ROSAURA: Não poderei.

CLOTALDO: Pois perderás...

ROSAURA: Já o sei.

CLOTALDO: ... a vida e a honra.

ROSAURA: Assim o creio.

CLOTALDO: O que pretendes?

ROSAURA: Minha morte.

CLOTALDO: Olha que é despeito.

ROSAURA: É pudor.

CLOTALDO: É desatino.

ROSAURA: É valor.

CLOTALDO: É frenesi.

ROSAURA: É raiva, é ira.

CLOTALDO: Enfim, não se aplaca tua cega paixão.

ROSAURA: Não.

CLOTALDO: Quem há de ajudar-te?

ROSAURA: Eu.

CLOTALDO: Não há remédio?

ROSAURA: Não há remédio.

CLOTALDO: Pensa bem se não há outros modos...

ROSAURA: Perder-me de outra maneira.

Sai.

CLOTALDO: Pois hás de perder-te, espera.
        Percamo-nos todos, filha.

Sai.

Tocam e saem marchando soldados, Clarim e Segismundo, vestido com peles.

SEGISMUNDO: Se tivesse esse dia a grandiosidade
    dos triunfos de Roma em sua primeira idade,
    oh, quanto se alegrara
    vendo lograr ocasião tão rara
    de haver uma fera
    que a um exército dispusera,
    e para cujo elevado alento
    fora pouca conquista o firmamento!
    Mas o voo do espírito dissipemos,
    e assim aliviemos
    aquele aplauso incerto,
    se há de pesar-me quando desperto
    por havê-lo conseguido
    e por havê-lo perdido;
    pois quanto menos for,
    menos será desolador.

Ouve-se um clarim.

CLARIM: Em um veloz cavalo
    – desculpe-me que é preciso pintá-lo,
    e nisso me empenho –
    vê-se sobre o corpo um desenho,
    sendo o corpo a terra,
    e o fogo a alma que o peito encerra,
    a espuma o mar, e o ar seu suspiro,
    em cuja confusão o caos admiro,
    pois na alma a espuma, o corpo e o alento
    monstro é de fogo, de terra, de mar e vento;
    parece de cores remendado
    e de pardo claro manchado;
    quando se lhe bate a espora se excita,

mais do que corre, voa e se agita.
À tua presença chega
uma airosa mulher.

SEGISMUNDO: Sua luz me cega.

CLARIM: Graças a Deus que é Rosaura!

Vai-se.

SEGISMUNDO: O céu à minha presença a restaura.

Aparece Rosaura, armada de espada e adaga.

ROSAURA: Generoso Segismundo,
cuja heroica majestade
sai ao dia de seus feitos,
da noite de suas sombras;
tal como o maior planeta,
que nos braços da aurora
se restitui brilhante
às flores e às rosas,
e sobre mares e montes,
quando coroado assoma,
a luz espalha, em raios brilha,
os cumes banha e as espumas borda.
Assim amanheças ao mundo,
luzente sol da Polônia,
que a uma mulher infeliz,
que hoje a teus pés se arroja,
ampares por ser mulher e infortunada;
duas coisas para obrigar a um homem
que valente se diz;
qualquer uma delas basta,
das duas qualquer uma sobra.
Três vezes me admirastes

três vezes me ignorastes,
pois nas três me viste
sob trajes e formas diversas.
Na primeira pensaste
ser eu varão,
na rigorosa prisão onde minha vida,
à tua comparada,
me era mais lisonjeira.
Na segunda me admiraste
como mulher, quando tua majestade
foi pompa, fantasma e sombra.
A terceira é hoje, quando,
monstro de uma espécie e outra,
entre galas de mulher
as armas de homem me afeitam.
E para que compadecido
disponhas melhor de meu amparo,
é bom que meus sucessos
e trágica fortuna ouças.
De nobre mãe nasci
na corte de Moscou,
e deveu ser tão desditada
quanto formosa ela foi.
Nela pôs os olhos
um traidor, que minha voz,
por não lhe conhecer, não o nomeia,
mas cujo valor ao meu dá forma;
pois sendo objeto de sua idéia,
sinto agora não haver nascido gentil,
para louca me persuadir
ter sido algum daqueles deuses
que se dão em metamorfoses,
chuva de ouro, cisne e touro,
Dânae, Leda e Europa.
Pensando me alargar

citando histórias aleivosas,
acabei por dizer-te,
em poucas razões,
que minha mãe, inclinada
a finezas amorosas,
foi, como nenhuma, bela,
e infeliz como todas.
Aquela néscia desculpa
de fé e palavra de esposa
tanto a alcança que ainda hoje
ao pensamento se dobra,
havendo sido um tirano
tão Enéas de sua honra
que a própria espada lhe deixou.
Que se ponha na bainha
a sua lâmina, que eu a desnudarei
antes que acabe a história.
Deste mal dado nó,
que não ata nem aprisiona,
deste matrimônio ou delito,
que é enfim a mesma coisa,
nasci tão parecida
que fui retrato e uma cópia,
não da beleza,
mas na sorte e nas obras.
E assim não será mister
dizer que, pouco ditosa,
herdeira de fortunas,
fui como ela própria.
O mais que poderei dizer-te
de mim é do dono que rouba
os troféus do meu pudor,
os despojos de minha honra.
Astolfo, ai de mim, ao nomear-lhe
se encoleriza e se desgosta

o coração, que se ressente
e por inimigo o tem.
Astolfo foi o senhor ingrato
que, esquecido das glórias
(porque de um amor passado
se esquece a memória),
veio à Polônia chamado,
por conquista famosa,
a casar-se com Estrela,
que foi em meu declínio a guia.
Como acreditar que sendo
uma Estrela quem conforma
dois amantes, seja uma Estrela
quem agora os divida?
Eu, ofendida e burlada,
fiquei triste, fiquei louca,
fiquei morta, fiquei apenas eu,
o que é dizer que ficou
toda a confusão do inferno
cifrada em Babilônia.
E declarando-me muda,
– porque há penas e tristezas
que mostram os afetos
mais do que a boca –,
disse minhas penas calando,
até que certa vez, a sós,
minha mãe, Violante, rompeu a prisão
e de seu peito saíram todas juntas
umas nas outras tropeçando.
Não me embaracei de contá-las,
pois sabendo uma pessoa
que a quem suas fraquezas conta
foi cúmplice também em outras,
parece que assim se salva e desafoga.
Às vezes, o mau exemplo

de algo serve. Enfim, piedosa,
ouviu minhas queixas
e quis consolar-me com as próprias.
Um juiz que foi delinquente,
como facilmente perdoa!
E punindo a si mesma
– por deixar à ociosa liberdade,
ao tempo o remédio de sua honra,
não o deixou para meus pesares –,
por melhor conselho toma
que siga Astolfo e o obrigue,
com finezas e cautelosa,
a pagar a dívida de minha honra;
e para ser menos custosa,
quis que a tarefa
em trajes de homem fosse.
Retirou uma antiga espada
Que é esta que cinjo.
Agora é tempo que desnude,
Como prometido, a lâmina,
pois, confiada em seus sinais,
me disse: "Parte para a Polônia
e faz com que te vejam,
com o aço que te adorna,
os mais nobres; e algum
poderá ser que ache piedosa
a acolhida de teu destino
e o consolo de tuas amarguras".
À Polônia cheguei, com efeito.
Passemos, pois não importa dizer,
e já se sabe
que meu cavalo infrene
levou-me à tua cova, de onde
ver-me te assombrastes.
Lembremos que ali Clotaldo

de meu caso se compadece
e roga minha vida ao rei,
que o rei minha vida lhe outorga,
e que informado de quem sou
me convence vestir
meu próprio traje e servir
a Estrela. Sendo engenhosa,
estorvei o amor de Astolfo
e o ser Estrela sua esposa.
Agora aqui me viste
outra vez confuso e outra
em trajes de mulher,
confundindo-se ambas as formas.
Segue-se que Clotaldo,
persuadido de que lhe importa
que se casem e que reinem
Astolfo e Estrela, a formosa,
contra minha honra me aconselha
que minha pretensão deponha.
Eu, vendo que tu,
ó valente Segismundo,
a quem hoje toca a vingança,
pois quer o céu que o cárcere rompas
dessa rústica prisão,
onde foi tua pessoa
para o sentimento fera
e para o sofrimento rocha,
e que as armas contra a tua pátria
e contra o teu pai tomas,
venho ajudar-te, mesclando,
entre as galas de Diana,
os arneses de Palas,
vestindo agora a tela e o aço
que juntos me adornam.
Assim, pois, forte caudilho,

aos dois juntos importa
impedir e desfazer
as concertadas bodas;
para mim, para que não se case
quem meu esposo se nomeia;
para ti porque, estando juntos
seus dois Estados, não ponham
com mais força e poder,
em dúvida nossa vitória.
Mulher, venho persuadir-te
do remédio de minha honra;
e varão, venho animar-te
para que cobres tua coroa.
Mulher, venho enternecer-te,
quando aos teus pés me ponha;
e varão, venho servir-te
quando tuas tropas socorra.
Mulher, venho para me valhas
em meu agravo e tristeza;
e varão, venho valer-te
com meu aço e pessoa.
E assim, pensa que se hoje
como mulher me namoras,
como homem ofereço
minha morte em defesa honrosa;
porque há de ser,
em sua conquista, amorosa;
mulher para dar-te queixas,
e homem para prestar-te honras.

SEGISMUNDO (*à parte*): Céus, se é verdade que sonho,
suspenda-me a memória,
que não é possível caber
tantas coisas num sonho.
Valha-me Deus, quem saberia
ou sair de todas,

ou não pensar em nenhuma?
Quem viu aflições tão duvidosas?
Se sonhei aquela grandeza
em que me vi, como agora
esta mulher se refere
a sinais tão notórios?
Logo, foi verdade, e não sonho.
E se foi verdade,
que é outra confusão e não menor,
como minha vida a chama
de sonho? Pois tão parecidas
aos sonhos são as glórias,
que as verdadeiras
são tidas por mentirosas
e as fingidas por seguras?
Tão pouca diferença há
entre umas e outras
que se trata de saber
se que o se vê e se goza
é mentira ou verdade?
Tão semelhante é a cópia
ao seu original,
que há dúvida em saber
se a original é ela própria?
Pois se é assim, e se há de ver-se
desvanecidas entre sombras
a grandeza e o poder,
a majestade e a pompa,
saibamos aproveitar
esse tempo que nos toca,
pois nele só se desfruta
o que entre sonhos se goza.
Rosaura está em meu poder,
e sua formosura a alma adora.
Gozemos, pois, a ocasião;

que o amor rompa as leis
do valor e confiança
com que a meus pés se lança.
Isto é sonho; e por sê-lo,
sonhemos venturas agora,
que mais tarde serão pesares.
Com minhas próprias razões
volto a convencer-me a mim.
Se é sonho, se é vanglória,
quem por vanglória humana
perde uma divina glória?
Que bom passado não é sonho?
Quem teve sortes heroicas
que para si não diga,
quando as revolve na memória:
"sem dúvida, foi sonho quando as vi".
Se isso toca meu desengano,
e o gosto é uma chama formosa,
que a converte em cinza
qualquer vento que sopre,
recorramos ao eterno,
que é fama vivaz,
onde não dormem os acasos
nem as grandezas repousam.
Rosaura não tem honra,
e a um príncipe lhe cabe
dar a honra e não tirá-la.
Por Deus, que sua honra
hei de conquistar,
antes mesmo de minha coroa.
Evitemos a ocasião,
que agora é turbulenta.
(*Alto*): Soem os clarins,
que hoje darei batalha,
antes que as negras sombras

sepultem os raios de ouro
entre suas verde-escuras ondas!

ROSAURA: Assim te ausentas, senhor?
Nenhuma palavra
não te deve meu cuidado,
não merece minha aflição?
Como é possível, senhor,
que não me olhes e escutes?
E ainda não me voltas o rosto?

SEGISMUNDO: Rosaura, para a honra importa,
para ser piedoso contigo,
ser cruel contigo agora.
Não te responde minha voz,
para que minha honra te responda;
não te falo porque quero
que te falem minhas obras;
não te olho porque é força,
em pena tão rigorosa,
que não olhe tua beleza
quem há de velar por tua honra.

Vão-se Segismundo e os soldados.

ROSAURA: Céus, que enigmas são esses?
Depois de tanto pesar
ainda me resta duvidar
de respostas equívocas.

Aparece Clarim.

CLARIM: Senhora, é hora de ver-te?

ROSAURA: Ah, Clarim, por onde tens estado?

CLARIM: Em uma torre encerrado,
conjecturando minha morte,

se será, se não será;
jouguei as cartas e a figura
quis que fosse minha vida;
mas estive para estalar.

ROSAURA: Por quê?

CLARIM: Porque sei o segredo
de quem és e, por efeito,
Clotaldo... (*ouvem-se tambores*)
Mas que ruído é este?

ROSAURA: O que pode ser?

CLARIM: Que do palácio sitiado
sai um esquadrão armado,
para resistir e vencer,
o do bravo Segismundo.

ROSAURA: Como covarde sou
já que ao seu lado não estou,
para escândalo do mundo,
quando a crueldade
se empenha, sem ordem nem lei.

Sai. Ouve-se:

ALGUNS: Viva nosso invicto rei!

OUTROS: Viva nossa liberdade!

CLARIM: Vivam o rei e a liberdade,
e vivam como convém,
que eu não tenho veleidade,
desde que me tratem bem.
Que eu, retirado neste dia,
de tão grande confusão,
faça como Nero em sua paixão,
que de nada se condoía.
Se devo me importar,

que seja apenas comigo;
desde aqui, escondido,
vou a festa observar.
O lugar é oculto e forte
entre tanta penha;
que a morte não me venha
pois faço figas à morte.

Esconde-se. Ouve-se o ruído de armas.
Aparecem o rei Basílio, Clotaldo e Astolfo, fugindo.

BASÍLIO: Há mais infortunado rei?
Há um pai mais perseguido?

CLOTALDO: O teu exército, já vencido,
desaba sem tino ou lei.

ASTOLFO: Os que traíram são vencedores.

BASÍLIO: Em batalhas tais,
os que vencem são leais
e os vencidos, traidores.
Fujamos, Clotaldo,
do cruel e do inumano,
do rigor filial e tirano.

Disparam e Clarim cai em cena, ferido.

CLARIM: Valha-me o céu!

ASTOLFO: Quem é o infeliz soldado
a nossos pés caído,
e de sangue tingido?

CLARIM: Sou um homem desgraçado,
que por querer me guardar
da morte a busquei.
Dela fugindo, a encontrei,

pois se encontra em todo lugar,
e nenhum lhe é secreto.
Donde claro se cogita
que quem mais a evita
não escapa a seu trajeto.
Por isso voltai sem tardança
à lida do sangrento jogo,
pois entre armas e o fogo
há muito mais segurança
do que no monte mais guardado.
Nenhum caminho elimino
para a força do destino
e a inclemência do fado.
Assim, se fugis da morte,
achando estardes isento,
vede que não há outra sorte
se for de Deus o intento.

BASÍLIO: Vede que não há outra sorte
se for de Deus o intento.
Quão bem, oh céus, nos induz
nosso erro e ignorância
a maior conhecimento
este cadáver que fala
pela boca de uma ferida
e o humor que dela desata.
A sangrenta língua ensina
que são diligências vãs
de quantas dispuser o homem
contra maior força e causa.
Pois eu, para livrar de mortes
e sedições minha pátria,
vim entregá-la àqueles
de quem pretendia livrá-las.

CLOTALDO: Embora o fado saiba, senhor,

>   todos os caminhos,
>   e ache a quem busca
>   nas espessuras dos sofrimentos,
>   não é determinação cristã dizer
>   que não há reparo à sua sanha.
>   Se há, que o prudente varão
>   alcance a vitória sobre o fado;
>   se não estás reservado
>   da aflição e da desgraça,
>   faz por onde te reserves.

ASTOLFO: Clotaldo te fala, senhor,
>   como prudente varão,
>   que madura idade alcança,
>   e eu como jovem valente.
>   Entre as espessas ramas
>   deste monte há um cavalo,
>   filho veloz do vento;
>   foge nele que eu, entretanto,
>   te guardarei as costas.

BASÍLIO: Se está em Deus que eu morra,
>   ou se a morte me aguarda,
>   hoje aqui a quero buscar,
>   esperando-a cara a cara.

Tocam os clarins e aparece Segismundo, com sua companhia.

SEGISMUNDO: No intricado desse monte,
>   entre suas espessas ramas,
>   o rei se esconde. Segui-o
>   e que não fique em seus cumes
>   planta que não se examine com cuidado,
>   tronco a tronco, rama a rama.

CLOTALDO: Foge, senhor!

BASÍLIO: Para quê?

ASTOLFO: O que pretendes?

BASÍLIO: Afasta, Astolfo.

CLOTALDO: Que pretendes?

BASÍLIO: Tomar, Clotaldo,
um remédio que me falta.
Se a mim estás buscando,
príncipe, estou a teus pés;
sejam meus cabelos de neve
a tua alfombra.
Pisa minha cerviz
e calca minha coroa;
arrasta meu decoro e respeito;
vingando-te de minha honra.
Serve-te de mim cativo
e após tantas prevenções,
cumpra o fado sua homenagem,
cumpra o céu sua palavra.

SEGISMUNDO: Ilustre corte da Polônia,
que de tantas admirações
sois testemunha. Prestai atenção
que vosso príncipe vos fala.
O que está determinado pelo céu,
na tábua azulada,
Deus com o dedo o escreveu,
em cifras e estampas
adornadas com letras douradas
e nunca mente ou engana,
pois quem mente e engana
é quem, para usá-las mal,
as penetra e alcança.
Meu pai aqui presente,
para escusar-se à sanha
de minha condição,
fez-me um bruto e fera humana;

de sorte que, mesmo que eu,
pela nobreza garbosa,
por meu sangue generoso,
por minha esplêndida condição
houvesse nascido dócil e humilde,
bastaria esse gênero de vida,
a linhagem dessa criação,
para mudar em fera os meus costumes.
Que belo modo de domá-los!
Se a qualquer homem dissessem:
"Alguma fera inumana
te dará morte", escolheria
como remédio despertá-la,
quando dormindo estivesse?
Se dissessem: "esta espada
que trazes cingida há de ser
a que te dará morte",
vã diligência seria então,
para evitá-la, pô-la a nu
e trazê-la ao peito.
Se dissessem: "jorros de água
serão tua sepultura,
em mausoleus de prata",
faria mal em dar-se ao mar,
quando ele levanta, soberbo,
montes de neve ondulados,
ou crespas montanhas de cristal.
O mesmo sucedeu a quem,
se o ameaça uma fera, a desperta;
temendo uma espada, a desnuda;
e move as ondas da borrasca.
Quando, escutai-me,
estiver adormecida a fera sanha,
temperada a espada fúria
e meu rigor em quieta bonança,

pois a fortuna não se vence
com injustiça e vingança,
e sim mais se a incita.
E assim, quem aguarda vencer
sua fortuna, há de ser
com prudência e temperança.
Não é antes de vir o mal
que se reserva e se guarda
quem o previne; pois ainda
que possa humilde preservá-lo,
não é senão depois que se acha
a ocasião, porque esta,
nada consegue mudá-la.
Sirva de exemplo este raro
espetáculo, essa estranha
surpresa, este horror
e esse prodígio; pois nada
suplanta o ver,
com prevenções tão várias,
um pai rendido aos meus pés,
um monarca subjugado.
Foi sentença do céu
e por mais que quis estorvá-la,
não pôde. E poderei eu,
menor em idade,
em valor e ciência vencê-la?
Senhor, levanta, dá-me tua mão,
pois já que o céu te desengana
e erraste no modo de vencê-lo,
humilde aguarda minha cerviz
que te vingues;
a teus pés me rendo.

BASÍLIO: Filho, com tão nobre ação
outra vez em minha entranhas
te engendras e príncipe és.

A ti o laurel e a palma se devem.
Tu venceste e tuas façanhas te coroam.

TODOS: Viva Segismundo, viva!

SEGISMUNDO: Já que vencer aguarda
meu valor grandes vitórias,
hoje há de ser a mais alta:
vencer-me a mim.
Que Astolfo dê a mão a Rosaura
pois sabe que é devedor de sua honra
e eu hei de cobrá-la.

ASTOLFO: Embora seja verdade que lhe devo
obrigações, repara
que ela não sabe quem é;
é baixeza e infâmia
casar-me com esta mulher...

CLOTALDO: Não prossigas, espera,
porque Rosaura é tão nobre
como tu, Astolfo, e minha espada
a defenderá em campo.
É minha filha, e isso basta.

ASTOLFO: Que dizes?

CLOTALDO: Que eu, até vê-la
casada, nobre e honrada,
não a quis revelar.
A história é bem longa,
mas, enfim, é minha filha.

ASTOLFO: Se assim é, minha palavra cumprirei.

SEGISMUNDO: Para que Estrela
não fique desconsolada,
vendo que seu príncipe perde,
de tanto valor e fama,
comigo mesmo
hei de casá-la,

que em méritos e fortuna,
se não o excede, o iguala.
Dá-me tua mão.

ESTRELA: Eu ganho em tanta sorte merecer.

SEGISMUNDO: A Clotaldo, que leal
serviu a meu pai,
o aguardam meus braços,
com as mercês que pedir
que lhe faça.

SOLDADO 1: Se a quem não te serviu
honras, a mim, que fui causa
da revolta do reino,
e da torre em que estavas
te fiz sair, o que me darás?

SEGISMUNDO: A torre.
E para que dela não saias
nunca até morrer,
hás de estar ali com guardas;
que de um traidor não se precisa
quando a traição é passada.

BASÍLIO: Teu engenho a todos admira.

ASTOLFO: Que condição tão mudada!

ROSAURA: Que discreto e prudente!

SEGISMUNDO: Por que vos admirais?
O que vos espanta,
se foi mestre um sonho
e estou temendo com anseios
que hei de despertar e achar-me
outra vez em minha prisão.
E se assim não for,
o sonhar somente basta.
Assim cheguei a saber
que toda a felicidade humana

passa, enfim, como sonho.
E quero hoje aproveitá-la,
pelo tempo que durar,
pedindo perdão de nossas faltas,
pois de peitos nobres
é próprio perdoá-las.

A FORTUNA CRÍTICA
DO SÉCULO DE OURO NO BRASIL

Francisco Adolfo de Varnhagen

Só por ocasião de festas se davam extraordinariamente representações, mas de comédias, entremezes, e um pouco de dança; e esses, algumas vezes, em espanhol. Temos informações das representações feitas em duas dessas festas, e se bem sejam de época um pouco anterior à das óperas de Antônio José, julgamos a notícia curiosa para não deixarmos de aqui a dar. Em janeiro de 1717, sabemos que se representaram na Bahia *El Conde de Lucanor* e os *Affectos de Odio y Amor*, de Calderón [de la Barca]. Em 1729, com a notícia dos casamentos dos príncipes, representaram do mesmo Calderón – *Fineza contra Fineza, Lo Fiero, el Rayo y la Piedra* e *El Monstro de los Jardines*; e, além disso, *La Fuerza del Natural* e *El Desdén con el Desdén*, de [Agustín] Moreto. Não negamos boa escolha nas produções acima, mas haveria ali, mesmo na capital do Estado, atores capazes de desempenhá-las?[1]

---

1. Introdução: Ensaio Histórico sobre as Letras no Brasil, *Florilégio da Poesia Brasileira*, Lisboa: Imprensa Nacional, 1850, t. I, p. XXXIII e XXXIV.

Manuel Bandeira

O gênero dramático teve neste período um surto prodigioso pelo número de autores, pela enorme produção de cada um, pela originalidade e riqueza de assunto com que iria influir sobre as literaturas estrangeiras, pela expressão, mais completa do que em qualquer outro gênero, da vida e da alma nacional. Teatro autônomo da tradição greco-latina, não levava em conta as unidades de tempo e lugar nem a separação entre o trágico e o cômico; era escrito quase sempre em verso, na redondilha dos romances épico-líricos; inventou o tipo do *gracioso*, personagem que é ao mesmo tempo criado, amigo, confidente e conselheiro do protagonista, e cujo papel consiste em temperar os efeitos da emoção trágica. A sua matéria é tomada às fontes mais várias, frequentemente às tradições populares, de onde o seu cunho tão nacional. E essa diversidade de matéria se distingue pelos atributivos acrescentados ao termo geral de comédia: comédia de capa e espada, comédia palaciana, comédia de caráter, comédia religiosa, comédia filosófica etc. Duas figuras dominam: Lope de Vega e Calderón; aquele mais forte, mais abundante, mais perto dos instintos populares; este mais delicado, mais artista, mais poeta de corte. Ao primeiro se prendem Guilhén de Castro, autor de *Las Mocedades del Cid* (onde se inspirará Corneille), Pérez de Montalbán, Vélez de Guevara e Mira de Amescua; ao segundo, Rojas Zorrilla e Moreto, autor de *El Desdén con el Desdén*.

Lope Felix de Vega Carpio exerceu prodigiosa fascinação sobre os seus contemporâneos. Cervantes chamou-o *monstro da natureza*, e a Inquisição de Toledo teve que proibir a circulação de uma paródia do credo que começava pelas palavras: "Creio em Lope de Vega, o Onipotente, poeta do céu e da terra". Militar, tomou parte como voluntário na expedição da Invencível Armada; autor teatral, escreveu cerca de 1800 comedias e 400 autos, afora grande quantidade de entremezes, e nisso não se resume a sua atividade de escritor, pois cultivou também a poesia épica, a lírica sacra e profana, e a prosa narrativa [...]. Ao contrário da de Lope de Vega, a vida de Pedro

Calderón de la Barca decorreu tranquila. Estudou humanidades com os jesuítas, formou-se em Teologia na Universidade de Salamanca, tomou parte nas campanhas do Milanês, de Flandres e da Catalunha, e foi nomeado por Filipe IV diretor de festas da corte, para as quais forneceu abundante matéria teatral. O engenho reflexivo e filosófico de Calderón, o cuidado que punha na composição de suas comédias não lhe permitiram a mesma fecundidade de Lope; ainda assim, escreveu nada menos de 120 comédias, 80 autos e cerca de 20 composições menores – entremezes, loas, xácaras[2].

Nélson de Araújo

O teatro nacional espanhol, que se afirmou plenamente no *Siglo de Oro*, teve nos seus umbrais a obra extraordinária intitulada *La Celestina o Tragicomedia de Calisto y Melibea*, do cristão-novo Fernando de Rojas. Publicado pela primeira vez em 1499, esse livro encontrou imediata ressonância não só na Espanha, mas em toda a Europa, que logo o conheceu em numerosas traduções, como imenso painel de costumes que era, donde desaparecerá todo o véu da alegoria medieval e em que o realismo se impusera na forma possível da época [...]. Juan del Encina teve a posição de verdadeiro iniciador do teatro espanhol. Sacerdote, permaneceu largo tempo na Itália e escreveu numerosos autos e églogas religiosas e profanas. Foi perante o seu protetor, o duque de Alba, que em 1492 se apresentou o primeiro espetáculo formal desta fase, com duas églogas de sua autoria. É neste campo de formação que cabe incluir a obra de Gil Vicente, de duplo interesse e importância para a dramaturgia ibérica, válida nas duas línguas em que o seu autor se expressou: o português e o castelhano [...]. O grande núcleo do teatro espanhol do *Siglo de Oro* pode ser dividido em dois ciclos fundamentais, cada um deles sob a influência dos dois dramaturgos maiores: o de Lope de Vega e o de Calderón de la

2. *Noções de História das Literaturas*, São Paulo: Cia. Editora Nacional, 1946, p. 158 e s.

Barca. Ao primeiro pertenceram, além do autor titular, Ruiz de Alarcón e Tirso de Molina; o segundo se completou com Rojas Zorilla e Agustín Moreto. Aos dois ciclos, cujos nomes menores – e contam-se às dezenas – foram aqui omitidos, corresponderam, no primeiro, uma maior liberdade de tratamento material e da forma teatral, e no último uma busca de melhor sistematização do drama [...]. Tirso de Molina, pseudônimo do religioso Gabriel Téllez, prolífico escritor de mais de quatrocentas peças [...] dispôs de grande talento para o desenvolvimento das intrigas, como se percebe em *Dom Gil das Calças Verdes*, comédia de equívocos em torno da personagem-título, de extraordinária simpatia. Com *El burlador de Sevilla*, impressa em 1630, deu ingresso à lenda de Dom Juan na história do drama [...]. A primitiva companhia teatral espanhola era composta de reduzido número de figurantes, quase sempre de quatro pessoas. Penetrantes informações como as deixadas por Cervantes e pelo ator Agustín de Rojas, em sua *Viaje Entretenido*, dos primeiros anos do século XVII, abrem a cortina sobre uma vida teatral pitoresca e, por outro lado, deixam ver o comediante como objeto da suspeição das autoridades civis e eclesiásticas. Aí se deve divisar a companhia de proporções diminutas e, muitas vezes, de mínimos recursos, as *farándulas* ou *mugigangas*, que às dezenas percorriam o país, demorando-se meses nas cidades maiores e, nas menores e vilarejos, fazendo rápidas passagens[3].

Otto Maria Carpeaux

O teatro espanhol gozava de uma liberdade que nem o teatro inglês contemporâneo conheceu: *Bíblia*, vidas de santos, mitologia, histórias greco-romana, medieval e contemporânea, espanhola e estrangeira, novelas eróticas, histórias de espectros, contos árabes – tudo serve, tratado com a maior liberdade cênica, sem consideração de tempo ou de espaço, condensando-se histórias seculares de

---

3. *História do Teatro*, Fundação Cultural do Estado da Bahia, 1978, p. 128 e s.

impérios em poucas *jornadas*, representando-se entre três paredes de madeira países e continentes inteiros, com o céu por cima e os demônios em baixo. O teatro espanhol parece o menos convencional de todos. Na verdade, observa rigorosamente duas convenções: o anacronismo e a tipologia. Aqueles assuntos variadíssimos não são tirados das fontes, da *Bíblia*, da literatura antiga, das obras de historiografia, mas de livros edificantes, de romances populares, de contos, principalmente daquele depósito inesgotável de enredos que são as coleções de contos da Renascença italiana. Tudo é interpretado, anacronicamente, do ponto de vista do narrador popular; tudo se passa como se fossem acontecimentos nas ruas de Madri e Sevilha [...]. Por isso, todas as personagens, mesmo de tempos longínquos, são espanhóis autênticos, e todos os motivos da ação são conceitos espanhóis: igreja e rei, hedonismo aristocrático e naturalismo popular, sensualidade ardente e penitência contrita, entusiasmo religioso e estoicismo fatalista, ilusões loucas e desilusão pessimista, de onde resulta a popularidade imensa desse teatro nacional[4].

Célia Berrettini

Não grandes em dimensão, com efeito, são os entremezes. Apenas breves peças, sem nenhuma gravidade, pois aceitam alegremente o caos do mundo; pintam os vícios e as imperfeições humanas; mas o ambiente cômico tira-lhes a seriedade. E se Lope de Vega foi o criador do Teatro Nacional Espanhol, Cervantes criou, com essas peças, pequenas obras-primas, salvando um gênero que estava prestes a extinguir-se ou a transformar-se em burla chocarreira e de não muito bom gosto. Elevando, porém, à categoria literária os *pasos* de Lope de Rueda – curtíssimas obras populares, de diálogo vivo e divertido – pode ser considerado o verdadeiro criador do entremez, o primeiro entremezista.

4. *História da Literatura Ocidental*, Rio de Janeiro: Allambra, v. 3, 1987, p. 511-512.

Entre tantos estudiosos que se aproximaram dos entremezes cervantinos, o renomado hispanista Ludwig Pfandl (*Historia de la Literatura Nacional Española en la Edad de Oro*) não poupa encômios à sua originalidade, como: habilidade na pintura do ambiente, que está sempre exatamente descrito; perfeita captação dos traços que caracterizam os personagens, delineando-lhes a individualidade; a arte humorística associada à decência e ao bom gosto; perfeição quanto à técnica da construção. Tais são os pontos que diferenciam o Cervantes entremezista daqueles que o precederam e o seguiram. E, no entanto, como dissemos, permaneceram essas obras em silêncio, desconhecidas, durante muito tempo; mas não condenadas ao "perpétuo silêncio", como lhes vaticinara o autor, talvez com uma ponta de amargura. Amostras insuperáveis de realismo e engenho, esses breves quadros populares, quase sempre escritos em prosa, se caracterizam pela graça, desenvoltura, vivacidade e maliciosa ironia. Pequenas obras-primas em que irrompe uma fina crítica, ora de conflitos matrimoniais, ora de interesses, ora de credulidade popular, ora de preconceitos, pois, via de regra, não explora Cervantes recursos cômicos físicos: quedas, golpes, bebidas excessivas. Sua comicidade procede da natureza humana e, em alguns entremezes, focaliza antes a imbecilidade do homem que o engano, este tradicional procedimento cênico para provocar o riso.

[...]

A Vida é Sonho (1635) é a peça filosófica por excelência, cuja tese, exposta no título – a ideia do escasso valor dos bens terrenos – é ilustrada, ao longo da obra, através do protagonista, o príncipe Segismundo, que se erige em lídimo símbolo da instabilidade de tudo o que é humano "pois o delito maior / do homem é haver nascido". Nascer, pois, é seu maior delito. E, instantaneamente, tem vindo à memória dos comentaristas o coro do terceiro estásimo de *Édipo em Colona*, de Sófocles, já velho, que assim estaria expressando seu desencanto perante a vida:

> Vale cem vezes mais não ter nascido
> mas se foi preciso ver a luz,

o menor mal é ainda de retornar para lá de onde viemos, e o mais cedo possível será melhor.

É bem verdade que entre o paganismo de um Sófocles e o cristianismo de um espanhol do século XVII há uma imensurável distância; mas o inconformismo diante do que a vida oferece é o mesmo.

Para Segismundo, a vida lhe pesa como um fardo, fardo que é obrigado a carregar desde o nascimento – seu maior delito. E essa ideia de nascimento-culpa vem acentuada pelo rei, que assim comenta o fato, atribuindo-lhe a morte da mãe:

> Nasceu Segismundo, dando
> de sua condição indícios,/
> pois deu morte à sua mãe
> (*ato I, cena 6*).

Esta ideia, aliás muito romântica, será retomada por vários autores, entre os quais Schiller, que faz com que seu protagonista, o príncipe Carlos, em *D. Carlos* (1787), se manifeste nos seguintes termos: "Meu primeiro ato, ao abrir os olhos à luz, foi causar a morte à que me havia dado o ser" (ato I, cena I), fato que o marca com um estigma do qual não poderá libertar-se. [...] Ilustrada por tantos e tão importantes escritores, essa ideia teria como maior adepto talvez o grande trágico do século XX – Samuel Beckett. Oportuno parece-nos recordar que, num de seus primeiros ensaios – "Proust" –, antes portanto de haver criado a tragédia farsesca ou a farsa trágica do homem, este herói que expia o pecado, imperdoável, de haver nascido, após ter Beckett tecido considerações sobre a figura trágica [e afirma]: "A figura trágica representa a expiação do pecado original, de seu pecado original e eterno, dele e de todos os *socii malorum*, o pecado de haver nascido"; transcreve os desalentados e angustiados versos calderonianos: "pois o delito maior do homem é haver nascido"[5].

5. *Teatro Ontem e Hoje*, São Paulo: Perspectiva, 1980, p. 24-25, 85-87.

Este livro foi impresso em São Paulo,
nas oficinas da Prol Gráfica e Editora Ltda., em janeiro de 2012,
para a Editora Perspestiva S.A.